Favores vulgares

Maureen Orth

Favores vulgares

A HISTÓRIA REAL DO HOMEM QUE MATOU GIANNI VERSACE

TRADUÇÃO DE JIM ANOTSU

VESTÍGIO

Esta tradução foi publicada mediante acordo com a Dell, um selo da Random House, uma divisão da Penguin Random House LLC.

Título original: *Vulgar Favors: The Hunt for Andrew Cunanan, the Man Who Killed Gianni Versace*

GERENTE EDITORIAL
Arnaud Vin

EDITOR ASSISTENTE
Eduardo Soares

ASSISTENTE EDITORIAL
Pedro Pinheiro

PREPARAÇÃO
Eduardo Soares
Pedro Pinheiro

REVISÃO
Samira Vilela

CAPA
Marietta Anastassatos
(sobre fotografia de Reuters/Colin Braley)

ADAPTAÇÃO DE CAPA
Diogo Droschi

DIAGRAMAÇÃO
Guilherme Fagundes

Dados Internacionais de Catalogação na Publicação (CIP)
Câmara Brasileira do Livro, SP, Brasil

Orth, Maureen
Favores vulgares : a história real do homem que matou Gianni Versace / Maureen Orth ; tradução de Jim Anotsu. -- 1. ed. -- São Paulo : Vestígio, 2018.

Título original: Vulgar Favors : The Hunt for Andrew Cunanan, the Man Who Killed Gianni Versace
ISBN 978-85-54126-19-3

1. Assassinatos em série - Estados Unidos 2. Assassinatos em série - Investigação - Estados Unidos 3. Assassinos em série - Estados Unidos 4. Crimes contra designers de moda - Estados Unidos 5. Crimes contra homens gays - Estados Unidos 6. Cunanan, Andrew, 1969-1997 7. Versace, Gianni, 1946-1997 I. Título.

18-20835 CDD-364.1523

Índices para catálogo sistemático:
1. Assassinatos em série : Investigação : Criminologia 364.1523
2. Assassinos em série : Investigação : Criminologia 364.1523

Maria Paula C. Riyuzo - Bibliotecária - CRB-8/7639

A **VESTÍGIO** É UMA EDITORA DO **GRUPO AUTÊNTICA**

São Paulo
Av. Paulista, 2.073,
Conjunto Nacional, Horsa I
23° andar . Conj. 2310-2312
Cerqueira César . 01311-940
São Paulo . SP
Tel.: (55 11) 3034 4468

Belo Horizonte
Rua Carlos Turner, 420
Silveira . 31140-520
Belo Horizonte . MG
Tel.: (55 31) 3465 4500

Rio de Janeiro
Rua Debret, 23, sala 401
Centro . 20030-080
Rio de Janeiro . RJ
Tel.: (55 21) 3179 1975

www.editoravestigio.com.br

Para Tim, Luke e mamãe, que uma vez me disse que
"qualquer idiota pode escrever um livro".

"Apenas observe os favores vulgares que tanto deliciam as multidões da capital... As diversões insolentes, obscenas, desastradas e grosseiras... Você despreza essas baixezas e ainda assim padece delas."

– Da ópera *Capriccio,* de Richard Strauss.

NOTA À EDIÇÃO BRASILEIRA

***Favores vulgares* foi publicado** originalmente nos Estados Unidos em 1999, quando a epidemia de Aids, que dizimou quase meio milhão de americanos entre 1980 e 2000, começava a arrefecer, mas a retórica anti-LGBT ainda se mantinha. O silêncio do presidente Reagan e o rótulo de "câncer gay" atribuído à doença ainda ecoavam, e seriam necessários mais quatro anos para que a homossexualidade fosse descriminalizada em todo o país, em 2003.

Maureen Orth, autora deste livro, é uma jornalista premiada por seu trabalho de reportagem. Para *Favores vulgares*, ela se consultou com inúmeras instituições pró-LGBT. Uma delas foi a Gay & Lesbian Alliance Against Defamation [Aliança Gay e Lésbica contra a Difamação – GLAAD], que à época do assassinato de Gianni Versace, quando os crimes de Andrew Cunanan estampavam as primeiras páginas de todos os jornais, se juntou a organizações nacionais para informar a imprensa sobre a maneira mais respeitosa de anunciar esses acontecimentos.

Por mais esforços que tenham sido feitos, porém, *Favores vulgares* é um produto de seu tempo. Aids, promiscuidade, prostituição, criminalidade e uso de drogas ainda eram vistos como parte de um mesmo "estilo de vida" homossexual nos anos 1990. Essas ideias perpassam o livro, às vezes de maneira latente em afirmações aparentemente inócuas da autora, às vezes até mesmo em depoimentos de membros das comunidades LGBT da época, e refletem a maneira como a homossexualidade era vista e representada naquele período.

É fundamental, portanto, que não se perca de vista o contexto em que esses discursos foram produzidos e publicados pela primeira vez. Desse modo, para além de uma emocionante narrativa jornalística e de uma análise intrigante sobre o perfil de Andrew Cunanan, *Favores vulgares* nos oferece um relance valioso sobre os desafios enfrentados pela comunidade LGBT no final do século XX e, por contraste, daquilo que já foi conquistado desde então.

PRÓLOGO

O telefone tocou por volta de 1 da manhã, e o meu marido atendeu sonolento.

"A Maureen Orth está? É a Maureen Orth, a escritora?" A voz masculina era insistente.

"Quem está falando?"

"Eu quero falar sobre a matéria que ela escreveu." Uma pausa e então um clique.

"Acho que era ele", meu marido falou.

"Quem?"

"O cara sobre quem você está escrevendo."

"O quê? Você quer dizer Andrew Cunanan?"

"Estranho", meu marido disse. Então ele se virou e voltou a dormir. Mas eu já estava completamente desperta a essa altura.

Cerca de dez dias depois, horas após Gianni Versace, o famoso designer de moda e ícone gay, ter sido assassinado, o telefone tocou outra vez perto de 1 da manhã. Eu já tinha um voo marcado para Miami na manhã seguinte, para cobrir o assassinato de Versace, porque o principal suspeito era Andrew Cunanan. Nesse tempo eu já havia escrito sobre Cunanan por quase dois meses na revista *Vanity Fair* – a publicação favorita dele. Também descobri que ele havia conhecido Versace muitos anos antes e que era suspeito de matar outras quatro pessoas, incluindo seu melhor amigo e o único homem que ele disse já ter amado.

"Alô, a Maureen Orth tá aí?" Meu marido reconheceu aquela mesma voz de homem. "Quem deseja?" Mas a voz do outro lado pensou bem antes de responder. O som de fundo daquela ligação de longa distância foi cortado abruptamente. Eu nunca vou saber se foi assim que perdi o furo jornalístico da minha vida.

Sob qualquer outra circunstância, aparecer na *Vanity Fair* teria sido o sonho de Andrew Cunanan se realizando. Mas, naquele ponto, no início de julho de 1997, ele estava prestes a se tornar o alvo de uma das maiores caçadas na história do FBI. Havia milhares de pessoas atrás dele, e ainda assim ninguém sabia onde ele estava.

O corpo de Andrew Cunanan foi encontrado nove dias depois, na marina que se tornaria infame em Miami Beach. Além disso, a repercussão de seus crimes e sua cruel e trágica jornada através da América reverberou por meses. O que começou erroneamente na mídia como "briga de amantes gays", confinada em um mundo homossexual restrito, mas "aberto", cresceu à medida que os crimes de Cunanan se tornaram mais cruéis e ousados, lançando-o para a primeira página das publicações tradicionais – em todos os telejornais e nas capas das revistas *Time* e *Newsweek*. Contudo, antes que Andrew Cunanan matasse Gianni Versace e ganhasse notoriedade mundial, ele já havia cruzado um universo gay paralelo na América da atualidade – indo do ventre sórdido e movido a drogas do submundo até o mundo privilegiado e erudito dos ricos e dos não assumidos.

Andrew se encaixava em qualquer lugar. Sabia falar sobre arte e arquitetura, e era uma enciclopédia ambulante de marcas e status. Sustentado por amantes, conseguiu chegar ao Palácio Gritti em Veneza e a uma casa em Cap-Ferrat. Mas então se apaixonou por um jovem e trabalhador arquiteto – ao que tudo indica, porque os velhos ricos que o bancavam não deram a ele a Mercedes que ele queria – e deixou para trás o mundo de mimos que sempre desejou.

Não importava o quanto Andrew Cunanan tivesse, ele sempre queria mais – mais drogas, sexo mais pervertido, vinhos melhores. Ele começou a acreditar de alguma forma que merecia isso. E por que não? Era sempre a pessoa mais animada da festa, o garoto mais esperto na mesa. Mas aos 27 anos de idade ele também era um pesadelo narcisista de egocentrismo vaidoso, um mentiroso patológico experiente que criava realidades alternativas para si mesmo e era esperto o suficiente para se dar bem. Andrew se fez indispensável nos círculos superficiais e ingênuos que frequentava. Espreitando sob seu charme, porém, uma psicose sinistra cozinhava a fogo lento, auxiliada por seus hábitos de consumir pornografia violenta, combinada ao uso de metanfetamina, cocaína e várias outras drogas tão comuns em alguns círculos gays de hoje – mas sobre as quais pouco se fala. "Qualquer um que já usou metanfetamina e teve uma fase ruim consegue olhar para a situação [e compreender]", argumenta Joe Sullivan, um ex-usuário que conheceu Andrew em San Diego. "Eu não consigo acreditar que ninguém associou um surto de metanfetamina a essa história."

À medida que eu noticiava a história de Andrew Cunanan, ficou por minha conta desfiar as mentiras e desembaraçar as contradições – ele não revelava seus segredos facilmente. Começou sua vida como um belo menino de ascendência italiana e filipina, com um QI de 147. Mas o casamento de seus pais era desesperadamente triste, e eles contavam com o filho mais novo para salvá-los. Sob tremenda pressão, o talentoso garoto nunca foi capaz de formar uma personalidade adulta coerente. Quanto mais eu aprendia sobre ele, mais me entristecia em ver como as drogas e o sexo ilícito embruteceram seus instintos, como a prostituição o deixou preguiçoso e despreparado em muitos níveis. Quando a situação apertou, ele não tinha recursos profissionais ou morais nos quais se apoiar. Foi seduzido por um mundo de ganância, insensibilidade e pornografia que oferecia os valores superficiais da juventude, da beleza e do dinheiro como os maiores objetivos de uma vida feliz. No fim, Andrew Cunanan, tão ágil e esperto, o produto de uma mãe católica fanática e de um pai materialista igualmente fanático, sucumbiu à sua maldade sombria e infligiu uma dor imensurável aos outros.

Ao seguir o caminho torpe de Andrew Cunanan, fiquei fascinada com a ideia de que eu não estava simplesmente noticiando a história de um jovem ensandecido e sua violência. Eu também estava fazendo uma odisseia pela América do fim do século XX, quando novas comunidades haviam se formado nas últimas duas décadas, quando o politicamente correto paralisava muitos aspectos da lei e da mídia, quando o dinheiro encerrava discussões. Algumas coisas, contudo, são perenes, como a habilidade das famílias poderosas de impedir que a verdade venha à tona e de manter seus segredos escondidos.

Através das minhas viagens eu vi que a população gay, como um grupo coeso, está em estados dinâmicos e alternados de formação política. Sua habilidade de se organizar localmente afeta diretamente sua influência sobre a força policial. Teria sido difícil para Andrew passar despercebido em São Francisco e Nova York. Por outro lado, em South Beach, uma meca para turistas, a grande comunidade gay não exige muito em termos de proteção. De fato, muitas vezes parece que estão em constante negação sobre precisarem de proteção contra qualquer coisa, inclusive no sexo.

Para além dos limites de South Beach, encontrei por todo o país sinais de negação do uso generalizado de drogas, bem como das estruturas que permitiam a expansão desse uso, tanto por parte da comunidade gay quanto dos agentes da lei, que pareciam desconfortáveis em abordar certos assuntos por medo de serem tachados de homofóbicos. Se o FBI conhecesse mais a comunidade gay do sul da Flórida, por exemplo, Andrew Cunanan, um dos criminosos mais procurados, não teria conseguido viver livremente no Hotel Normandy Plaza por quase dois meses, nem abandonar uma caminhonete vermelha roubada num estacionamento por várias semanas. Do jeito que aconteceu, essa caçada nacional que custou milhões de dólares rendeu poucos frutos. Kevin Rickett, o jovem e vigoroso agente do FBI que ficou responsável pela Equipe de Busca do Fugitivo do Minnesota, a qual liderou a investigação nacional, me disse: "Não tivemos muitos momentos de sucesso na investigação porque nunca chegamos perto dele. A gente nunca esteve na cola".

A história, que ia de um lado para o outro do país, me levou continuamente para lugares que eu nunca teria imaginado. Eu não tinha a menor ideia do impacto profundo do caso de O.J. Simpson sobre os promotores locais e estaduais, que agora estavam relutantes em acusar suspeitos de assassinato sem evidências circunstanciais incontestáveis. "O caso de O.J. contaminou tudo", me contou Paul Scrimshaw, o detetive principal de Miami Beach durante a investigação Versace. "Todo mundo está com medo, ninguém quer ficar mal na fita. Toda a investigação está manchada por causa de O.J. O advogado de defesa de Simpson, Barry Scheck, deveria ser enforcado e esquartejado."

Foi encorajador ver o FBI, pelo menos nacionalmente, fazer um verdadeiro esforço no final para reparar sua fraqueza inicial. Os crimes de Andrew Cunanan acabaram se tornando catalizadores de uma mudança positiva, levando à implementação de novas práticas e ajudando a criar maior cooperação entre as forças policiais, bem como entre a polícia e a comunidade gay. Contudo, até hoje, embora existam mecanismos para encontrar um carro desaparecido, não existe um para encontrar uma pessoa desaparecida.

Andrew Cunanan também alimentou a era da cobertura exagerada e sensacionalista de crimes, da mesma forma que O.J. A produtora do programa *Hard Copy*, Santina Leuci, diz: "Cunanan tinha todos os ingredientes de uma boa história: sexo, violência e um assassino em série. E ele está foragido, com toda a força policial atrás dele, um país inteiro esperando que ele seja pego".

O que acontece quando uma história se torna a mais popular do país? De repente eu estava no meio de um tsunami. A mídia sensacionalista é o equivalente moderno dos circos de horrores do passado. Nós temos "aberrações" televisionadas 24 horas por dia, que podemos assistir juntos todos os dias e todas as noites, e todo ano alguém é alçado ao posto de atração principal. Andrew Cunanan – "*Ele é gay! Ele é doente! Ele mata ricos e famosos!*" – ocupou esse espaço por um tempo, até ser substituído por uma princesa.

Eu fiquei chocada de ver a quantidade de dinheiro envolvido e a rapidez com que ele passa de mão em mão quando uma história assim explode. Um jornalista de publicação impressa tradicional não tem a menor chance. Um tipo de frenesi toma conta de tudo, e a cobertura da mídia influencia a investigação policial e a resposta política; qualquer um pode participar dos funerais com todo o elenco de famílias e policiais assediados, seja através da televisão, dos jornais, das revistas ou da internet. É uma novela global que se desenrola dia e noite. As famílias sobrecarregadas são forçadas a alimentar bestas famintas. Os policiais e os políticos, também.

Eu nunca vou me esquecer do dia em que estava sentada num bar misto – um para gays e lésbicas – no coração do bairro Castro, em São Francisco, com um habitante local muito inteligente, Doug Conaway, que concentrou minha atenção numa grade ao lado de um banco do outro lado da rua. Estava coberta de buquês de flores mortas, que haviam sido colocados ali para comemorar o funeral da princesa Diana. Os buquês, ele falou, eram uma forma de a vizinhança participar da agitação. E a vizinhança, ao que tudo indicava, tinha um sentimento parecido em relação a Andrew.

"Quando eu cheguei em casa e ouvi que Versace tinha sido baleado e que estavam suspeitando de Cunanan, pensei 'Deus do céu, ele morava aqui no bairro'", confidenciou Conaway. "Se não fosse por Cunanan a gente não teria visto Diana no funeral de Versace, então alguém do nosso bairro fez isso acontecer. Mas então, quando o corpo dele foi encontrado, eu fiquei desapontado. O que eu deveria voltar a fazer? Reforma de financiamento de campanhas eleitorais?

"Graças à morte de Diana, está sendo como uma série de TV. A morte dela nos deu tanta coisa para fazer por aqui." Ele me olhou secamente, decidiu que estava com tudo e continuou. "E se Elton John tiver Aids, e Liz Taylor for visitar o leito dele e tiver um derrame e morrer, e o Michael Jackson for no funeral dela e cair de cara no chão, todo mundo vai se sentir conectado."

Quando terminei a minha reportagem, cheguei à conclusão de que estivera numa longa e estranha viagem, da Academia Naval dos Estados Unidos, em Annapolis, até o quartel-general do FBI, em Washington; das plantações de milho no Meio-Oeste até os arranha-céus de Chicago; da loja de artigos sexuais Mr. S Leather, em São Francisco, até a Ópera de São Francisco. Andei nas praias aristocráticas e não assumidas de La Jolla e me diverti com o despojamento gay de South Beach. Eu me encontrei com oficiais da lei poderosos, traficantes de metanfetamina, detetives de homicídio, dominadores sadomasoquistas e *personal trainers*. Algumas das minhas fontes estavam na cadeia. Eu conhecia chefes de polícia e garotos de programa que cobravam 10 mil dólares por um fim de semana – até mesmo o pianista dos bordéis. Andrew Cunanan sacudiu todos esses mundos.

Depois que ele morreu, eu tentei juntar os cacos.

PARTE

UM

1

MÃE

Os restos mortais de Andrew Cunanan foram enterrados em uma sepultura de mármore num mausoléu ensolarado no Cemitério da Sagrada Cruz, em San Diego, pago com dinheiro que sua mãe recebeu por conceder uma entrevista ao programa *Hard Copy*, da rede Paramount. A segurança foi reforçada naquele dia para manter a imprensa afastada. Apenas um carro, com uma placa autorizada previamente, teve permissão para se aproximar do local. O FBI estava alerta. Já faziam seis semanas desde que Andrew Cunanan, um jovem de 27 anos, andara calmamente e atirara em Gianni Versace, à queima-roupa, nos degraus da mansão do designer de moda italiano, em Miami Beach, dando início à maior e mais malsucedida caçada humana em solo americano.

Agora, muitos dias depois, em 29 de agosto de 1997, dois dias antes do que seria o vigésimo oitavo aniversário de Andrew, uma missa pelas almas está sendo realizada na capela do cemitério por todos aqueles que morreram na semana anterior. Nessa ocasião não há FBI ou qualquer cobertura da mídia à vista. A mãe de Andrew, MaryAnn Schillaci Cunanan, convidou amigos e velhos conhecidos que conviviam com Andrew como um rapaz estudioso, não como o psicótico "gigolô gay" das manchetes. Cerca de quinze pessoas apareceram, incluindo o padrinho filipino de Andrew, Delfin Labao, um homem de 86 anos. Nenhum de seus três irmãos, que moram a certa distância e que já compareceram ao velório familiar, estão aqui; nem seu pai, que fugiu para as Filipinas em 1988 após cair em desgraça, deixando sua família para trás. Modesto "Pete" Cunanan nunca mais voltou aos Estados Unidos.

MaryAnn chegou cedo para acender as velas na lápide ainda sem nome do filho. Ela prefere acreditar – apesar das montanhas de evidência – que o caçula de seus quatro filhos não era um assassino em série sexualmente sádico. Ela se recusa a acreditar que ele matou cinco pessoas inocentes antes de apontar uma arma calibre .40 para si mesmo. MaryAnn está, obviamente, muito frágil, alternando entre a tagarelice e a estupefação, à beira de um completo desequilíbrio emocional. Na maior parte do tempo ela aparenta brandura e luz, mas seu humor pode mudar rapidamente.

Ela está vestindo uma camisa amarela de Andrew e uma calça azul de rayon estampado. Ela segue para o banco da primeira fileira, segurando uma caneca de plástico com água gelada para tomar seus remédios. Tira do bolso santinhos em homenagem a Andrew e os distribui. Na parte da frente há uma foto de Jesus ou Maria. Na parte de trás está escrito:

> Em memória de Andrew P. Cunanan,
> 31 de agosto de 1969 – 23 de julho de 1997
>
> Eu gostaria que as lembranças sobre mim
> Fossem de alegria...
> Eu gostaria de deixar um eco
> De tempos felizes e risonhos

O nome de Andrew Cunanan não aparece na lista manuscrita afixada atrás da igreja para indicar os indivíduos por quem a missa está sendo celebrada. Na verdade, quando o padre lê seu nome, ele o faz como MaryAnn informou: Andrew Cunanan Schillaci. Os outros adoradores, que também perderam entes queridos, não têm a menor ideia de que uma alma infame está recebendo orações hoje.

Por coincidência, o evangelho do dia, de São Marcos, é a história da decapitação de João Batista.

"Ninguém vai sair cortando a cabeça de ninguém", o monsenhor Francis Pattison diz calmamente no púlpito. Talvez ele não saiba que a terceira vítima de Andrew, Lee Miglin, o magnata imobiliário de Chicago, teve sua garganta brutalmente cortada com um arco de serra de poda. "E por que as pessoas fazem isso?', pergunta o padre. "Dizer que existe mal no mundo ou que o diabo mandou fazer isso ou aquilo é a desculpa mais esfarrapada que existe. Você precisa aceitar a responsabilidade do que fez."

MaryAnn Cunanan mantém o olhar adiante.

E por que Andrew matou cinco pessoas antes de se matar numa casa flutuante vedada com tábuas em Miami Beach? O FBI conduziu mais de mil entrevistas, mas ainda dizem saber pouco. Os amigos de escola de

Andrew e as centenas de pessoas que interagiram com ele em sua curta vida parecem perplexos. A mãe dele acredita que tudo o que aconteceu com seu filho foi uma armação e que agora ele é um santo no céu.

Os olhos escuros de MaryAnn brilham quando ela abraça aqueles que vieram para o funeral. Uma mulher bem vestida enfia dinheiro na mão dela.

"Ponto final", sussurra a irmã Dolores, a antiga catequista de Andrew na Paróquia Santa Rosa de Lima, perto de Chula Vista, assim que se aproxima de MaryAnn. Ela incentiva a mulher a pensar em outras coisas e descansar. "Você precisa de um ponto final."

Mas há dor demais para isso.

2

INFÂNCIA

MaryAnn Cunanan doa todo o dinheiro que ganha – para taxistas, para a igreja, para qualquer um. Na rua empoeirada em que vive sozinha, num velho bangalô de um quarto em National City, longe dos outros três filhos, ela torrou milhares de dólares para transformar um pedaço de terra perto de sua casa num memorial para Andrew.

Após a missa pelas almas na Sagrada Cruz, MaryAnn volta pra casa e guia visitas pelo lote, que contém alguns cactos tristes e um pé murcho de manjericão. Então ela entra, coloca sua dentadura no bolso e começa a falar e a fumar sem parar – exigindo atenção constante, mudando de ideia a todo o instante sobre o que quer almoçar, pedindo para que as visitas procurem garfos "na gaveta com os broches".

Uma das coisas grotescas da cultura de tabloide em que vivemos é que não importa quão horrível seja o crime cometido por um indivíduo, a família é sempre tentada a ganhar dinheiro com a tragédia. E foi assim que aconteceu com os Cunanan, incluindo MaryAnn. Deslumbrados e confusos, eles foram assediados para aparecer em público, seduzidos com buquês e limusines pelos canais de TV, caçados por repórteres oferecendo dinheiro, por produtores ávidos em oferecer acordos para livros fajutos e filmes de televisão, e por advogados que estavam mais do que felizes em agir como agentes e rascunhar contratos, entregando os direitos exclusivos da família sobre a história da vida de Andrew. Nesse caso, os direitos seriam sobre a história de um filho e de um irmão que a família já não conhecia mais, mas, do ponto de vista da mídia, quanto mais sórdido e sensacionalista, melhor.

Embora eles não tivessem falado com Andrew por boa parte de uma década, Elena e Christopher Cunanan, seus irmãos mais velhos, assinaram um contrato para um livro e tentaram incluir sua imprevisível mãe no acordo. Eles não falam sobre publicação a menos que sejam pagos, e, dessa forma, não participariam deste livro. Pouco depois da morte de Andrew,

MaryAnn começou a viajar com um advogado que poderia monitorar as declarações dela. Somente Gina, filha dela, se recusou a vender suas memórias.

A sala de estar de MaryAnn é mobiliada com quatro velhas cadeiras dobráveis de madeira, uma velha cadeira de escritório, uma cadeira de bambu dos anos 1960 com uma almofada desbotada, um ventilador quebrado, um toca-fitas e um aparelho de TV novo. Mas aquilo que captura os olhos é o altar para Andrew, onde ela mantém uma vela acessa, fotos de família de um tempo mais feliz, cartões que pessoas mandaram, imagens de santos e um rosário abençoado pelo Papa.

Embora esteja fortemente medicada e mantenha apenas uma breve lucidez nas conversas relacionadas ao filho mais novo, existe uma perspicácia assustadora em MaryAnn. E uma postura desafiadora. Ela é siciliana, conta, e orgulhosa de ser "do povo". Foi ao programa de Larry King para descrever Andrew como "belo, inteligente, brilhante... Dotado... Eu só quero me lembrar das coisas boas". Ela está sob cuidados psiquiátricos há anos e foi aposentada por invalidez pelo governo, recebendo uma pensão. Tentou suicídio mais de uma vez depois da morte de Andrew. Uma hora ela pode ser doce e aconchegante, de modo quase excessivo, e na outra é resmungona e amarga, olhando feio para visitas. "Você sabe o que significa *malocchio*? Estou te dando isso agora." Ela contorce seu rosto até virar uma máscara satânica. É assustador. O filho dela, Christopher, a descreveu da seguinte maneira ao jornal *San Diego Union-Tribune*: "Ela é muito vulnerável e emocionalmente frágil. Ela não está bem mentalmente".

MaryAnn Schillaci era filha de imigrantes. Seus pais chegaram em Ohio vindos de Palermo, em 1928, e ela gosta de alardear que seu pai era da máfia. Ela se considera uma "filha de menopausa", que sua mãe gerou tarde na vida. O pai, ela conta, era dono de uma barbearia e tinha parte em um bar. Quando criança ela era mimada e superprotegida, e sua maior felicidade era ser colocada em cima da mesa para dançar e se apresentar. MaryAnn começou a acreditar que o fato de ter sido gerada tão tarde fez com que ela nascesse com um "defeito" e um "lado sombrio" que ela luta para controlar. Assim como muitos filhos de imigrantes, ela não falava inglês até ir para a escola, mas, assim que começa a falar, faz poucas pausas. "Estou falando demais?", pergunta. "Preciso tomar um remédio? Meu marido me batia para me fazer parar. Ele dizia que não conseguia pensar."

Hoje sua vida é cheia de estranhos – agentes do FBI, advogados prometendo contratos, agentes de televisão e amigos de "Andrew De Silva", nome que Andrew usava nos bares gays da cidade, que MaryAnn visita às vezes. Ela diz para quem quiser ouvir que o filho não foi responsável pela morte de Gianni Versace. Afirma que a onda de assassinatos foi uma armação da máfia: "Andrew conheceu Versace através do sexo sadomasoquista", ela diz. Mas os detalhes ficam vagos daí em diante.

Em seu luto, MaryAnn se tornou protetora e arquivista de Andrew. Ela coleciona roupas e propriedades dele e doa suas camisas para quem ela gosta. Diz, cheia de animação, que "a *Vanity Fair* era a revista favorita do Andrew", então corre para o quarto e volta com um exemplar da *Vogue*, um item surpreendente quando olhamos ao redor. "Eu comprei isso porque foi daqui que Andrew comprou todas as roupas dele." Ela queria dizer que ele vestia alta costura. De uma forma curiosa, ela se orgulha da notoriedade dele e fica imaginando quem o interpretaria num filme. Ela diz que tem esperanças de que seu filho Christopher faça isso, mas "ele não sabe atuar". Pensa também no antigo nadador olímpico Greg Louganis.

Questionada sobre quando percebeu que Andrew era gay, ela rebate: "Na hora em que ele nasceu, idiota". Alguns minutos depois ela se corrige, dizendo que soube no aniversário de 16 anos dele, pelo "jeito como ele colocou um suéter rosa". De fato, sua homossexualidade não podia ser abordada em casa. MaryAnn parece admitir isso ao dizer que "você pode orar o quanto quiser e rezar quantos rosários quiser, mas eles têm vontade própria. Espere até o seu filho ter 16. Assim que eles aprendem a dirigir, eles não te pertencem mais".

Por anos, MaryAnn e seu marido viveram por meio dos dois filhos mais novos, especialmente Andrew, porque eles não tinham "vida emocional juntos", de acordo com um vizinho. MaryAnn diz que "Andrew era meu conselheiro matrimonial. A gente costumava andar pelo quarteirão e ele me explicava as coisas". Andrew se tornou o confidente dos pais. Apesar da aridez da união, MaryAnn afirma que nunca se divorciou do marido. Depois de dar depoimentos pouco elogiosos a respeito de várias pessoas ao seu redor – com exceção de Andrew –, ela começa a ficar cansada. Desaparece no quarto e volta usando uma meia-calça branca e uma camisa do Vila Sésamo, com os personagens Beto e Ênio na frente. Ela está carregando um boneco do Beto.

O medicamento a deixa sonolenta. Ela fecha os olhos, mas antes de fazer isso revela: "Eu sou de escorpião. Tenho um lado sombrio, que tento vencer com a bondade. Eu já tive o bem e o mal, mas o bem é maior do que o mal... Se eu estiver com os meus óculos. Onde estão os meus óculos?". Ela procura impacientemente pelos óculos de um azul espelhado, os encontra e coloca. "Se eu estiver com os meus óculos, então eu sou boa, porque ninguém pode me ver."

MaryAnn quer tirar fotos antes de as visitas irem embora. Ela imita estrelas de cinema, posando com a mão na cintura, virando de lado, jogando a cabeça para trás. Exige saber: "Quem sou eu? Você não se lembra da Silvana Mangano? Não se lembra da Anna Magnani?". Enquanto se recorda dessas atrizes italianas dos anos 1950 e 1960, MaryAnn começa a ficar hostil. "Eu sou feia, mas ainda sou uma atriz, *não é*?", ela implora. "*Não é*?"

Então ela anuncia que precisamos nos levantar, juntar as mãos e cantar "louve o Senhor porque ele é maravilhoso". MaryAnn faz todo mundo erguer e abaixar os braços, entrar no meio do círculo e voltar. "Você não está cantando direito", ela rosna impaciente, exercendo seu controle. "Está mexendo os braços rápido demais!" MaryAnn dança para dentro e para fora do círculo, com um cigarro preso firmemente nas gengivas, e quando olha para algum visitante, seus olhos estão cheios de ódio.

Andrew Philip, o bebê mimado, estava destinado a realizar os sonhos de seus pais incompatíveis. A mãe de MaryAnn morreu quando ela tinha 19 anos, e a jovem se mudou para o sul da Califórnia para morar com o irmão. Ela afirma que a cunhada não apreciava os beijos e abraços cheios de afeição que ela e o irmão, criados num lar caloroso e cheio de demonstrações de afeto, compartilhavam um com o outro. MaryAnn sabia que não era bem-vinda. Ela trabalhava como telefonista e garçonete num bar em Long Beach, naquela época uma cidade de marinheiros, quarenta quilômetros ao sudoeste de Los Angeles. Certa noite no bar, em 1961, ela ergueu os olhos e seu coração parou. Pete Cunanan, onze anos mais velho do que ela, acabara de entrar. "Ele estava com um paletó branco e eu achei que ele se parecia com uma versão filipina de Errol Flynn."

Pete Cunanan sabia que levava jeito com as mulheres, e assim ele e MaryAnn dançaram a noite inteira. Pete era um militar de carreira que entrou para a Marinha assim que imigrou de sua vila em Baliuag, a cerca de quarenta quilômetros de Manila, dez anos antes. Tinha uma voz forte e um jeito astuto. Ele era parte da equipe do hospital naval e trabalhava duro, muito ciente das hierarquias e do status. Para cimentar seus grandes sonhos e sua ambição desmedida, estava tendo aulas sobre gerenciamento financeiro; mais tarde, iria para a escola noturna e, por fim, faria dois mestrados em Administração de Negócios e Finanças Médicas. Ele tinha orgulho do seu passado militar. Pete acreditava em manter uma aparência impecável – ele queria ser um maioral.

Baixo e forte, tinha um bigode fino e, mais tarde, uma unha de cinco centímetros no dedo mindinho. Haviam rumores de que ele era descendente de uma tribo de guerreiros e que havia sido parte de uma guerrilha durante a Segunda Guerra Mundial. A divertida MaryAnn, de cabelos escuros, olhos grandes e uma risada cortante, colocava meias no sutiã para ficar mais atraente para ele. Embora ela estivesse prometida para alguém em casa e mandasse dinheiro para Ohio toda semana para ajudar a pagar o casamento, ela foi atraída por Pete instantaneamente.

MaryAnn estava grávida de seis semanas quando ela e Pete se casaram. O primeiro filho deles, Christopher, nasceu em agosto de 1961. Pouco depois, Pete foi transferido para o hospital naval em St. Albans, Nova York, onde MaryAnn deu à luz a Elena, uma menina loira de olhos azuis, em 1963. A família se mudou para Newport, Rhode Island, em 1966, e quando a Guerra do Vietnã começou a esquentar, Pete se tornou parte da Primeira Companhia Médica, Primeira Divisão Marinha. As frotas navais, que desembarcavam nas praias vindo dos navios, contavam com o hospital para cuidar dos seus feridos. MaryAnn ficou para trás com os dois bebês, mas, mesmo antes de Pete ir embora, o casamento deles já estava infeliz.

Pete estava convencido da infidelidade de sua esposa. Hoje ele diz abertamente que "ela é mãe de quatro, eu sou pai de três". O padrinho de Andrew, Delfin Labao, que vem da mesma cidade que Pete nas Filipinas e é chamado de tio Del pelas crianças Cunanan, conhece o casal desde sempre. Ele confirma que Pete acredita que Elena não é filha dele. Pete logo passou a tratar a esposa com desgosto absoluto. "Ele abusou muito dela", diz Labao. "Era um casamento muito ruim."

Pete Cunanan nega ter sido fisicamente abusivo com a esposa, mas MaryAnn insiste que ele batia nela e puxava seu cabelo. A forte crença de Pete na infidelidade dela o encheu de uma fúria que o fazia acreditar que podia se comportar como quisesse. MaryAnn, que nunca foi muito sã, se tornou frágil e dependente com o passar do tempo, ainda que fosse manipuladora e passivo-agressiva ao mesmo tempo. A falta de dinheiro era uma fonte constante de atrito.

MaryAnn gastava de forma desenfreada, e não hesitava em regular sexo para conseguir o que queria do marido. "Eu usei sexo para forçá-lo a comprar as mobílias da sala de jantar", diz. Ela mimava as crianças com aulas de piano e brinquedos. "Ela gastava dinheiro feito louca", informa Pete. "Eu tinha três contas no banco, mas só uma com o endereço de casa. Se ela suspeitasse que eu estava escondendo dinheiro, faria birra o dia inteiro." Sua atitude despreocupada em relação ao dinheiro e os sonhos de grandeza de Pete eram uma combinação perigosa não apenas para a conta bancária da família, mas também para a atenção das crianças. Enquanto isso, MaryAnn continuou a engravidar.

Em 1967, enquanto Pete estava com a Companhia, a segunda filha do casal, Regina, nasceu. Alguns meses antes do aniversário de Gina, em outubro, os Cunanan compraram sua primeira casa, por 12.500 dólares, na alegre National City, na área de estaleiros em San Diego. Espremida entre duas rodovias, a comunidade era bem diferente daquela que Andrew descreveria como sua origem tempos depois. Na época em que Andrew nasceu, dois anos depois, Pete havia sido transferido para o Hospital Naval em San Diego.

O nascimento de Andrew não foi fácil. Delfin Labao conta que MaryAnn perdeu muito sangue e sofreu de depressão pós-parto alguns meses depois, um caso tão severo que ela nem conseguia pentear os cabelos. Ela precisou ser hospitalizada por três meses e era incapaz de cuidar do bebê. Foi o primeiro de muitos esgotamentos nervosos. Pete diz que tentou segurar as pontas cuidando como podia do bebê, que quase nunca chorava. A experiência criou um laço inquebrável. "Eu criei aquele menino desde o berço", afirma Pete Cunanan. "Eu troquei as fraldas dele e enchi as mamadeiras." Certa vez, quando ainda era um bebê, Andrew queimou os pés ao pisar num aquecedor que estava no chão, mas Pete o pegou e o beijou, maravilhado de ver que a criança não chorava. Andrew foi o favorito do pai desde o início. Pete arrumou um segundo emprego como técnico de laboratório para dar conta das despesas de quatro crianças e uma esposa incapacitada por sofrimento mental.

Christopher e Elena, os dois filhos mais velhos, tiveram uma criação diferente daquela de Gina e Andrew. Sua mãe os chama de "moleques de rua". Eles não tiveram as vantagens que os mais novos tiveram. Para todos os irmãos, deve ter parecido que Andrew era o favorito. Os irmãos o chamavam de "a ovelha branca". Enquanto Christopher foi deixado para se virar sozinho, Elena, loira e bonita, começou a ter aulas de dança com uma senhora conhecida na vizinhança como "Vovó Dançante", e assim a dança se tornou parte da vida da garota. Gina, também atraente, mas mais intelectual e moleca, não competia com a irmã mais velha. Ela cresceu recatada e cheia de segredos. Andrew, desde o início, era o príncipe encantado.

Quando Andrew tinha 3 anos de idade, Pete se aposentou da Marinha com uma pensão integral depois de vinte anos como assessor de departamento. Seu sonho era se tornar corretor de ações. Enquanto trabalhava como técnico de laboratório, ele continuou estudando Administração de Negócios e, eventualmente, conseguiu um bacharelado em 1976 e um mestrado em Administração de Negócios em 1977. "A meta era ascensão social dali em diante", Pete se vangloria. "Onde houvesse gente rica, eu estaria lá!"

Quando Andrew tinha 4 anos, MaryAnn considerou usar o dinheiro que havia recebido de herança do pai para começar uma nova vida sem Pete. Mas, em vez disso, com a assinatura conjunta de Pete, ela comprou uma casa maior alguns quilômetro ao leste, em Bonita, por 96 mil dólares. O rancho de três quartos, num bairro de classe média com boas escolas por perto, significava uma grande melhoria.

Bonita, com seu nome de origem espanhola, já foi a capital mundial do limão, um paraíso de limoeiros e fazendas de laticínios. Suas pedreiras forneceram pedras para a construção do Hotel Vitoriano Del Coronado em San Diego, cujos hóspedes pegavam o trem para passar o dia fazendo piqueniques na área da Barragem de Água Doce de Bonita, conhecida como a mais alta do mundo. Em 1916, um lado da barragem quebrou por causa de uma tempestade. As chuvas foram trazidas supostamente por um semeador de chuvas profissional, que se tornou a inspiração para o filme *O homem que fazia chover.* Mas quando os Cunanan chegaram por lá, no início dos anos 1970, os limões já tinham desaparecido e as fazendas de laticínios estavam indo pelo mesmo caminho. Contudo, Bonita ainda era um retiro equino, rústico, com um clima ameno em um vale luxuoso, cercado por cânions que davam para o Oceano Pacífico. Casas populares estavam apenas começando a cobrir as colinas quando os Cunanan se mudaram para a Rua Watercrest, 5777, a última casa no quarteirão ao pé de uma colina, em frente a um campinho de beisebol.

A casa dos Cunanan era um típico rancho da Califórnia, mas na estrada acima de Watercrest havia casas ricas com estábulos, onde ainda havia um ar de área rural. Muitas pessoas que moravam em Bonita tinham dinheiro, e a maior parte dos residentes mandava seus filhos para a escola pública. Como Bonita era cercada de áreas de baixa renda, como Chula Vista, e também porque a fronteira com o México estava a apenas dezesseis quilômetros dali, havia um forte sentimento de hierarquia social. Os pais de Andrew sempre cuidaram para que ele tivesse tudo o que as crianças ricas tinham.

Andrew era uma criança bonita com uma chama precoce. Quando estava prestes a se matricular na Escola Sunnyside de Ensino Fundamental, ele era uma mistura agradável de seus pais, com uma pele que parecia permanentemente bronzeada, sobrancelhas grossas e escuras e grandes olhos castanhos. Não era aparente de imediato que tinha sangue filipino, e ele nunca disse isso na escola. Era um garoto extrovertido e alegre no jardim de infância da Srta. Bobbie Hatfield. Embora seus pais acreditassem que ele fosse um gênio, a Srta. Hatfield, que lecionava havia mais de trinta anos, não o achou excepcional. Mas tudo o que importava era o que os pais achavam.

Parte da história familiar que os pais de Andrew e seus irmãos contam na TV – além do fato de que se consideravam uma família normal e comum de classe média americana – é que Andrew já tinha lido a Bíblia antes dos 7 anos e podia memorizar longas passagens da enciclopédia. A leitura se tornou o mundo dele bem cedo. De acordo com o pai, Andrew escapava dos tumultos em casa com os livros. "Andrew tinha um jeito de se defender. Ele sorria e saía. Ele tinha uma expressão do tipo, pelo amor de Deus, mãe, pelo amor de Deus, pai. Ele pegava sua enciclopédia, deitava na cama e lia."

Pete lidou com o sofrimento do casamento ficando fora de casa até tarde e se ausentando o máximo que podia. Em 1979, quando Andrew tinha 10 anos de idade, ele começou um treinamento para corretor de ações na empresa Merrill Lynch – motivo de grande orgulho para ele – e o comunicou sem rodeios para a família. "Ei, eu podia falar... Um cara que é um corretor de ações, com aquela posição social, aquela inteligência...

E eu não tenho uma aparência ruim." Pete era um disciplinador severo, e todo mundo sabia que ele estava no controle. Se as crianças estivessem assistindo TV, por exemplo, e Pete chegasse, elas sairiam da sala para que ele pudesse se sentar e jantar sozinho na mesinha em frente ao aparelho.

MaryAnn mantinha a casa impecável por ordens dele – havia forros de plástico em cima dos tapetes – e ficava em casa na maior parte do tempo. Ela se devotava aos filhos e, quando estava sozinha com eles, as coisas eram felizes, ainda que precárias: pressão demais poderia causar um colapso. Mas os Cunanan não socializavam muito e interagiam pouco com as pessoas da área. Os vizinhos consideravam MaryAnn gentil, mas excêntrica, com seu cabelo amarrado para trás em um coque firme, vestindo várias camadas de roupas mesmo quando fazia calor, e disposta a falar a primeira coisa que passava pela sua cabeça com uma vozinha de criança. Ela tinha problemas com o peso e tentava várias dietas para emagrecer. E, diferentemente do resto da Califórnia, ela não dirigia em estradas, apenas nas ruas do bairro.

Na maior parte das vezes, MaryAnn dirigia para ir e voltar da igreja. Ela era uma católica muito religiosa, que mandava os filhos para a missa de domingo e para as aulas de catecismo. Esperava que Andrew se tornasse padre um dia, outro ponto de conflito com Pete. Andrew acabou se tornando um coroinha, e os meandros da igreja pareciam exercer uma forte influência sobre ele.

Dado o clima quase perfeito de Bonita, a maior parte das crianças brincava na rua o ano inteiro, pedalando bicicletas, brincando de chutar latas, capturando lagartos no cânion perto dali e jogando beisebol. Mas não Andrew. Ele preferia ficar dentro de casa com a mãe, lendo sua enciclopédia e assistindo TV. "Ele amava Audrey Hepburn e Katharine Hepburn", conta MaryAnn. Outro favorito seu era o seriado *Mork e Mindy,* com Robin Williams. Andrew sabia recitar os diálogos insanos de Williams de cor. Scott Ulrich, um vizinho dos Cunanan, se lembra de gritar Andrew para brincar na rua – eles precisavam de mais crianças para a brincadeira. Andrew chegou até a porta, mas a mãe o puxou de volta. "Você não pode fazer isso", ela falou. "Ele era mais solitário", diz Ulrich. Charlie Thompson, outro vizinho, considera Andrew "a personificação de um filhinho da mamãe".

A relação de Andrew com a mãe era complicada. A personalidade dela era fragmentada e, depois de ter sido feita de capacho pelo marido por anos, MaryAnn era carente e sufocante ao mesmo tempo. Ela se vangloria de que ela e Andrew eram "inseparáveis" quando ele era criança. Como os pais competiam pela atenção do garoto, a proximidade de MaryAnn com Andrew enfurecia Pete. "Não se pode colar em um filho daquele jeito", Pete comenta. "Ela o sufocava. Ela se amarrava nele. Era esse tipo de relação... Maternal, mas de um jeito diferente."

Talvez MaryAnn pensasse que as outras crianças fossem muito brutas, mas ao manter Andrew isolado e só para ela, para vestir e mimar, ela estava ajudando a criar uma personalidade que se via como superior, o que o pai encorajava. "A única impressão que tenho de Andrew naquela época é que ele *sabia* que as coisas dariam certo para ele. Ele sabia que ia ser melhor do que seus colegas, melhor do que todo mundo ao seu redor", afirma Gary Bong, um colega de classe de Andrew durante o colegial. "Esse senso de superioridade era a característica marcante dele."

Pete também despejava atenção em cima de Andrew. Eles tinham apelidos um para o outro e falavam feito crianças um com o outro mesmo quando Andrew já estava no ensino médio. Pete diz que eles se referiam a certos acontecimentos engraçados como "bobinho ou cocozinho. Ele era mais do que um filho para mim. Ele era um amigo. A gente saía junto, andava por aí. Eu dizia 'ei, moleque, vamos sair para tomar um sorvete'. Ele aprendia muito rápido... Claro, a primeira coisa que fiz com o menino foi jogar um daqueles livros de etiqueta da Amy Vanderbilt em cima dele e dizer 'quero que memorize cada porra de ponto e vírgula aí'. Se você quer crescer nessa sociedade, precisa de algo em que se apoiar, precisa ser melhor do que o resto".

"De todos os filhos que Pete teve, ele colocou mais atenção em Andrew, talvez porque ele era muito bonito. Não era saudável", diz Delfin Labao. "Pete mimou o garoto, o fez sentir que precisava ser alguém, e talvez isso tenha mexido com a cabeça do menino, feito com que ele achasse que isso era tudo na vida." Pete estava começando sua tumultuosa carreira como corretor de ações. Depois de ficar tão orgulhoso do treinamento com a Merrill Lynch, ele não ficou por lá. Saiu depois de dois anos para trabalhar com a Prudential Bache. Ele ficou lá por treze meses antes de ser demitido por "desobediência", o que significa que ele quebrava as regras da empresa. Mas, ao ver a forma como tratava o filho, ninguém imaginaria que ele tinha problemas.

Em seus passeios até a sorveteria, Pete ensinava Andrew sobre marcas e imagem. "Ele sabia que eu tinha ganhado dinheiro. A gente parava numa loja e eu dizia 'você quer aquele terno Bally, aqueles sapatos Johnston &

Murphy, uma jaqueta da Cerruti? Você gosta daquele blazer? ', e ele virava e respondia 'meu Deus, papai, olha aquele ali!'."

Desde cedo Andrew se vestia com ternos e roupas elegantes, muito mais formal que as crianças da sua idade. Ele gostava de ser notado. "Ele sempre foi uma criança barulhenta, muito chamativa", diz Charlie Thompson. No ônibus para a escola, Andrew falava tão alto no fundo que forçava todo mundo a se virar e olhar para ele. Ele imitava as bravatas do pai, mas isso não queria dizer que se sentia seguro.

Na Escola Bonita Vista, que começava na sétima série e terminava na nona, Andrew se tornou parte do programa Menor Mentalmente Dotado (MMD). Para entrar no curso acadêmico acelerado, o QI mínimo era 132. Na terceira série em Sunnyside, o resultado do teste de QI de Andrew foi 147.

Bonita Vista, uma estrutura que se alastrava na colina com dez quadras de basquete e três campos de futebol e beisebol, era muito competitiva socialmente. A elite da escola era dividida entre os "Socs", as crianças sociáveis, e os "Estouros", as crianças espertas do programa para dotados. Andrew era um estouro, daqueles barulhentos. Preto e rosa eram as cores da moda na época em que Andrew estudou por lá, entre 1981 e 1983, e os alunos votaram em quem era o mais bem-vestido. Andrew, levando as advertências de seu pai e de Amy Vanderbilt a sério demais, estava começando a se definir cultivando uma imagem de riqueza e boa procedência. Enquanto a maior parte dos jovens usava jeans, Andrew se diferenciava ao vestir calças cáquis e camisas Izod. Vestia um colete cor de argila e sapatos Sperry Top-Siders, além de investir em mocassins. Seu objetivo era se apresentar como um estudante sofisticado, oriental, estilo garoto de colégio particular, numa área em que a maioria dos outros garotos considerava o Colorado como "oriente distante".

Quando chegou na sétima série, Andrew já havia desenvolvido um padrão e uma queda para contar histórias baseadas no que havia lido, mas embelezadas para terem mais efeito. A grandiosidade perturbadora que marcaria sua personalidade já havia começado a mostrar as garras. Ninguém sabia que ele era metade filipino, e ele nunca fez amizade com nenhum outro aluno filipino. "Ele sempre quis fazer parte da turma dos ricos", diz seu colega de classe, Gary Bong. "Andrew dizia no ensino médio que tinha várias ações", relembra Andreas Saucedo, ele mesmo um corretor de ações hoje em dia. "Ele dizia que era dono da fábrica de chicletes Wrigley Chewing Gum e da Coca-Cola. Estava sempre dizendo 'meu pai fez isso e eu tenho ações daquilo'. Eu pensei comigo mesmo "Deus, *eu* quero ações!". O fato de que os pais de Andrew nunca apareceram na escola e que ninguém nunca foi convidado para sua casa o protegia. Ele costumava até mesmo esperar fora de casa se alguém fosse buscá-lo. Claramente não queria que seu mito fosse quebrado.

Muitos dos colegas de classe de Andrew se divertiam com a habilidade dele de enganá-los e de contar histórias divertidas e cheias de acontecimentos – ele havia coletado informações o suficiente de suas leituras para se destacar na multidão. As garotas, especialmente, achavam fácil conversar com Andrew porque ele se interessava por moda e celebridades. Mas Kristen Simer nota: "Mesmo naquela época ele era um mentiroso patológico. Ninguém o levava a sério". E, para alguns, ele parecia bizarro – exibido e resguardado ao mesmo tempo. "Naquela época, cuidar da aparência era coisa de mulherzinha", diz Charlie Thompson. "As pessoas sussurravam no pátio 'ele é bicha'", diz Lou "Jamie" Morris, que conhecia Andrew desde a primeira série.

Andrew começou a andar com Peter Wilson, um garoto atarracado, filho único, que se tornou seu parceiro e adorador. Juntos eles memorizaram o *Manual oficial do Mauricinho*, entendendo-o mais como uma bíblia do que como uma sátira. Em época de Natal, os dois iam para o shopping fazer compras, mas gastavam todo o dinheiro em almoços no restaurante da loja Neiman Marcus – o ápice do luxo na cabeça de Andrew. Talvez porque MaryAnn era uma boa cozinheira, Andrew, que mais tarde se tornou um conhecedor de restaurantes e uma espécie de gourmet, demonstrou um interesse precoce em culinária como uma manifestação do seu esnobismo. Quando a Sra. Wilson perguntou o que ela deveria servir no aniversário de Peter durante o Dia das Bruxas, Andrew sugeriu caranguejo rachado. "Eu estava pensando em pizza", disse ela.

Era uma festa à fantasia, e Andrew foi vestido de príncipe de Gales, com blazer azul com um brasão e um lenço de cetim. Ele sugeriu para a alta, bonita e loira Jennifer January, uma amiga do programa MMD, que ela fosse como princesa Diana. O fato de que Jennifer se parecia muito mais com Diana do que Andrew se parecia com Charles não fazia diferença – na mente de Andrew, ele era um príncipe. "Ele se achava – 'eu sou da realeza'. E ele era. Ele conseguia convencer", Jennifer diz.

"Eu acho que ele procurava por algo que fosse melhor do que o lugar de onde veio."

Andrew ligou para o pai de Jennifer, um piloto naval aposentado, para perguntar se podia levar a filha dele para almoçar lagosta. O pai dela não deixou. Incapaz de aceitar não como resposta, Andrew a convidou para ter o mesmo almoço na escola – sopa de moluscos e lagosta com arroz e manteiga de um restaurante de frutos do mar próximo dali. Jennifer ficou mortificada ao ver que ele havia oferecido esse almoço caro para ela na frente dos outros alunos, que comiam lanches tirados de sacolas de pão. Ainda pior, a mãe de Andrew entregou a comida. Quando Jennifer perguntou a Andrew como ele tinha conseguido fazer sua mãe entregar um lanche tão elaborado na escola, ele respondeu: "Eu falei pra ela comprar e disse que precisava estar aqui na hora certa". Hoje, January diz: "Eu senti que ela era controlada por Andrew. Nunca houve a menor dúvida de que ele estava no comando".

Às vezes as aulas de Andrew sobre o que era necessário para se tornar alguém sofisticado irritavam as pessoas. No aniversário de 12 anos de Lou Morris, Andrew reclamou que não havia Perrier para beber, apenas água da torneira, e falou aos Morris que a salada precisava ser servida *depois* da refeição. "É o jeito europeu", ele disse. Mas, diferentemente dos colegas, Andrew nunca deu festas, e Morris, que conhecia Andrew desde a quarta série, finalmente perdeu a paciência. Ele estava cansado de convidar Andrew para sua casa e nunca ser convidado para a casa do amigo. Quem era Andrew para se fazer de importante? Era Morris que tinha uma casa grande e que era convidado para os bailes exclusivos da Assembleia Juvenil, não Andrew. "Eu sempre soube que ele tinha menos dinheiro do que dizia", Morris relembra. "Ele dizia que passava os verões na Europa. Tudo mentira."

Morris diz que podia ver que os valores de Andrew estavam começando a ficar distorcidos. "Eu deixei de ser amigo dele porque ele era exagerado e desagradável, e se tornou muito materialista e metido. Ele colocava as outras pessoas para baixo." Lou ficou chocado quando ele e Andrew estavam no pátio da escola certo dia e Andrew apontou além dos morros, para os cânions que encaravam o Pacífico. Em dias claros, era possível ver o centro de San Diego ao norte e o México ao sul. "Se alguém fosse esperto, faria condomínios em todos esses morros", Andrew falou. "Dá pra fazer muito dinheiro." Lou ficou lívido. Aqueles eram os amados espaços abertos onde eles haviam crescido, e todos os dias as empreiteiras tentavam acabar com aquilo. Por que alguém iria querer destruir algo tão belo? Desde então, a visão de Andrew se tornou realidade: existem casas idênticas no cânion todo.

Como Andrew era esperto e animado dentro de sala, a maior parte dos professores realmente gostava dele. Ele sempre era educado com os mais velhos. Em relação a suas pretensões, pais como o Sr. Wilson achavam que ele iria deixá-las para trás. A Sra. Jerelyn Johnson, professora de inglês de Andrew, o enxergava como "uma pessoa muito verbal, e um dos melhores escritores na turma. Ele era brilhante, entre os mais brilhantes, e eu fico com os melhores e mais brilhantes". Em um certo projeto da Sra. Johnson, Andrew, Peter Wilson, Jennifer January e Kristen Simer, uma amiga de Jennifer, interpretaram uma cena de *O grande Gatsby*. Andrew, ironicamente, não interpretou Jay Gatsby, o grande aspirante; ele interpretou Nick Carraway, o narrador.

A religião estava se tornando uma fonte de conflitos para Andrew. Ele crescia sob a tutela da mãe numa casa extremamente católica. O Evangelho não era sobre blazers da Cerruti e mocassins; o certo e o errado eram bem definidos. Mas Andrew recebia mensagens contraditórias. Se ele realmente era especial e superior, talvez os mandamentos divinos não se aplicassem a ele. Por outro lado, ele começava a sentir atração por outros rapazes, e esses sentimentos precisavam ser suprimidos se fossem pecaminosos.

Para a família, Andrew nunca deu sinais dessa luta interna; na verdade, ele fazia uma boa imitação de uma freira na sua paróquia, a irmã Dolores, que levou a turma de catecismo de Andrew numa viagem até um orfanato mexicano ao sul da fronteira, em Tecate. Diferentemente do resto das crianças, que ficavam contentes em beber a laranjada do McDonald's no trajeto, ele levou seu próprio refrigerante de baunilha com creme. "Ele disse que refrigerante de baunilha era chique", Jennifer January se lembra. Mas assim que chegou lá ele pareceu legitimamente tocado, passando o dia inteiro com as crianças, brincando de cavalinho com elas e jogando bola. "Ele teve um despertar", diz irmã Dolores. "Falou para a mãe que ouviu um chamado divino; 'Eu quero ser um missionário'. Ele ficou tão alegre ajudando as crianças. Andrew me agradeceu por tê-lo deixado ir. Ficou tão grato. A mãe dele queria mandá-lo para escolas católicas, mas o pai disse não." A irmã Dolores acrescenta: "Eu lido com centenas de pessoas por uma hora toda semana. Ele chamou a atenção". Mas, por outro lado, ela não tinha ilusões sobre a família Cunanan. "Era uma família disfuncional desde o início. As crianças eram jogadas de um lado para o outro entre a mãe e o pai. Eles não tinham dinheiro. MaryAnn era cem por cento italiana e ele era filipino. Não dava certo. Andrew aprendeu que, para sobreviver neste mundo, você precisa possuir coisas."

Com a raiva latente queimando o tempo todo, a situação tensa em casa era uma provação para Andrew. Apesar de toda a atenção que recebia dos pais e da afirmação silenciosa de que ele era o príncipe, Andrew precisava carregar um enorme fardo; os pais esperavam que ele fosse uma justificativa para que eles ainda continuassem juntos, que saciasse as expectativas deles, se tornando padre ou um *socialite* rico, mesmo que não tivesse os recursos para isso. Houve vários Andrews desde a infância: o bebê idolatrado, a criança feliz, o menino que crescia e era atraído para um mundo adulto cheio de problemas. Que criança quer ser o conselheiro de casamento de uma mãe apegada, ou acalmar um pai abusivo? Por outro lado, se ele tivesse poder sobre os pais, seria mais fácil quebrar as regras e ir além dos limites estabelecidos.

Ainda assim, havia muitos segredos que Andrew sentia que precisava guardar. Começavam com a apreensão que ele sentia por vir de uma família racialmente diversa, o que era ainda menos aceito naquela comunidade nos anos 1970 do que é hoje em dia. A doença vergonhosa da mãe e o temperamento imprevisível e explosivo do pai, assim como o tratamento brutal que ele dispensava à esposa – de um jeito ou de outro toda a família padecia com a dinâmica tóxica dos pais. Alguns dos filhos tiveram desordens alimentares ou problemas com drogas. Mais de um membro da família desenvolveu tendências suicidas.

Elizabeth Oglesby, uma psicóloga que mais tarde viveria perto de Andrew e se tornaria sua amiga, acredita que ele era um narcisista. "Narcisistas olham para as pessoas como objetos que podem usar ou consumir. Os pais estavam ali apenas para servir, adorar ou atender." Não é incomum, de acordo com psicoterapeutas que estudam narcisismo, que em famílias infelizes a mãe escolha um filho para encher de atenção e o use como um substituto emocional para o marido que a rejeita.

De acordo com Oglesby, os perigos são muitos para uma criança assim. Enquanto a lealdade deles é dividida entre os pais, eles são ensinados que são superiores, príncipes encantados. Mas, ainda assim, são incapazes de processar sentimentos de intimidade – o que inclui elementos de sedução, seja de cunho sexual ou não –, então acabam soterrando seus confusos sentimentos de culpa, medo ou raiva num esforço de evitá-los. Quando sentimentos são constantemente enterrados, eles terminam por não servir para muita coisa. O que fica para trás é uma certa frieza, junto com a ideia de que a imagem pessoal é mais importante do que ter qualquer sentimento. A explosão vem mais tarde, quando a criança é incapaz de ter o que quer; então, a imagem é quebrada e toda a fúria acumulada emerge.

Algumas semanas depois da explosão sangrenta de Andrew, Pete Cunanan resolveu voltar aos Estados Unidos pela primeira vez desde 1988, quando ele "saiu do ninho", deixando sua família se sentindo chocada e abandonada, além de vender a casa onde eles ainda moravam. Pete veio de avião das Filipinas para gravar uma entrevista com Larry King. Imitando King, que é famoso por usar suspensórios coloridos, Pete está usando suspensórios com desenhos da Ponte Golden Gate. Sua camisa esporte cinza com gola alta parece cara e cobre a pança que se pendura acima do cinto. Seus olhos escuros estão alertas, mas inchados, causados provavelmente pelo *jet lag*. MaryAnn o acusa de ter fraudado mais de 100 mil dólares em fundos de clientes e fugir da lei; seu antigo chefe afirma ter registrado uma reclamação sobre ele com a Comissão de Títulos e Câmbios. Pete mantém que nunca foi acusado oficialmente de nada, e que, de todo modo, o limite de tempo prescreveu.

Pete deseja conseguir um acordo para um livro e um filme sobre Andrew. Já fez as contas, ele diz, e seu filme custaria 11,5 milhões para ser feito. Ele também tem uma "visão muito otimista" de quanto o filme renderia, "115 milhões" ou "no mínimo [...] 34 milhões". Ele exige 500 mil pelos direitos. O título é *Um nome para recordar*. "Eu não vou concordar com nada além disso. Esse era o último pedido dele." Pete insiste que ele se comunicou com Andrew até o fim, e que algumas pistas sobre a história do filho são apenas "um pedaço da história toda. Se eu sentir o cheiro do dinheiro está tudo certo. É o prestígio que está em jogo. O poder". Contudo, ele não aceita contratos sob a jurisdição americana. "As leis americanas não respiram sem responsabilidade jurídica."

Hoje a vida de Pete é diferente. Ele mora com sua "esposa filipina – a melhor companheira que eu poderia desejar". Passa os dias caçando tesouros perdidos – 55 bilhões de dólares em ouro perdido que os japoneses suspostamente deixaram nas Filipinas durante a Segunda Guerra Mundial. Pete é um seguidor de Clare Prophet, líder da Igreja Universal e Triunfante, um culto de San Diego e Montana, cujos fiéis se esconderam em abrigos antibombas em 1990 a fim de se prepararem para o fim dos tempos. Ele a chama de Mãe Chiara.

Se conseguisse vender seu livro e suas ideias de filme, Pete enfatiza, ele poderia "trazer tratores e escavadeiras". Ele encontraria o tesouro que deixou teóricos da conspiração e caçadores de tesouro babando por décadas. "Aí, tem o problema de como dispor de oitenta toneladas métricas de ouro – eu precisaria conversar com o FMI", ele continua. "Se eles deixam alguém sair livremente com oitenta toneladas de ouro, acontece uma crise mundial. Se essa quantidade de ouro é colocada em circulação, a economia mundial é arruinada. Eu poderia fazer um acordo com o governo americano. Poderíamos dividir metade-metade – eles cuidam disso? Mas eu teria minhas condições. Eu quero que vocês peguem 24 engenheiros em treinamento das Filipinas todo ano. Esse seria o meu acordo com o congresso – igual o que eles fizeram com os Rothschild durante a revolução. Se não fosse pelos judeus e o ouro deles, o general Washington teria falhado."

E agora Pete quer conseguir um pouco de ouro explorando a tragédia do filho. É possível ler o seguinte em sua proposta:

> A história do filme negaria com certeza a maior parte, se não a totalidade, das mentiras pervertidas e desinformadas e das inventividades maliciosas pesadas [sic] acusadas contra Andrew Cunanan e que foram fornecidas ao povo americano e às pessoas do mundo inteiro para mascarar um acobertamento sórdido dos erros, das más decisões e das confusões dos corruptos no estado e na sociedade. "Alguém foi pago. A vida é assim mesmo é [sic]". E assim Andrew Cunanan foi assassinado.
>
> Eu nunca soube que meu filho, Andrew, era homossexual. Ele estava agindo dessa forma por um motivo muito específico. Mas quem estava obrigando-o a fazer isso?
>
> Sou o pai de Andrew. Eu sabia há muito tempo o que estava acontecendo: nomes, placas, eventos e motivações, para não mencionar o *modus operandi*.
>
> ...Por favor, faça a sua oferta e/ou contraoferta ... Rapidez é essencial.

Assim como MaryAnn, Pete está em negação sobre Andrew. MaryAnn não acredita que Andrew tenha matado Versace, mas admite que ele provavelmente matou os outros. Pete acredita que Andrew foi forçado a matar Versace, mas não reconhece que Andrew matou outros. "Eu estava ensinando-o a ser um diplomata. Se eu tivesse dado sorte procurando ouro, a gente nunca mais precisaria de dinheiro. Meu plano era que Andrew fosse um filantropo, um americano trabalhando como advogado nas Filipinas. Com esse tipo de personalidade, extrovertido, jovem, ambicioso, com boa aparência, articulado e inteligente, com dinheiro, educado. E..." Pete faz uma pausa "com um paizão em Washington".

Um paizão em Washington?

"É, eu colocaria dois milhões na campanha de um candidato, e tudo que pediria era um cargo, você não acha que eles até me deixariam escolher? Ei, é preciso abrir seu próprio caminho até lá em cima, pelos corredores do poder. Olha, o único problema é que eu não tinha dinheiro para isso."

Pete ainda culpa MaryAnn por destruir seus sonhos. Sente amargor e raiva por ter sido proibido pelo resto da família de dar qualquer opinião sobre os "bens" de Andrew – quaisquer que fossem. "Eu aguentei aquela maluca por 27 anos. Eu era um cara simples na Marinha. Toda vez que eu saía de casa ela levava um amante", ele espuma de raiva.

"Não dava nem tempo de coçar a cabeça antes de ela mentir e mentir e mentir. Ela é uma neurótica psicótica com histórico psiquiátrico. Tudo que ela fez foi comer, cagar, encher o saco e dormir por 27 anos!" Ele se recusa a responder se batia nela ou não, mas está apenas começando. "Eu fui um bom provedor. Você acha que eu podia levar ela para as festas com meus clientes ricos? De jeito nenhum. Ela pertencia à ralé. Eu me apaixonei por ela até ela ficar desleixada. Ela transformou nosso casamento numa latrina para que pudesse se afundar nela, e aí eu desisti."

Pete declara veemente que Andrew estava preso numa vasta conspiração do mal, que ele não era homossexual e que foi ludibriado a vender drogas para um sindicato poderoso de homens ricos e velhos, que ele provavelmente conheceu enquanto trabalhava numa agência de publicidade em São Francisco (não há registros de que Andrew tenha trabalhado numa agência de publicidade). "Ele trombou com uma coisa tão grande que precisaram matá-lo." Pete afirma ter nomes, datas e lugares que só vai revelar quando for pago pelos direitos do filme e do livro. Ele diz que Andrew se comunicava bastante com ele antes de morrer. Na verdade, essas pessoas são tão perigosas que seria melhor chamar o manuscrito dele de "falcatrua literária". Ele alerta: "Se você não fizer isso, sua vida estará em perigo". Em determinado momento ele pergunta: "Por que Andrew entrou e saiu da Rússia seis vezes em 1996?" (não há registros de que Andrew tenha colocado os pés na Rússia).

Ele culpa a polícia por colocar um alvo nas costas do filho e fala abertamente sobre ele mesmo matar pessoas, o temperamento violento começando a aflorar. "Muitas vezes eu senti vontade de ir até São Francisco e encher os caras de chumbo – o FBI, a polícia. Seria suicídio, mas eu levaria alguns deles comigo."

As pessoas sempre se perguntaram se Pete e Andrew tiveram algum relacionamento íntimo enquanto Andrew crescia. Pete não se incomoda com a pergunta. Ele dá uma tragada no seu cigarro e diz que não. Prefere falar sobre o filme. Pete já escolheu um ator – ele precisa de ajuda para entrar em contato com "John Junior". Ele quer que o filho de John F. Kennedy interprete Andrew.

"Os maneirismos deles são parecidos, quase os mesmos", ele explica. "Eu observo John Junior com muito cuidado. O cara tem uma aura – aquela dignidade." Pete afirma estar disposto a "gastar vinte e quatro horas por dia" para ensinar John Kennedy, e também procura um "diretor experiente. Tem muito dinheiro nisso. Dá pra dividir com todo mundo!".

3

BISHOP

"Eu vou estudar na Bishop! Eu vou estudar na Bishop!" Andrew estava em êxtase. Ele havia sido aceito na escola particular mais prestigiada da região, a Escola Bishop, na exclusiva região La Jolla. Ele não conseguia esconder sua animação ao falar com os colegas na escola de Bonita Vista, alguns dos quais até acreditaram que ele era um garoto rico indo para uma escola chique. "Ir para a Bishop saindo de Bonita era o equivalente a sair da lama e ir para um palácio", exclamou a mãe de um dos amigos de Andrew. "Os alunos dessas escolas têm formaturas chiques. De onde a família estava tirando dinheiro para isso?" O melhor amigo de Andrew, Peter Wilson, também estava indo para a Bishop, pois seus pais sentiam que "Bonita estava mudando".

Reveladoramente, Andrew escreveu o seguinte no anuário de Kristen Simer: "Lembra quando eu sentava perto de você no ônibus ano passado e todo mundo achava que eu era a fim de você? (Que abissurdo!) [sic]. Talvez você namore Tom Selleck um dia!". Andrew já indicava que nunca teria uma namorada.

A ideia de ir para a Bishop foi muito mais de Andrew e MaryAnn do que de Pete. MaryAnn mandou inscrições para várias escolas particulares, acreditando que Andrew deveria ser exposto ao melhor. A mensalidade na Bishop naquela época subiu de 4.000 dólares para 6.200 dólares por ano, e os poucos alunos bolsistas recebiam pouco mais que 1.500 dólares. A Bishop significaria um enorme sacrifício financeiro para os Cunanan. Mas, mais uma vez, Andrew estava sendo tratado pela família como alguém especial, e nada poderia ser negado a ele.

Ele claramente havia ansiado pela Bishop, "visualizando paredes cobertas de hera, salas espaçosas e professores como o Sr. Chips e a Srta. Jean Brodie", personagens dos filmes que assistia. Andrew escreveu uma carta de intenções ao se inscrever que é interessante e reveladora.

"Eu imaginei a escola como uma versão da Costa Oeste de Groton, Deerfield e semelhantes..." Sim. Poucos alunos da oitava série na Escola Bonita Vista em Chula Vista, Califórnia, teriam ouvido falar em Groton, Deerfield "e semelhantes".

As respostas de Andrew para uma série de perguntas chamada "Informações Pessoais do Aluno" são particularmente reveladoras: "Quais são as suas tarefas domésticas?". "Nenhuma", ele respondeu, citando apenas distração familiar como a única resposta para "coisas que atrapalham a fazer dever de casa". Quando questionado sobre o que fazia "em seu tempo livre", Andrew respondeu: "Eu sou um leitor compulsivo. Também gosto de xadrez, roupas, carros Mercedes e corrida". Ele listou "interpretação e facilidade para aprender outras línguas" como suas "habilidades especiais e talentos". Entre os livros "lidos neste ano", citou não apenas *O apanhador no campo de centeio* e *A letra escarlate*, mas também *O mundo segundo Garp* e *O Hotel New Hampshire*, dois livros com personagens gays marcantes, bem como *Henrique V, Parte Um*. Quando questionado "Quem geralmente te ajuda com seus problemas?", Andrew escreveu "Papai do céu".

Todos os sonhos de grandeza e os desejos de Andrew, seus conflitos inerentes à sua personalidade em formação, emergiram em sua resposta para a pergunta: "Se você pudesse fazer um pedido, qual seria?". "Sucesso, uma casa de frente para o mar, duas Mercedes, quatro bellas [sic] crianças, três bels [sic] cachorros e um bom relacionamento com Deus". Mercedes foram um desejo constante ao longo da vida dele, mas até então uma esposa não era mencionada. Ainda assim, Andrew queria tudo.

A decisão de ir para a Bishop alterou a vida de Andrew profundamente. Ele entrou num ambiente de posses e luxo que poderia ter ensinado outras pessoas a se esforçarem para alcançar alguns de seus sonhos. Mas Andrew estava acostumado a receber tudo sem trabalhar por isso, então, em vez de se sentir grato, ele secretamente nutria ressentimento. "Andrew tinha uma inteligência rápida, franqueza, ambição e camaradagem durante o ensino médio, e um desejo de viver. Contudo, isso foi contaminado pelos veios de escuridão negativos e potencialmente explosivos enterrados nele", diz um membro da Bishop. "Um desses veios era a inveja. Andrew se ressentia secretamente dos colegas, da riqueza e do estilo de vida deles, que estavam o tempo todo ao seu redor."

Apesar do esforço da Bishop para guiar seus pupilos, isso apenas intensificava a raiva latente de Andrew e seu gosto por fingir que era algo que não era. Por fora, Andrew era extravagante; por dentro, era inseguro e se preocupava com o que os outros pensavam dele. Poucos de seus amigos sabiam que ele era metade filipino, e sabiam ainda menos que ele tinha irmãos ou irmãs. Sua família nunca era vista na escola. Em vez disso, ele mascarava suas ansiedades com mentiras e bravatas, agindo de forma quase ensandecida – "um cara que chamava a atenção", de acordo com Sarah Colman Jordan, uma colega de classe. "Simplicidade, Sinceridade, Serenidade" – o lema da escola – dificilmente descreveria Andrew Cunanan. Hoje sua mãe culpa as "más companhias" da Bishop pela queda do filho.

Fundada originalmente em 1990 pela Igreja Episcopal como um internato para garotas, a Bishop é um marco das construções ao estilo das missões espanholas, erigida ao redor de um quadrilátero e com uma torre do sino, para onde os alunos às vezes se esgueiram a fim de ter uma vista do Pacífico. A escola fica numa parcela de terra que foi doada pela família Scripps – uma parte da fortuna que Scripps Howard fez com seus jornais. O Instituto Scripps de Oceanografia e o Instituto Salk de Estudos Biológicos ficam próximos e são celebrados pela beleza esmagadora.

La Jolla (pronuncia-se *la roya*, que significa "a joia" em espanhol), a cidade mais ao norte de San Diego, está empoleirada em paliçadas floridas e colinas luxuosas que deixam ver vários quilômetros de costa. La Jolla se anuncia como "vilarejo ao pé do mar" ao estilo da Riviera Francesa, e sempre foi sinônimo de opulência e cenários maravilhosos: enseadas cobertas pelo sol, areia branca e leões marinhos tomando sol ao lado dos turistas. Surfistas bronzeados se exibem nas ondas, enquanto estudiosos de grupos acadêmicos da região andam por ali com as barras das calças dobradas.

Mas La Jolla era bem mais insular e conservadora do que Côte d'Azur. Até a década de 1950, negros eram confinados em duas ruas reservadas a empregadas e motoristas. Judeus foram mantidos longe, por convenção, até meados dos anos 1970, e a maior parte dos gays ricos permanece no armário até hoje. A sala de Andrew na Bishop tinha um clube de Republicanos contra a Assistência Social.

Os nativos privilegiados de La Jolla tinham uma certa tranquilidade por dentro e por fora que Andrew não conseguia absorver ou imitar. Ele já era muito ocupado com a própria aparência e desonesto demais para baixar a guarda – embora escondesse seus medos com extravagância e expressões barulhentas de emoção. Mas, independentemente do quanto se esforçasse, ele nunca aperfeiçoou a presunção insolente daqueles que nasceram de frente para o mar. Eram os anos Reagan, os loucos anos oitenta, e o excesso era o ápice do estilo. Os alunos da Bishop – as garotas em elegantes saias xadrez plissadas, os garotos em paletós azuis – vinham de todos os lugares, mas a maioria era bem diferente de Andrew.

A Escola Bishop faz contorcionismos para provar que parte de seus alunos são bolsistas e que os outros não agem como crianças ricas e esnobes. Mas, de vez em quando, os alunos não conseguem se segurar. Um conhecido de Andrew explica que os alunos da Bishop se esforçavam tanto para não se vangloriarem de seu status social que eles "quase" pensavam que era legal ser pobre. "O fato de que sua família tinha 1 milhão de dólares em vez de 50 milhões não fazia muita diferença para as pessoas." A menos, claro, que você fizesse parte dos 99,5 por cento do contingente geral da população que não tinha 1 milhão de dólares, como a família de Andrew não tinha. Peter Cunanan provavelmente nunca ganhou mais do que 50 mil dólares num ano. "Da perspectiva de Andrew", seu colega admite hoje, "talvez existisse um abismo que éramos incapazes de enxergar".

Uma vez lá dentro, a Bishop é tolerante e liberal, de uma forma não política, dentro de seu próprio casulo. Andrew começou a fazer parte de um organismo educacional que partia do pressuposto de que todos aqueles que entravam eram "um de nós" – tendo não apenas inteligência, mas um nível de sofisticação precoce, com viagens para esquiar, carros esporte e férias na Europa. Logo Andrew estaria indo para bailes de debutantes, jantando em restaurantes chiques e comparecendo a festas nas casas maravilhosas de seus amigos ricos. A vida boa de materialismo que seu pai o ensinou a desejar estava diante dos seus olhos todos os dias, tão perto que ele podia tocá-la. Andrew sonhava em fazer parte daquele círculo e, como não tinha nascido nele, precisaria fingir que tinha. "Ele basicamente se portava como se tivesse vindo de uma família de alta cultura", conta Kim Burgart Weir. "Como ele não era de La Jolla, era mais fácil esconder a verdade, já que todas as famílias de La Jolla se conhecem."

No início, Andrew fazia o trajeto de 45 minutos de Bonita a La Jolla de carona com uma garota mais velha e três outras pessoas. Ele começou a se exibir imediatamente, para entreter, para cativar. Com Andrew no carro, Sarah Colman Jordan relembra, a ida e a volta da escola "mudaram de um silêncio infernal para divertidas". Andrew contava histórias hilárias. "Ele era muito interessante. Sabia como falar e como ouvir. Ele era muito bom em pegar o que te interessava e moldar as histórias que contava para se adequarem". Meninas que nunca recebiam elogios de outra forma escutavam-nos de Andrew. E elas nunca se esqueceram.

"Eu era um patinho feio, e a maior parte dos meninos é cruel com essa idade", diz Burgart Weir. "Andrew era um dos poucos garotos que eram gentis comigo, ele sempre tinha um elogio para as minhas roupas ou o meu cabelo." Andrew costumava andar com as meninas no pátio para fofocar sobre celebridades. "Era muito parecido com *As patricinhas de Beverly Hills*", diz a colega de classe Heidie Hamer, se referindo ao papel de Alicia Silverstone no filme sobre as riquinhas do Colégio Beverly Hills.

No seu primeiro ano na Bishop, Andrew se aproximou de gêmeos de sua sala, Matthew e Rachel Rifat, que eram inteligentes e viajados. Andrew se impressionou ao descobrir que a mãe deles estava no comitê de debutantes. Ele passou muitos finais de semana com os Rifat na casa deles em Mission Hills, um distrito de San Diego. Anne Rifat, que tem uma fala macia e calorosa, sentiu que Andrew vinha de uma família instável. "Foi por isso que eu o deixei vir aqui tantas vezes." Andrew colocava uma das capas de Anne e rodopiava com ela, mas sentia imediatamente quando ela achava que ele estava indo longe demais. "Ele era intuitivo", ela se lembra. "Uma olhada minha e ele parava." Durante suas idas e vindas de carona para a escola, Andrew começou a dar sinais claros sobre seus desejos – falando sobre garotos e suas "bundas lindas". Contudo, na escola, ele era relativamente quieto enquanto avaliava tudo, e até permitiu que os Rifat conhecessem seus pais.

Obviamente, tudo foi muito bem ensaiado. Quando sua mãe tocou a campainha dos Rifat, Andrew correu e abriu a porta dizendo "Mama!" e mandando beijos. MaryAnn Cunanan gosta de dizer que Andrew sempre gostou mais dela do que das mães de seus amigos, "aquelas barangas", as damas da sociedade de La Jolla. "Você é de verdade", ela repete as palavras do filho. "Elas não são."

Mas qualquer um que conhecesse Andrew duvidaria da informação. "Andrew não tinha interesse em dividir o holofote com ninguém, e seus pais não eram parte do mundo em que ele vivia", afirma Anne Rifat. "Andrew vinha até a cozinha para conversar comigo. Tratava MaryAnn feito criança; ele a chamava de 'Mãezinha'. Ficava muito frustrado e irritado com ela. Eu tinha a impressão de que ele não a queria por perto. Ela era étnica demais para ele; acho que ele tinha um pouco de vergonha dela."

Com o pai, Andrew era afetuoso e leal. Pete levou Andrew e Rachel, que era seu par, para o primeiro baile formal natalino deles na Bishop. Pete precisou se endividar para manter as aparências, mas Andrew e Rachel foram para o baile em uma limusine. E Pete sempre se vestia de forma elegante na frente dos Rifat, usando ternos e camisas de linho. Ele até deu um cartão de crédito para o filho, que prontamente estourou o limite.

Andrew e os Rifat logo ficaram encantados com um membro adorado do corpo docente e chefe do ensino superior, o Dr. Otto Mower, um antigo padre católico de Lugano, na Itália, que abandonou o sacerdócio e se casou. Erudito e gentil, Mower pregava o ideal renascentista. Ele lecionava História da Arte e Ética da Filosofia de maneira cativante, e história da arte e arquitetura se tornaram rapidamente paixões de Andrew. Ele se tornou um acólito de Mower e, mais uma vez, o ex-coroinha, "que tinha um enorme respeito pela igreja", afirma Matt Rifat, teve sonhos de se tornar um clérigo – um padre mundano que fumava e bebia, não um que fazia votos de pobreza ou castidade. Andrew posou para a câmera de Matthew Rifat fingindo rezar, e também como um coroinha bêbado. Andrew via o sacerdócio como uma forma de viver cercado de arte, em Roma, sem precisar trabalhar muito.

Alguns professores consideravam Andrew brilhante, mas não muito intelectual; ele podia soterrar as pessoas com sua memória fabulosa para detalhes e curiosidades, mas apenas arranhava a superfície, em vez de desenvolver seu poder de síntese.

Ele era um leitor voraz de revistas, especialmente aquelas que serviam de janelas para o mundo chique que ele sonhava em habitar. Certo dia, ao ler uma edição da *GQ*, ele encontrou um artigo sobre um clube de cavalheiros em Londres que o fez pensar. Logo, ele e Matthew Rifat, juntamente com Dr. Mower, formaram o Clube de Cavalheiros, uma desculpa para exibir as toalhas de linho e a prataria da escola em almoços ocasionais nas segundas-feiras, quando os três se reuniam para discutir assuntos de arte e filosofia. Recusando as ofertas da lanchonete da escola, Andrew ou Matthew iam até uma padaria e *delicatessen* francesa que havia ali perto para comprar brioches e queijo brie para esses encontros refinados. Ali, Andrew podia fantasiar uma vida onde nunca precisaria sujar as mãos com a plebe. Agora, ele também participava de um clube. Os almoços acabaram no segundo ano dos garotos, mas Andrew apareceu para posar para as fotos do Clube de Cavalheiros nos dois anuários seguintes da Bishop.

As décadas de 1920 e 1930 na França e na Inglaterra eram pontos favoritos de referência, principalmente porque Andrew pensava neles como "anos gays". Ele adorava soltar frases em francês, mas nunca se preocupou em aprender o idioma, ou qualquer língua estrangeira, embora afirmasse falar várias. Ele se apaixonou por *Victor ou Victória?*, o filme de Julie Andrews que se passa em Paris nos anos 1930: costumava cumprimentar Rachel Rifat nos corredores dizendo "vadia, eu estou com tesão", imitando uma fala do filme. Ele amou igualmente *Carruagens de Fogo*, o vencedor do Oscar que era uma ode aos competidores olímpicos da Inglaterra em 1924. Andrew ficou tão encantado pela minissérie da rede PBS, *Memórias de Brideshead* – uma adaptação do livro de Evelyn Waugh que relembrava os dias do autor na Oxford dos anos 1920 –, que passou a se imaginar como Sebastian Flyte, o rico, belo e afetado aristocrata católico. Imitando Flyte, Andrew passou a carregar um ursinho de pelúcia, que chamou de Bully, pelos corredores da Bishop. Ele também gostava de imitar o esteta de língua presa do livro, Anthony Blanche, recitando versos de "A Terra Devastada": "Eu, Tirésias, já sofri tudo [...] Por decreto nesse mesmo d-divã ou cama, eu que me sentei sob as muralhas de Tebas, e caminhei entre os mortos mais vis [...]".

"A personalidade de Andrew se desenvolvia como um pastiche", afirma Rifat. Era qualquer vida exceto a dele. Mais uma vez Andrew exibia os traços clássicos do narcisismo. "Narcisistas se fixam na própria imagem. Na verdade, eles não conseguem distinguir entre a imagem que fazem de si mesmos e a realidade de quem são", escreve o psiquiatra Dr. Alexander Lowen. "Narcisistas não trabalham com a autoimagem real porque isso é inaceitável para eles."

Na primavera do seu primeiro ano na Bishop, Andrew fez pirraça quando perdeu a excursão que a escola fez para assistir a ópera *Carmem* porque estava doente. Para fazê-lo se sentir melhor, seu pai saiu e comprou um carro esporte novinho para ele, um Nissan 300ZX Turbo. Ainda que Andrew tivesse apenas 14 anos e não pudesse dirigir, o carro era dele. Seu pai contaria vantagem mais tarde: "Foi o primeiro a chegar em San Diego".

Quando Andrew contou a Rachel que tinha ganhado um carro, ele também contou que era gay. Rachel escreveu em seu diário: "Eu não acredito, estou em choque". Embora ele não fosse seu namorado, ela disse a Andrew para parar de brincar com isso. Ele respondeu que estava falando sério. Rachel perguntou: "Como é beijar uma garota pra você?".

Andrew disse que "é a mesma coisa que *você* beijar uma garota. Você se sente horrível".

Com a exceção da família, que ele conseguia manter longe das muitas atividades para pais na escola, Andrew queria que todo mundo soubesse que ele era gay, e seu comportamento se tornou cada vez mais ousado e extravagante. "Nós pensamos, não pode ser verdade, isso está tão em evidência", diz sua colega de classe Anne Murray. O corpo docente da Bishop não apenas tolerava o comportamento de Andrew, mas também incentivava as virtudes da bondade e civilidade. Alguns funcionários admitiram mais tarde que Andrew foi a primeira pessoa abertamente gay que conheceram na vida.

Andrew descobriu rapidamente que ser a "bicha extravagante" dava a ele o renome que havia desejado por tanto tempo. Quando alguém o chamava de "mariquinha", Andrew era rápido em responder: "Quer um pedaço?". Seu colega Jonathan Miner se lembra: "Ele sempre tinha uma resposta quando as pessoas implicavam com ele por ser gay. No fim das contas isso chamava atenção para ele, então Andrew não se importava". Sua turma ficou dividida. Enquanto muitos alunos gostavam dele, descrevendo-o como suave, generoso e genuinamente preocupado com as pessoas, outros consideravam seu comportamento triste e patético. "Não sei o que ele estava procurando, mas estava conseguindo, e foi ficando cada vez pior... Mais barulhento e exagerado", um aluno recorda. "Era possível escutá-lo de longe no corredor, e era interessante olhar para ele, interessante do mesmo jeito que olhamos para um acidente de trem ou para um louco correndo pelado", diz Matthew Rifat. "É ousado, bagunçado e divertido de ver."

Apesar dos problemas financeiros, Pete e MaryAnn Cunanan hipotecaram a casa em Bonita e a alugaram para comprar outra de 189 mil dólares em Via Embeleso, em Rancho Bernardo, uma comunidade afastada 43 quilômetros a noroeste de La Jolla. A casa de dois andares e quatro quartos, que MaryAnn chamava de "mansão", tinha sala de estar e sala de jantar conjugadas e uma cozinha pequena. Andrew contou aos Rifat que estava horrorizado com o fato de que o piso da cozinha era de linóleo, e não de azulejo.

Pete costumava praticar tiros com sua pistola no quintal, que era coberto de cimento. Andrew disse aos amigos que o tiro ao alvo de Pete era para manter sua lealdade com a máfia filipina. Os Rifat se lembram que a casa tinha um "silêncio sepulcral", porque Andrew estava sempre enfiado em livros quando estava lá. A casa, parcamente mobiliada, ostentava um carpete branco por todo lado. Andrew dizia que era apenas uma das muitas casas que eles possuíam. Ele informou aos Rifat que os Cunanan eram muito ricos nas Filipinas.

Nada indicava mais a posição de Andrew na família do que a decisão do pai de dar o maior quarto da casa para o filho. Pete chegou à conclusão de que Andrew precisava de mais espaço, e o garoto se mudou imediatamente. "Eu avisei para ele que precisaria entrar de vez em quando para usar o armário", diz Pete. MaryAnn conta que ela dormia no quarto de empregada e Pete dormia no sofá. A essa altura eles não compartilhavam mais uma cama ou qualquer outra coisa em suas vidas, exceto um interesse em Andrew e, num grau bem menor, em sua irmã Gina. Andrew falava na escola que seus irmãos tinham ciúmes dele porque "eu tenho o que eu quiser e eles não".

Andrew havia parado de mencionar sua esperança de conseguir uma vaga em Annapolis. Apesar de sua inteligência, decidiu não competir pelo nível superior. Em vez de se esforçar para assegurar uma vaga numa universidade prestigiada – o que ele pensava ser um direito seu, mas que exigiria uma bolsa para virar realidade –, Andrew preferiu dar a impressão de que estava acima disso tudo e que estava valsando pela vida.

Ele não se candidatou ao grêmio estudantil nem trabalhou no jornal da escola, mas, no único esporte de que participou em seu segundo ano na Bishop – *cross country* –, ele chegou a fazer parte da *All Academic Team,* uma equipe acadêmica para estudantes e atletas financiada pelo jornal Union-Tribune de San Diego. Ele entrou para o time porque sua média de notas era de noventa por cento.

Andrew era mais lembrado por suas façanhas – por ser sempre o primeiro a tirar a camisa durante o treino de corrida e os bailes da escola. Nas provas, ele sempre ficava entre os vinte primeiros colocados. Recebeu um 9 do Dr. Mower no curso avançado de História da Arte, lembrando-se com facilidade dos detalhes acerca de pinturas individuais, mas tendo dificuldade em redações comparativas e interpretação de períodos da arte. Também recebeu um 9 do Dr. Mower na aula de Ética da Filosofia, provando que, pelo menos uma vez na vida, ele foi capaz de entender princípios morais. Mas todos eles estavam lutando uma batalha perdida contra a fraqueza predominante de Andrew.

"Andrew queria desesperadamente o tipo de inteligência, perspicácia e julgamento que o Dr. Mower tinha, mas ele queria imediatamente", diz

Matthew Rifat. "Queria experimentar arte, cultura e pessoas importantes. Mas, em seu anseio, se desviou da inteligência, perspicácia e julgamento para se tornar melodramático: olha pra mim, eu sou extravagante, é divertido ficar perto de mim – me leve pra jantar. Era interessante observar e falar com Andrew – esse era o papel dele. Ele não tinha nada além disso. Ele não tinha senso comum ou tino para negócios, então não conseguia o que desejava."

Nos seus últimos dois anos na Bishop, procurando uma turma mais vivida, Andrew ampliou sua gama de amigos, alguns dos quais eram chamados de "drogadinhos". Drogas e álcool eram comuns entre alguns alunos da Bishop e, assim que aprendeu a dirigir, Andrew começou a chegar em casa tarde e a contar histórias sobre cruzar o Parque Balboa, um conhecido ponto de encontro gay. Ele falava de um namorado mais velho chamado Antoine, que lhe dava presentes. Ninguém na Bishop chegou a ver Antoine. Eric Simon conta que Andrew fumava maconha e tomava ecstasy e chá de cogumelo. Outros diziam que ele também cheirava cocaína. Andrew gostava de pensar em si mesmo como alguém que andava entre a "juventude mimada" glamorosa, mas decadente, personificada pelos ricos e drogados do romance de Bret Easton Ellis, *Abaixo de zero*, e do filme que o seguiu. Ele gostava do conceito de "viva rápido, morra jovem" (o protagonista bissexual de Ellis acaba se autodestruindo).

"Andrew era um mestre em inventar histórias para encobrir sua família", diz Stacy Lopez, sua colega de sala e amiga próxima, uma das únicas pessoas com quem ele falava abertamente sobre sua família. Ele dizia que sua mãe era "louca" e neurótica, raramente mencionando seus irmãos, exceto para falar dos ciúmes deles. Talvez pelas ambições frustradas dos pais e seu catolicismo, ele nunca chegou a dizer aos pais aquilo que falava para todo mundo: que era gay. Em vez disso, aos 16, Andrew "amava dinheiro" e se vangloriava dos "homens que cuidam de mim" para Stacy. "Eu nunca pensei que ele se prostituía. Eu pensava que homens o presenteavam e coisas do tipo, e eu zoava com ele dizendo 'ah, você arrumou outro coroa rico'". Ele também contou a Stacy que gostava de ser "o mais feminino nas relações".

O ponto alto foi um terno justo de couro vermelho que Andrew exibiu orgulhoso para Stacy, complementando com "Antoine comprou para mim". Embora alguns garotos de sua turma fossem se descobrir gays mais tarde, ninguém na Bishop ousaria usar um terno vermelho de couro.

Para aumentar sua reputação de ousadia e introduzir um elemento de perigo, Andrew começou a levar uma arma para a escola. Ele a deixava no carro e a exibia para seus colegas de sala, dizendo às vezes que seu pai o havia presenteado com a arma para que se protegesse.

Andrew mentiu tanto e compartimentalizou tanto a sua vida que ninguém seria capaz de vê-la de forma contínua. Mesmo os amigos que pensavam ter algum entendimento acerca dele só vislumbravam uma parte. Mas eles não precisavam ser muito astutos para ver a raiva escondida e a inveja que o guiava. Os sinais perturbadores estavam sempre ali. Andrew sempre queria mais. Em sua viagem para esquiar no último ano, ele foi acusado de roubar dinheiro de um condomínio onde o grupo estava hospedado. Ele negou ter roubado o dinheiro e nada foi provado, mas as pessoas ficaram imaginando.

À medida que o ensino médio chegava ao fim, todos os seus colegas estavam obcecados com a ideia de ir para a faculdade. Curiosamente, Andrew não dizia nada. Sua nota no exame do ensino médio foi um respeitável 75 por cento, mas não era o suficiente para receber uma bolsa das universidades mais prestigiadas. Suas notas caíram no último ano; ele tirou um 7 em sua matéria sobre Shakespeare e em álgebra. Ainda assim, recebeu uma recomendação brilhante da Bishop: "Andrew é um verdadeiro intelectual, com senso de humor e preocupação com os outros. Ele lida muito bem com os alunos, fala brilhantemente sobre cultura e história e é capaz de reflexões profundas. Ele é independente, pode ser autoindulgente às vezes e de vez em quando prefere estudar apenas aquilo que o interessa profundamente. Um indivíduo fascinante sob todos os aspectos, Andrew com certeza alegrará um campus de faculdade! [...] Todos nós aplaudimos sua originalidade, sua fascinação por ideias e sua imaginação".

Elogios à parte, o pai de Andrew estava tão exaurido a essa altura que o garoto deve ter começado a se dar conta de que não haveria dinheiro para que ele fosse embora, então ele sempre se esquivava quando o assunto era o seu futuro. "Ele era um mestre da evasiva", diz Stacy Lopez. Em seu último ano, Andrew começou a se tornar grosseiro. Ele andava por aí dizendo que suas "duas coisas favoritas" eram sexo e defecar. "Não existe nada como uma boa cagada." Suas risadas e seus gestos se tornaram nervosos. Matthew Rifat se lembra de levar um tapa nas costas do tipo e-aí-meu-amigão, mas o som foi tão forte que chegou a assustar, e Andrew segurava no braço de Matthew do mesmo jeito.

Ao longo de sua vida, Andrew nunca teve dúvidas sobre o estilo de vida dos ricos e famosos que queria experimentar, mas ele não tinha um plano para chegar lá. Como estava cercado de riqueza e sucesso, e queria as coisas mais finas, ele tentava se portar como se já pertencesse à alta classe. Mas, como não estava disposto a trabalhar e estava desesperado para ser notado – ao ponto de ficar furioso se não fosse levado em conta –, seu comportamento anormal escalou, como se estivesse sendo alimentado por uma fúria secreta.

"A raiva o motivava por meio de sua insegurança", diz Matthew Rifat. "Andrew entrava em erupção – fosse para rir ou para chegar numa festa num terno vermelho, Andrew entrava em erupção onde chegava."

Quando eram crianças, Andrew e Matthew conversaram sobre o futuro. Andrew falava claramente que queria ser lembrado. "Não havia objetivos específicos como 'eu quero ser presidente e ser lembrado por isso'. Era mais algo do tipo 'as pessoas vão se lembrar de mim mais por causa do meu comportamento do que por qualquer coisa que eu tenha feito'. Era importante para ele ter um espaço na mente das pessoas que o impressionavam."

Quando o último ano escolar acabou, Andrew sabia que estava ficando para trás. Ele nunca mais se comunicou com o Dr. Mower. Dali em diante ele foi listado como um dos "alunos perdidos" da Bishop, sem nunca submeter um novo endereço para o jornal dos ex-alunos. Curiosamente, para o garoto que havia se esforçado tanto para ser parte do grupo, Andrew preferiu não escrever nada para acompanhar sua foto de formatura da turma de 1987 no anuário Miradero da Bishop, ao contrário de todos os seus amigos. Ainda assim, seus colegas de classe votaram nele como o "Mais Provável de Ser Lembrado". Debaixo de sua foto, Andrew se recusou a informar onde havia nascido – National City não era um lugar que ele gostaria de reivindicar. Em vez disso, exagerado como sempre, Andrew citou a famosa perdulária e amante de Luís XV, Madame de Pompadour: *Après moi le déluge* [Depois de mim, o dilúvio].

4

PETE

No mesmo mês em que Andrew se formou na Bishop, Pete foi demitido do emprego como corretor de ações na Crowell, Weedon & Co., e a família começou a se afundar ainda mais em dívidas. A irmã de Andrew, Gina, se matriculou na Universidade da Califórnia, em San Diego. Em setembro, Andrew seguiu os passos dela e escolheu uma graduação em História. Pete, de repente, precisava arcar com dois filhos na faculdade, mas ouvindo-o falar agora é impossível imaginar que tenha passado dificuldades naquela época. "Nos Estados Unidos, dinheiro, poder e Wall Street significam ascensão. Eu estava ganhando dinheiro e levando uma vida boa", afirma Pete. "Eu dava seminários em *country clubs*. Dá para imaginar, eu dando palestras num *country club*? Eu gastava 2.800 dólares num jantar bancado pela empresa – ei, a gente precisa de um encorajamento. É um grande negócio: você gasta 3 mil dólares, mas tem um retorno de 30 mil em comissões."

Pete, aparentemente, deixava Andrew pensar que estava indo bem melhor nos negócios do que realmente estava, e continuava a mimar o filho a cada oportunidade. "À medida que o Andrew crescia, eu podia dar a ele muitas coisas boas – exceto uma: meu casamento era muito infeliz", ele afirma. Pete disse a Andrew que ele deveria se matricular na Universidade de Georgetown e se tornar um diplomata ou filantropo. Como resultado, Andrew começou a acreditar fortemente que merecia tudo mesmo sem uma base para apoiar essa crença.

Andrew, o vigarista na escola, estava sendo ludibriado em casa. "Pete sempre vestia ternos caros, comprava carros caros e casas de alto valor, e eu acho que Andrew acreditava que tudo aquilo era verdade", diz Ronald Johnston, que trabalhou com Pete em quatro empresas diferentes. "O pai de Andrew fez o filho acreditar que ele poderia ter o que quisesse. E eu sei que Pete o estragou ao dar tudo que o menino queria."

A verdade é que Pete estava cada vez mais desesperado. Johnston continua: "Ele claramente gastava mais do que tinha – torrando tudo que ganhava. Acredito que ele estava constantemente tentando se ver livre de dívidas". Ainda assim, quando Johnston comprou um Alfa Romeo, ele se recorda, "Pete teve que ir lá duas semanas depois e comprar um igual".

Durante o tempo em que trabalhou como um corretor de ações licenciado, entre 1979 e 1988, Pete Cunanan passou por seis agências; ele nunca ficou mais de dois anos em qualquer emprego. Algumas das empresas onde ele trabalhou não existem mais, e a Associação Nacional dos Comerciantes de Valores Mobiliários guarda a confidencialidade dos corretores até 1989 com muito cuidado. Não há nenhuma medida disciplinar contra Pete nos registros da associação, mas ele foi demitido mais de uma vez.

Embora tivesse começado no topo, com a Merrill Lynch, e tenha sido recrutado então pela Prudential Bache, quando Andrew se formou Pete estava longe dos círculos das agências importantes. Da metade dos anos 1980 em diante, ele estava lutando para se manter. Depois de mais uma demissão – em 1987, por "baixa produtividade" – , Pete arrumou um emprego na Trademark Serviços de Investimento Ltda., uma pequena empresa que Johnston abriu com James Rattan. Johnston vendeu sua parte para Rattan, então foi Rattan quem precisou lidar com as reclamações de clientes que supostamente vinham por causa do trabalho de Pete em outras empresas.

"Ele foi acusado de pegar dinheiro dos clientes", diz Rattan, um antigo oficial naval. "Eu não sei a quantidade exata, mas vinha fazendo isso havia um bom tempo. Ele fez isso em várias agências grandes."

Johnston, que supervisionou Pete anteriormente, afirma que não estava ciente de nenhum erro naquela época. Contudo, Rattan e sua secretária, ao interceptarem as correspondências e ligações de Pete, descobriram várias falcatruas aparentes. "Começamos a receber algumas ligações interessantes. Geralmente as pessoas que são roubadas não admitem de cara", diz Rattan. "Depois de falar com essas pessoas, nós descobrimos que ele havia pegado entre 5 e 10 mil dólares. Ele estava roubando." A Associação Nacional dos Comerciantes de Valores Mobiliários exige que você coloque produtos autorizados no seu mostruário. Ele estava vendendo títulos não autorizados. Uma cliente tinha 90 anos de idade.

Pete vendia ações inexistentes e ficava com o dinheiro. Rattan afirma que contou sobre os desvios de Pete para a Comissão de Valores Mobiliários e para a Associação Nacional de Valores Mobiliários, mas nem todos os arquivos podem ser verificados. Os registros realmente mostram que a Trademark reportou que Pete havia roubado 26.750 dólares de um cliente – 1.220 como empréstimo pessoal, que ele prometeu pagar assim que vendesse sua propriedade, e o resto seria investido numa loja de conveniência. Mas Rattan nunca confrontou Pete diretamente para demiti-lo – ele já havia parado de aparecer no trabalho.

Durante o tempo em que Pete ficou na Trademark, seu ego inflou da mesma maneira que o do filho. Por exemplo, ele começou a assinar "Diretor Pete Cunanan". "Eu perguntei diretor de onde, e ele respondeu 'diretor de manutenção'", diz Lee Swift, que se sentou ao lado de Pete por dois anos. De acordo com Swift, aquilo que Pete desejava estava muito além do que ele podia. Ele relembra o último grande negócio de Pete – um esquema de subscrição de telefones públicos no valor de meio milhão de dólares. "Sabe, ele pegou o dinheiro, descontou os cheques e sumiu."

Mais tarde, durante um processo, MaryAnn acusou Pete de desvio de dinheiro no valor de 100 mil dólares, uma acusação que Pete descarta, rindo: "O negócio de ações é o mais seguro que existe". Pete afirma que não existe registro algum de qualquer erro da parte dele, e acrescenta: "Ela inventou tudo". Quando pressionado, ele retorque: "Como eu poderia ser um agente falido? Eu estava entre os indicados da revista *Os Melhores Agentes* em 1986, na Califórnia". Embora publicações assim existam para atrair investidores, não há nenhuma como essa descrita por Pete.

Depois da crise de 19 de outubro de 1987, trabalhar no mercado de ações ficou mais complicado e, durante a primeira metade de 1988, com Andrew e Gina na faculdade, Pete tentava fazer seu negócio de telefones dar certo. "Ele seria o segurador. Ele não tinha o conhecimento necessário para fazer isso", diz Swift. Em um período de dois meses, começando em julho de 1988, Pete, chegando à conclusão de que Rattan desconfiava dele, supostamente pegou os espólios do negócio e vendeu seu Alfa Romeo e suas casas hipotecadas em Bonita e Rancho Bernardo. Então, ele desapareceu.

James Rattan pediu para que Lee Swift ligasse para a casa de Pete para descobrir onde ele estava. MaryAnn afirmou não saber. "Ninguém sabia onde diabos ele estava", diz Swift. "Acho que ele saiu às pressas. Ele sumiu assim que viu o bolso cheio de dinheiro."

Pete fugiu para as Filipinas com um visto de turista.

A família teve, literalmente, a casa roubada. MaryAnn ficou com 700 dólares, embora tivesse adiantado 41 mil dólares da casa em Bonita. De acordo com as leis da Califórnia, uma comunhão de bens, depois de 27 anos de casamento, daria direito a ela de reivindicar metade de tudo. Tudo que Pete deixou para trás foi o cheque da sua pensão da Marinha – 650 dólares por mês. Ele não se arrepende até hoje por ter abandonado a família daquela maneira, e guarda rancor por MaryAnn ter usado o dinheiro para viver, insistindo que deveria ter sido usado para a educação de Andrew. "Ela roubou tudo."

A família tentou esconder o segredo vergonhoso que era o desaparecimento de Pete, o que causou uma queda em espiral na saúde emocional de MaryAnn. Andrew e Gina saíram da universidade. A família ficou à deriva. A experiência foi devastadora para Andrew, cuja visão do pai como uma figura poderosa e um protetor confiável foi destruída. "Se Pete não tivesse tido problemas financeiros, eu acho que ele teria permanecido com a família", diz o padrinho de Andrew, Delfin Labao. "Mas ele apostou alto e perdeu. Ele abandonou a própria família e eles ficaram de coração partido."

Logo Andrew seguiu o pai até as Filipinas, mas ficou apenas cinco dias. Pete conta que o filho passou a maior parte do tempo "suando num quarto de hotel", já que não estava acostumado com a umidade dos trópicos.

Naquela época, Pete estava planejando sua busca por um tesouro perdido, mas Andrew não tinha interesse na vida humilde do pai. Pete afirma que Andrew tinha uma passagem de avião e 900 dólares ao deixar as Filipinas e voltar pra casa. Daí em diante, as histórias de Andrew sobre a riqueza da família Cunanan nas Filipinas, e sobre quantas plantações de açúcar eles possuíam, se tornaram cada vez mais fantasiosas. Na imaginação de Andrew, seu pai – um reservista que havia tido lições de voo, mas que nunca conseguiu uma licença de piloto – agora se tornava um general filipino que voava com o então ditador Ferdinand Marcos. Até Andrew sabia voar.

"Quando Andrew viu o estado de penúria em que seu pai estava vivendo", diz um de seus professores na Bishop, "uma loucura desvairada tomou conta dele".

5

BERKELEY

Com a partida do pai, Andrew perdeu seu tênue ponto de apoio. Desacostumado a ter que se virar sozinho, ele estava desprovido de meios e cada vez mais instável. Ao se concentrar tanto em status, Pete havia destruído qualquer senso genuíno de autoidentidade que o filho poderia ter tido. Mas Andrew ainda tinha um trunfo antes que precisasse aceitar que estava quebrado, que seu pai era um vigarista, que sua mãe estava doente e que ele precisaria trabalhar se quisesse uma educação superior.

Tudo isso deve ter parecido muito injusto para um adolescente mimado e cheio de raiva oculta e autopiedade. Contudo, uma vez mais, Andrew encontrou uma forma de manter as aparências. Ele decidiu aceitar a hospitalidade oferecida por Liz Coté, sua amiga debutante rica e descolada. Ela estava para se casar e ir morar em Berkeley, do outro lado da baía, onde ficava a comunidade gay mais liberal nos Estados Unidos: o bairro Castro, em São Francisco. Andrew viveria confortavelmente de graça e estaria na vanguarda da vida gay.

Através de Lizzie, ele poderia desfrutar da opulência relaxada que tanto desejava, mas nunca havia alcançado sozinho. Lizzie estava acostumada a conseguir o que queria. Ela cavalgava e dirigia uma BMW novinha, e gostava de levar Andrew para jantar porque ele a entretinha. Lizzie era sobrinha de Emmy e Raymond “Bud” Coté, um casal proeminente e rico de Rancho Santa Fé, um enclave de casas milionárias ao norte de La Jolla. Enfiada entre palmeiras e alamedas de eucalipto, com Mercedes estacionadas em calçadas sinuosas, Rancho Santa Fé era o lugar que mais tarde Andrew chamaria de lar, embora nunca tivesse morado lá (em março de 1997, antes de Andrew começar seu surto de matanças, Rancho Santa Fé ficou famoso por ser o cenário dos suicídios em massa do culto Heaven’s Gate).

Andrew e Lizzie se conheceram primeiramente por causa dos Rifat – Lizzie debutou um ano depois de Rachel, e Matthew foi o acompanhante dela em seu baile. Lizzie não ia para a escola; ela era uma cristã renascida que estava sendo criada pelos Coté como se fosse filha deles. Bud Coté, um negociante de carros e investidor imobiliário, e Emmy, uma *socialite* e patrona das artes, eram donos de uma casa onde, segundo um observador, as perguntas mais importantes eram "O que você comeu ontem?" e "O que você está vestindo?".

Lizzie amava a ideia de ter um séquito. Ela e Andrew andavam com um grupo jovem descrito como "novo o bastante, ainda que usado". Fascinado por ideias de liberação sexual, autodestruição e uso desmedido de drogas num grupo de jovens ricos, Andrew se lembrava mais uma vez de *Abaixo de zero*, o romance de Bret Easton Ellis, cujo protagonista é forçado a pagar suas dívidas com traficantes ao se tornar um garoto de programa gay. Embora Lizzie fosse puritana, ela e seu fiel acompanhante Andrew faziam referências constantes ao egocentrismo e ao materialismo vazio do romance e do filme inspirado por ele. Para Andrew, que se identificava com o mundo ficcional de Ellis, isso era terrivelmente chique.

Lizzie morava numa casa enorme com uma sala de jantar pintada de vermelho esmaltado. Emmy, sua tia, gostava de trajes de couro vermelho da Chanel. Então, junto com os Coté, Andrew estava levando uma vida cor de rosa, ainda que sem nenhuma conotação política.* O jardim dos Coté em Rancho Santa Fé foi palco da recepção de casamento de Jack, filho do ex-presidente Jerry Ford, que Bud descreveu como "um estouro" e "um negócio bom pra cacete". Os Coté eram apoiadores do Partido Republicano desde sempre e fizeram uma grande festa para delegados de outros estados que foram até ali em 1996, quando a Convenção Republicana Nacional foi realizada em San Diego.

Entre os amigos próximos dos Coté em Rancho Santa Fé estava um casal muito rico e quieto, James e Marne DeSilva, proeminentes colecionadores de arte em San Diego. Os DeSilva, que haviam montado sua coleção por anos e agora emprestavam seus quadros de Lichtenstein, Warhol e Johns para museus, doaram a Coleção Stuart de esculturas ao ar livre que fica na Universidade da Califórnia, em San Diego (Stuart é o nome do meio de James). Como aluno na Universidade da Califórnia, Andrew costumava

* "Onda rosa" (também pode aparecer como "guinada à esquerda") é uma expressão utilizada na análise política para descrever a percepção de uma crescente influência da esquerda na América Latina no final da década de 1990 e início da década de 2000. [N.E.]

passar em frente ao *Deus Sol* de Niki de Saint Phalle, um gigantesco pássaro de asas abertas que foi encomendado por DeSilva e se tornou mascote não oficial da universidade. Emmy Coté era a fundadora e presidente das Colegas, um grupo de apoio da Coleção Stuart, e Andrew, que era considerado "o amigo pobre" de Lizzie, conheceu os DeSilva através dos Coté. Jim e Marne DeSilva foram endeusados na imaginação de Andrew e se tornaram sua inspiração. Ele eventualmente roubou o nome deles e, sem que eles soubessem, os transformou em seus pais substitutos.

De início ele começou a usar o nome DeSilva apenas para fazer reservas de jantares, acreditando que Andrew DeSilva conseguiria uma mesa melhor do que Andrew Cunanan – um nome filipino comum na Califórnia. Mais tarde, quando Andrew voltou para San Diego, onde ninguém na comunidade gay o conhecia como Cunanan, ele usava DeSilva como se fosse seu sobrenome real. Ele também roubou outras partes da vida do casal. A Sra. DeSilva certa vez dividiu um quarto com a roqueira dos anos oitenta Deborah Harry no spa Golden Door, em Escondido, Califórnia, um incidente que deixou uma impressão indelével em Andrew. Por anos ele diria nos bares que "minha mãe foi para um spa com Debbie Harry" e que ele mesmo jantava com Debbie pelo menos uma vez ao ano.

Enquanto ainda estava na Bishop, Andrew criou gosto por assumir outras identidades, e nunca o superou. Quando chegou em Berkeley, no final de 1988, ele saía à noite e tentava convencer as pessoas de que era o "Conde Ashkenazy". Não ligava se as pessoas acreditavam ou não, desde que elas participassem da história. E, embora muitos achassem que isso fosse uma brincadeira inocente, a psicóloga Elizabeth Oglesby, que veio a conhecer Andrew muito bem enquanto vizinha que cuidava da casa ocasionalmente, não via graça nenhuma.

"Todo esse conflito de 'quem sou eu' o impossibilitou de formar um ego coerente, então tudo se resumia a: estou me projetando? Estou sendo aceito?" Oglesby concluiu que a dinâmica familiar de Andrew o impediu de formar uma estrutura interna coerente. Havia muito caos por causa da doença da mãe e da volatilidade do pai. Vergonha e imagem substituíram segurança e identidade. No fim, diz Oglesby, "Andrew tinha um sentimento de humilhação e queria ser algo que a família não era".

Quando Andrew encontrou essa nova vizinha, ele ficou muito impressionado. Elizabeth Oglesby havia crescido na Ásia e sua casa, na parte íngreme e cheia de folhagens de Montclair, nas colinas Oakland, perto da linha de Berkeley, estava repleta de antiguidades, que foram destruídas em 1991 num incêndio que atingiu a região. Andrew ficou encantado ao ouvi-la dizer que considerava os eurasianos bonitos. Ele disse para ela que seu pai era um rico latifundiário nas Filipinas e um dos maiorais na Ordem dos Cavaleiros de Colombo, a ordem fraternal católica. "Sabe, meu nome do meio é Phillip, igual ao príncipe Philip." Oglesby não caiu na conversa.

"Ele pensava que, se atuasse de certa forma, se tornaria outra pessoa", ela fala dos muitos disfarces de Andrew como um herdeiro rico. "Não acho que ele soubesse que tinha algo muito errado. Eu diria que ele tinha uma personalidade limítrofe que entra e sai de um estado de psicose. Ele não tinha os pés no chão. Não entendia algumas coisas básicas da vida: você estuda se quiser ser alguém no mundo. Você precisa trabalhar. Pessoas com uma personalidade narcisista forte pensam que, se eu me considero assim mentalmente, tenho o direito de ser isso no mundo real." Esse tipo de referência poderia ter funcionado para Andrew se ele tivesse adotado uma postura irônica, especialmente porque ele era atraente. Contudo, ele queria que as pessoas o levassem a sério.

"Andrew confiava bastante em mim", Oglesby continua. Embora não tenha contado a verdade sobre a família, ele disse que não se dava bem com eles e que havia rejeitado os pais. "Ele dizia que a mãe 'não estava presente mentalmente'." Oglesby tentou confortá-lo com pedaços de bolo da sua padaria favorita, Il Fornaio. "Ele não era uma pessoa fisicamente marcante. Mesmo naquela época, parecia muito trágico. Era uma pessoa sedenta por receber um mínimo de aprovação, morrendo por um sorriso de reafirmação. Ele era tão animado, tão agitado. Eu me lembro de certa noite em que ele estava falando sem parar, e eu devia estar cansada. Quando ele percebeu que eu estava me distraindo, pareceu devastado. Rejeição era um assunto sério para Andrew."

É interessante notar que Oglesby não considerava Andrew brilhante, apenas "muito bom com curiosidades. Ele se preocupava com adornos, com aparências".

O motivo de Andrew morar perto de Oglesby era que Lizzie havia decidido se casar. Ela não tinha nem 19 anos quando se casou com Philip Merrill, um programador em Berkeley que havia crescido em Nova York e era dez anos mais velho que ela. Eles eram sustentados principalmente pela família de Lizzie e, depois que ela comprou a casa em Montclair, Andrew se tornou um convidado permanente porque Phil pensou que seria uma boa ideia se ela tivesse um amigo ou dois da idade dela para entretê-la. Andrew ficou mais do que feliz em cumprir aquele papel e viver num lugar belíssimo sem pagar aluguel. Phil e Lizzie compraram e remodelaram três casas em Montclair e nas colinas de Berkeley, e então as venderam com lucro. Toda a alimentação de Andrew estava paga, e ele podia pegar o carro emprestado quando ninguém estivesse usando. Ele começou a morar com o casal vários meses antes do casamento, que aconteceu na Prefeitura de São Francisco em março de 1989. Andrew foi o padrinho.

Andrew e Lizzie compravam 150 dólares em revistas e passavam um dia inteiro revirando edições estrangeiras da *Architectural Design*, debatendo os méritos de diferentes tipos de moldagens e acessórios de banheiro. Se Andrew tivesse tempo, costumava tomar um banho de sol diário. À noite ele saía sozinho ou ficava em casa lendo. "Francamente, era ótimo ter esse cara inofensivo por perto, que conversava com ela por horas sobre tons de cores e se essa mesa idiota da era napoleônica combinava com o quarto, porque eles estavam criando um estilo neoclássico idiota ao invés de um bom neoclássico", diz Philip Merrill. "Eu me sentia como a esposa assistindo futebol, de certa maneira: até poderia aprender a me interessar por aquilo, mas ainda não me interesso."

Andrew e Lizzie faziam casas de bonecas e assinavam revistas sobre o assunto. Lizzie era uma miniaturista e Andrew era obcecado por decoração. Sua maior criação foi um *château* francês em ruínas depois da Revolução Francesa, que tinha até mesmo janelinhas escurecidas.

Oglesby não achava a amizade muito saudável. "Andrew tinha um problema sério com limites. Com frequência, não sabia onde ele mesmo terminava e a outra pessoa começava. Quando ele se aproximava de alguém, se tornava aquela pessoa. Isso me assustava. Eu não gostava de vê-los juntos." Andrew, ela sentia, adotava um servilismo doentio enquanto Lizzie tagarelava, "impressionada com o sucesso da própria família. Eles falavam sobre '*o* círculo social de San Diego' várias e várias vezes, e sobre como o pai e o irmão dela eram poderosos. Liz poderia pedir a quantia que quisesse do papai. As coisas não eram assim para Andrew. Embora superficialmente ele tivesse a sensação de que era da elite, não podia sustentar isso em termos concretos".

Em várias ocasiões, e por curtos períodos de tempo, Andrew arrumou empregos temporários em São Francisco, viajando pela via expressa de Bay Area. Certa vez, ele trabalhou num grande banco no centro e se gabou de ver alguns dos registros financeiros de Jim DeSilva. Roubar documentos financeiros dos ricos que o interessavam não era baixo demais para Andrew. Contudo, seus dias de trabalhador estavam contados. Algumas semanas depois que Phil e Lizzie se casaram, Lizzie anunciou que desejava ter um filho. A filha deles nasceu no começo de 1990, e Andrew se tornou imediatamente o padrinho dela, a companhia em tempo integral e, de vez em quando, babá. Ele e Phil se adequaram à função com mais naturalidade do que Lizzie.

"Ele tinha um dom para lidar com crianças", diz o pai da menina. Phil e Lizzie, que eram extremamente cuidadosos em relação a quem ficaria com o bebê, não tinham problema algum com Andrew, que cuidava bastante da pequena e, de acordo com o pai, dava a ela um "senso de humor esperto". Andrew fotografou a menina e fez um álbum elaborado com uma narrativa corrente. Quando Phil e Lizzie tiveram seu segundo filho, um menino chamado Grimmy, em 1992, Andrew cuidou dele nos dois dias que Lizzie passou no hospital. Em 1995 o casal pediu para que Andrew fosse o padrinho do menino.

Apesar de toda a exibição acerca da sua sexualidade na Bishop e de se sentir próximo de Lizzie e da família dela, Andrew nunca assumiu para Lizzie e Philip que era gay. Da mesma forma que fugia da pergunta com sua família, ele também fazia rodeios com o casal, declarando uma possível bissexualidade, um profundo respeito pela igreja e, ocasionalmente, uma indignação com a homossexualidade em aberto. "Nós andamos pelo Castro ontem à noite olhando para as bichas", ele dizia a Phil. Seus comentários chegavam a ser ofensivos, mas, se Phil falasse alguma coisa, Andrew ficava arrogante e tratava o assunto inteiro com desdém. Mas Andrew sabia a hora de se afastar quando estava sendo irritante demais e, como resultado, continuava a ter permissão para ficar com a família.

"Ei, escutem só", Phil disse certo dia quando ele, Lizzie e Andrew estavam juntos no carro. Ele leu um trecho de um romance policial barato sobre dois detetives discutindo por que o criminoso que procuravam teria usado uma arma calibre .40. Usar uma .40 era incomum, concluíram os detetives, e só aconteceu porque o criminoso era burro demais ou queria deixar uma marca – deixando um cartão de visitas de calibre .40. "Se eu algum dia matar alguém", Andrew falou casualmente, e talvez de forma profética, "vou usar uma .40".

Armas fascinavam Andrew. Embora ele nunca falasse sobre o pai para Lizzie e Phil, que sabiam a verdade, quando o fazia ele tinha uma admiração pela habilidade de Pete para manusear armas. Andrew transformava a prática de tiros do pai no quintal em São Bernardo numa versão mais heroica de Pete, algum tipo de James Bond. De vez em quando ele mostrava sinais de dor, com um sorriso no rosto e uma careta, ao se referir a Pete como um fraudador.

Phil chegou à conclusão de que havia uma propensão à violência espreitando sob a superfície de Andrew. "Havia algo do tipo Zorro ali, do tipo Errol Flynn, no sentido de que, embora seus modos fossem afetados e loucos, havia nele uma vontade explícita de deixar que as coisas se tornassem violentas se precisasse ser assim."

A partir de suas leituras do Marquês de Sade, ou de *O pimpinela escarlate*, por exemplo, ele exibia um senso de nobreza tirânico, sugerindo que ter conhecimento superior e status mantinha uma pessoa acima da lei. Ainda mais preocupante era o uso frequente de expressões violentas em seu discurso. Em vez de usar a conhecida frase "perder a cabeça", Andrew geralmente dizia "fazer uma matança em cinco estados". Ele dizia: "Se eu descobrisse que tenho Aids, eu ficaria tão puto que faria uma matança em cinco estados", ou "Isso é tão legal que me faz querer matar geral em cinco estados". O uso humorístico que Andrew fazia dessa frase deixava Phil inquieto, e ele contou isso para o FBI mais tarde, depois que Andrew havia de fato matado em quatro estados.

Phil sempre achou que Andrew tinha um lado sombrio, um reservatório de raiva que era melhor deixar escondido. Andrew certa vez disse a Phil que a geração dele se preocupava com apenas duas coisas: dinheiro e morte.

6

CAPRICCIO

Ao mesmo tempo em que Andrew negava sua sexualidade para Lizzie e Phil, ele fazia vários contatos com outros jovens gays no campus em Berkeley e mantinha um diário com seus encontros noturnos nos bares lotados do Castro, em São Francisco. O Castro era como uma pequena cidade livre, habitada em sua maioria por homens gays e mulheres lésbicas. Andrew podia conversar sobre atualidades, mas não parecia muito interessado na atmosfera politicamente carregada – sua criação cheia do conservadorismo de San Diego não seria bem vista no Castro. Ele se concentrava em sua vida social.

Embora parecesse muito ousado, ele na verdade não era. No fim da década de 1980, o Castro ainda sofria com a epidemia de Aids, e Andrew, como vários outros, vivia com medo de contrair HIV. Mesmo nos anos 1970, quarenta por cento dos 1.500 homens gays caucasianos entrevistados por dois pesquisadores do Instituto de Pesquisa Sexual (rebatizado mais tarde de Instituto Kinsey) disseram que tinham tido mais de quinhentos parceiros ao longo da vida. Quando Andrew chegou, uma grande batalha política estava sendo travada, e a pergunta era se o número de parceiros sexuais era relevante ou não para o risco de contrair a doença. Nos primeiros dias da Aids, alguns líderes gays em São Francisco estavam relutantes até mesmo em publicar dados científicos mostrando que a doença poderia ser transmitida por contato sexual.

Mesmo mais tarde eles continuaram hesitantes quanto à ideia de que ter um alto número de parceiros estava relacionada à doença que dizimava seu bairro. Andrew, aparentemente, parecia achar que quantidade importava. Ele tinha várias relações sexuais furtivas e sentia-se assustado e culpado. Elizabeth Oglesby encontrou o diário de Andrew depois que ele se mudou (infelizmente, ele também foi destruído durante o incêndio de 1991 em Oakland). "Era incrível, era como se o diário fosse um amigo dele", ela diz. "Ele falava sobre ser promíscuo demais – seu medo da Aids e seu medo de ter muito contato. Era tudo sobre os homens que ele conhecia em bares." Em seu diário, pelo menos, Andrew podia ser franco e "não sofisticado".

Na verdade, ele era tão furtivo em relação à sua vida sexual que as pessoas achavam que ele era assexual. Ele suprimia e anestesiava seus sentimentos, e fazia a mesma coisa com a rejeição. Como não conseguia ter companhia sempre, agia com indiferença quando as pessoas por quem se interessava não retribuíam. Isso não o impedia de lançar olhares ou tentar – ele se apaixonou, por exemplo, por um garoto que estudava espanhol, a quem ele convidou para a ópera –, mas muito do que sentiu ficou escondido, mesmo em um lugar onde ser aberto era uma forma de vida.

Em Berkeley, entre os eucaliptos e as sempre-verdes, entre a neblina matinal e a brisa amena do fim de tarde ensolarado, é possível encontrar casais de todo tipo, etnia, classe, ideologia e orientação sexual do mundo. Para Andrew, também havia uma ampla gama de escolha e competição nas interações gays, o que refletia o vasto espectro da própria cidade.

Por exemplo, Andrew, que odiava malhar, não precisava lidar com o rigoroso culto ao corpo que é praticado em algumas comunidades gays de todo o mundo. Em Berkeley, Andrew mantinha uma aparência de professor andrógino mais velho do que realmente era. Nem mesmo seus amigos mais próximos sabiam quão jovem ele era – todos pensavam que ele estava perto dos 30 anos de idade. Ele vestia um suéter verde-musgo da Ralph Lauren todos os dias, assim como calças cáqui e sapatos Cole Haan marrons. Também usava óculos e uma bengala, talvez se lembrando do conselho simbólico do pai de que "você precisa carregar uma bengala para estar um passo à frente do resto das pessoas". Andrew logo conquistou um grupo de amigos divertidos e inteligentes, mas ele escolhia muito bem o que divulgar sobre si mesmo. "Ele andava com pessoas inteligentes e talentosas porque queria que elas ficassem responsáveis por ele", diz um antigo aluno de Berkeley, Doug Stubblefield, um amigo próximo de Andrew naquele tempo.

Seus amigos descolados escutaram todas as histórias sobre seu pai, o general filipino. "Pois é, o general está me chamando para pilotar os Buddy Hollys da morte", ele dizia. Ele era piloto, prosseguia, e estava fazendo menção às aeronaves apelidadas em homenagem ao astro do rock dos anos 1950 que morreu num acidente de avião. Sua família era extremamente rica nessas histórias, mas havia perdido grande parte da fortuna quando Ferdinand Marcos, ex-presidente filipino, foi retirado do poder; ele contava histórias hilárias sobre Imelda Marcos, viúva do governante deposto.

Ainda assim, outros amigos raramente o ouviram dizer que era filipino. Jerome Gentes, que conheceu Andrew em Berkeley no outono de 1989, dizia que embora "ser filipino fosse o assunto do momento, Andrew queria ser loiro e de olhos azuis". Gentes, que tinha 25 anos na época e morava com um homem mais velho, teve uma grande conexão emocional com Andrew. Ambos se juntaram a um grupo gay financiado pela União de Estudantes de Berkeley e aberto à comunidade do campus. Andrew falou em voltar a estudar, mas não tinha se dado bem na Universidade da Califórnia, então não tinha a opção de pedir transferência, e ir para uma faculdade menor estava abaixo do que ele poderia aceitar.

Gentes gostava de Andrew, mas achava que, apesar de todo o falatório do amigo, Andrew era recatado sexualmente. Tendo sido ele próprio católico, Gentes sentia que Andrew era como muitos jovens gays e ex-religiosos – ele tinha uma veia puritana que o impedia de explorar sua sexualidade.

"Andrew falava muito sobre como era safado – e eu não acreditava. Quando me aproximei mais dele, eu vi que ele era realmente acanhado." Ele também falava muito sobre pornografia e "couro" – uma palavra neutra para se referir ao sexo sadomasoquista. "Era chocante para os outros garotos da turma – muitos nunca haviam explorado isso. Eu tinha a impressão de que Andrew havia tentado, mas não levou a cabo."

A coisa mais incrível que Andrew falou para o grupo foi que seu pai era gay e tinha um jovem namorado, de quem Andrew se ressentia. Ele contou que o pai havia comprado um carro melhor para o namorado do que para ele. Um dia anunciou que seu pai estava na cidade, dirigindo um Rolls-Royce, e que iria fazer compras com ele e o namorado. Ninguém, claro, jamais viu o general.

"Eu tentava arrancar detalhes dele", diz Gentes. "Ele fazia parecer uma coisa tão perversa – estilo Édipo." Mas Andrew nunca falou que havia algo sexual entre ele e o pai, o que fez Gentes pensar. "O que ele disse foi que o pai roubou o namorado dele." Na mesma época, Gentes concluiu que muito do que Andrew dizia era mentira. "Acho que Andrew procurava por uma conexão, um ponto de referência." Com o passar do tempo, Gentes chegou à conclusão de que o pai de Andrew não era gay, mas os outros acreditavam em tudo o que o rapaz falava sobre a orientação do pai. Como Gentes dizia: "Ele era um poço de contradições".

Por fim, Gentes entendeu que Andrew não estava pronto para falar a verdade e disse que, se ele não fosse honesto, ele não queria aquela amizade. Gentes começou a se distanciar de Andrew. A perda de amizades por causa de suas mentiras se tornaria um tema constante na vida de Andrew. As pessoas passavam por um processo que ia da confusão inicial até a frustração e, por fim, à conclusão de que ele não conseguia ser honesto. Muitos não ligavam porque o consideravam um entretenimento barato. Mas outros se importavam, e se afastavam ou o abandonavam por completo. Repetidas vezes, a inabilidade de Andrew para lidar com as coisas com honestidade o fez perder as pessoas com quem ele mais se importava. Contudo, ele nunca teve problema em fazer novas amizades.

Naquela época, Andrew estava sempre sem dinheiro, mas isso não parecia ser nenhum problema. "Andrew saía de casa com 3,35 dólares, mas voltava com o troco do jantar. Acho que ele transformou em arte o ato de alguém pagar para ele", diz Phil Merrill.

Andrew costumava esperar pela carona que seu amigo Doug Stubblefield oferecia, atravessando a ponte de Oakland até a Baía de São Francisco. "Ele saía e tomava alguma coisa. Se não saísse, ficava em casa lendo a *Vanity Fair* e alguns livros", diz Stubblefield, que também comprava a revista *W* para ele. Os dois levavam a *W* para uma cafeteria e liam sobre os ricos e importantes. Andrew amava se sentir parte daquele mundo e, com sua facilidade para memorização, conhecia dezenas de personalidades importantes pelo nome e pelos castelos que possuíam.

Andrew levou Doug para casa uma vez e disse que era dono de metade do imóvel onde morava com Phil e Lizzie. Para Doug, Andrew tinha se formado em Choate, a escola preparatória de elite em Connecticut, e mais tarde fora para Bennington e Yale. Para provar, ele vestia um moletom de Choate com orgulho. "A história era sempre que a família dele tinha dinheiro, não ele." Doug também ouviu histórias sobre o pai filipino rico e as plantações de cana-de-açúcar, e Andrew confidenciou que estava escrevendo um romance sobre suas experiências nas Filipinas.

Ele deixou Doug escutar algumas partes do material que estava ditando para um gravador, e Stubblefield ficou surpreso. "Estava repleto de alusões sutis e metáforas."

Doug achava as histórias de Andrew interessantes e não ligava se eram mentiras ou não. Gostava do fato de ouvir as "partes boas", e não apenas as histórias de bar que Andrew contava para todo mundo. Apreciava o fato de que Andrew, com sua voz e risada maníacas, tentava ser bom e sincero ao ouvir os outros, "mas ainda exigia ser o centro das atenções". Doug percebeu que Andrew havia criado um escudo que ninguém podia ultrapassar. "Ele se virava com uma frase, conseguia arrancar risadas, mas nunca permitia que alguém se aproximasse." Andrew confidenciou a Doug Stubblefield – assim como fizera a Matthew Rifat quando tinha 13 anos – que um dia seria famoso. "Ele não sabia onde se encaixava, mas tinha certeza de que era extremamente talentoso e que tinha algo para oferecer. Mas não sabia o que era, e isso o frustrava. Ele sabia que podia ser famoso se tivesse a oportunidade."

Em São Francisco, assim como na Bishop, Andrew estava montando uma identidade para que fosse notado de imediato nos bares e cafés que frequentava. Muitos jovens em Castro, assim como em Hillcrest, San Diego, eram de outras cidades e estavam recém se assumindo e se reinventando, o que ajudou Andrew a se dar bem com suas mentiras. A cidade era altamente receptiva, e a Parada do Orgulho Gay contava com todos os grupos possíveis, como as Dykes on Bikes [Lésbicas de Moto] e as Irmãs da Perpétua Indulgência. Dentro desse arco enorme, diz um dos amigos de Andrew, "ele se apresentava como o *bon vivant*. Não precisava fazer o que os mortais faziam e era um homem com milhares de máscaras. Todo mundo conhecia um Andrew diferente".

O lugar favorito de Andrew era um bar chamado Midnight Sun, um ponto de "engomadinhos" gays no coração do Castro, repleto de "partidões com empregos", "bichas luxuosas" e homens mais velhos tentando arranjar encontros. Um longo balcão se estendia próximo à parede sob *banners* coloridos. Através da sala espaçosa, televisores eram suspensos acima das mesinhas redondas e altas onde os clientes se apoiavam enquanto assistiam de tudo, desde apresentações cômicas – que Andrew era muito bom em imitar – até pornografia. Era um local perfeito para Andrew frequentar e se misturar com outras pessoas, e também para começar sua carreira de recepcionista e casamenteiro.

No Midnight Sun, Andrew e Doug se encontravam com um advogado ruivo chamado Eli Gould, que representava clientes do Vale do Silício. Eli comprava uísque irlandês para Andrew, que ele fazia durar a noite inteira, e Joe, o *bartender*, às vezes lhe dava mais um. O Midnight Sun ficava na Rua 18, em frente ao restaurante favorito de Gould, o Lupann, onde uma placa de latão celebrava seu lugar no bar. Daquele ponto, Andrew podia ver qualquer um que passava na Midnight Sun e, se quisesse, poderia segui-lo.

Eli Gould, alguém que Andrew respeitava e admirava bastante, era o terceiro dos "Tres Amigos", juntamente com Andrew e Doug Stubblefield. Gould era judeu e tinha um porte digno, e em pouco tempo Andrew estava dizendo no Midnight Sun que era judeu. Essa ideia de mudar de religião, indo do catolicismo para o judaísmo, começou ainda em San Diego. No início, deixar que as pessoas pensassem que ele era parte judeu era conveniente, mas também podia ser etnicamente ofensivo. Um oficial naval que Andrew conheceu durante seu primeiro ano na Universidade da Califórnia, entre 1987 e 1988, testemunhou a transformação. Em algumas noites Andrew ficava tão "ligado" quando andava na West Coast, uma danceteria em Hillcrest, que gritava: "Estou falando tão alto que pareço um judeu de Nova York!". Em pouco tempo ele estava alegando ter sangue judeu e parentes que moravam na Quinta Avenida.

Mas a referência ainda era depreciativa. "Você queria o que vindo de um judeu?", Andrew disse em outra ocasião. O oficial naval perguntou, surpreso: "Desde quando você é judeu?". Andrew não respondeu.

A alegação de ser metade judeu e metade filipino era desconcertante, mas Andrew fez várias pessoas acreditarem nele. Steven Gomer, que é judeu e trabalha para uma agência de corretagem, conheceu Andrew no Midnight Sun pouco depois de chegar em São Francisco, vindo de Nova Jersey em 1990. No começo, Andrew apresentou Steve para todo mundo que conhecia. "Ele parecia um cavalheiro, e a forma como apresentava as pessoas e como conhecia todo mundo era muito graciosa. Ele era muito mais maduro e refinado do que eu – mais do que qualquer um dos meus amigos naquela época."

Para Steven, Andrew falou que sua mãe era "um tipo de princesa filipina/judaica. Não uma princesa de verdade, mas uma conhecedora das artes e uma mulher de bom gosto, que conhecia as coisas finas da vida".

Steven se lembra de perguntar: "'O pai dela era judeu? Era filipino?', e aí a resposta foi 'É muito mais complexo que isso, Steven'. Ele era obviamente filipino, mas sabia tudo sobre judaísmo, e eu não conseguia ver a ligação". Steven nunca recebeu uma explicação. "Essas eram apenas 'mentirinhas'", ele diz. "Ele era um amigo maravilhoso? Ele se lembrava de tudo que eu contava pra ele, me dava bons conselhos, me ensinava sobre gracejos sociais e campos acadêmicos de estudo?" A resposta é um alto e sonoro sim. Andrew tutorava Steven sobre qualquer "livro de setecentas ou oitocentas páginas que estivesse lendo". Steven, que já conhecia Eli Gould, diz: "Eli, assim como eu, vem de uma ótima família judaica. Se ele acha que Andrew é um bom indivíduo e alguém decente para se ter como melhor amigo, tudo bem por mim".

Andrew disse a Steven Gomer, o qual havia crescido no norte de Nova Jersey, que ele era da parte sul do estado e se formara em Lawrenceville, a prestigiada escola preparatória, mas que também havia estudado em Choate. Quando Gomer brincou que Choate teve um problema de cocaína uma vez, "ele fingiu estar realmente ofendido, como se fosse um insulto pessoal". Mas Andrew estava decidido a ensinar Gomer a ser um cavalheiro. "Ele era tão mais educado, digno e reservado do que eu." Enquanto bebiam refrigerantes dietéticos que ele comprava para Steve, Andrew explicava "As Regras" para ele. "Ele acreditava sinceramente que apenas os tolos trabalham. Mas dizia isso de uma forma sensível à minha condição de vida. Não havia motivo para alguém trabalhar", Steven se lembra de Andrew falar, "trabalhe com suas próprias mãos ou trabalhe por hora quando puder encontrar alguém que faça as coisas por você. Ele não queria dizer ser sustentado por outros – era mais algo do tipo: um bom empresário delega responsabilidades e tem outras pessoas para fazer o serviço por ele, e ele ganha nas costas do esforço dos empregados".

Talvez a maior aventura que Andrew tenha proporcionado a Steven tenha sido apresentá-lo, em certa noite no Midnight Sun, para um jovem elegante que estava na cidade, Harry de Wildt, um *socialite* de destaque que estava sempre nas colunas de fofoca de Herb Caen. O extravagante holandês De Wildt, um dândi de quase 60 anos, era casado com uma herdeira da rica família Hillman muito mais nova que ele. Companheiro de almoço do prefeito Willie Brown, ele morava num grande apartamento em Nob Hill e se orgulhava de, como ele diz, ter uma "curiosidade natural, fosse para ir a um restaurante ou a um muquifo", o que explicava ele ter sido visto tanto em reuniões do conselho da ópera de São Francisco quanto no Stud, uma danceteria ao sul da região da Ra Market, onde Andrew e Doug costumavam ir depois de passarem no Midnight Sun. De Wildt diz não se importar de acordar as 4 da manhã para ir em um lugar novo. "Eu tenho uma vida cheia, sou curioso e recebo convites para todos os lugares."

"Harry estava quase sempre lá, e sempre fazíamos nossos comentários maldosos", diz Stubblefield. "A gente contava piadas sobre Harry de Wildt." Andrew decidiu que queria conhecer Harry e "se tornar o melhor amigo dele", e conseguiu manter uma relação amigável com ele. Eles saíram em grupo para ir a clubes várias vezes. Andrew também visitou o spa no Hotel Fairmont, o que supostamente fez De Wildt brincar que, para Andrew, uma sessão de exercícios consistia em ficar na sauna do clube. Aos olhos de Andrew, De Wildt era alguém que definitivamente precisava ser cultivado.

Andrew tinha uma "admiração genuína por Harry de Wildt", diz Philip Merrill, e "chegou em casa todo empolgado depois de encontrá-lo pela primeira vez". Depois disso, Phil escutaria Andrew conversando com De Wildt no telefone e fazendo planos.

Mas Harry de Wildt nega categoricamente ter conhecido Andrew Cunanan: "Eu não tive o prazer, ou o desprazer, de conhecer o Sr. Cunanan. Nunca o vi. Nunca o conheci". Embora pelo menos seis testemunhas contradigam a negação de De Wildt, ele continua: "Escuta, eu tenho o corpo de um menino de 18 anos. Está guardado no meu hotel em Tenderloin! Quem me contou essa piada foi um cara casado e com cinco filhos! Qualquer um pode inventar o que quiser!".

"Quando li nos jornais que Harry de Wildt nega ter conhecido Andrew... Quer dizer, mais do que rir disso, devo dizer que também foi um momento empolgante para mim", Steven Gomer diz. "Eu bati no ombro de Andrew e falei, 'Deus do céu, olha lá, é o Harry de Wildt!'. E ele respondeu 'você nunca conversou com o Harry?', e eu falei 'Não', e Andrew falou 'Quer conhecê-lo?', e eu respondi 'Não, não, não! Para! Não, não, não', e ele disse 'Não esquenta, ele é um grande amigo meu'."

Andrew puxou Steven, e Steven diz que nunca vai se esquecer daquele momento. "Harry estava cercado de deuses, garotos loiros, bronzeados, de pele lisinha e macia, altos, de roupas justinhas, eram Adônis vestindo Matinique e Versace, e Andrew o apresentou para mim, e tudo o que eu conseguia pensar era o que devia estar se passando na cabeça de Harry. Sabe, algo do tipo 'Quem é esse imbecil que você está trazendo aqui pra me prestar homenagens?'." Harry de Wildt e Andrew, ao que parece, tinham um longo histórico.

Certa noite, no outono de 1990, Steven Gomer estava no Midnight Sun quando Andrew entrou vestindo um terno. Steven o cumprimentou dizendo: "Andrew, quem vem tomar uma num bar usando um terno italiano desses?".

"Ah, eu acabei de assistir *Capriccio* na ópera", Andrew falou, e acrescentou: "Eu estava com Gianni Versace".

"Oh, eu estava usando meus cupons de desconto no cinema", Steven respondeu.

Andrew riu.

Apesar de toda a experiência cosmopolita, sempre há rebuliços por causa da presença de pessoas famosas na cidade. Gianni Versace havia sido convidado para desenhar as roupas da montagem da Ópera de São Francisco de *Capriccio*, de Richard Strauss, que estreou em 21 de outubro de 1990. Versace e seu namorado, Antonio D'Amico, vieram de Milão para a *première*, e toda a comunidade gay de São Francisco estava animada com o fato de Gianni Versace estar entre eles. Houve festas perto da data de abertura da peça. A Agremiação de Óperas fez um evento oficial para arrecadação de fundos no Inn at the Opera, um hotel perto do teatro, e houve uma festa nos bastidores depois da apresentação.

Versace, uma das maiores personalidades abertamente gays daquela época e que se assumira havia algum tempo, teria a chance de se encontrar informalmente com alguns membros da comunidade local. Ele ia para o baile que acontecia todo sábado na boate Colossus, uma discoteca cavernosa na Rua Folsom. Quando Val Caniparoli, um coreógrafo do Balé de São Francisco que estava ajudando a ciceronear Versace pela cidade, deu entradas VIP para Eli Gould, e Gould convidou Andrew para acompanhá-lo, Andrew ficou em êxtase. Ele disse a Eli e Doug que já havia visitado a Itália várias vezes e que conhecia o país muito bem. Ele também disse que já havia encontrado Versace antes. Quando ficou sabendo que o amigo deles, Val, estaria trabalhando com Versace, Andrew afirmou já conhecer o designer: "Eu conheço ele. Já o encontrei antes". Andrew, no fim das contas, nunca havia pisado na Itália.

Naquela noite, Andrew e Eli entraram na pista de dança da Colossus e foram para a área VIP atrás de Versace. O designer andava com um séquito, que incluía Antonio D'Amico e Val Caniparoli, o qual rapidamente o apresentou para algumas pessoas. Depois de mais ou menos quinze minutos de bate-papo e acenos de homens ansiosos para conhecê-lo, Versace começou a avaliar o ambiente. Ele notou Andrew parado com Eli, inclinou a cabeça, e foi na direção deles. "Eu te conheço", ele falou para Andrew. "Lago di Como, não?" Versace se referia à casa que possuía em Lago di Como, perto da fronteira suíça. Aparentemente ele dizia isso para todo mundo com quem desejava puxar assunto.

Andrew estava arrebatado e Eli não conseguia acreditar. "Isso mesmo", Andrew respondeu. "Obrigado por lembrar, *signor* Versace". Então, Andrew apresentou Eli para Versace, que falou sobre terem visto a ópera (eles não tinham visto). Eli e Andrew então voltaram para a pista de dança.

Versace visitou a Colossus três vezes durante sua estadia. Eric Gruenwald, que também estava na discoteca quando Versace esteve lá, se lembra de ver Andrew também, fosse naquela noite ou em outra ocasião. Gruenwald havia crescido em La Jolla, então ele e Andrew conversavam sobre a cidade natal dos dois. Eric não acreditava que Andrew tinha todas as credenciais que afirmava ter, e nunca mais o viu, mas anos depois ele contaria a história do que Andrew afirmou ter dito ao conhecer Versace. Andrew falou a Gruenwald: "Ele veio na minha direção e disse 'Oi, eu sou Gianni Versace'. E eu respondi 'Se você for Gianni Versace, então eu sou a Coco Chanel!".

Durante a estadia de Versace, Doug Stubblefield estava andando pela Rua Market, em direção a outro clube gay, quando um grande carro branco com motorista particular parou ao lado dele. Dentro do carro, Doug reconheceu Harry de Wildt, Versace e Andrew. Exibindo-se, Andrew fez o carro parar no acostamento para que ele e Doug pudessem conversar. "Aquilo era muito o estilo dele, pedir para pararem o carro."

Na manhã seguinte, Phil e Lizzie ainda estavam na cama quando Andrew entrou saltitando no quarto deles. Muito empolgado, ele começou a pular no colchão. "Você não vai acreditar com quem eu estive na balada!", ele falou. "Gianni Versace, o namorado dele, e Harry de Wildt! Eu estou tão animado!" Phil Merrill também se lembra de ouvir Andrew repetir a fala "Se você é Gianni Versace, então eu sou Coco Chanel".

"Basicamente", diz Merrill, "a sensação era de 'encontrei uma das pessoas que considero um deus'". O artista Julian Schnabel e o estilista Karl Lagerfeld também estavam na mesma categoria, diz Merrill, "mas Julian Schnabel não era nem de longe tão mencionado".

Embora Harry de Wildt admita ter conhecido Versace no Festival Spoleto, na Itália, e ter almoçado com ele durante sua estadia nos Estados Unidos em decorrência de *Capriccio*, ele diz: "Eu nego categoricamente que eu, o Sr. Versace e o Sr. Cunanan estivemos juntos num carro". Ainda assim, a história se tornou uma piada entre Eli Gould e Doug Stubblefield pelo fato de os dois terem visto Andrew com Versace, e, daí em diante, sempre que alguém duvidava da veracidade de Andrew, ambos diziam: "Ah, mas lembre-se que ele realmente conhecia Versace!".

7

HILLCREST

No verão de 1991, Lizzie e Phil decidiram se mudar para Sacramento. Lizzie queria ficar a meio caminho do Lago Tahoe e da Baía de São Francisco. Ela também iria tentar a sorte no mercado imobiliário de lá, na esperança de evitar uma queda que havia contaminado o mercado de Bay Area, normalmente bastante movimentado. Sacramento não era lugar para Andrew. A capital da Califórnia fica extremamente quente durante o verão e não tem o glamour cosmopolita de São Francisco.

Então, Andrew voltou para Rancho Bernardo para morar com a mãe num pequeno apartamento de dois quartos, cujo aluguel custava 750 dólares por mês. Era um complexo de estuque com janelas espanholas falsas de frente para uma avenida movimentada e para um mercado. A janela da sala dava para um campo de golfe. O apartamento deles ficava na parte de cima de um prédio de dois andares. Andrew decidiu se matricular na Universidade da Califórnia, onde sua irmã Gina havia acabado de se formar. Mais uma vez, ele escolheu História como graduação.

Embora Andrew fosse muito bom em História da Arte, sabendo não apenas quando os antigos mestres trabalharam, mas em que hora do dia e onde eles exibiam suas peças, ele não estudava muito. Começou a trabalhar como atendente na Farmácia Thrifty, no mercado do outro lado da rua, emprego que ele manteve por três anos e meio. Sua mãe era babá para duas famílias e uma fiel devota da igreja da paróquia local, San Rafael, que ficava a dois quarteirões de distância morro acima.

Em casa, Andrew se mostrava para os vizinhos e pessoas que conheciam sua mãe como um estudante empobrecido, sem condições de pagar pela educação que almejava. O vizinho Hal Melowitz se lembra: "Andrew falava como pobre em Rancho Bernardo. A mãe dele ficou muito feliz quando ele conseguiu ajuda financeira para voltar a estudar". Melowitz, um psiquiatra e assistente social, entendia como a situação de MaryAnn era delicada e fez amizade com ela. Ele lembra que ela estava sob cuidados psiquiátricos e que havia sofrido vários colapsos emocionais, o primeiro aos 33 anos de idade, "quando o marido quebrou uma cadeira em cima dela".

Andrew parecia indiferente à mãe, que fumava em excesso, falava sem parar e ameaçava suicídio constantemente. Ele a proibiu de ir à Farmácia Thrifty. "Andrew ficava violento se eu fosse na farmácia", diz MaryAnn. "Ele ficava possesso de raiva", afirma Melowitz. Em determinado momento, em 1993, Andrew perdeu completamente o controle e empurrou a mãe com tanta força contra uma parede que fraturou o ombro dela, e MaryAnn precisou apoiar o braço em uma tipoia. Quando ela foi para a sala de cirurgia, Andrew avisou que se ela contasse para alguém, ele a mataria. O padre da paróquia, L.V. Bourgeois, ficou consternado e colocou a culpa nas drogas. "Não é o comportamento normal de um filho." Apesar da violência, MaryAnn se agarrava a Andrew. De acordo com Melowitz, "seria preciso um pé de cabra para separá-la do filho".

Enquanto isso, Andrew frequentava festas durante vários dias e só ia para casa para dormir. Exigia que MaryAnn ficasse quieta enquanto ele estivesse dormindo, frequentemente até o fim da tarde. Para obedecer aos caprichos dele, ela tirava o telefone do gancho para que o barulho não o incomodasse, falava aos sussurros e cozinhava o que ele quisesse, pudesse pagar ou não. "Se ela tivesse apenas 15 dólares e ele quisesse um bife, ele teria o bife", diz uma amiga de Gina Cunanan. Andrew ajudava com o aluguel e a comida, mas MaryAnn, que se referia ao filho como "O Príncipe", precisava da ajuda de Melowitz para levá-la até a farmácia militar, a vinte quilômetros, para que pudesse pegar seus remédios.

"Andrew acordava, fazia suas necessidades, sentava e comia", diz Melowitz. "Ele não tinha interesse nela. Ele nunca dizia 'Mãe, como você está? Do que a senhora precisa? Obrigado por preparar a comida'. Era sempre 'Não me incomode, estou caindo fora'." Ainda assim, MaryAnn perguntava a Andrew quando ele voltaria, o que ele queria comer e quando ele queria comer. "Ela era sufocante", diz Melowitz. "Ela o infantilizava, não há como negar."

Mas não importava quão ruim era o dia de Andrew: à noite, o atendente pobre de Rancho Bernardo pegava a rodovia interestadual 15 num grande Ford LTD, que ele mantinha escondido, e dirigia além de La Jolla, além do Sea World e do zoológico, para chegar nos bares em Hillcrest não como Andrew Cunanan, um estudante recebendo auxílio financeiro, mas como

Andrew DeSilva, um jovem educado em Yale, Sr. Simpatia, esbanjador e herdeiro de várias fortunas – estacionamentos, concessionárias de carros, plantações de açúcar, imobiliárias em Nova York, até mesmo um depósito de colchões. Melowitz diz: "Ele era o Médico e o Monstro da vida real".

Para fazer suas mentiras colarem, Andrew tinha ajuda das circunstâncias ao seu redor e de um novo amigo. Assim que voltou de San Diego, começou a andar com uma fraternidade gay composta por jovens da Universidade da Califórnia e da Universidade Estadual de San Diego. Uma das pessoas que ele conheceu no campus era um jovem surfista bonito e de olhos verdes chamado Robbins Thompson, que ainda não havia se assumido. Robbins surfava no circuito profissional e não queria que ninguém soubesse de sua orientação sexual; como o surfe era julgado subjetivamente, ele não queria que nada servisse de vantagem para os outros e arruinasse a sua carreira.

Robbins adorava a "vida boa" e tinha o histórico exótico que Andrew gostaria de ter tido. Ele era mórmon, um quarto judaico, e havia crescido no mundo muçulmano. Sua mãe havia sido campeã de concursos de beleza e seu pai comandava um lucrativo negócio de petróleo no Líbano, até que uma violenta inquietação política em Beirute o forçou a sair de lá na metade dos anos 1970. Ele perdeu sua fortuna no processo. Robbins diz que o pai gastou todo seu dinheiro em resgate para tirar sua família e os empregados vivos do Líbano. Então, a família foi num barco a vela para o Caribe, onde viveu por alguns anos antes de escolher Newport Beach, na Califórnia, como residência. Robbins conheceu Nicole Brown Simpson – que seria assassinada junto com o amante, supostamente por O.J. Simpson, anos depois – e sua irmã Denise no ensino médio.

Robbins, que era seis anos mais velho que Andrew, já havia praticamente abandonado o surfe quando eles se conheceram, e estava tendo aulas de computação e tentando começar um negócio de construção. Ele estava pronto para se assumir, mas apenas nas festas do circuito gay. Assim como muitas pessoas homossexuais que viviam apenas no mundo hétero e tinham medo de serem expostas, Robbins mantinha a todos, fossem gays ou heterossexuais, emocionalmente distantes; ele precisava de alguém mais extrovertido para ajudá-lo a navegar o muito desconhecido mundo da sociedade gay.

Andrew e Robbins eram perfeitos um para o outro. Um era caloroso, espirituoso; o outro era um bonitão vivaz e esquivo, com o toque extra do charme de surfista. Primeiro os dois foram amantes, mas não havia muito sentimento entre eles. Robbins diz: "A gente logo viu que aquilo não daria em lugar nenhum, então decidimos ser melhores amigos".

O melhor de tudo era que Robbins não se importava com as mentiras de Andrew. Ele se focava mais naquilo que Andrew, que era muito inteligente e interessante, podia fazer por ele. Juntos, eles se divertiram com os ricos velhos de La Jolla e San Diego, alguns sérios e não assumidos, outros não. Andrew, que podia falar sobre vários assuntos que tinha aprendido nos livros, se deu bem logo de cara com Lincoln Aston, um arquiteto rico de 60 anos que já havia sido casado. Lincoln era inteligente e tinha um gosto fino, mas tinha uma atração fatal por garotos jovens. "Lincoln", diz Robbins, "era um tarado".

Lincoln e alguns outros antigos estudantes da Bishop tomaram conta de Andrew. Logo, Andrew e Robbins estavam indo em festas com homens importantes e não assumidos. Em San Diego, onde riqueza não causa estardalhaço, isso era comum. "A gente tomava alguns coquetéis e depois saía para jantar, ou jantávamos ali mesmo. Eram festas civilizadas e de alta classe", diz Robbins. Outros homens ricos que Lincoln conhecia não eram tão discretos e enchiam suas reuniões com "limpadores de piscina – roupas são opcionais". Outros organizavam "noites de vídeo", nas quais dez jovens garotos de programa eram contratados para animar a festa e, por fim, tirarem as roupas – e tudo era filmado.

Sempre havia uma festa, louca ou não. Robbins se lembra de acompanhar Andrew numa reunião na casa de David Copley, filho adotivo do proprietário do *Union-Tribune* de San Diego, um jornal conservador, e herdeiro da fortuna que Copley havia feito com seus jornais. Andrew sempre acompanhava as notícias do dia e a política, e conseguia penetrar nos círculos mais altos. "Mas ele não era um *socialite*", afirma Chris Fahey, que conviveu com Andrew por cinco anos em Hillcrest. "Andrew foi numa festa na casa de David Copley e ficou com os velhos ricos. Ele estava entre eles. Estava com seus superiores."

O Dr. William Crawford, um distinto médico aposentado da Marinha que chegou a ser um dos seis pilotos de teste das Forças Aéreas, conheceu Andrew nessa época. Crawford e os outros logo chegaram à conclusão de que Andrew precisaria ser pelo menos dez anos mais velho para fazer tudo que afirmava ter feito. Crawford se lembra de ouvir Andrew dizer que estava tentando conseguir um doutorado em História. "Ele falou que havia passado entre oito meses e dois anos num *kibutz*.* Quando você junta isso com vários anos em São Francisco na indústria têxtil, eu falei 'Andrew, você não está vivo há tanto tempo'. Eu sabia que era tudo invenção, mas isso não era relevante para o nosso relacionamento, que era deliciosamente sofisticado e agradável. Ele era maravilhosamente tranquilo. Nossas mentes eram parecidas."

"Você é o único que consegue me acompanhar", Andrew falou para Crawford uma vez, que afirma: "Era como tentar acompanhar a célebre rã saltadora do conto de Mark Twain".

Andrew chegou até mesmo a dizer para Crawford, um anestesista, que havia trabalhado por um tempo como farmacêutico numa drogaria. "Eu não insisti muito em descobrir como ele sabia tanto sobre drogas." Crawford estava mais preocupado com o fato de Andrew estar desperdiçando sua mente brilhante numa vida frívola. "Andrew, com todo aquele poder mental e sentado ali sem fazer nada."

"Eu gosto da minha vida. Gosto dela desse jeito", Andrew respondeu.

"Andrew, você tem uma máquina de dinheiro em algum lugar?", Crawford perguntou em determinada ocasião. "Ele disse que tinha uma herança para receber. Eu falei 'E quando você vai tomar posse dela?', e ele respondeu 'Ah, ela que me possui'. Ele era muito bom em mudar de assunto. Como médico, eu nunca olhei clinicamente para meus amigos. Andrew era muito consistente em ser Andrew, mas suas histórias não eram."

Andrew e Robbins eram rostos novos, vigorosos e bonitos. Quem ligava se faltavam alguns pingos no is em suas histórias? "Andrew falava a verdade. Estava escondida nas mentiras", insiste Robbins. "Dava para ver a verdade sobre quem ou o que ele descrevia, mas era preciso remover toda a cobertura e embelezamento. Era como um código que você precisava decifrar." Robbins era frequentemente o único que entendia aquele código. "Eu só sentava e aproveitava o show."

Na verdade, com o passar dos anos o show foi aprimorado, e Andrew usou partes da história de Robbins para alimentar sua própria. Robbins passou muito tempo em Baja, na Califórnia, onde um gringo famoso na região era um assassino condenado, um antigo motoqueiro do grupo Hell's Angels que passou vinte anos na cadeia por matar um guarda durante uma revolta. Ele certa vez perguntou a um amigo de Robbins se ele queria que

* Tipo de organização urbana exclusiva a Israel. [N.E.]

sua ex-namorada "sumisse" depois de uma traição. Aquele era o tipo de história que Andrew adorava. Andrew, que parecia ter uma fascinação com violência, cantou vantagem de ter conexões no submundo, particularmente um cara na cadeia que poderia dar um jeito de pessoas morrerem.

Uma vantagem com que Andrew contava era a grande e transitória população militar de Hillcrest, um fluxo ininterrupto de novatos que ele podia entreter e, por fim, recrutar para seus objetivos nefastos. Andrew era atraído pelos tipos militares jovens, e homens gays com fetiches em uniformes encontravam abundância em Hillcrest. Era de conhecimento geral que os militares faziam testes para HIV a cada poucos meses; por isso, a população militar gay em San Diego era considerada saudável e segura. "Ir para os bares gays em San Diego é como estar num clube de homens alistados", diz Steven Zeeland, autor de *Sailors and Sexual Identity* [Marinheiros e identidade sexual] e *The Masculine Marine* [O fuzileiro másculo]. "A presença militar é muito grande."

Uma vez por ano, por exemplo, depois do baile formal anual dos militares, fuzileiros navais em uniforme completo podem ser vistos bebendo num dos bares mais populares de Hillcrest, o Flicks, que é copropriedade de Tim Barthel, um bonito ex-fuzileiro. Barthel conta que trinta por cento da clientela do bar é formada por militares. Com base no fato de ter servido no Corpo de Fuzileiros Navais e comandar um bar gay por vários anos, Barthel estima que pelo menos vinte por cento das forças militares americanas é de homens gays; o número oficial é bem menor.

San Diego também atrai adolescentes que fugiram de casa e crianças em situação de rua, que chegam de ônibus vindas de várias partes do país e se tornam alvo fácil para predadores sem escrúpulos numa cidade ainda rigorosa, onde é conveniente agir em segredo. A antiga reputação de San Diego, de ser uma cidade de inclinações ultraconservadoras e com um grande corpo militar, significava que muitos homens que não tinham problema algum em se mostrarem abertamente gays em Hillcrest ainda estavam completamente no armário assim que saíam do bairro.

"Todos os supostos amigos de Andrew tinham dinheiro – eram do tipo jovens profissionais", diz Brian Wade Smith, que namorou Jeff Trail por um tempo e viu Andrew em Hillcrest, em São Francisco e em Minneapolis. "Lá estava Andrew para levá-los aos lugares certos. Eles eram solitários e não tinham outras companhias para ir nesses lugares. Andrew sempre dizia 'Oh, eu tenho um amigo com quem vou te juntar'. Eram pessoas solitárias com dinheiro e sem lugar para ir". Em Hillcrest, onde sexo é não apenas a única moeda do lugar, mas também o grande equalizador, Andrew tinha certeza de que encontrava uma audiência cativa naqueles que precisavam de um guia.

"Tem os ricos, os pobres, os aspirantes, os escapistas, os loucos por poder, o superior, o inferior – tem de tudo – todos eles de um mesmo gênero, ao contrário do que tem sido a norma tradicionalmente", afirma Anthony Dabiere, um morador antigo de Hillcrest, ex-garçom e agente imobiliário que conhecia Andrew e o observou durante anos. Dabiere também diz que, quando um único gênero assume tanto os papéis masculinos quanto os femininos, as regras ficam mais complicadas. "Então o jogo é reinventado, e a tendência natural dos homens de serem competitivos é exagerada a níveis absurdos à medida que começam a competir entre si mesmos como prêmios e juízes ao mesmo tempo."

Uma das características atraentes de Hillcrest é que o lugar não é intimidante, por exemplo, para homens gays vindos do Meio-Oeste, jovens de cidadezinhas em Wisconsin, Minnesota, Illinois ou Kansas, que sonham com a liberdade e o clima da Califórnia, mas acham que West Hollywood e Castro têm atitude demais. "No Meio-Oeste, para ir até um bar gay, você precisa dirigir duas ou três horas para chegar até uma cidade de verdade", diz Tim Barthel, de Michigan. "A atração aqui é o ritmo. Não é Los Angeles ou São Francisco. Quando você entra num bar aqui, você já conhece metade das pessoas."

Os jovens de cidade pequena acreditavam nas histórias de Andrew muito mais facilmente do que os garotos de Nova York ou Los Angeles. "Ele escolhia rapazes do exército ou meninos do Meio-Oeste e pessoas de fora. Em geral, o grupo dele era de rapazes brancos", afirma Chris Fahey. "De forma muito deliberada, aquele era o processo de seleção dele. Ele respondia aos céticos com aqueles que acreditavam nele." Andrew acabou se tornando presença constante na vizinhança, uma combinação de diretor de cruzeiros e comitiva de recepção. Nos bares, todo mundo conhecia Andrew.

"No mundo gay, você pode ser quem você quiser sem fazer muita propaganda. Mas, se você assumir uma certa postura e anunciá-la, ninguém vai fazer muitas perguntas", diz Dabiere. "É um mercado aberto, onde o único critério é a forma como você quer se apresentar. Se você quiser sair usando macacão e moletom, você está em um nível, e isso é escolha sua.

Mas se você quiser mudar, basta ir numa loja da Nordstrom e comprar uma roupa nova e pronto!".

Hillcrest, afirma Dabiere, é cheia de pessoas que vivem o momento. "A relativa proximidade com uma população endinheirada vinda de La Jolla, juntamente com uma população jovem e praieira, cria oportunidade para se esbarrar com todo mundo, especialmente se você está atrás disso. Um pobretão pode andar com um príncipe sem problema algum."

San Diego pode ser a sétima maior cidade dos Estados Unidos, de crescimento rápido e amplo, com 112 quilômetros de praia e noventa museus, mas em outros aspectos ela se parece com uma cidade pequena. Quase todos vêm de fora, inocentes o bastante para não rir da audácia das histórias que Andrew contava, mas desgarrados demais para conferir o que ele dizia. A vida ao ar livre e o clima são perfeitos para turistas, e a emergente indústria de alta tecnologia promete prosperidade sempre crescente. San Diego não é mais o dormitório da Marinha, nem a prima conservadora de Los Angeles e São Francisco que foi em décadas anteriores; a cidade tem o Teatro Old Globe, uma orquestra sinfônica, o parque aquático Sea World e o famoso zoológico, mas ainda precisa melhorar em alguns aspectos.

Em 1991, quando Andrew voltou para San Diego, a economia estava ancorada firmemente na indústria aeroespacial. Nos anos seguintes, a economia sofreu uma queda vertiginosa com o fim da Guerra Fria e a diminuição de trabalhos no setor de defesa. A comunidade gay, então, estava começando a flexionar seus músculos políticos e econômicos. Um dos seus líderes mais visíveis, Nicole Murray-Ramirez, considerado o "autoproclamado prefeito da comunidade gay", é um republicano de origens mexicanas que virou ativista democrata; um colunista, consultor de relações públicas; e uma espirituosa *drag queen*.

"Um lado do meu guarda-roupa é cheio de véus, vestidos e coroas", Nicole declara, sentado em seu apartamento repleto de quinquilharias e ovos Fabergé falsos, "e o outro lado tem ternos e gravatas. Eu uso os dois". Em 1990, liderou o esforço comunitário de levantar dinheiro o suficiente para concorrer a um cargo no conselho da cidade, e desde então a população gay e lésbica tem recebido mais atenção dos políticos locais. "Nós temos poder de decisão em duas assembleias do distrito e um distrito do senado estadual", diz Nicole, "e, mais importante ainda, temos o poder do dinheiro".

Hillcrest, uma vizinhança gentrificada com frentes de lojas renovadas, cafés, restaurantes, livrarias e supermercados, incluindo muitos negócios com proprietários gays, começou a ganhar destaque na década de 1980. Anunciado por uma placa em rosa neon, com letras enormes em estilo Art Déco, que forma um arco sobre a esquina da Avenida University com a Rua 5, Hillcrest tinha uma aura amigável, e não demorou para que Andrew Cunanan começasse a considerar aquele lugar como seu verdadeiro lar.

Para aqueles como Andrew, que agitavam os bares e queriam ser considerados membros VIPs, a vizinhança é segregada em grupos estratificados. Eles incluem o rígido "culto à masculinidade" que prevalece em alguns guetos gays urbanos, muitas vezes alimentado por drogas e pela promessa de sexo quente. São frequentes imagens de "garotos musculosos", depilados, fortes, que representam aquilo que o autor Michelangelo Signorile chama de "estilo de vida *fast food* para pessoas com um apetite veloz e furioso".

Andrew foi inteiramente seduzido por aquela narrativa, assim como havia invejado os bens materiais dos colegas nos tempos de escola. O escritor gay Armistead Maupin diz: "Ele foi seduzido pela democratização do sexo – a ideia de que, se você tiver os bens corretos, em determinado momento pode conhecer quem quiser e fazer o que quiser". A vida inteira de Andrew agora era ditada pelo status gay.

A vida em Hillcrest, moldada pelo clima ameno da costa, era bem relaxada. Ainda assim, Hillcrest era tão suscetível quanto Los Angeles, ou qualquer outra comunidade, de se tornar presa de vários "assuntos de dentro da comunidade": se tudo o que a liberação gay havia trazido era um mercado dócil para um certo estilo de vida baseado em aparências, marcas, posses, e a muito discutida adoração ao corpo; se as pessoas eram julgadas pelo carro que tinham ou por quão musculosas eram, etc. Ao mesmo tempo, o uso de drogas, o consumo de pornografia e a injeção de esteroides para aumentar os músculos era uma prática corrente em alguns grupos. San Diego ainda tinha a vantagem de estar perto da fronteira mexicana, onde uma lipoaspiração era barata. Os garotos malhados geralmente ingeriam vários tipos de suplemento, como creatina, para transformar gordura em músculos mais rápido. Então, eles apareciam bronzeados, sem camisa e agitando – nos finais de semana em Balboa –, pedalando bicicletas, cuidando dos cachorros e jogando vôlei num concurso de beleza informal.

Andrew, que não tinha paciência para a academia, nem para os seus pares, nunca pareceu muito confortável com o próprio corpo, e agora precisava encontrar outra forma de competir. Ele ia com frequência para Black's Beach, a praia de nudismo em La Jolla, mas nunca tirava a roupa. O culto ao corpo era uma arena na qual Andrew não podia entrar junto ao próprio grupo etário, e ele nem tentava. Em vez disso, com sua apreciação pelas coisas finas – particularmente arte e música clássica – e sua inclinação para gracejos, Andrew buscou se tornar um antigo estereótipo gay, aquilo que Daniel Harris, no livro *The Rise and Fall of Gay Culture* [Ascensão e queda da cultura gay], chama de "o grande esteta com tiradas certeiras". Uma existência desse tipo exige não apenas muito tempo livre, o que Andrew tinha, mas também amplos recursos financeiros – algo mais difícil de se conseguir.

A pergunta que todo mundo fazia era de onde Andrew tirava dinheiro. Enquanto vivia na Bay Area, Andrew aparentemente tinha explorado a possibilidade de ser pago por serviços sexuais. De Berkeley, Andrew fazia viagens frequentes e secretas para o sul da Califórnia nos fins de semana, quando ganhava caronas, oferecendo-se como garoto de programa ou acompanhante.

Em dezembro de 1989, um jovem vendedor de softwares estava visitando Los Angeles, vindo de Cincinnati, e conheceu Andrew numa festa de dois cantores de música country em Hollywood Hills. Andrew estava com um homem de uns 75 anos de idade, um médico de San Bernardino. Os dois jovens começaram a conversar, e Andrew ficou muito interessado ao ouvir o vendedor contar que estava hospedado no Beverly Hills Hotel. Na tarde seguinte, Andrew, que se apresentou como Tony Cunanan, fez uma visita ao lugar, jogando calmamente sua mochila de viagem no chão, como se estivesse planejando ficar por ali.

Os dois ficaram algumas horas na piscina do hotel, saíram no fim da tarde e passaram a noite juntos no quarto do vendedor. Andrew deu a impressão de ser esperto e tranquilo. No dia seguinte, o vendedor o deixou num spa em Santa Monica Boulevard e os dois prometeram manter contato. Mas o vendedor pensou que aquilo seria apenas uma ficada casual. Andrew contou ao seu novo amigo que estava morando em Los Angeles com um acompanhante que se vendia como "o rosto mais bonito de L.A.", e deixou um número de telefone para ele e uma caixa postal em Newport Beach. O vendedor voltou para casa.

Alguns meses depois, ele recebeu um cartão-postal da Disney vindo de Tony, dizendo que gostaria de sair da Califórnia. Naquele meio-tempo, o vendedor havia perdido o emprego e decidira se mudar para a Flórida. Ele virou um acompanhante na empresa Serviço de Acompanhantes Exóticos de Fort Lauderdale, hoje extinta. Tony entrou em contato outra vez. "Ele disse que havia muitos outros caras tentando fazer o que ele fazia na Califórnia, e queria tentar a chance na Flórida – algum lugar quente." O vendedor se ofereceu para ajudá-lo a entrar no negócio de acompanhantes. Tony agradeceu, mas nada aconteceu. Ainda assim, ele ligava a cada poucos meses.

Em 1991, na época em que Lizzie e Phil Merrill estavam se preparando para sair de Berkeley, o vendedor apareceu numa festa e numa sessão de fotos para um calendário masculino da Acompanhantes Exóticos no Glow Lounge. De acordo com o vendedor, o dono da empresa disse a ele que havia sido contatado por um tal de Tony Cunanan, da Califórnia, e que havia mandado alguns trabalhos para ele. O empresário disse que ficou impressionado por Tony ter-lhe enviado a quantia apropriada da retribuição, e então contou ao vendedor que Tony havia se mudado para a Califórnia por um breve período e que disse estar disposto a ir para qualquer lugar para trabalhar. O vendedor ficou intrigado – afinal, ele havia recomendado o serviço para Tony. Por que Tony não havia entrado em contato?

Curiosamente, o vendedor se lembra de que alguns de seus clientes eram executivos da Home Shopping Network, que ficava perto de São Petersburgo, Flórida. Marilyn Miglin, a viúva da terceira vítima de Andrew, era associada à Home Shopping Network desde 1993, e seu marido, Lee, tirou uma folga de seu negócio imobiliário no início dos anos 1990 para ajudar a gerenciar a empresa de cosméticos dela, a Marilyn Miglin Cosmetics. Poderia Andrew/Tony ter ouvido falar de Lee ou de Marilyn Miglin através da conexão com a Home Shopping Network? Será que ele se encontrou com Miglin em algum momento?

O dono do serviço de acompanhantes, hoje um homem de saúde frágil, com uma ficha criminal e aposentado, reluta em responder perguntas sobre suas atividades anteriores e confirma pouca coisa. Ele se lembra de clientes da Home Shopping Network. Diz que não se lembra de Tony, e a mulher que atendia telefonemas também não se lembra. Ele reconhece a voz do vendedor no telefone, mas não recorda o nome. O vendedor tem uma ótima memória, consegue se lembrar de detalhes, e até guardou a carta que o dono do serviço havia enviado para ele, pedindo para aparecer por lá. Ele acredita que conheceu Andrew Cunanan e que Andrew estava na Flórida tentando ser acompanhante. Andrew realmente dizia às pessoas que passava tempo na Flórida, mas mentia tanto, e para tantas pessoas, que é impossível verificar essa história por completo.

Existe outra história parecida. Um homem gay muito conhecido de San Diego, que arrumava encontros em troca de visitas a personalidades VIPs, definitivamente se lembra de Andrew sendo trazido até ele quando voltou para Hillcrest pela primeira vez. "Um dos meus garotos me ligou pedindo para que eu me encontrasse com ele. Ele disse 'O rapaz é metade asiático'. Eu respondi 'Ninguém nunca me ligou pedindo por um oriental'. O cara respondeu 'Bem, ele é realmente esperto e bonito'. Eu pensei que talvez um encontro para jantar, mas o povo quer sexo na maioria das vezes. Andrew foi ao meu apartamento. De cara eu não achei que ele era bonito. Eu perguntei 'Quais são os seus melhores atributos?'. Ele respondeu 'Meu sorriso e os meus olhos. Eu acho que tenho olhos atraentes'. E eu respondi 'Alguma *outra* coisa?'. Andrew respondeu 'Eu estou na média lá em baixo'. Ele deu uma olhada pelo meu apartamento e falou sobre a decoração, então observei que ele era bom de papo. Ele só arrumou quatro encontros em todos esses anos. Se alguém quisesse companhia apenas para jantar – políticos –, eram 300 dólares fáceis para ele e nenhum sexo." Mas o problema, explica o agenciador, era que "os clientes são muito específicos sobre o que querem. Eu tenho um senador que pede por 'alguém que corte tantos centímetros do cabelo dele e lave seus pés'".

Nesse nível de especificidade, era difícil recomendar Andrew. "Meu garoto disse 'Andrew está realmente procurando por alguém que tome conta dele', mas ele nunca se encaixava no perfil." Nos vários anos seguintes, quando Andrew via o agenciador, eles apenas acenavam um para o outro. No fim das contas, Andrew não era "ornamental" – nem "novinho" ou paciente – o bastante. Para realmente conseguir alguém que a sustente, a pessoa precisa ter o equipamento certo e um temperamento aceitável. Alguns garotos têm, e "eles acabam com Jaguares e casas em seus nomes", diz o agenciador. "Andrew era um idiota."

Nicole concorda. "Eu me encontrei com muitos Andrews. Andrew foi além da conta. Em vez de pensar em ações, investimentos, ele queria coisas demais. Se você quer que alguém te sustente, eles não querem te ver em bares – você precisa estar à disposição. Muitos são casados, e eles te colocam num condomínio. Mas Andrew queria se exibir. Ele precisava de aprovação – 'Oh, meu Deus, você é fabuloso, você é tão rico'." Andrew, Nicole concluiu, não tinha o que era necessário para ser o brinquedinho de alguém. Mas ele nunca parou de tentar.

"Quando estão se assumindo, alguns homens podem escolher um determinado caminho e se tornar garotos de programa, atores pornô, mas outros não são nada disso", afirma Chris Fahey, que trabalha nos restaurantes de Hillcrest e observou Andrew por anos. "Existem certas coisas específicas do mundo gay. É muito fechado e ninguém fala abertamente sobre quem pode ou não ser garoto de programa. Muitos héteros pensam que é a mesma coisa que as strippers fazem, mas é muito mais do que isso no mundo gay. As pessoas se assumem e podem tomar um caminho ou outro. Se você quiser se tornar parte da comunidade gay [como garoto de programa], é bem fácil."

Robbins não acredita que Andrew tivesse feito programas. "Eu o vi com muitos velhos, mas conhecia a maior parte deles e conhecia os relacionamentos que mantinham – todos aqueles em San Diego, pelo menos. Todos eles eram bem às claras." Robbins sabia que Andrew estava procurando por um provedor. "Ele definitivamente estava procurando por alguém que cuidasse dele, sem sombra de dúvida." Mas ele queria mais. Seus quatro critérios, diz Robbins, eram que a pessoa precisava ser "rica, inteligente, artística e famosa". Valia a pena esperar por alguém assim. "Eu acho que ele se parecia bem mais com uma mulher bonita, que não fica vadiando por aí. Ela definitivamente iria atrás do seu homem, mas também iria se resguardar." Afinal, "depois que você ganha uma reputação dessas, quem vai te querer?".

Fahey é menos caridoso em sua opinião. Ele era um garçom de 19 anos num restaurante chamado Canes California Bistro quando conheceu Andrew, em 1992. Andrew ia lá quatro ou cinco vezes por semana com Lincoln Aston ou "outro homem mais velho". Andrew disse a Fahey que poderia conseguir "qualquer tipo de documento de identidade falso. Eu pedi um do departamento do trânsito. Ele nunca me conseguiu". Fahey, que é da Costa Leste, diz: "Você sabe quem tem dinheiro de verdade. Na Costa Oeste muita gente só se exibia. Estava na cara que ele não tinha dinheiro". Com base em sua própria observação e nos comentários de outras pessoas sobre Andrew, diz Fahey, ele juntou um mais um. "Ficou óbvio que ele era um garoto de programa." Fahey passou a sentir um desgosto enorme por Andrew. "Aquele cara é tão estranho", ele disse a Trent Smith, o *maître*, "nem quero ficar perto dele".

"Andrew?", respondeu Smith. "Ele é inofensivo."

Em casa, MaryAnn costumava encontrar roupas e sapatos caros no quarto de Andrew. "Ele não tem dinheiro", ela dizia para Hal Melowitz, seu vizinho. "Ele ficou fora de casa por vários dias, Hal, veja", ela dizia, mostrando a Melowitz os ternos de 700 dólares da Nordstrom, ainda com as etiquetas, e sapatos de 300 dólares. "Olha com o que ele voltou agora – sapatos Ferragamo." MaryAnn também encontrou caixinhas de fósforo de clubes e bares gays. "Onde ficam esses clubes?", ela perguntou a Melowitz. Ela chegou a ligar para alguns dos lugares, e as pessoas de lá respondiam explicitamente que eram bares gays.

Quando MaryAnn estava sozinha, Melowitz tentava argumentar com ela: "MaryAnn, são clubes gays". Mas MaryAnn estava num estado de negação completa. Em vez de lidar com isso, ela "falava sobre como Andrew voltaria para a escola e alcançaria a grandeza". Embora Andrew afirmasse por anos que estava fazendo doutorado na Universidade da Califórnia, ele saiu da escola para sempre em 1992. Quando as pessoas foram procurar, não havia nenhum Andrew DeSilva matriculado.

Como um morcego, Andrew caçava suas presas à noite. Havia um certo padrão em suas saídas noturnas desde o princípio. Nas segundas, Nicole era a espirituosa apresentadora no Hole, um agitado bar ao ar livre com um palco e um chuveiro, localizado perto da antiga estação de recrutas dos Fuzileiros Navais. Vestindo chifon com lantejoulas, uma peruca vermelha com rabo de cavalo e saltos dourados, Nicole corria depois das apresentações para o show de *drags* no Brass Rail, em Hillcrest, e conduzia o Wet 'n Wild, um concurso semanal de roupas de baixo.

Em algumas comunidades gays dos Estados Unidos, os homens tratam uns aos outros como objetos, de uma forma que as mulheres de hoje consideram extremamente sexista quando homens heterossexuais fazem com elas. Numa multidão barulhenta de militares não assumidos, ratos de academia flexionando os bíceps e alguns poucos cavalheiros de La Jolla, Andrew podia ser visto em muitas segundas-feiras com um blazer, assistindo aos participantes subirem no palco, tirarem as cuecas e então serem mandados para debaixo de um chuveiro e saírem para dançar. Enquanto eles sacudiam os traseiros, Nicole fazia perguntas.

"Você tem um corpão", ela disse a um jovem negro. "Você conseguiu na academia?" "Não" "Onde? Correndo da polícia?" A plateia mostrou sua desaprovação. "Ei, eu sou mexicana", Nicole respondeu. "Se você é mexicano ou negro, você corre da polícia." Para outro, que se identificava como "irlandês/indiano", ela falou: "Você deve ser um beberrão do caralho!", e para um marinheiro ela disse: "O que os olhos não veem, o coração não sente, apenas abra a boca. Eu odeio os pequenininhos... Eles cutucam".

Terça-feira era noite dos garotos no Flame, um bar lésbico ao norte de Hillcrest, na grande avenida que divide o Parque Balboa em dois. Um dos clientes frequentes daquela época era um charmoso vigarista chamado "Larry", que ficou viciado em drogas mais tarde, foi preso por fraude e mandado para uma prisão federal. Larry, com quem Andrew andava frequentemente, supostamente conhecia mafiosos e era um mestre das fraudes de cartão de crédito. Ele vinha de uma família de mestres em roubos de carros e cuidava de uma rede com mais de cem batedores de carteiras – que trabalhavam em lojas de departamento e traziam centenas de milhares de "produtos" para serem vendidos a 25% do preço no varejo. Larry diz que arrumava produtos para Andrew comprar.

Certa noite, Andrew viu Larry arrombar casualmente um Porsche vermelho, que já estava sendo visado, do lado de fora do bar em que estavam prestes a entrar. Ele nunca se esqueceu do incidente. Quando Andrew cantava vantagem de que conhecia pessoas que conseguiam coisas que "caíam de um caminhão", ele estava falando de Larry. Larry afirmava saber de um "salão", ele costumava dizer, e Andrew supostamente tinha acesso ao lugar onde "um relógio Cartier, tapetes persas, uma pintura de Peter Max, uma garrafa de Dom Perignon ou um champanhe Perrier-Jouet, etc e etc" custavam entre dez e quarenta por cento do preço de mercado.

O porta-malas do velho carro de Andrew estava subitamente cheio de câmeras Polaroid, calculadoras, ventiladores, aquecedores, fitas cassete de *Jurassic Park* e perfumes masculinos, que ele distribuiria como presentes. Ele poderia facilmente ter roubado isso na farmácia. "Ele devia dar uns 100 dólares para algum dos caras separar uma caixa para ele no depósito", disse Larry, dizendo implicitamente que esse tipo de coisa era miudeza demais para profissionais. "Quem vai querer roubar um caminhão com isso?"

Nas noites de quarta e em muitas outras, Andrew andava pela West Coast, uma boate de três andares com um bar do lado de fora, onde ele era a maior atração. "Ele comandava a corte. Todos nós o idolatrávamos", diz Sheila Gard, que trabalhou na West Coast por um tempo. "Sim, Andrew, o que você quiser. Você é deus."

De vez em quando ele "enchia a cara de vodca", subia numa plataforma e dançava "Copacabana". Outras vezes, dizia que era um alcoólatra em recuperação. E mesmo assim ele fazia Mike Whitmore, o atendente, colocar doses de Bushmills ou Baileys em seu expresso.

Andrew gostava secretamente de Whitmore, um loiro de olhos azuis, e tentou separá-lo de seu namorado, Matthew. Mas ele também gostava de Matthew, e do porteiro Stan Hatley, um ex-oficial das Forças Aéreas, que era moreno e bonito. "Ele sempre disse que eu e Richard Gere éramos os homens com quem ele sonhava", afirma Stan. Contudo, muita gente se lembra de que Andrew tinha dificuldade em arrumar alguém. "Ele ficava andando e andando, mas eu nunca vi Andrew saindo de lá com alguém", diz Ronnie Mascarena, outra colega daquela época. Andrew dizia que preferia pagar por sexo do que ter um relacionamento. "Ele dizia que pegava garotos de programa", relembra John Beuerle, outro frequentador assíduo. "Andrew gostava deles porque não havia complicações. 'Quando eu acabo com você, beijo e tchau.'"

Agora, os antigos amigos chegam à conclusão de que ele estava falando sobre si mesmo. "Ele geralmente aparecia de terno nos bares", conta Shane O'Brien, que estava acabando de se assumir naquela época e que se tornou parte do grupinho de Andrew. "Estava sempre indo para jantares que exigiam paletó e gravata. Eu não sei com quem ele andava. Acho que deviam ser clientes." Stan Hatley também se lembra: "Andrew estava envolvido com limusines e táxis e sessões particulares de cinema. Ele estava sempre usando calças cáqui e paletó azul-marinho. A gente perguntava 'Onde você foi?', e ele respondia 'Fui na ópera, esse show e aquele, aquela festa beneficente'. Agora nós estamos descobrindo que ele era um convidado pago, digamos assim. Mas eu tinha orgulho de conhecer Andrew. Ele era o tipo de pessoa que, se você entrasse numa sala com mil pessoas, todo mundo ia querer conversar com ele".

Já Andrew queria estar perto de qualquer pessoa que parecesse ter dinheiro. "Ele andava com um maço de notas. Andrew exibia notas de 50 e 100 dólares. Para nós, que vínhamos da mesma vida que ele gostaria de ter tido, ele *não* comprava bebidas", diz Stan Hatley, que era financiado pelo seu caridoso pai. "Isso realmente me incomodou por um tempo."

Em 1991, para impressionar Shane O'Brien, que também era financiado pela família, Andrew falou: "Eu janto com Gianni Versace uma vez por ano". Ele então começou a contar tudo o que podia sobre o jantar que teve com Versace no Restaurante Stars um ano antes, em São Francisco, quando o estilista estava fazendo as roupas para a ópera. Ele contou histórias parecidas para Robbins, mas Robbins não fazia ideia de quem era Versace e não tinha interesse em descobrir. Andrew também contou que jantava anualmente com Debbie Harry. "Sempre que ela aparecia em algum vídeo no bar, ele dizia 'Eu ando com ela, você não'."

Por volta de 1992, Andrew DeSilva estava dizendo para todo mundo que era judeu e que tinha uma patente no exército de Israel. Para alguns ele se vangloriava de ter um pai influente dentro do Mossad, o serviço de inteligência israelense. Ele se encantou por uma jovem chamada Elisa Denner. "Ele conseguia falar com sotaque de judeu nova-iorquino sobre fazer compras e almoçar. Agia como uma princesa judia americana no corpo de um homem", diz Elisa. Andrew disse a ela: "A gente podia se casar. Eu te levo para Hollywood". Ele implorou para que ela fosse com ele para que entrassem no mundo do cinema como um casal. Uma amiga próxima de Elisa, Ronnie Mascarena, disse a ele: "Eles nunca colocariam alguém com a sua voz na TV!". Ronnie explica que "Andrew tinha uma voz muito anasalada e afeminada. Achava que precisava de uma mulher bonita de braços dados com ele para se tornar rico e famoso". Elisa acrescenta: "Ele costumava dizer para as pessoas que eu era a esposa dele. Ele me disse que tinha uma filha".

Por anos, Andrew mostrava fotos de Lizzie e sua filha como prova de seu casamento, mas falava que nunca via sua família porque "minha esposa tem uma medida cautelar contra mim". Sua desculpa para não permitir que Denner ou qualquer outra pessoa visitasse sua casa em Rancho Santa Fé era que "ele estava no armário por causa dos pais – eles o mandariam embora". Certa vez, os amigos o viram dirigindo seu velho Ford LTD.

"Ele disse que era da empregada dele. A gente sabia que era dele", diz Ronnie. Era mais fácil deixar Andrew aproveitar suas fantasias sobre riqueza e sobre ser um membro do exército de Israel.

"O que um oficial ativo do exército de Israel estaria fazendo em San Diego?", pergunta Hatley. Espiões, afinal de contas, não estariam se anunciando por aí. "A melhor forma de lidar com Andrew era concordando com ele. Era mais fácil concordar do que ouvi-lo a noite inteira", Sheila Gard afirma. "Se você não acreditasse, ele forçaria ainda mais. Ou ficaria na defensiva e fazendo bico. Todos nós estávamos lá por causa dele, então não era divertido se a alma da festa estivesse de biquinho."

8

JEFF

Embora Andrew tivesse experiência em ser falso, ele sabia reconhecer um item verdadeiro quando via um à sua frente. Jeff Trail, um típico garoto americano, bonito, de cabelos escuros e um sorriso cativante, era o ideal de Andrew. Jeff havia se formado em Annapolis e aprendeu a voar antes de aprender a dirigir; era um excelente atirador e um marinheiro habilidoso. Muitos dos sonhos perdidos de Andrew estavam personificados em Jeff. Andrew estava hipnotizado por Jeff e dizia que eles eram como irmãos, apontando o fato de terem nascido com apenas seis meses de diferença e de que ele também já tivera esperanças de ir para a Academia Naval, fingindo saber voar e navegar. Na realidade, Andrew nunca teve aulas de voo e o mar o deixava enjoado.

De várias formas, Jeff era tudo aquilo que Andrew não era. Desde o início, Andrew era altamente possessivo em relação a Jeff, que havia crescido em DeKalb, Illinois, uma pequena cidade universitária que ficava 96 quilômetros a noroeste de Chicago, onde o maior negócio agrário é a plantação de milho para fabricação de cereais. Jeff personificava os sólidos ideais de sua terra natal. Ele era leal, respeitava as leis e mantinha sua palavra; fazia amigos com facilidade e amava ser útil; ele odiava ficar sozinho. Jeff gostava de cozinhar, jogar cartas, sentar ao redor de uma fogueira e conversar. Durante toda a infância e adolescência, Jeff morou na mesma casa, perto da Universidade do Norte de Illinois [Northern Illinois University – INU], onde seu pai foi professor de Matemática.

Assim como Andrew, Jeff era o mais novo da família. Sua mãe teve quatro outros filhos, um homem e três mulheres, antes de se tornar uma jovem viúva. Ann Davis então se matriculou na Universidade Estadual de Oklahoma, esperando se tornar uma professora primária para ajudar com as despesas da família. Lá ela conheceu Stan Trail, um gentil e atencioso professor de Matemática, que agora é um professor emérito na INU.

Ann por fim conseguiu um título de mestre pela Universidade de Chicago e se tornou especialista em leitura. Jeff foi o único filho que Ann e Stan tiveram juntos.

A família era muito unida – até hoje eles tiram férias juntos –, e Jeff, o mais novo, com uma diferença de nove anos dos outros, era mimado. Em compensação, ele idolatrava os pais. Depois de crescido, Jeff respeitava tanto o pai que no meio de uma discussão ele se levantava e dizia: "Só um instante, eu vou ligar para o meu pai. Ele vai saber a resposta". Jeff era o conservador da família, sempre discordando politicamente do resto do clã. Sally, a irmã, diz: "A gente nunca soube como fomos arrumar alguém da Juventude Republicana na família".

Desde pequeno, Jeff decidiu que gostava de militares. Seu irmão mais velho, Mike (que iria morrer de repente, menos de um ano depois de Jeff), era paramédico da Marinha. Sally, dezessete anos mais velha que Jeff, se alistou na Força Aérea e se tornou oficial naval de carreira, uma das primeiras mulheres a estudar na Escola de Guerra do Exército. Jeff queria ser um piloto de caça. "O quarto dele foi de soldados de brinquedos para um mural de dois metros da lua e das estrelas", diz sua irmã mais jovem, Lisa.

Jeff teve aulas de voo quando ainda estava no segundo ano do ensino médio. Depois disso, sua família e amigos prenderam a respiração enquanto ele pilotava com eles por sobre DeKalb num velho avião Piper Cub do aeroporto local, onde ele trabalhava depois das aulas. Jeff estava tão determinado a ir para Annapolis que ganhou dezenove créditos de cursos universitários em Trigonometria, Cálculo e Álgebra Linear antes de se formar no ensino médio.

O Colégio DeKalb tinha muitos alunos brilhantes, muitos deles filhos de membros da Universidade do Norte de Illinois (quando Jeff era calouro, a oradora da turma de graduandos foi Cindy Crawford, que ganhou uma bolsa para estudar Engenharia Química na Universidade do Noroeste). O Colégio DeKalb era muito rígido naquela época. "Se você fumasse cigarros, você seria considerado um vadio e seria isolado completamente", afirma um colega de escola chamado Chris Walker, que eventualmente trabalharia na Casa Branca no governo de Bill Clinton. "Não havia drogas e não havia cigarros, e pouquíssimo álcool. Jeff dava o exemplo. Ele era um dos melhores nisso."

O professor de Humanidades Avançada de Jeff, Joe Lo Cascio, que leu com os alunos o "Inferno" de Dante, descreve Jeff como "um garoto ideal – Jeff seria uma pessoa importante". Lo Cascio se lembra dele por causa "dos valores fortes que ele tinha, seu incrível código de ética, um sentimento de vigor acadêmico e uma maravilhosa percepção de si mesmo, e uma família que o apoiava de verdade, obviamente". Lo Cascio deu aulas de Inglês Avançado para Jeff. "Ele tinha um grande sentimento de tradição e obrigação, assim como um tremendo senso de honra." O livro favorito dele era *A Ilíada*.

Em Annapolis, com sua disciplina rígida, tradição de elite e carga de estudos pesada, Jeff encontrou o maior desafio da sua vida. Situada num ponto pitoresco onde o rio Severn encontra a Baía de Chesapeake, Annapolis é surpreendente e intimidadora ao mesmo tempo. Não importa o que os aspirantes a marinheiros estejam escutando – música de órgão preenchendo a capela da Academia, a cacofonia de ordens e perguntas sendo latidas no cavernoso salão de jantar, ou os gritos de "Exército da Pancada!" –, eles nunca esquecem o que é esperado deles: excelência.

Jeff levava suas responsabilidades muito a sério. Ele logo concluiu que não seria um dos poucos escolhidos para ser piloto de caças e decidiu se graduar em Ciências Políticas. Suas notas eram no máximo medíocres – ele se formou em 839º lugar entre 950 –, e seus únicos cursos avançados foram em liderança. Contudo, ele recebeu duas condecorações em seu último ano por ser escolhido como ajudante de batalhão, uma posição de liderança durante um semestre.

A orientação sexual de Jeff devia estar corroendo-o, mas ele ainda não tinha certeza de que era gay. Antes da era do "Não pergunte, não conte",* seu pai se lembra, vários aspirantes a marinheiros que eram descobertos como homossexuais eram expulsos. Jeff, sempre atento às regras, disse ao pai: "E acho bom que não voltem!".

Até aquele momento Jeff já havia namorado, mas nunca teve uma namorada fixa. A melhor amiga dele, Liz McDonald, se lembra de como ela e Jeff "fomos a casamentos e jantares e saídas para beber. Você gostava dele instantaneamente. Ele era gentil e te deixava confortável. Se Jeff fosse seu amigo, ele seria seu amigo pelo resto da vida". A irmã do meio

* No original "Don't Ask, Don't Tell", trata-se de uma política do Exército dos Estados Unidos de coibir esforços de descobrir ou revelar a orientação sexual de candidatos às Forças Armadas, bem como de punir aqueles que fossem abertamente homossexuais ou bissexuais. A lei que mantinha a política Don't Ask, Don't Tell foi revogada em 2010 pelo presidente Barack Obama. [N.E.]

de Jeff, Candy, se lembra de ele a ter visitado durante as agitadas férias de primavera dos alunos universitários na Costa do Golfo do Texas. Jeff disse a ela: "Eu me sinto tão diferente de todos esses caras". Ela pensou que ele queria dizer que, por causa de todas as regras que precisava seguir, ele não conseguia se identificar com a "Terra das Margaritas".

Jeff se formou em maio de 1991 e foi enviado no outono para San Diego, para a Escola de Combate em Superfície, onde aprenderia a comandar navios em alto-mar. Quando saiu para dançar certa noite, ele conheceu Michael Murphy, um aluno da Estadual de San Diego, e teve sua primeira experiência homossexual. Isso o desconcertou bastante. Jeff ficou desconfortável quando Murphy o levou para uma praia gay ao norte da costa de Laguna e foi embora imediatamente. Logo terminou o relacionamento. "Ele estava muito chateado, andando de cabeça baixa", Murphy se lembra. Jeff estava assustado, dizendo "Eu não me entendo agindo assim. É a primeira vez que não consigo me entender. Eu sempre me compreendi antes".

Os colegas de Jeff a bordo do *USS Gridley*, um cruzador a vapor construído em 1963, não tinham a menor ideia de que Jeff era gay. Ele era um dos dois únicos oficiais solteiros no navio, que foi enviado para o Golfo Persa para ajudar a manter a paz depois da Guerra do Golfo. Jeff pegou um avião para embarcar no navio no fim da primavera de 1992 e voltou para San Diego em outubro. Seu pai, orgulhoso, navegou com ele desde o Havaí. Dali em diante, exceto por algumas poucas viagens até o México e outra para São Francisco, o navio ficou em San Diego sendo remodelado e preparado para desafios de engenharia. No fim, a retirada do *Gridley* de circulação foi agendada para janeiro de 1994.

Durante esse tempo no cruzador, Jeff trabalhou nas caldeiras no departamento de engenharia. Ele comandava 42 homens e era muito popular. Era quase como se tivesse escolhido conscientemente se dar bem com eles em vez dos seus colegas na sala de oficiais. "Jeff era competente e genuinamente bondoso. Ele defendia seus homens – às vezes até prejudicando a missão", diz Ted Cudal, o engenheiro-chefe.

Um incidente que afundou as chances de Jeff ter uma brilhante carreira naval ocorreu enquanto ele ainda estava no *Gridley*. O novo oficial de comando na divisão de engenharia havia acabado de sair da Escola de Chefes de Departamentos e parecia ser muito inexperiente. Até mesmo os outros oficiais de engenharia brincavam que ele estava totalmente perdido. Ele logo foi transferido e, na sua festa de despedida, Jeff precisava dar um presente. Deu a ele o jogo de tabuleiro Batalha Naval e falou: "Estávamos conversando e chegamos à conclusão de que você nunca entendeu nada, então pode começar treinando com isso aqui". Todos fizeram silêncio imediatamente; oficiais novatos não diziam uma coisa do tipo para seus superiores, nem de brincadeira. O capitão do *Gridley* não gostou nada disso, e Jeff ganhou um 8 em sua avaliação final de adequação. "Se você não tivesse de 9 para cima em tudo, você nunca chegaria a lugar algum", diz Scott Silsdorf, que também era um oficial novato no *Gridley*. "Se você tirasse um 8 como oficial novato, seria uma marca muito difícil de ser removida."

Depois que Jeff aceitou sua homossexualidade, seu sentimento de desconforto no navio deve ter aumentado consideravelmente. No fim de 1992, Jeff falou anonimamente a um entrevistador de TV sobre como era ser um homem gay não assumido na Marinha para um segmento sobre o tratamento dispensado pelo governo aos membros gays do Exército, no programa *48 Hours* da rede de notícias CBS. "Eu não posso compartilhar minha vida com aqueles ao meu redor", ele disse, apenas como uma silhueta, numa entrevista que durou bem mais do que os trechos que foram ao ar. Para Jeff, "ser gay é metade natural e metade escolha consciente", prosseguiu. Ele pareceu aliviado de poder dizer que "eu finalmente cheguei num ponto em que posso dizer, é, sou gay e posso admitir isso para mim mesmo". Mas ele realmente não soava como alguém que se colocaria voluntariamente numa posição tão complicada. "Quando eu me sento e penso sobre isso, eu me torturo. Estou entre a cruz e a espada." Ele não conseguia mostrar sua verdadeira identidade para a Marinha ou para os pais. "O jeito que eu sou – eu sou muito fechado em relação ao que sinto. Sou muito fechado em relação às minhas emoções, e tento não ser muito emotivo sobre nada. Eu tenho uma tendência de me desconectar. Sou muito bom em culpar outras pessoas e não a mim mesmo."

Ele não tinha certeza, falou, sobre por quanto tempo conseguiria manter a fachada. Agindo sempre como um conservador, Jeff lamentava o desperdício do dinheiro do contribuinte em treinamentos para pessoas qualificadas que então precisavam sair do Exército só porque eram gays. Quando Jeff deu a entrevista para a CBS, ele ainda tinha três anos de serviço que havia prometido cumprir.

Esse período coincidiu mais ou menos com a época em que Jeff conheceu Andrew – fim de 1992, início de 1993. Havia uma atração mútua.

O militar não assumido ficou admirado com a calma e a extravagância com que Andrew lidava com sua orientação sexual. Mais importante, Jeff não conseguia acreditar na quantidade de garotos bonitos que Andrew podia apresentar para ele. Andrew sempre foi muito solícito em relação a Jeff, embora a maioria das pessoas que os conheceu diga que nunca houve um relacionamento sexual entre eles. "Havia uma ligação estranha entre Andrew e Jeff", diz o amigo mais próximo de Jeff, Jon Wainwright, um agente imobiliário em La Jolla naquela época. "Andrew arrumava caras pra J.T. Era meio estranho, na verdade. Eu acredito que Andrew tinha uma queda por Jeff."

J. Buchman, que era da Marinha quando os conheceu, testemunhou uma dinâmica interessante entre os dois – um elaborado respeito mútuo. "Jeff era carente de atenção, e Andrew dava atenção", afirma Buchman. "E Andrew exigia uma certa quantidade de atenção e respeito de volta. Eles massageavam o ego um do outro – coisa de macho alfa. Andrew descia do galho e agia feito um primata (imitando um chimpanzé abrindo as pernas e mostrando a genitália, como homenagem ao líder do grupo) em respeito ao Jeff. Essa é uma das coisas que Andrew faria por Jeff."

Jeff descobriu que tinha uma boa voz de canto nos bares gays com karaokê. "Nas noites de karaokê, se Andrew pedisse para Jeff cantar, Jeff cantaria", conta Buchman. "Jeff se levantaria e seria Sinatra. Ele fazia uma imitação perfeita. Andrew amava isso. E como pagamento, Andrew amava que alguém escutasse suas histórias. Ele e Jeff ouviam um ao outro."

Bonito e graduado na Academia Naval, Jeff era um bom partido, e Andrew, de acordo com Buchman, "sempre teve vários militares ao seu redor". Na linguagem dos militares não assumidos, porém, Andrew não era conhecido exatamente como um "caçador" de homens gays uniformizados. O colega de quarto de Buchman, Steven Zeeland, autor de *The Masculine Marine*, diz que Andrew era um caçador na medida em que tentava se passar por militar, dizendo ser do exército de Israel ou do serviço de inteligência americano. "Andrew foi o único que conheci", diz Zeeland, "que fingiu ser militar por qualquer outro motivo que não fosse sexual".

Para Jeff e outros oficiais gays que conhecia, todos andando na linha tênue da nova política "Não pergunte, não conte", Andrew era um valioso contato e facilitador – como a versão de Hillcrest da casamenteira Dolly Levi. "Andrew se importava bastante com as pessoas", afirma um oficial de carreira da Marinha que era amigo próximo de Jeff. "Ele era uma dessas pessoas que podiam apresentar a si mesmo e a você para todo mundo. Então nós sempre conhecíamos muita gente quando andávamos com Andrew." Para alguém recém-assumido chegando em San Diego, explica o oficial, Andrew era uma parada obrigatória. "Ele parecia realmente gostar de conhecer pessoas, apresentar uns aos outros – ele gostava de formar pares, até mesmo de apresentar as pessoas que ele achava que fariam bons casais." E, além disso, era ele que estava pagando.

"Jeff era um oficial militar e não estava ganhando muito dinheiro, e Andrew sempre tinha dinheiro", afirma Judy Fleissner, uma antiga vizinha de Jeff e amiga próxima. "Ele pagava por todas as bebidas de Jeff, bem como jantares caros, isso e aquilo. Eu acho que se não fosse por isso, a amizade deles não seria a mesma."

Quando Jeff aceitou que era gay, ele começou a compensar pelo tempo perdido na busca por homens – quanto mais jovem, melhor. Andrew, que quase nunca ia para casa com alguém, ficou chocado com o apetite insaciável de Jeff. "Aquele destruidor de corações", dizia Andrew. Mas Jeff ainda mantinha uma atitude cortês. "Sabe como as pessoas às vezes saem com alguém e nem se lembram do nome do parceiro na manhã seguinte?", pergunta Judy Fleissner. "Jeff não era assim. E é por isso que tantos homens queriam fazer parte da vida dele, porque ele os tratava como pessoas." "Os caras iam em bando na direção dele", diz Lou Feuchtbaum, um graduado de Annapolis que conheceu Jeff e Andrew em Hillcrest. "Ele era tão carismático que as pessoas o procuravam." Jeff parecia uma criança numa loja de doces. Ele tinha uma tatuagem no tornozelo esquerdo do personagem de desenho animado Marvin, O Marciano, usava um anel prateado em um dos polegares, e tinha até um piercing no mamilo esquerdo.

"Entre as cabines do banheiro masculino de uma das bases navais de San Diego, há um buraco na altura da cintura grande o suficiente para acomodar o dedo de um homem. A hora do almoço é o melhor horário para visitas ali", escreve Steven Zeeland no artigo "Killer Queen" [Rainha matadora], publicado na *The Stranger*, uma revista gay de Seattle. Buracos assim são chamados de *glory holes* [buracos gloriosos]. Em 1995, Zeeland diz, ele falou a J. Buchman sobre um homem realmente bonito que viu por lá umas três vezes. "Esse cara era tímido e só uma vez, brevemente, ele ajoelhou e, como mandava a etiqueta, colocou o pênis abaixo da divisória. Na maior parte das vezes nós só assistíamos uns aos outros pelo buraco, ou nos revezávamos em colocar o mindinho no furo, tocando levemente nos pênis uns dos outros." Zeeland aprendeu a identificar o homem pelo personagem de desenho animado tatuado em seu calcanhar. Quando ele finalmente conheceu Jeff certa noite na boate West Coast, ele diz, "trocamos um aperto de mão – ele ficou olhando para o chão".

Obviamente, a carreira militar estava se tornando menos provável. "Eu acho que ele concluiu que a Marinha era incompatível com o estilo de vida que ele estava começando a aproveitar, e ele não queria mais ser militar", diz um oficial naval que foi colega de quarto de Jeff durante um tempo. "Andrew era a alma da festa, e Jeff gostava de festejar. Mas as coisas não eram sempre um mar de rosas. Andrew era capaz de irritar as pessoas depois de um tempo. Então Jeff ralhava com Andrew, e aí eles saíam para jantar e faziam as pazes. As coisas voltavam ao normal. Acho que fazia parte da personalidade dos dois não querer que ninguém se afastasse." Na verdade, Judy Fleissner, que é lésbica, e sua companheira, Chris Gamache, alertaram Jeff que Andrew estava apaixonado por ele. "Aí está o seu homem, bem aí", Judy conta que elas diziam de brincadeira quando Andrew se aproximava. "'Ele faria qualquer coisa por você.' E Jeff dizia 'Sem chance!' 'Qual é, Jeff, vai nessa', e Jeff respondia 'Sem chance. Nunca'."

Judy e Chris ficavam sentadas tomando café com Jeff até Andrew chegar; essa, diz Judy, "era a nossa deixa para ir embora". As mulheres não se esforçavam para esconder seu desgosto, e o sentimento era mútuo. "Meu Deus, Andrew, você está acabado", elas diziam. "Olha só como está gordo." As duas aparentemente enxergavam Andrew para além de suas mentiras e encantos. "Como éramos amigas de Jeff, a gente ficava meio 'Você precisa sumir com esse cara. Ele é um babaca e um idiota'. E Jeff insistia que ele não era. Jeff era assim com os amigos dele – é parte do motivo de todo mundo o amar tanto. Ele faria qualquer coisa por você e te apoiaria até o fim."

No início de 1994, quando o *Gridley* foi tirado de circulação, Jeff foi transferido para a Primeira Unidade de Assalto em Terra, com base na Ilha Coronado, perto do Hotel Del Coronado. Sua transferência para uma unidade que não ia para o mar era uma admissão tácita de que suas ambições como oficial de carreira da Marinha estavam encerradas. Em vez disso, Jeff ficou fascinado pelo trabalho policial – seu seriado favorito era *Cops*, uma série policial –, e suas novas aspirações profissionais tomaram esse rumo.

Em janeiro de 1994, Jeff comprou uma incomum pistola Taurus calibre .40, modelo PT-100, numa loja de descontos em San Diego.

Custando 400 dólares, era várias centenas de dólares mais barata do que as Smith & Wesson calibre .40 que a polícia utilizava, incluindo a Polícia Rodoviária da Califórnia. Os policiais descobriram que as S&W tinham mais poder de fogo e menos rebote do que outros revólveres potentes. Mas ainda assim eram armas pesadas. "A .40 da S&W é uma arma eficiente para deter indivíduos com base nos dados que recolhemos de tiroteios, e provavelmente vão ficar por aí durante um bom tempo", escreveram os consumidores que avaliaram o modelo. Jeff aprendeu a atirar em Annapolis. Ele tinha qualificações como especialista em pistolas da Marinha e como especialista em rifles da Marinha. Ele e Andrew costumavam praticar tiro ao alvo com sua arma nova. "Andrew conhecia calibres, tamanhos, pesos de armas", diz seu amigo Tom Eads. Jeff sempre podia contar com Andrew para acompanhá-lo. "Se ninguém mais quisesse", diz um antigo colega de quarto de Jeff, "havia Andrew". Em certo momento, Andrew mostrou sua própria arma aos amigos.

A única coisa que Jeff não aceitava naquela época era que alguém fumasse maconha. Uma vez ele voltou para casa bem cedo de um encontro para o qual estava muito empolgado porque o cara levou um baseado. "Eu não posso andar com uma pessoa que faz isso", ele falou a Chris e Judy. Elas, por outro lado, continuaram tentando dizer a ele que Andrew era um traficante de drogas – de onde mais ele tirava dinheiro? "Quando a gente se sentava para tomar café, nós falávamos 'Ele é um traficante!', e Jeff respondia 'Não, ele não é! Os pais dele mandam dinheiro para ele'. Andrew sempre tinha histórias sobre a origem do seu dinheiro."

Embora ele escondesse a verdade de Jeff, vários amigos e observadores ficaram sabendo que, entre 1994 e 1995, Andrew realmente traficava. "Eu o vi vendendo drogas nos bares – principalmente analgésicos opioides", diz Anthony Dabiere, o garçom favorito de Andrew naquela época. Ele costumava dizer "'isso vai te fazer se sentir muito bem'. Ficava subentendido que ele estava se drogando. Ele também nos lembrava de que tinha acesso a maconha de alto nível e cocaína".

Eventualmente as notícias chegaram até Jeff. J. Buchman, que conheceu Andrew por intermédio de Lou Feuchtbaum e que também conhecia Jeff, contou a Lou histórias que não deixavam dúvidas sobre a origem da renda de Andrew. Buchman relatou que certa vez, na praia, ele pisou numa arraia por engano e Andrew lhe deu um analgésico controlado para ajudar com a dor. "Quando eu o conheci ele gostava de drogas médicas, não drogas da rua", diz Buchman. "Quando perguntei a ele sobre isso, ele disse que trabalhava na unidade médica da Universidade da Califórnia. Disse que estava tentando um doutorado lá."

Quando Buchman disse a Andrew que precisava de um dinheiro extra, Andrew propôs que traficassem juntos nos bares de Hillcrest. Buchman recusou sem nem perguntar que tipo de drogas. Andrew mostrou a ele a arma que carregava e sugeriu que, se Buchman achasse que seu colega de quarto o havia traído, Andrew poderia mandar matá-lo com seus contatos na máfia.

Buchman, que define sua relação com Andrew como "lacaio", se lembra de sentar ao lado dele no Cineteatro Landmark de Hillcrest enquanto Andrew gritava e batia palmas em êxtase com a violência exagerada de *Pulp Fiction*. "O momento em que ele mais berrou foi quando explodiram a cabeça do cara no banco de trás", conta Buchman. "Ele disse que era um dos melhores filmes já feitos. Ele gostou por causa da representação explícita; disse que a violência parecia um sonho."

Buchman, que desejava se tornar biólogo marinho, também ficou chocado com a forma como Andrew tratava a vida marinha. "A gente estava andando pela Black's Beach [a praia de nudismo em La Jolla]. Encontramos uma rocha incrustrada de vida marinha. Havia uma anêmona particularmente grande numa piscina formada pela maré", diz Buchman. Andrew decidiu dar um caranguejo vivo para ela. "O caranguejo estava tentando beliscá-lo, não queria ser pego." Andrew não conseguia enfiar a mão na fenda onde o caranguejo estava se escondendo, então ele o esmagou até a morte com as chaves do carro. "Então pegou os pedaços e deu para a anêmona. E começou a procurar outro para alimentá-la".

Buchman contou a Lou Feuchtbaum, amigo de Jeff e ex-oficial da Marinha, sobre o envolvimento de Andrew com drogas, e Feuchtbaum sentiu que era seu dever alertar Jeff. Ele e Jeff costumavam tomar café da manhã juntos aos sábados numa padaria francesa. "Eu falei para ele 'Ei, Andrew não é uma das minhas pessoas favoritas, nunca foi uma das minhas pessoas favoritas, e eu realmente tenho medo de que tenha mais coisa ali do que conseguimos ver'. E eu contei a Jeff tudo que eu sabia sobre Andrew vender drogas e ameaçar pessoas. Eu não definiria Jeff apenas como uma pessoa com valores morais. Jeff era até um pouco moralista." Lou se recorda de que Jeff disse que compreendia, mas que Andrew queria ser o melhor amigo dele, "então eu não posso dar um gelo nele". Jeff ainda contribuiu com mais detalhes, inclusive corrigindo Lou sobre Andrew receber dinheiro dos pais. "Isso é triste", disse Jeff. "Ouvi dizer que ele é atendente numa farmácia."

Quando um colega de Jeff da Marinha foi até a casa dele para assistir a uma partida de futebol entre a Marinha e o Exército na TV, ele tentou dissuadir Jeff de se encontrar tanto com Andrew. "Conheço Andrew há anos e nenhuma história dele jamais bateu. Tem alguma coisa errada com a coisa toda. Por que você anda tanto com ele? O que está acontecendo?", ele quis saber. "Jeff respondeu: 'Você precisa conhecê-lo. Ele é um cara legal. Bom coração. Do bem'."

Se por um lado Andrew podia parecer assustador e insensível, por outro ele também conseguia ser atencioso e solidário, especialmente com os itens que pilhava da farmácia. Ele levava comida e remédios para amigos que estavam doentes. Essa era a versão "mãe do subúrbio" de Andrew, como dizia Buchman. Ele também podia ser o "Doutor Andrew", diz Ron Williams, um amigo do bar West Coast, que se lembra de Andrew o ter visitado quando ele estava com a garganta inflamada. "Ele chegou com uma bolsa preta de médico. Tirou um termômetro, olhou a minha garganta e me deu amoxicilina, um antibiótico. Disse que alguns amigos da escola estavam se formando em Medicina e arrumavam coisas pra ele. Funcionou."

Para Ron Williams, Andrew escondia sua insegurança por não ser atraente e por ter que comprar sua popularidade. Ele também disse que o pai o maltratava. "Ele tinha uns períodos bem para baixo. Ficava muito quieto e reflexivo e falava sobre ter crescido com um pai abusivo. Ele dizia que o pai batia nele." Não há nenhuma evidência disso.

Jeff não socializava apenas com Andrew, de forma alguma. Ele se aproximou bastante de Kevin e Laura Gramling, que eram casados. Kevin, que estava na mesma unidade de assalto em terra que Jeff, o ensinou a surfar e, por causa de uma piada feita por um outro oficial gay, descobriu que Jeff também era homossexual. Isso não afetou a amizade deles, mas Jeff ainda achava que seus homens nunca deveriam saber. "Ei, Kevin, se algum dos meus subordinados descobrir que sou gay, será difícil ter o mesmo respeito deles." Certa noite, para educar o colega, ou para tornar sua postura mais branda, Jeff levou Kevin e a esposa até o Flicks, o bar gay amplamente frequentado por oficiais da Marinha. Vários clientes fiéis do lugar se aproximaram de Laura para dar conselhos obscenos de "como segurar seu homem". "Eu queria socar todos eles", diz Kevin. Ele e Jeff tiveram uma grande discussão, mas fizeram as pazes no dia seguinte.

Lou Feuchtbaum, que era frequentemente chamado para jantar ou jogar cartas com outros convidados na casa de Jeff, afirma: "Eu não me lembro de já ter visto Andrew na casa de Jeff". O antigo colega de quarto de Jeff, um oficial da Marinha em ascensão, concorda. "Andrew nunca aparecia." Além disso, Jeff havia ficado mais alerta com o passar do tempo. "Até que soubéssemos de verdade de onde ele vinha e o que ele fazia na maior parte do dia, não queríamos socializar com ele", diz o ex-colega de quarto. "Acho que todo mundo sabia que ele inventava muita coisa sobre a própria vida – todo mundo só aceitava." Contudo, sempre que alguém pressionava Jeff sobre Andrew, diz Lou Feuchtbaum, ele respondia: "Ei, isso tudo é muito triste, muito patético, mas não posso simplesmente virar as costas para o cara desse jeito. Ele me admira".

Logo ficou aparente que Jeff tinha coisas mais importantes do que Andrew com que se preocupar. No final de 1994, aconteceu outro incidente que manchou irrevogavelmente sua carreira militar. A Marinha havia concordado recentemente em obedecer às regulações federais e locais de meio ambiente. A Unidade de Assalto Terrestre em Coronado não poderia mais carregar lixo tóxico a bordo; ele precisaria ser armazenado numa estação especial para "materiais perigosos". Os homens de Jeff haviam retirado dez latões de tinta à base de chumbo do navio, mas a estação para lixo tóxico estava tão cheia que o primeiro-sargento mandou que a tripulação colocasse a tinta de volta no navio, onde não podia ser armazenada propriamente. Então, para evitar uma inspeção iminente da Agência de Proteção Ambiental, o sargento decidiu que haveria um "exercício de treinamento" para levar a embarcação para o mar. Jeff não sabia da infração até que o navio estava pronto para zarpar.

Mas alguém havia avisado a APA, e um inspetor abordou a embarcação de Jeff no mar com um barco da guarda costeira. Os materiais armazenados impropriamente foram encontrados. Jeff, outro oficial e três homens alistados foram acusados de conspiração, o que implicava que eles estavam tentando atirar os produtos químicos na baía. Jeff sempre insistiu que nunca foi a intenção deles, mas, como era o oficial responsável, assumiu toda a culpa. Contudo, ele não recebeu apoio do comando e a APA parecia estar decidida a fazer dele um exemplo. Na primavera de 1995, Jeff foi convocado para uma auditoria por um juiz administrativo naval. "É uma punição não judicial em que eles podem acabar com a sua carreira, na melhor das hipóteses, ou atrapalhar completamente a sua vida, na pior", diz Lou Feuchtbaum. "Jeff não abaixou a cabeça. Ele se manteve firme." A irmã de Jeff, Lisa Stravinskas, que era advogada, foi para San Diego para aconselhar Jeff, e saiu para jantar certa noite com ele, Lou e Andrew. "O único motivo pelo qual a Marinha foi tão longe com isso foi que a APA queria que eles fizessem de Jeff um exemplo", afirma o antigo colega de quarto, o oficial naval. "Acredito que ele ficou chateado de seus superiores o atirarem para os lobos. Eles não o apoiaram em momento algum."

No fim, Lou diz, "Jeff acabou recebendo uma carta não punitiva de reprimenda, o que quer dizer que, se ele tivesse permanecido na Marinha, teria sido um problema". Mas Jeff não tinha intenção de continuar. Com a esperança de se tornar policial, ele fez o teste de servidor público da Califórnia. Judy Fleissner, a pedido dele, também fez o teste para que ele não se sentisse sozinho. Em maio de 1996, Jeff saiu da Marinha como tenente. Em julho ele começou um programa de treinamento em Sacramento para entrar para a Polícia Rodoviária da Califórnia. Estava planejando uma vida nova.

9

CRISTAL

Até mesmo os festeiros no grupo de Andrew iam para casa quando os clubes se fechavam, perto das 2 da manhã. Mas Andrew, não. Era durante a madrugada que as festas mais selvagens aconteciam, e qualquer um que ficasse acordado noite após noite, como Andrew fazia, imerso em lugares que funcionavam a noite toda, com certeza estaria "chapadaço". Os chapados são aqueles que usam e abusam de metanfetamina – também chamada de "cristal" pelos usuários e de "rebite" pelos caretas. Ainda assim, apesar do comportamento típico de usuário de drogas que Andrew apresentava – seu estilo de vida noturno, sua articulação ao falar, sua enorme autoconfiança em público, características marcantes do uso de metanfetamina –, ninguém jamais pensou nele como um viciado. Contudo, as evidências agora apontam para outro dos segredos bem guardados de Andrew, um que seus amigos nem suspeitavam, ou escolhiam ignorar ou suprimir: Andrew era um usuário discreto regular e um traficante de metanfetamina. É uma droga pesada e destrutiva, e ela afetaria muito seu comportamento futuro.

No Wolfs, um bar perto de Hillcrest que funcionava até tarde e onde Andrew costumava aparecer de madrugada, não se serve álcool depois das duas da manhã. Os frequentadores, em sua maioria, não se importam – já estão chapados de metanfetamina e não querem estragar a onda com bebida. Em vez disso eles bebem água mineral, mascam chiclete e frequentemente estalam os lábios ou passam a língua sobre eles. Com pupilas dilatadas e corações acelerados, eles jogam sinuca numa velocidade alucinante – passam giz na ponta dos tacos, correm ao redor da mesa para fazer suas jogadas e então rapidamente apontam o taco e acertam a bola branca com fervor. Os clientes do Wolfs, em sua maioria tatuados e vestindo couro, geralmente são viciados sem suprimentos, esperando conseguir mais drogas, fazer sexo ao amanhecer ou encontrar uma festa com múltiplos parceiros sexuais.

Antes do Viagra, havia a metanfetamina. O cristal não te deixa necessariamente "duro", mas certamente te deixa mais fácil. San Diego é a capital mundial do cristal de metanfetamina, e Andrew Cunanan estava bem no meio da cena das drogas.

Metanfetamina, ou "speed" [velocidade], é uma droga sintética que foi usada amplamente pela primeira vez durante a Segunda Guerra Mundial, e depois, nas décadas de 1950 e 1960, por gangues de motociclistas que a tomavam para se manterem acordados em viagens longas. Speed sempre foi associado a um comportamento agressivo e rude. Pense nos Hell's Angels no show dos Rollings Stones em Altamont, em 1969, que terminou com o assassinato, por parte dos Angels, de um rapaz que tentou subir ao palco com uma arma. O cristal voltou com força nos últimos anos, em especial como a droga mais popular em baladas gays.

Na década de 1990, na Costa Oeste, e mais recentemente no Meio-Oeste, o cristal de metanfetamina – mais barato e mais potente que cocaína – tem sido usado como estimulante sexual e como tônico para "baladeiros" e outros que ficam até tarde dançando por horas a fio. O cristal, que também é conhecido como gelo, quartzo, tina, bagulho e até crack, é um supressor de apetite e se tornou a droga favorita de uma porção significativa da comunidade gay; seu uso é considerado uma epidemia crescente em Los Angeles, São Francisco e San Diego, e está se espalhando pelo país. No Meio-Oeste, por exemplo, em certas comunidades, o uso de metanfetamina subiu trezentos por cento na segunda metade da década de 1990. O cristal de metanfetamina já substituiu o crack como a droga mais combatida, especialmente entre jovens brancos e jovens nativo-americanos.

Assim, o que antes era chamado de "rebitado" é conhecido agora como "chapado" ou "ligado" no mundo gay. O cristal diminui a inibição – frequentemente, de acordo com relatos, entre homens gays que ainda sentem vergonha de sexo homossexual –, aumenta a intensidade do sexo e relaxa o reto. Junto com o MDMA (ecstasy), a "vitamina K" (ketamina, um anestésico de cavalos) e o GHB (uma droga afrodisíaca do tipo "Boa noite, Cinderela"), o cristal é presença constante no "circuito de festas" – grandes e frequentes encontros de homens gays com dinheiro o suficiente para voar até Palm Springs ou Miami Beach, por exemplo, para longos finais de semana regados a drogas, álcool e sexo. Um dos traficantes de Andrew também comandava um negócio de festas. Em seu livro *Life Outside* [A vida do lado de fora], Michelangelo Signorile descreve um circuito de festas num hotel em Palm Springs com traficantes em cada andar. Às vezes a venda de drogas excede ou sustenta a própria festa.

Esse uso de drogas é extremamente comum em vários setores da vida gay – um segredo obscuro pouco divulgado fora da comunidade –, e San Diego certamente não é uma exceção. "Para fazer parte da comunidade gay de San Diego, você precisa usar drogas", diz Joe Sullivan, um ex-garçom de bar em Hillcrest que usou metanfetamina diariamente durante oito anos. "Para estar na lista importante das festas, você precisa usar drogas. E quando eu falo drogas, estou me referindo à metanfetamina. Se você não usa, você não é convidado."

Na Costa Oeste, o cristal de metanfetamina é amplamente integrado à multimilionária indústria de telessexo gay – que ajuda a conectar homens procurando por sexo ou serviços sexuais –, assim como a bares, saunas e clubes. "A droga te dá um tesão enorme", afirma um traficante de cristal. "É por isso que existem todas essas saunas e lugares que ficam abertos até tarde. A maioria deles vai a noite toda." Em concordância com um relatório sobre o uso de metanfetamina entre a população gay de Los Angeles, publicado em 1997 para a coordenadora de Aids da cidade de Los Angeles, a Dra. Cathy J. Reback afirma: "A criação de espaços sociais onde o uso de cristal é comum – ou esperado de alguma forma – serve para normalizar a metanfetamina na cultura gay".

O cristal, que pode ser cheirado, fumado, bebido, comido, injetado ou absorvido pelo reto, pode ser produzido a partir de qualquer coisa, desde remédios para asma até ácido de bateria. Os ingredientes são obtidos facilmente no México, e receitas na internet incentivam a produção caseira. Cada grama de metanfetamina produzido deixa cinco ou seis gramas de resíduo tóxico. Laboratórios de metanfetamina em garagens ou depósitos são encontrados em várias partes do "Condado Leste", a parte ao leste do Condado de San Diego, majoritariamente hispânico. Mas o cristal, que é usado primariamente por brancos, pode ser produzidos em qualquer lugar – laboratórios de improviso podem caber dentro de uma mala.

O preço do cristal no varejo é de 600 dólares por cada 28 gramas em San Diego, mas fica ainda mais caro quando comprado em quantidades pequenas. Trabalhadores de prevenção contra a Aids estão alarmados porque o uso da droga geralmente significa mandar às favas qualquer proteção sexual. Uma coisa muito popular agora, especialmente entre jovens gays e aqueles já infectados com o HIV, é a prática de transar "no pelo" – fazer sexo anal desprotegido, um comportamento que aumenta os riscos de se contrair o vírus – sob o efeito de metanfetamina. A Dra. Reback acrescenta que "o uso de cristal tem sido descrito como uma forma de se afastar do medo e da responsabilidade associados ao sexo na era do HIV/Aids". Dessa forma, ele é altamente valorizado.

O cristal torna pessoas exibidas como Andrew ainda mais barulhentas, enchendo-as de bravata e permitindo que se foquem rapidamente nas tarefas em mãos. Ainda assim, apesar de sua reputação de proporcionar ótimo sexo, a metanfetamina também é famosa por causar uma baixa de humor. "Terça terrível" é uma expressão usada em São Francisco para se referir a quem festejou durante todo o fim de semana sob o efeito do cristal, foi dormir de forma intermitente no domingo à noite, acordou e trabalhou na segunda e então enfrentou irritabilidade, insônia e depressão na terça, à medida que a droga saía do corpo.

Para conseguir dormir, ainda que seja um sono de má qualidade, usuários habituais de cristal, como Andrew, são obrigados a usar tranquilizantes potentes – principalmente opioides e benzodiazepínicos – até para contrabalancearem a euforia da metanfetamina. O cristal, agressivo e nervoso, estimula artificialmente o centro de prazer do cérebro para produzir uma sensação positiva. No entanto, mais tarde ele pode deixar uma pessoa tão deprimida e para baixo que a única saída é se drogar outra vez. Ou a onda é boa demais para deixar passar outra oportunidade. Em qualquer caso, acabam sendo necessárias mais drogas.

Cada pessoa reage ao cristal de maneira diferente, mas com o tempo ele deixa o usuário deprimido, mesquinho e paranoico. Em casos extremos, o comportamento pode parecer esquizofrenia aguda. Além disso, o vício em metanfetamina é considerado o mais difícil de abandonar devido à maneira como a droga altera fisicamente o cérebro. Mesmo depois das dores agudas de abstinência, viciados atingem um "platô", o período entre seis e oitos meses "durante o qual o cérebro se recupera das mudanças causadas pela metanfetamina", de acordo com o Relatório da Comissão Koch de Crimes. "Durante esse período, o viciado em recuperação se sente deprimido, confuso, e acredita que a vida não é prazerosa sem o uso de drogas. Como o uso prolongado provoca mudanças no cérebro, apenas força de vontade não cura viciados em metanfetamina."

Amigos sugeriam com frequência que Andrew estava se drogando. Mas ele era um hábil mentiroso, parecia tomar cuidado com o uso – em alguns momentos, ele chegava a criticar severamente outros usuários – e sempre comia com vontade, evitando assim os olhos fundos e sem expressão que os "chapados" costumam apresentar. "Ele provavelmente se acostumou", um dos ex-traficantes de Andrew afirma. "Dá para dormir, comer e beber mesmo usando cristal. Ele tinha dinheiro. Tenho certeza que muita gente nem sabia que ele se drogava."

De acordo com o traficante, Andrew começou a usar cristal de forma regular em 1993, em festas durante a Semana do Orgulho Gay em San Diego, que acontece no verão. Isso corresponde com o período em que Andrew de fato perdeu peso. O cristal pode funcionar como uma pílula de emagrecimento permanente. O traficante diz que Andrew queria manter o vício em segredo. "Ele tentou ficar na moita; era bem fechado em relação a isso. Eu conhecia todos os figurões que não podiam ser descobertos como usuários – e ele foi um desses que queriam tudo na surdina."

O traficante, que ironicamente era parente próximo de um funcionário público eleito em um estado do Meio-Oeste, afirma que Andrew começou comprando quantidades pequenas através de um parceiro do fornecedor no outono de 1991. Então, seu consumo aumentou. Por muitos anos, começando em 1993, Andrew comprou grandes quantidades de cristal de metanfetamina pelo menos duas vezes ao mês. O traficante diz que os gastos mensais de Andrew chegavam a 4 mil dólares.

Andrew logo concluiu que podia vender cristal no Meio-Oeste e fazer um bom dinheiro. "Ele consegue alguns gramas aqui por 600 dólares. Então pode revender a mesma quantidade no Meio-Oeste por 3 mil dólares", afirma o traficante. "É uma venda rápida." Andrew também trabalhava como mula para o traficante, viajando de primeira classe. Muitos traficantes costumavam enviar cristal por serviços de despacho comerciais, que nunca checavam o conteúdo – "qualquer coisa passava", relembra o traficante. "Mas você corre riscos ao despachar algo." Em 1997, afirma ele, esses serviços começaram a "trabalhar mais a sério. Agora você precisa ir junto".

Isso era perfeito para Andrew. Ele dizia às pessoas em Hillcrest que ia viajar no fim de semana, indo de avião para um canto ou outro, mas ainda não havia se decidido para onde. Insinuava que conhecia celebridades gays, como David Geffen, o magnata do entretenimento, referindo-se a Geffen pelo primeiro nome uma vez numa conversa com o Dr. William Crawford, médico da Marinha, depois de voltar de um final de semana em Los Angeles. David Geffen afirma nunca ter visto Andrew.

O que parece mais provável é que Andrew tenha viajado com passagens compradas através de esquemas de cartões de crédito falsos – um fraudador de passagens aéreas condenado, que hoje está preso, atendia em Hillcrest na época – ou sido recrutado por um ator pornô de San Diego, que ganhava a maior parte de seu dinheiro como um garoto de programa de luxo (atores pornôs são as "supermodelos" do mundo gay). Ele recebia convites de homens gays ricos, frequentemente famosos, bem como de CEOs casados e não assumidos, e enviava garotos bonitos ou homens com disposição para encontros de fim de semana. Eles frequentemente viajavam de primeira classe. "O acompanhante uma vez abriu um pacote do correio com 10 mil dólares em notas de 100 na minha frente", diz Joe Sullivan, o ex-atendente de bar. "Era esse valor que ele estava recebendo pelo fim de semana."

Joe Sullivan diz que ele também foi recrutado para ser um acompanhante desse tipo, mas recusou. "Andrew andava com a turma que passava tempo com esses caras. Os clientes eram muito ricos. Você ganhava 1.500 dólares por dia para ir de avião para Nova York, além das gorjetas e das despesas na primeira classe." Mesmo assim, uma relação sexual nem sempre era presumida.

"Nem sempre envolve sexo ", diz Sullivan. "É apenas companhia. Você tem uma pessoa agradável, jovem e atraente para fazer inveja nos amigos." No início, ele diz, Andrew "começou a andar com esse pessoal. E então, pelo que pude ver, se tornou um deles. Tudo era feito fora do estado".

Embora Sullivan não tivesse visto Andrew usando metanfetamina, ele sabia que Andrew estava andando com o círculo de um de seus antigos empregadores – entre eles o parceiro do seu chefe e um amigo traficante (o qual confirma em detalhes o vício de Andrew). De acordo com Sullivan, "eles eram caras brancos que você podia procurar para comprar drogas. Pegavam da Mexican Mafia". Não era nenhum segredo que esses traficantes atuavam naquela área, mas ninguém falava sobre eles. "A comunidade gay em San Diego é muito estranha", diz Brian Wade Smith, que conheceu Andrew por lá. "Tem crianças desabrigadas, muitas drogas, mas é tudo escondido. Eu moro em Minneapolis agora. Se eu levasse o pessoal daqui para San Diego, eles ficariam chocados. Todo mundo usa cristal em San Diego."

Numa noite no Rich's Bar, em 1995, Andrew disse a seu amigo Shane O'Brien: "Eu preciso que você me siga rua abaixo. Ande seis metros atrás de mim e vista a minha jaqueta".

"Eu soube naquele momento que ele estava traficando drogas", afirma Shane. Andrew explicou que estava trabalhando numa farmácia e pegando as drogas lá. Shane disse não. "Eu podia parecer com ele. Respondi 'Não vou levar um tiro na rua porque alguém me confundiu com você'. Ele respondeu 'Tá. Eu encontro outra pessoa'."

Andrew fez Shane deixá-lo numa locadora de filmes pornográficos na Avenida University. "Eu acabei de fazer uma 'entrega'", Andrew disse a ele quando saiu do lugar carregando um saco de papel marrom. "Quer ver o que tem dentro?" Shane respondeu que sim. "E ele abriu. Havia pilhas de notas dentro do saco de papel. Eu perguntei 'Você vendeu alguma coisa?' e ele respondeu que sim. Aconteceu duas vezes de ele fazer uma 'entrega'."

Aquele saco de papel se tornou algo como um acessório para Andrew. Eric, um garçom loiro de cabelos espetados, relembra de uma segunda-feira no Brass Rail, um clube de Hillcrest com show de *drags*. Andrew estava apoiado no balcão quando, de repente, tirou um maço enorme de notas de dentro do saco e disse: "Vou comprar algumas drogas e vender algumas drogas".

Em 1995, Taurey Willis, um DJ de raves que vinha da Inglaterra, viu Andrew consumir carreiras de cristal e vender drogas numa festa promovida por um casal gay rico do Meio-Oeste em uma mansão perto de Del Mar, onde fica uma famosa pista de corridas de cavalo. "Havia sexo grupal e muitos fetiches rolando, e alguns caras vestidos em couro pesado", diz Willis. "Selvagem demais para mim." Um dos cômodos era a sala das drogas. "Eu vi Andrew naquela sala fazendo negócios. Ele estava vendendo."

Taurey acreditava que Andrew era algum tipo de intermediário sexual. Nas sextas-feiras na Flicks, conta Taurey, "caras muito bonitos e jovens" se aproximavam de Andrew, que os apresentava rapidamente, e os homens se afastavam juntos apressados. "Não havia enrolação para bater papo ou tomar um drink, nada do tipo."

Os caras mais ricos e celebrados em San Diego nem iam aos bares gays. "A vida social é feita de convites particulares", diz Nicole Murray-Ramirez. Mas, para alguém como Andrew, que ficava feliz de mexer com drogas e sexo e fazer arranjos, havia oportunidades constantes. Joe Sullivan certa vez respondeu a um anúncio em La Jolla que pedia por atendentes de bar e garçons para uma temporada de jantares particulares. "O dinheiro era bom", diz Sullivan, que foi informado pelo empresário de meia-idade que o entrevistou que os convidados seriam importantes homens de negócios da região, alguns dos quais eram casados. "Tudo parecia ótimo, até que ele trouxe um livro com fotos dos garçons e atendentes dessas festas." Eles usavam tapa-sexos "com buracos estratégicos, e estavam vestidos de coelhos com genitálias como narizes". O entrevistador explicou para um subitamente desinteressado Sullivan que "no fim da estação de festas, haverá uma premiação para quem prestar o melhor serviço".

Andrew adorava esse grupo rico, não assumido e costeiro. E assim como ele próprio já havia sido levado a personalidades de destaque do mundo gay para arrumar contatos, Andrew agora podia ser o vigarista insinuante, aquele que trocava conhecimento, favores e drogas por acesso e viagens. Um dos grandes traficantes de Hillcrest conhecia as atividades de Andrew. "Havia ricos da região, e eles traziam caras de outras cidades. Eu acho que ele provavelmente era responsável por organizar os detalhes e as festas de sexo." O traficante acrescenta: "Eles são ricos e aposentados. Até mesmo esses caras – muitos deles – usam metanfetamina de vez em quando. É por isso que eles chamam San Diego de 'a capital do cristal'".

No mundo em que Andrew agora buscava se destacar, onde aparência e riqueza reinavam, sexo era uma mercadoria e as drogas eram o combustível; a metanfetamina estava trazendo à tona práticas que durante muito tempo ficaram confinadas ao submundo sórdido da sociedade gay. Vídeos amadores de "câmera escondida" – nos quais as pessoas que aparecem, algumas delas drogadas, não tinham a menor ideia de que estavam sendo filmadas – começaram a se espalhar. Dizia-se que aqueles filmados enquanto drogados estavam no "buraco K", capazes de agir fisicamente, mas mentalmente ausentes por completo, porque estavam sob efeito da droga ketamina, conhecida na mídia como uma droga usada em estupros. Filmagens secretas aconteciam com frequência. Andrew queria ser parte de tudo, e se apoiou em um contexto cheio de personagens obscuros e marcado por violência e brutalidade surpreendentes. Simplesmente não se falava sobre isso.

O organizador de festas mais notório de Hillcrest – o mestre do picadeiro daquele circo de horrores – era um diminuto ex-seminarista, metade irlandês, metade grego, que dizia ser tanto engenheiro químico quanto padre católico, e Andrew tentava desesperadamente acompanhá-lo. Theodore "Vance" Coukoulis certamente sabia sobre química e aplicava esse conhecimento sendo um golpista, mas ele não tinha nenhum diploma de qualquer tipo em Ciências. Ainda assim, ele e dois padres de verdade chegaram a ir até Kiev para apresentar, ao grupo local da Academia Russa de Ciências, uma dissertação sobre uma fórmula química desenvolvida por ele que podia diminuir radiação de baixo nível em Chernobyl. Embora já tivesse passado por muitos seminários católicos pelo país, Vance Coukoulis nunca foi, e nem será, ordenado. Ele não está em estado de graça.

Vance Coukoulis dava grandes festas em Hillcrest, e Andrew buscava constantemente convites para elas. Mas, em 1994, Vance foi pego por posse de drogas em Hillcrest depois que vizinhos reclamaram sobre suas festas barulhentas. Ele então passou um período curto na cadeia, depois do qual foi colocado em cinco anos de liberdade condicional sem nenhuma sanção. Foi preso outra vez em 1998, em Sedona, no Arizona, por "exploração sexual de menores" através de vídeos pornográficos. Uma mãe acusou Vance de ter dado drogas para seu filho desaparecido de 15 anos, estuprado o garoto e o seduzido para que posasse para vídeos pornográficos.

O Estado ofereceu um acordo a Vance, que recusou. Enquanto se preparavam para ir a julgamento, os promotores encontraram evidências o suficiente para expandir as quatro acusações iniciais para dezoito acusações de exploração de menores – uma soma cuja pena é de mais de trezentos anos na cadeia.

Um documento da corte de justiça alega que Vance "se apresentava aos jovens como um padre que trabalhava no Vaticano com o papa, ou como ex-padre. Então, quando os jovens, muitos deles menores de idade, começavam a confiar nele, ele os levava para sua casa, ou locais como hotéis, onde dava bebidas misturadas com drogas a eles". O documento descreve vídeos nos quais "jovens parecem estar inconscientes ou drogados a tal nível que são incapazes de resistir aos avanços sexuais feitos contra eles". Vance então "usa brinquedos sexuais sadomasoquistas e outras parafernálias nos garotos, o acusado depila a área púbica e anal dos garotos, coloca fraldas neles, passa talco em suas nádegas, o acusado coloca uma mamadeira na boca dos garotos e eles são mostrados sugando um fluído marrom, atos sexuais incluindo sexo anal, oral e masturbação são mostrados no vídeo, e o acusado aparece na gravação usando um boné de beisebol".

É interessante notar que, entre os itens encontrados na prisão inicial de Vance, em março de 1998, havia um chicote, uma coleira de couro, uma guia e algemas, um bracelete de couro com espinhos, um vibrador, uma chupeta, fraldas, e um artigo de revista e um documentário sobre Andrew Cunanan.

Tendo passado vários meses na prisão do Condado de Yavapai sem receber visitas, Vance, que afirmava que sua prisão havia sido falsa e ridícula, falou sobre o passado com olhos no futuro. "Se eu me tornar um padre e for ordenado dentro de um ano e meio, eu preciso tomar cuidado com certas coisas", ele disse. Ainda assim, ele não hesitou em reconhecer a fonte de sua posição social peculiar em Hillcrest. "Por diversão, eu construí uma masmorra na minha casa."

A masmorra de Vance era famosa em Hillcrest, uma parada obrigatória para um animal social como Andrew. Filho de um oficial da Aeronáutica que se aposentou como general, Vance gostava de dar aulas sobre sadomasoquismo para jovens gays que haviam acabado de sair do armário. As paredes exibiam fotos dele com o papa ao lado de parafernália sadomasoquista, e ele se gaba de que um dia, na Praça de São Pedro, "dentre um milhão de pessoas, o Santo Padre me viu, andou até mim e perguntou se eu queria trabalhar com as crianças com deficiência no Vaticano". Ele afirma ter morado em Roma por dois anos. A verdade, no entanto, que Andrew e seus amigos em Hillcrest nunca chegaram a ouvir, é ainda mais estranha.

De acordo com o padre Charles Shelton, um franciscano que acompanhou Vance em suas visitas ao papa em mais de uma ocasião, Vance trabalhava com uma figura sombria da Inteligência no submundo de Phoenix, conectada à CIA e aos chineses; o objetivo dele ao se encontrar com o papa era tentar pressionar o Vaticano a abrir um consulado em Phoenix, para que os chineses pudessem usá-lo para negociar acordos de petróleo no Mar da China Meridional sem serem espionados pelos russos. "E aí aconteceu o Protesto na Praça da Paz Celestial e tudo desmoronou", diz o padre Charles. "Eu tenho fotos de Vance com o papa. Mas as reuniões sempre foram breves e enigmáticas para Sua Santidade."

O padre Charles, que afirma que não sabia nada sobre o comportamento de Vance em relação aos menores de idade, também foi o instigador de uma viagem que Vance fez para a Rússia. A ideia era chantagear os russos com a fórmula de Chernobyl em troca da liberdade de agentes perdidos em combates [*missing in action* – MIA] que foram feitos prisioneiros – uma causa com significado especial para o padre Charles, cujo pai era um MIA e cuja falecida mãe, Marian Shelton, fundou a Liga Nacional das Famílias dos Perdidos em Combate e Prisioneiros de Guerra no Sudeste Asiático.

Mas, assim que chegou na Rússia, Vance começou a exibir dinheiro no bar do hotel, foi espancado e roubado; embora o ataque tenha colocado Vance em contato com o médico pessoal de Gorbachev, que cuidou de seus ferimentos (ele perdeu o baço), Vance perdeu sua chance de falar com a Academia.

Em um lugar como San Diego, era inevitável que Vance e Andrew se encontrassem e conspirassem juntos – eles frequentemente procuravam o mesmo público. Vance, nascido em 1951 e abertamente gay desde cedo, contava histórias ainda maiores que as de Andrew. Assim como Andrew, Vance se dedicava a garotos bonitos, bem como ao promíscuo e rico arquiteto Lincoln Aston. Vance diz que Andrew propôs várias vezes que trabalhassem juntos. Andrew gostava de levar gente para a masmorra, onde, afirma Vance, ele ficava dando voltas e soltando suas risadas cortantes. "Toda vez que ele ficava nervoso ou inseguro, ele ria."

Vance se lembra da proposta de Andrew: "Ele estava mais do que disposto a viajar comigo, passar tempo comigo, fazer qualquer coisa e se divertir. E se isso significasse sexo também, sem problemas, mas não era a motivação inicial. A motivação era ter alguém com muitos contatos, que se divertia bastante, que convidava pessoas. Eu nunca precisei disso".

Vance lidava com Andrew cautelosamente e se ressentia da influência dele com Lincoln Aston, que vinha de uma família rica de petroleiros do Texas. Vance provavelmente esperava que Lincoln fosse suscetível aos seus esquemas, então Andrew era um empecilho. "Durante todo o ano 1994, era impossível ver Lincoln sem Andrew do lado", diz Vance. "Era nojento. Toda vez que eu tentava conversar com Lincoln, Andrew se metia no meio. Ele era como um segurança." Através de Lincoln, Andrew ia solidificando suas conexões com aqueles de La Jolla que ainda estavam no armário.

Vance afirma que Lincoln começou a ficar desiludido com Andrew e estava tentando se desprender delicadamente de suas garras, dando a Andrew "20 ou 30 mil dólares para ele desaparecer". Subitamente, contudo, em 19 de maio de 1995, Lincoln Aston foi morto a pancadas, com um obelisco de pedra da sua coleção, por um andarilho mentalmente instável que ele havia conhecido num bar. Como Andrew se gabou de ter estado com Lincoln na noite da sua morte e de ter encontrado o corpo, muitos em Hillcrest ainda acreditam que ele teve alguma coisa a ver com o assassinato. A polícia de San Diego, no entanto, nega completamente qualquer ligação. O andarilho se declarou culpado e agora está na cadeia.

A relação de Vance e Andrew começou a desmoronar algumas semanas depois da morte de Lincoln. Quando Vance se aproximou de Andrew no Rich's Bar num sábado à noite, ele ficou chocado de ver que Andrew não demonstrava nenhum remorso com a morte do amigo. "Ele agiu como se não sentisse nada." Vance decidiu naquele instante que desprezava Andrew; ainda assim, apesar de sua animosidade, Vance mantém seus elogios calmos e analíticos sobre as habilidades de Andrew.

"Em uma parte do mundo gay, você tem que ser muito bonito ou muito rico para que falem sobre você ou te convidem para qualquer lugar", diz Vance. "Infelizmente é uma coisa muito superficial." Andrew chamou a atenção, diz ele, porque desejava isso mais do que qualquer um. "Estar com pessoas bonitas e ricas era uma coisa única para Andrew. Ele era um profissional. Muitas pessoas não conseguem lidar com os dois lados da moeda. A maioria ou ficava com os bonitos ou mexia só com velhos e se mantinha longe dos bonitos, porque os caras bonitos eram competição."

Mas não era o caso de Andrew. "Uma das muitas formas que Andrew tinha de ganhar as pessoas e fazê-las pensar 'Esse cara tem dinheiro' era distribuir quantidades enormes de drogas. Era mais um favor, porque isso impressionava as pessoas mais do que tudo", diz Vance. "O que Andrew fazia era pensar como um profissional de Relações Públicas. E isso é ainda mais importante na sociedade gay." Andrew não apenas conectava pessoas, mas fazia isso sem cobrar. "Que conveniente. Que legal. É tão incomum encontrar alguém que faça isso para que eu não precise ir atrás de alguém legalizado ou de uma empresa de acompanhantes na qual eu posso ser rastreado. Então ele encontrou um nicho que provia favores, e as pessoas estão dispostas a pagar por favores." Vance diz que sexo não era importante para Andrew. "Ele oferecia um favor muito maior. Fornecia as pessoas que outras pessoas queriam, ou drogas, ou qualquer coisa, e um contato assim é muito poderoso."

A alteração de humor era a especialidade de Vance. As pessoas que o conheciam nunca aceitariam uma bebida oferecida por ele. Os convidados alegavam que o champanhe dele às vezes era batizado com Flunitrazepam, uma droga do tipo "Boa noite, Cinderela" que parece eliminar o livre-arbítrio. "As pessoas saíam de lá fazendo coisas que não queriam", afirma Hank Randolph, um ex-usuário de cristal reabilitado.

Joe Sullivan acredita que havia drogas no champanhe que Vance ofereceu para ele no Natal de 1986. "Eu o chamei e perguntei 'O que está acontecendo?'. E ele respondeu 'Acho que o champanhe subiu à sua cabeça'. É, acho que realmente subiu. Ele fez isso com várias pessoas." Franz vonRichter, que foi um amigo próximo de Andrew no fim de sua vida, também acredita ter sido drogado.

Buzz English, outro jovem residente de Hillcrest, se lembra de algo ainda mais sinistro. Entre 1992 e 1994, quando Buzz tinha entre 17 e 18 anos, ele era parte de um grupo de garotos jovens e bonitos que conseguiam entrar nos bares e clubes de Hillcrest, ainda que fossem menores de idade. Eles constantemente viam Andrew nesses lugares. Às 2 da manhã eles eram convidados a se juntarem aos atendentes de bar e seguranças de vários clubes nas festas da madrugada. "A gente ia nessas festas como 'chaveirinhos'", diz Buzz, que foi criado numa fazenda de laticínios na Pensilvânia. "A gente ficava festejando na sala dos fundos enquanto rolava sexo em outro quarto, e pessoas assistindo TV, jogando algum jogo, socializando e jogando conversa fora. A gente estava lá para fazer os velhos parecerem legais."

Buzz viu Andrew em muitos desses encontros. "Ele só conversava com pessoas endinheiradas. Alguém nos disse que ele era meio doido." Embora Andrew tentasse parecer "puritano e imaculado", ele definitivamente estava usando metanfetamina, diz Buzz. "Ele era um usuário discreto. Cristal de metanfetamina é uma coisa suja, e as pessoas não vivem bem com ele. Elas perdem tudo. Ele não queria ser parte daquilo ou parecer que era."

Buzz se lembra de uma festa na casa de Vance em que Andrew não estava presente. "Um de nós do grupinho foi amarrado e trancado por horas. Vance é louco, e eu acho que alguns caras dos bares fizeram um estupro coletivo do nosso amigo. Foi uma coisa acobertada, e eles o aconselharam a sair da cidade, e ele saiu." Joe Sullivan diz: "Ele pegava jovens de 17, 18 anos, que estavam começando a explorar sua sexualidade, e os convidava para festas onde todos esses jovens atraentes andavam por aí usando drogas, e era meio tipo 'Quer entrar no mundo gay? É assim que funciona'".

Vance nega todas as acusações. Ele afirma que a masmorra era usada apenas "como piada. Eu nunca levei a sério. Eu ria das pessoas que diziam 'Isso é tão nojento', e cinco horas depois eu perguntava 'Já está enojado o bastante?'. *Pelo amor de Deus*! Eu só amo a natureza humana". Em relação às drogas, ele diz: "Eu convidava apenas uma pessoa. E se eles se divertissem, era bom que tivessem uma explicação caso sua cara-metade descobrisse. 'Fui drogado' ou 'Eu desmaiei'. Qualquer coisa que funcionasse como desculpa para o comportamento deles". Ele também nega ter seduzido garotos menores de idade. "Eu tenho mais valores morais e classe do que isso. A verdade é a seguinte: eu fazia umas festas loucas, e eu não convidava todo mundo. E as pessoas que não eram convidadas espalhavam fofocas."

Um desses que não eram convidados era Andrew Cunanan, o qual Vance passou a desprezar com tanta intensidade após a morte de Lincoln que falou pessoalmente a ele para ficar longe de suas festas. Mas Andrew dava um jeito de aparecer com alguém que tivesse sido convidado. "Depois que aconteceu pela terceira vez", conta Vance, "eu não ficava mais surpreso, e eu até coloquei seguranças procurando por ele".

Andrew simplesmente precisava ser o centro da ação, mesmo que não fosse desejado – ainda que o círculo em que estivesse entrando fosse além da sua imaginação. Por causa do seu uso de metanfetamina, Andrew conhecia um bom número de usuários e traficantes que tiveram fins tristes e sórdidos. A morte de Lincoln Aston, por exemplo, foi precedida pela tragédia falsa de Scott Sloggett, o proprietário da Another Video Company Ltd., um estúdio de pornografia gay em San Diego.

Andrew amava se associar com estrelas pornôs e tentou repetidas vezes atuar nesses filmes ele mesmo. De acordo com Vance, ele tentava indicar a Sloggett modelos masculinos para vídeos pornográficos; ele também passou tempo com Sloggett na casa dele, em Point Loma, uma vizinhança exclusiva em San Diego. Além de ser produtor de pornografia, Sloggett também era um traficante de cristal. Ele devia bastante dinheiro a Vance – supostamente por negócios imobiliários –, e Vance estava ansioso para receber. O antigo parceiro e diretor de arte de Sloggett, Glen Offield, tinha a maior coleção de bonecas Barbie do mundo. A coleção de 5 mil bonecas, junto com milhares de vestidos, bolsas, sapatos, casas e Corvettes de brinquedo, estava avaliada em mais de 1 milhão de dólares e já havia aparecido na capa da revista *Smithsonian*. Depois de passar o dia trabalhando com pornografia pesada, Offield voltava para suas 5 mil Barbies lacradas, com as quais, ele dizia, "ninguém jamais brincou". Aparentemente, Sloggett via essa valiosa coleção como a saída para seus problemas financeiros.

Vance alega que em 10 de outubro de 1992, enquanto Offield estava numa convenção de bonecas, Sloggett foi até a casa de Offield e cozinhou um lote de metanfetamina que explodiu e começou um incêndio. A polícia afirma que Sloggett causou um segundo incêndio na casa de Offield na noite seguinte para ocultar o roubo de 37 caixas de papelão cheias de

Barbies, Kens e Skippers (a irmã mais nova da célebre boneca), que ele deixou numa unidade de armazenamento debaixo de um viaduto. A unidade por acaso estava alugada no nome de Vance.

Enquanto isso, Vance retornava de uma viagem à Europa. A primeira coisa que fez foi ligar para Sloggett, que devia estar se sentindo culpado por estar guardando mais de 1 milhão de dólares em bonecas, porque caiu no choro e disse a Vance que as coisas não iam bem.

Antes que Vance pudesse se encontrar com Sloggett e pedir seu dinheiro, ele foi avisado que Sloggett havia tomado um sedativo e estava dormindo. Na verdade, Sloggett havia cometido suicídio engolindo quarenta pílulas de morfina. Vance pensou que o suicídio podia ser um truque, mas não podia checar, porque a polícia não deixava ninguém ver o corpo. No fim, a polícia permitiu que um padre abençoasse o corpo: Vance Coukoulis.

Para se certificar de que Sloggett não havia fingido suicídio e usado outro corpo, diz Vance, "eu vesti minha batina. Era a única forma de a polícia me deixar entrar, para benzer o corpo. E aí eles o trouxeram e eu o benzi. E me certifiquei de que era ele. E também o abençoei de verdade, porque estava preocupado com sua alma, não queria que fosse enterrado sem a bênção. E eu preciso dizer", diz Vance em sua cela na prisão, "a expressão no rosto dele foi a primeira expressão que me mostrou que existia mal de verdade no mundo".

As Barbies foram encontradas mais tarde na unidade de armazenamento alugada em nome de Vance enquanto ele estava na Holanda, onde, afirma ele, "eu tenho um escritório". A história virou manchete no país, mas Vance Coukoulis nunca foi mencionado. Glen Offield, o dono das bonecas, deu uma coletiva de imprensa para anunciar sua recuperação. "Eu estou, tipo, entorpecido", reporta o jornal *Los Angeles Times* citando uma fala de Offield. Exibindo uma Barbie com rabo de cavalo de 1961 para as câmeras, ele gritou: "Eu as consegui de volta!".

Para Andrew, Scott Sloggett era uma aposta tripla: ele parecia ter dinheiro, traficava drogas e seu negócio era pornografia. "Metanfetamina e pornografia andam de mãos dadas", diz Vance. "É uma droga sexual, e tudo que faz é melhorar as sensações do sexo um milhão de vezes." Andrew frequentemente tinha quedas por atores pornôs. Seu amigo Erik Greenman, que mais tarde seria seu último colega de quarto, havia atuado em alguns filmes pornográficos sob o nome "Josh Connors", e a pornografia era grande parte do mundo onde Andrew vivia. "É um grande negócio", conta Nathan Fry, que toca piano em vários eventos pela cidade. "Todo dia eu ouço falar sobre um amigo que fez um filme desses. As pessoas acham que é um elogio ser convidado para participar de um – significa que você é sexy."

Andrew se tornou um consumidor ávido de filmes adultos, especialmente os vídeos violentos e agressivos de sadomasoquismo. À medida que seu uso de metanfetamina continuava, vídeos pornográficos se tornaram provavelmente sua forma mais consistente de alívio sexual. Ainda assim, uma obsessão com pornografia, diz Vance, "não deixaria Andrew nem um pouco mais estranho".

Embora a estimativa seja de que as pessoas gays representem apenas dez por cento da população,* um estudo de 1996 da Adult Video News Statistics [Estatísticas sobre vídeos adultos] informa que o aluguel e a venda de filmes gays formam aproximadamente um terço ou até metade do mercado pornográfico. Essas vendas chegam a centenas de milhões de dólares. Cerca de três mil títulos gays oficiais são produzidos por ano. E ninguém faz ideia de quantas "câmeras escondidas" existem por aí e o que elas contêm.

Daniel Harris, em seu livro *The Rise and Fall of Gay Culture*, se ressente da transformação da pornografia gay em algo mais próximo do estilo de vida "engomadinho", com a estrela pornô sendo "cada vez mais a personificação não apenas dos desejos sexuais do homem gay, mas também dos seus desejos sociais e econômicos, suas aspirações de levar a vida confortável de um boêmio nadando em dinheiro e se bronzeando ao lado de sua piscina cristalina, onde belos garotos em sungas retiram as folhas da água e sucumbem de peito aberto aos seus desejos sensuais". Para um materialista preguiçoso como Andrew, essas fantasias tinham um apelo especial. "A pornografia contemporânea erotiza todo tipo de estranheza", continua Harris, "lustres e tapetes persas, Porsches e cupês conversíveis, figurinos de jade e candelabros de prata, todo tipo de símbolos de status aparecem nas bordas inanimadas do filme, onde são imbuídos com significância erótica tão intensas quanto as imagens sexuais expostas".

* É importante ressaltar que o livro foi publicado originalmente em 1999. Pesquisas de maio de 2018 realizadas pela Gallup Poll, renomada instituição de pesquisas dos Estados Unidos, apontam que 4,5% dos americanos se identificam como LGBT, totalizando cerca de 11 milhões de pessoas. [N.E.]

Infelizmente essas fantasias prazerosas, combinadas com o cristal de metanfetamina, podem se tornar horrorosas e perversas, e a sordidez dessa realidade fica bem longe de piscinas cristalinas e candelabros de prata. Mais uma vez, em março de 1996, a droga atirou mais um assassinato no quintal de Andrew.

Em 16 de março de 1996, Lou Ball, um "especialista em audiovisual" vindo de uma família rica da Filadélfia, foi assassinado por vizinhos ex-presidiários que arrombaram seu cofre – contendo seu dinheiro do tráfico de metanfetamina – e roubaram alguns dos equipamentos de filmagem. Ao que parece, Nathan Fry esteve com Ball pouco antes do assassinato. Fry havia voltado ao apartamento de Ball para pedir ajuda com algumas fitas de áudio e notou que a posição da porta de um armário havia mudado desde que entrara no quarto pela primeira vez. "Senti meu estômago embrulhar e falei a Lou para que saísse dali", diz Fry. "E então eu saí". Ball foi encontrado esfaqueado e Fry se tornou a principal testemunha de acusação no julgamento de assassinato. Dois ex-presidiários que moravam no apartamento ao lado foram condenados e estão até hoje na cadeia.

A parte desconhecida da história, de acordo com Fry, é aquela na qual a polícia mostrou pouco interesse: o papel de Ball como pornógrafo infantil. "Eles não estavam interessados em nada que Lou fazia naqueles vídeos – estavam mais interessados em pegar os caras que o mataram", conta Fry.

Fry acusa Ball e Vance de serem "coprodutores": Vance recrutava os garotos e Ball os filmava secretamente. "Vance e Lou tinham um negócio em que Vance arrumava os talentos e fazia vários atos enquanto Lou filmava tudo." O equipamento era manipulado a partir do apartamento de baixo. De acordo com Fry, Ball colocara fios e instalara uma parede falsa que escondia uma câmera e um buraco.

"Eles podiam pegar alguém que era novo demais até para andar sozinho à noite, filmá-lo e então vender a gravação para os colegas, que pagariam uma nota preta por esse tipo de vídeo", diz Fry. "A pessoa que alugou esse apartamento [depois do assassinato] me mostrou a parte restaurada, com a parede recebendo uma camada de gesso."

Na época da morte de Lou Ball, o apartamento estava cheio de pornografia infantil, mas a polícia encontrou pouca evidência. De acordo com Fry, "nada disso estava lá quando a polícia chegou, porque os amigos de Lou haviam passado e levado as pilhas de fitas".

Vance afirma: “Eu estava sentado do lado de fora quando ele foi morto. E não fiquei sabendo até um mês depois”. Vance diz que Ball “era um traficante dos grandes, [o assassinato dele] teve a ver com drogas, e eu sei que todas as drogas dele desapareceram, exceto uma pequena quantidade”. O que ele tem a dizer sobre os vídeos?

“Na comunidade gay, não é incomum que um indivíduo tenha centenas de fitas. Não é nada incomum”, diz Vance, fugindo da pergunta. Ele nega qualquer envolvimento com Lou Ball e pornografia infantil. “Eu diria que, dentre as 50 mil pessoas que usam cristal, 45 mil assistem pornografia, porque pornografia e essa droga combinam como arroz e feijão”, ele continua. “Eu tenho certeza que isso também acontece no mundo hétero.” Vance culpa a metanfetamina por “te fazer pensar em sexo 24 horas por dia. A coisa toda fica tão promíscua que chega a ser assustadora. Eu passei a acreditar no diabo depois que me envolvi com a sociedade gay e cristal de metanfetamina, e aí eu entendi que o mal reside na natureza humana e que a natureza humana pode ser boa ou ruim, e eu acredito mesmo no mal agora. Ponto final. E eu acredito que um espírito ruim pode possuir uma pessoa, e acredito que foi isso que aconteceu com Andrew. Ele mudou por causa daquela droga”.

10

GAROTO TROFÉU

Quando Andrew conheceu Lincoln Aston e começou a frequentar seu salão gay, também começou a fazer contatos em busca de alguém que pudesse tomar conta dele. Ficava perfeitamente confortável com homens trinta anos mais velho do que ele, fosse em grupos ou sozinho. Era particularmente hábil em discernir os interesses de seus alvos e então ler sobre eles – literatura, arte, voos. Fazia isso independentemente de seu alvo ser velho ou jovem.

Assim como uma gueixa, Andrew podia conversar com desenvoltura, encontrar formas de entretenimento e oferecer conforto, sexual ou de outro tipo. Mas poucos homens o consideravam sensual – seus sentimentos haviam sido enterrados há muito tempo, e ele era visto como alguém sem emoções e muito intelectual.

Com pessoas da sua idade, ele fazia comentários sobre sexo que eram pesados e facilmente ignorados. Ele também costumava fazer observações maldosas sobre terceiros, que podiam ser interessantes se não fosse você o alvo delas. Lincoln Aston, que vivera em São Francisco por muitos anos e se referia a San Diego como "Omaha perto da baía", via Andrew como um *bon vivant*, um jovem sofisticado. Ele dizia aos amigos: "Andrew é o jovem mais esperto que já conheci".

"Era como se Andrew fosse o rei da Inglaterra. Ele sacava um cartão de crédito platinum para pagar jantares", diz um homem de La Jolla, por volta dos 50 anos, que foi levado a jantares caros pagos por Andrew pelo menos três vezes. O homem havia se formado na Bishop e se casado, mas eventualmente chegou em Hillcrest; ele ouviu Andrew DeSilva contar a história que ficou mais conhecida entre as pessoas mais frequentes dali: ele era metade judeu-português e metade filipino, já havia sido casado com uma princesa judia e era o pai de uma garotinha. Ele amava dirigir o Rolls-Royce de sua avó. Havia estudado em Choate e na Bishop e passou dois anos no Exército de Israel. Seus pais ricos, que viviam em Rancho Santa Fé e Manhattan, o expulsaram de casa quando descobriram que ele era gay.

A cuidadosa reinvenção de sua vida servia para colocá-lo como um igual aos olhos das pessoas importantes, um jovem brilhante e exótico, e certamente alguém que não poderia ser ignorado. "Andrew DeSilva" podia ganhar a simpatia de homens mais velhos que já tinham sido casados ou que tiveram que abandonar suas famílias e sofrer para viverem como eram de verdade. Ainda assim, Andrew era tão cuidadoso em não deixar transparecer que desejava alguma coisa que foi apenas em retrospecto que o antigo aluno da Bishop entendeu o que ele queria: "Eu acho que todos aqueles jantares eram sondagens para ver se eu tinha dinheiro e se mordia a isca, o que nunca aconteceu comigo".

Andrew definitivamente estava colocando iscas e, no meio de 1994, ele pegou um peixe grande. Através de um casal gay que havia se estabelecido em La Jolla muito tempo antes, que Andrew havia conhecido com Lincoln, ele foi convidado em julho para um jantar com Norman Blachford. Assim como os anfitriões e Lincoln, Blachford era um membro da Gamma Mu, o grupo conhecido como "Máfia Rosa", uma fraternidade gay privada e exclusiva da qual o escritor Armistead Maupin faz troça em *Tales of the City* [Contos da cidade], chamando de "o clube dos milionários". Era o grupo perfeito para Andrew penetrar – secreto, levemente esnobe e cheio de patrocinadores em potencial.

Alto, com cabelo castanho avermelhado, um rosto longo e nariz aquilino, Norman Blachford, que tinha 58 anos de idade na época, parecia alguém que preferia trabalhar ao ar livre, mexendo na terra. Ele era reservado, de fala mansa, extremamente conservador e muito, muito rico. A casa de Norman era em Phoenix, mas ele viajava frequentemente para La Jolla, como muitos dos ricos de Phoenix faziam, com menos de uma hora de voo. La Jolla era o reduto dos ricos de Phoenix. Embora os texanos ricos prefiram a proximidade de Del Mar, por causa das corridas de cavalo em julho, aqueles de Phoenix gravitam para La Jolla. Norman possuía um imóvel em um condomínio de frente para o oceano em Coast Boulevard, a dois minutos de distância da Escola Bishop.

O parceiro de 26 anos de Norman havia morrido recentemente de Aids, então ele estava sozinho e disponível. Sua fortuna vinha da venda de sua antiga companhia, que desenvolvia isolamento acústico especial para a indústria cinematográfica; a companhia chegou a receber um Oscar por realização técnica. Segundo rumores, Norman tinha vários milhões de dólares – um fato que os amigos de Andrew afirmam que ele pesquisou extensivamente. Em Phoenix, Norman era um doador significativo da Orquestra Sinfônica. Ele também era muito interessado em artes, logo Andrew conseguiu impressioná-lo rapidamente. Norman, contudo, era cuidadoso por natureza e não se separava facilmente do seu dinheiro, o que foi uma fonte de frustração para Andrew desde o início.

O relacionamento não aconteceu de repente. Andrew continuava a passar as tardes com Lincoln, traficar drogas e frequentar bastante a Flicks e o Rich's, assim como o restaurante de alta classe que ficava ao lado da Flicks, o California Cuisine, onde ele sempre pedia uma mesa perto da janela. Não era incomum ver Andrew sair correndo até a rua para chamar algum garoto bonito que viu passar para se juntar ao seu grupo durante o jantar. Então, ele tentava juntar esse rapaz com alguém, como um favor, e deixava uma gorjeta para o garçom – às vezes 200 dólares por um jantar para oito que custou 400 dólares. Andrew havia dominado perfeitamente a arte de dar gorjetas. Ele deixava uma pequena quantidade no cartão de crédito, uma quantidade maior em dinheiro, e então, quando todo mundo estava olhando, colocava mais dinheiro na mão do garçom enquanto saía – ao estilo *Poderoso Chefão*.

Andrew gostava tanto do California Cuisine que chegou com flores para Stella Kalamaras, a proprietária, no dia das mães, dizendo: "Você é minha família". MaryAnn, sua mãe de fato, que vivia por perto, foi completamente ignorada. O marido de Stella tinha um restaurante em Chicago, e ela e Andrew falavam sobre a Cidade do Vento, como Chicago é conhecida – ele parecia conhecer bem o lugar. Ele contou a Stella que era parte italiano. Ela, contudo, ficou surpresa quando Andrew descreveu a região italiana de onde sua família vinha; contou a uma amiga que ela conhecia o lugar como sendo uma colônia penal!

Em alguns fins de semana, Andrew viajava com Jeff. Eles aproveitavam a promoção da Southwest Airlines em que duas passagens saíam pelo preço de uma inteira. Um dos lugares que eles gostavam de visitar era Chicago, perto da cidade natal de Jeff em DeKalb. Andrew certamente era uma pessoa bem viajada.

No outono de 1994, por exemplo, Doug Stubblefield ficou surpreso de encontrar Andrew na Ópera de São Francisco com um "homem velho", que foi apresentado como um "amigo da família". Doug relembra: "Eu fiquei realmente chocado de vê-lo com um coroa rico". Mas Andrew agiu com fineza e, quando terminou de fazer as apresentações, se juntou a Doug e aos amigos dele para beber. Daí em diante, diz Stubblefield, "as condições de vida dele ficaram estranhas. Ele estava sempre dirigindo carros de pessoas diferentes e hospedado em casas de pessoas diferentes, sem muitas explicações ou conversas amigáveis sobre o assunto".

Stubblefield era um dos que viam o comportamento de Andrew como o de um "usuário de drogas. Ele estava errático, e tinha períodos de altos e baixos". Doug afirma: "Ele estava sempre instável e fisicamente fraco, o que chamava bastante a atenção". Contudo, ninguém em São Francisco imaginava que Andrew fosse um traficante. "Muita gente desconfiava que ele usava drogas – mas ninguém questionava se ele estava *vendendo*."

Enquanto Andrew e Norman iam se conhecendo, Norman continuava a residir em Phoenix e Andrew o visitava lá. Estava decidido a mostrar a Norman que poderia ser valioso como um "passe livre" para a cultura gay. Eles viajaram juntos para a Europa e Norman ficou fascinado pela quantidade de coisas que Andrew sabia acerca de arquitetura e pinturas. Andrew cuidou dos detalhes e organizou os planos da viagem. Ele era um companheiro de viagem animado e, para alguém tão reservado como Norman, Andrew era ótimo para conectá-lo às pessoas certas. Em San Diego, particularmente, Andrew conhecia toda a sociedade gay. Se as histórias de Andrew causavam algum receio, Norman não demonstrou nenhum incômodo. Quando estavam com outras pessoas, ele ouvia Andrew contar suas lorotas e não emitia nenhum comentário.

Por sua parte, Andrew era como um guia de viagens Baedeker. Conhecia os melhores lugares para ver e ser visto, os eventos de gala aos quais comparecer. Andrew se mostrou um acólito dedicado de Lincoln, que continuava a ensiná-lo muita coisa. "Andrew estava sempre no evento social certo e sempre tentava impressionar as pessoas", afirma o médico Russell Okihara, que o observou no circuito social. Para Norman, como observou Robbins Thompson – o amigo surfista de Andrew da Universidade da Califórnia que ainda estava no armário –, Andrew seria a esposa perfeita.

Ainda assim, quando Andrew tentou ganhar a simpatia de um dos rapazes bonitos que tentou atrair ao mesmo tempo em que tentava conquistar Norman – pagando bebidas e jantar para eles –, ele reclamava que era a vítima. Dizia que eles o estavam usando. Com Ron Williams, o jovem que ele havia ajudado a se recuperar de uma doença certa vez e por quem teve uma queda por um tempo, Andrew largava sua pose de felicidade e despreocupação e se tornava rabugento.

"A gente saiu para dançar e jantar e nos beijamos, nunca passou disso. Ele não fazia meu tipo; ele gostava de mim, mas eu não gostava dele", explica Williams. "Ele ficou magoado. Achava que as pessoas andavam com ele porque ele tinha dinheiro. Ele achava que, se parasse de pagar, perderia todos os seus amigos. Eu falei diretamente com ele uma vez – ele não me respondeu direito. Eu sempre achei que ele era inseguro e queria ser a alma da festa. Queria ser VIP, queria apenas garotos bonitos ao redor dele e apenas personalidades cintilantes. Eu falei para ele 'Eu já vi gente como você, comprando todo mundo pelo caminho. Você é bonito'. Ele não se achava bonito. Eu disse 'Você acha que se você não pagar, vai ficar amuado num cantinho. Por que gastar dinheiro com esse povo?'. Ele não me respondeu e mudou de assunto. Algumas vezes ele dizia 'Eu posso ir embora hoje e ninguém vai nem saber que eu fui'. Ele era bem para baixo de vez em quando." Mas Andrew nunca exibia sentimentos como esse na frente de homens mais velhos.

Em abril, Phil Merrill buscou Andrew e eles dirigiram até Los Angeles para que Andrew pudesse ser padrinho no batizado do filho de Philip e Lizzie. A essa altura, a presença de Andrew na casa de Lincoln estava começando a desgastar, e em maio de 1995 Lincoln foi assassinado pelo andarilho. Antes de morrer, "Lincoln começou a dizer para as pessoas que elas deveriam se afastar de Andrew", afirma um amigo próximo de Lincoln, que o ouviu dizer que Andrew precisaria ser "pelo menos dez anos mais velho para ter feito tudo que ele dizia ter feito".

Para Andrew, perder Lincoln significava perder um estilo de vida e uma fonte de renda de meio período. Ele rapidamente largou seu emprego na farmácia e saiu de São Bernardo. Em julho de 1995, dois meses após a morte de Lincoln, Andrew se mudou para o imóvel de Norman em La Jolla. Fazia um ano desde que tinham se conhecido. "Os dois sabiam onde estavam se metendo", afirma Robbins. "Não era o caso de um homem mais velho se aproveitando de um jovem. Na verdade, era o oposto." Certamente era. "Andrew foi bancado por outros antes de Norman", diz Michael Williams, o amigo de Jeff Trail que era dono do restaurante. "Jeff me contou que houve outros. Eu falei 'Como ele entrou em contato com essas pessoas?'. Jeff respondeu 'Ele os investigou e entrou nos mesmos círculos que eles'."

A partida de Andrew deixou sua mãe desolada. Ao contrário das histórias que ele espalhava, de que sua mãe continuava com o marido para que os filhos pudessem ter uma herança, MaryAnn estava completamente quebrada. Em novembro daquele ano, Pete Cunanan parou de enviar a MaryAnn os cheques de sua pensão da Marinha, de 650 dólares, porque disse que a intenção deles era pagar os estudos de Andrew. Incapaz de pagar o aluguel sozinha, em dezembro de 1995 MaryAnn se mudou para Illinois, onde seus dois filhos mais velhos moravam. Depois disso ela entrou para o programa de assistência social.

Enquanto isso, Andrew aproveitava a vida boa. Depois de anos de tentativa, ele havia encontrado alguém para bancar seus sonhos. "Na comunidade gay, Andrew abria todas as portas que desejava", diz Robbins, com admiração. Norman era generoso com Andrew. Ele pagava o cartão de crédito e deu a ele um automóvel Infiniti novinho, avaliado em 33 mil dólares, para dirigir por aí, além de uma mesada de 2.500 dólares por mês. Andrew também tinha certa liberdade para viajar e ver os amigos. Norman ainda tinha a casa em Phoenix, para a qual Andrew não ligava muito e a qual acabou convencendo Norman a vender. Eles continuaram a viajar de volta para Phoenix para eventos. Desde o início, porém, o relacionamento de Andrew com Norman foi um caso de "cuidado com o que você deseja".

"Quando ele foi morar com Norman, sabia que estava indo apenas por uma questão financeira", diz Robbins. "Obviamente havia muita afeição. Sem dúvidas. Mas os dois tinham uma visão clara das coisas e sabiam o que estava acontecendo ali." Ainda assim, Andrew manteve sua nova vida em segredo, e não gostava de admitir que não estava mais no controle e que seu relacionamento com Norman envolvia sexo.

Shane O'Brien se lembra de ter ido até aquele condomínio em La Jolla, a convite de Andrew, quando Norman estava fora da cidade. "Eu cheguei no quarto e perguntei 'Andrew, por que tem duas camas aqui?'. Ele me contou que eles não dormiam juntos. Eram camas gêmeas, como as que vemos em quartos de crianças – mas estavam no quarto de casal. Eles usavam o outro quarto como escritório. Essas duas camas pequenas em partes opostas de um quarto enorme – muito estranho. Andrew disse 'Ele não espera isso, nem quer'." Shane ficou embasbacado quando Andrew insistiu "Não, eu nunca transei com Norman". "Eu sabia que não era verdade", diz Robbins. "Eu acho que era isso que Andrew esperava. Eles tinham um relacionamento próximo, e chegou num ponto em que era: 'Ei, estamos num relacionamento e isso é parte de um relacionamento. Ou a gente tem um relacionamento ou isso acaba'."

Preso numa armadilha, Andrew nunca deu indícios a Norman de suas tendências sadomasoquistas ou da sua necessidade de pornografia. Ele mergulhou em seu papel de decorador. Num coquetel que Andrew e Norman organizaram, um convidado ouviu Andrew dizer: "Eu odeio morar na praia. Gostaria de morar em Mount Soledad". A maior colina de frente para a baía em La Jolla, Mount Soledad é coroada por uma enorme cruz branca e tem uma vista espetacular, especialmente no pôr do sol. O amigo se lembra de Andrew contar, três semanas depois: "Norman comprou uma casa para mim em Mount Soledad". O imóvel na praia, Andrew falou, seria mantido para visitas. O que ele esqueceu de mencionar foi a identidade do antigo proprietário – Andrew estava se mudando para a casa que havia pertencido a Lincoln Aston.

Quase imediatamente as fofocas começaram a rodar, informa um amigo de Andrew e Norman que defende o casal, dizendo: "Eu me lembro deles quando saíam em grupos, trocando olhares carinhosos no salão". Ele admite que no círculo de Norman, composto por profissionais estáveis, aposentados ricos e "casais firmes que viajam juntos e são parceiros há 45 anos", Norman e Andrew eram uma anomalia. "Não havia nenhum outro casal como aquele – um homem tão rico com um rapaz tão jovem."

Começaram a circular em Hillcrest rumores de que Andrew havia encontrado um coroa rico. Apenas amigos próximos deveriam saber sobre Norman. Ainda havia um estigma, pelo menos superficialmente, em ser sustentado por outra pessoa. Mas Andrew conseguiu convencer seus amigos mais jovens, como Tom Eads, de que estava fazendo um favor para Norman. Ao se dedicar a Norman, ele falou, estava abrindo mão de sua herança de família.

Norman e Andrew faziam compras na Avenida Melrose, o ostensivo "Corredor dos Decoradores" em Los Angeles, em busca de móveis e tapetes, antiguidades originais e réplicas caras. Jeffrey Marks era o designer de interiores oficial, e ele se lembra de Norman apresentando Andrew como "um amigo que veio me ajudar a escolher algumas artes". Andrew, ele conta, sabia bastante sobre como um período de arquitetura se relacionava com um período de mobília, e era extremamente inteligente em relação a história e arquitetura para alguém da sua idade.

Ainda assim, Andrew reclamava com os amigos que Norman era um mão de vaca. Ele estava sempre incentivando Norman a fazer mais, repintar tudo, comprar mais acessórios caros. Mas esse não era o estilo de Norman. Por sua vez, Norman gentilmente incentivava Andrew a continuar seus estudos e adquirir uma profissão. Ele teria pago com prazer para que Andrew fizesse isso – desejava que Andrew usasse sua mente e talento. Mas Andrew se recusava.

Muitos anos traficando e usando drogas deixaram Andrew preguiçoso e ganancioso – ele tinha a preocupação clássica do narcisista com a imagem, mas nenhum interesse em se esforçar para conquistar as coisas; era mais fácil explorar os outros e sentir pena de si mesmo. Andrew alegava ficar entediado com estudos e disse que não queria começar um negócio. Qualquer coisa menos que sucesso total estragaria sua imagem. Ficando mais e mais irritado por estar sempre na quieta companhia de homens mais velhos e tendo que prestar contas do seu tempo, Andrew começou a procurar formas de sair de casa à noite. Ele encontrou o Projeto Salva-Vidas, um programa de prevenção ao HIV e instrução sobre sexo seguro em San Diego. O trabalho de Andrew era visitar bares para distribuir panfletos e camisinhas, bem como convidar pessoas para reuniões.

O Projeto Salva-Vidas pode ter tido um significado especial para Andrew, que temeu mais de uma vez ter contraído HIV, embora nunca fizesse o exame naquela época, segundo Ronnie Mascarena, com quem Andrew confidenciou certa vez: "Acho que estou doente". Aquela também era uma boa desculpa para quando ele queria ir a bares. Andrew, aparentemente, nunca parou de usar ou traficar drogas, e depois que foi morar com Norman os boatos de que era um traficante começaram a chegar até velhos amigos, como Stan Hatley e outros. Seus gastos extravagantes também começaram a ser notados por pelo menos um dos contemporâneos de Norman, um velho amigo de Lincoln que dizia que Andrew agora estava gastando "mais de 2.500 dólares por mês", a mesada de Norman.

Os dois mundos de Andrew eram tão distintos que, no seu aniversário de 26 anos, no fim de agosto de 1995, Norman fez duas festas: uma para pessoas da idade dele e uma com amigos mútuos. Talvez porque a festa de Norman aconteceu primeiro e incluía um curador do Smithsonian, Andrew viu a festa com os *seus* amigos como sua chance de brilhar na frente de Norman. Ele não deixou nada ao acaso. Andrew pediu a Jeff Trail para não contar que estava fazendo um treinamento para a Polícia

Rodoviária, e sim que era um instrutor lá. Deu a Jeff um par novo dos caros sapatos Ferragamo, ainda na caixa, e falou: "Me dê esses sapatos". Jeff precisava embrulhar os sapatos e dá-los a Andrew como um presente. Andrew ainda não havia terminado. Ele então deu a Jeff um outro par de Ferragamo e mandou que ele *calçasse* aquele, dizendo: "Você não poderia pagar por eles, diga que é médico".

Outro convidado, um comissário de bordo que deveria fingir que era um cantor de música country, se recusou. Ele respondeu "Eu tenho orgulho do que faço", irritando Andrew, que passou a noite inteira ignorando-o depois disso.

No outono, a Gamma Mu tinha seu encontro semestral em Seattle, e Norman, que se tornaria um membro do conselho da Gamma Mu em 1997, estava levando Andrew. Pelo menos Andrew estaria no círculo secreto. Os encontros da Gamma Mu são sempre elaborados. O preço é de 300 dólares – o custo das bebidas – e os membros escolhem seus próprios hotéis e viagens. A programação nunca muda: quarta-feira à noite é o coquetel para os que chegam cedo; quinta-feira é o primeiro coquetel oficial; sexta-feira é o tradicional almoço formal dos homens de negócios, no qual novos membros são apresentados junto de seus patrocinadores; sábado de manhã inclui um *brunch* e sábado à noite é o baile de gala. Para os retardatários, há um outro coquetel no domingo. Quando se registram, membros podem escolher pacotes que listam atividades diárias como velejar ou fazer compras, e cada cidade anfitriã tenta superar a anterior na sumptuosidade dos lençóis e na beleza da decoração e dos locais das festas.

Fundada em 1976 por Cliff Pettit, um agente de viagens de Fort Lauderdale, que viu que homens gays endinheirados e não assumidos queriam relaxar uns com os outros nas férias, a Gamma Mu sempre foi discreta e objeto de grande especulação. Seria um santuário gay ou uma cova boêmia? Terrivelmente retrô ou fabulosamente divertida?

Ian Gibson, um consultor de defesa, dono de galeria e ex-sócio da Gamma Mu, nunca se esquecerá de sua apresentação ao grupo exclusivo de 650 homens de todos os cantos do país, muitos ainda no armário. Depois de ser indicado, Gibson participou da semana de ski da Gamma Mu em Aspen, em 1989. Por 300 dólares ele estava esperando "um hotelzinho sujo no meio do nada". Ao invés disso, ele ficou num condomínio de luxo com quadros de Picasso nas paredes, ao lado do Little Nell, o hotel chique aos pés da Montanha Aspen. "Eu entrei e haviam três homens de uns 40 anos. Puxando conversa, um homem me respondeu quando perguntei: 'Eu tenho um hotel'. Eu respondi algo do tipo 'Que legal que você gerencia um hotel', e ele respondeu 'Não, eu tenho uma cadeia de 146 hotéis'." Ian Gibson se juntou imediatamente à Gamma Mu, que indica homens bons.

No ano seguinte ele foi em alguns eventos em Washington. "O baile da capital tinha trezentos homens em ternos, com idades por volta dos 40 anos, e todos eles não assumidos. Eu me lembro de ter visto um dos maiores oficiais do Comitê Republicano Nacional. Muitos estavam acompanhados por homens mais novos, que se tornaram o tempero da semana. Nas comunidades gays republicanas e não assumidas, é mais fácil encontrar jovens *protégés* para treinar à medida que você ascende."

Pouco depois, Gibson foi convidado para uma festa de Halloween oferecida por um proeminente físico nuclear, também membro da Gamma Mu. "Muitas dessas pessoas são de alto escalão e muito discretas", relata Gibson. "Meu parceiro e eu fomos com roupas da Renascença – a gente tentou replicar cuidadosamente. Nós chegamos lá e o anfitrião abriu a porta vestindo um vestido vermelho maravilhoso que ia até o chão. Eu falei: 'Nossa, esse vestido parece muito com aquele que a Marilyn Monroe usou em *Os homens preferem as louras*'. Ele respondeu: 'É o vestido que Marilyn usou em *Os homens preferem as louras*!'."

No aniversário de 25 anos da Gamma Mu, em Houston em 1992, Neiman Marcus fez um desfile de moda para os homens. Gibson lembra que um homem jovem andou pela passarela com um traje de banho de 150 dólares. Outro membro da audiência gritou: "Eu te dou mil dólares". O modelo respondeu: "O quê?". E o homem disse: "Eu te dou mil dólares por isso aí agora!". Sem nenhum incômodo, o grupo exigiu que Neiman abrisse sua área de chapéus femininos para que pudessem comprar elaborados chapéus de palha para usar no almoço dos homens de negócios no dia seguinte – e eles usaram, para combinar com seus coloridos blazers Willi Smith.

"Muitos dos membros da Gamma Mu ainda estão no armário em seus ambientes normais", explica Wes Combs, um executivo de Relações Públicas em Washington, de 33 anos de idade, que foi membro da Gamma Mu durante um tempo, mas que achou tudo muito caro e os membros muito velhos. "Os encontros custam 2 mil dólares e eu preferiria ir até

South Beach." Ele tem o seguinte a dizer sobre os membros: "Eles são banqueiros e advogados proeminentes que gostam de viajar porque não correm o risco de se encontrarem com clientes". O fundador Cliff Pettit é conhecido por dizer a grupos de sessenta ou mais pessoas viajando para o exterior para "baixar o volume", ou a porta do armário vai sair voando. "Acredite em mim", diz Combs, "é bem óbvio".

Muitos homens gays velhos e casais gays, afirma Combs, "só se assumem porque foram vistos juntos. A maioria das pessoas entende que eles são gays, mas ninguém fala nada – eles são dessa geração. O motivo do segredo é segurança física, mas também medo do ostracismo. Os homens gays mais velhos falam 'Por que você está gritando isso aos quatro ventos?'. A homofobia é internalizada quando você tem 1 ou 2 anos de idade. Meninos que brincam de bonecas escutam que isso é ruim".

Combs foi indicado para a Gamma Mu através de seu primo, Billy Ruben, que pensou que o grupo seria um impulso para um jovem como ele procurando por modelos. "No Havaí a gente conheceu um cara de patente tão alta na Marinha que ele praticamente comandava os mísseis nucleares", diz o parceiro de Billy Ruben, Howard Greenfield. "Então, eu falei para Bill: 'Isso seria uma coisa maravilhosa para Wes, que não está certo da vida e do que vem pela frente. Veja essas pessoas diferentes e como elas o ajudariam a se sentir melhor'."

Billy Ruben e Howard Greenfield são um casal há cinquenta anos. São membros da Gamma Mu há mais de vinte e já participaram das viagens para Los Angeles, San Diego, São Francisco, Dallas, Houston, Nova York, Washington, Fort Lauderdale, Boston e Seattle, assim como no Havaí. Eles também viajaram com a Gamma Mu para o Taiti e para a Nova Zelândia, e foram parte do grupo de 166 Gamma Mus que velejaram pelo Caribe num veleiro saído de St. Bart. Eles navegaram o Canal de Bourgogne no sul da França e andaram de balão tomando champanhe. Essa viagem começou com a Oktoberfest em Munique. Outras viagens da Gamma Mu incluem navegações ao redor das ilhas gregas e um cruzeiro a bordo do navio *Queen Mary II*.

Naturalmente, romances acontecem de vez em quando. "Nós conhecemos um médico que havia acabado de se separar da esposa num voo para Puerto Vallarta", diz Greenfield. "E no voo ele conheceu seu companheiro. Era a primeira viagem Gamma Mu dele e ele estava sozinho. Antes que nos déssemos conta, ele conheceu a pessoa certa e eles estão juntos até hoje."

Billy e Howard, ambos construtores de Miami, foram os anfitriões no último encontro na Flórida para uma festa estilo "república das bananas". Na sua casa em Fort Lauderdale, uma pantera de verdade recebia os convidados e tochas iluminavam o caminho para um jardim tropical, onde haviam coquetéis brancos e uma banda africana.

"Bill e eu sempre levamos uma vida diversificada", diz Howard, que exibe um brinquinho dourado. "Era muito diferente vinte anos atrás. Havia pessoas de fora que pensavam que era um grupo de excessos. Nós conhecemos algumas das pessoas mais incríveis através da Gamma Mu. O que pode ser mais divertido do que encontrar pessoas uma vez por ano nos feriados sem ficar ouvindo falar de problemas? Apenas coisas maravilhosas. Uma das muitas vantagens."

"Não há uma cidade em que vamos onde não temos conhecidos da Gamma Mu que possam nos dizer onde estão os restaurantes, os bares, onde está a agitação. Em Nova Orleans, uma mulher do Bairro Francês nos emprestou a casa dela. Ela nem estava lá; só disse 'Aqui estão as chaves'. Foi incrível." Em Houston, um belo jovem médico casado, "também gay e com filhos", foi o dono da festa. "Ele deu um jantar para trezentas pessoas e parecia ter contratado o estado inteiro de Oaxaca, no México, para trabalhar naquela noite. Tinha vinhos e violinos e uma área de entretenimento com uma arquibancada e uma pista de dança." Onde estavam a esposa e os filhos? "Ah, eles saíram para fazer compras."

"Quando você vai para a cidade deles, eles são muito solícitos", afirma Billy Ruben. "Nós fazemos amizade com pessoas do país inteiro. Você encontra pessoas como você. Não é a mesma coisa que sair para bares. Algumas pessoas da Gamma Mu *nunca* ficam em hotéis. Eles sempre se hospedam na casa de outro membro."

O advento da Aids mudou a Gamma Mu, assim como fez com muitos outros aspectos da vida gay. Na última década, a Gamma Mu abriu uma fundação que auxilia pessoas com Aids nas partes rurais do país, onde há poucos sistemas de suporte. "Eu não gostei da fundação no início", afirma Howard. "Eu amava a Gamma Mu porque ela nunca fingia fazer nada além de se divertir. Nós somos assediados constantemente para ir em coisas beneficentes. Quando a fundação começou, eu pensei que seria a mesma coisa." Hoje, Howard diz que seus medos eram infundados.

Nos primeiros anos, os membros da Gamma Mu eram mais ricos e de maioria republicana. Mas as políticas da Aids e a atual tolerância da liderança republicana em relação aos direitos gays tornaram a Gamma Mu mais democrática e democrata. Para atrair membros mais jovens, ela também precisou diminuir sua escala, então agora tem em suas fileiras "um crupiê de vinte e um do Rio Mississipi e, claro, aqueles que apenas desejam brincar de policiais e caubóis!". Em sua maioria, contudo, "eles são os patronos de óperas e sinfonias", afirma Ian Gibson. "São leitores do *New York Times* e da *Vanity Fair* – as rainhas velhas e ricas."

Quando os membros da Gamma Mu foram de avião até a capital do país em 1996, por exemplo, eles fizeram um *brunch* no terraço do Kennedy Center, bebericaram coquetéis na rotunda do Capitólio e fizeram um jantar na mansão Georgetown. No evento anual de arrecadação de fundos da Fundação Gamma Mu, o Baile Stardust, que aconteceu em Washington em abril de 1998, 250 homens em trajes formais, representando "o maior escalão dos homens gays não assumidos de Washington", sentaram-se em cadeiras douradas de costas retas e em mesas cobertas com panos cor de pêssego e peças de centro com flores frescas de primavera. As cabeças grisalhas balançavam com conversas, as pedras de diamante brilhavam à luz de velas. Poderia ter sido qualquer festa beneficente, mas não havia nenhuma tiara ali, nem seda ou vestidos de tafetá, e nem mesmo uma *drag queen*.

O baile, realizado na galeria de mármore embutido de um prédio opulento no centro de Washington, contava com um líder de banda de gravata branca e casaca tocando saxofone. À medida que a banda começava a tocar "Misty" e "Unforgettable", cem casais de homens se levantaram e dançaram com as bochechas coladas, alguns com braços entrelaçados, outros curvando-se para trás sobre o braço do parceiro. Quando a banda começou a tocar "La Bamba", todo o salão formou uma fila enorme de conga, que serpenteava pela escada.

Andrew Cunanan se encaixou direitinho. De acordo com todos os relatos, quando ele chegou em Seattle com Norman, deixou uma ótima impressão. Estava bem-vestido, manteve sua risada sob controle e seus modos eram impecáveis. Embora Bud Riley, um Gamma Mu que viajou para Seattle com Andrew e Norman, o tenha achado convencido – "Independentemente do que você estivesse falando, Andrew se intrometia como se soubesse de tudo" –, Phil Flick, de San Diego, achou que Andrew "tinha uma boa bagagem de leitura e era interessante. Se você estivesse indo para Paris e para a Itália, Andrew conhecia todos os lugares – onde ir e onde ficar". Art Huskey, chefe da seção de San Diego da Gamma Mu, diz, meramente: "A gente sempre pensou que ele fosse um decorador contratado pelo Sr. Blachford".

Uma tempestade passou durante o almoço de homens de negócios na sexta-feira, quando Andrew foi aceito como membro sob a tutela de Norman. A tradição mandava que Andrew se apresentasse e indicasse seu patrocinador e sua profissão. "Quando Andrew se ergueu, ele disse: 'Oi, meu nome é Andrew DeSilva, meu patrocinador é Norman Blachford, que também me sustenta'". Andrew recebeu muitas risadas, diz o oficial. "Mas Norman ficou puto. Foi uma apresentação muito memorável."

O ano 1995 se mostrou memorável para Andrew em todos os sentidos. Ele não apenas encontrou um homem para sustentar seus sonhos, mas também encontrou o homem dos seus sonhos.

11

DAVID

Em um fim de semana em novembro de 1995, Andrew estava em São Francisco, hospedado no elegante Mandarin Oriental Hotel, o terceiro prédio mais alto da cidade, num quarto que custava 520 dólares por dia, com um banheiro de mármore que ostentava uma janela acima da banheira com vista para a Ponte Golden Gate. Ele havia voltado para a cidade exibindo riqueza. Nenhum de seus amigos mais próximos dos tempos de Berkeley sequer imaginava que ele estava sendo sustentado, muito menos sabia da existência de Norman Blachford.

Andrew estava exagerado como sempre e cheio de histórias. "Eu sempre achei que ele era feliz demais", afirma Jesse Cappachione, o *bartender* de muitos anos no Midnight Sun, "sempre gargalhando e sorrindo – bom demais para ser verdade".

Na sexta-feira à noite, no restaurante "sem nome" na Rua Market, na entrada do Castro, Andrew estava jantando e fazendo a corte – fazendo amigos rirem ao dizer para as pessoas no bar que ele era Conde Frescobaldi – quando notou um belo loiro sozinho no bar. Ele mandou uma bebida imediatamente. O loiro, cujo nome era David Madson, fazia exatamente o tipo de Andrew – elegante, não muito alto, olhos de um azul profundo. Um arquiteto de Minneapolis, ele estava em São Francisco por alguns dias numa viagem de negócios. "Rolou um clima", diz um amigo que testemunhou o primeiro encontro deles. Naquela noite eles "dormiram juntos, mas não no sentido sexual" no Mandarin Hotel.

Para Andrew, para quem a imagem era tudo, havia muito em David que o faria se apaixonar. David era vivaz, talentoso e habilidoso em muitos níveis. O que poderia ser mais perfeito para Andrew do que um audacioso arquiteto? Um belo garoto de ouro? Arquitetura sempre foi uma das paixões de Andrew, assim como loiros. Além disso, David era considerado "tão carismático que encantava as pessoas" pessoal e profissionalmente. David também tinha o dom da tagarelice; ele recebeu medalhas em Ciência Forense durante todo o ensino médio, e podia se livrar de qualquer problema através de conversas.

David era objetivo e trabalhador, o oposto de Andrew. Mas ele também trabalhava a imagem, e Andrew, que começou a exibir sua persona de rico, pareceu muito interessante, especialmente se fosse tão rico e cosmopolita como dizia ser. Ambos amavam roupas, entendiam de comida e estavam por dentro das tendências. De volta a seu loft em Minneapolis, David tinha três closets cheios de roupas e mais um no porão. Mas, diferente de Andrew, David estava disposto a trabalhar noventa horas por semana para sustentar seus gostos. Ele sempre teve uma variedade de empregos, desde vendedor de sapatos para velhinhas e presentes na Saks da Quinta Avenida, assim como nas lojas Target e Donaldson, até lavador de pratos e, finalmente, *maître* num restaurante chique de Minneapolis. Por muitos anos ele trabalhou meio período numa proeminente firma de advocacia, ajudando com planos e gráficos em casos relacionados ao uso de amianto. Então – sem um diploma – ele transformou um estágio em emprego desenvolvendo e apresentando um projeto de desenvolvimento urbano para o Projeto de Renovação Beira-Mar do Centro de Duluth.

David demorou um pouco para encontrar seu nicho profissional, mas, quando se formou na Escola de Arquitetura da Universidade de Minnesota, ele recebeu a Medalha Presidencial como o aluno de Arquitetura com a tese mais notável da turma de 1995.

Assim como Andrew, David era o mais novo de quatro, o irmãozinho adorado, "mas não era mimado", diz seu irmão Ralph. "David se deu melhor que todos nós." Ele também era um ótimo artista. As senhorinhas em sua cidade natal, Barron, Wisconsin, ainda falam de David como Harold Hill, o papel principal em *O vendedor de ilusões*, de uma produção escolar de quinze anos atrás. "Eles tinham shows de talento no ensino médio. Era bem fácil para ele ir até o microfone e cantar 'Bridge Over Troubled Water' ou qualquer outra coisa popular", afirma sua mãe, Carol. "Ele só ia lá e cantava." Ela descreve os anos escolares de David como "cheios de diversão". Um dos amigos dele daquela época, Monty Shearer, diz que aprendeu com David que "é sempre bom ter uma piada curta na manga".

David era o típico "bom garoto", levando doces para os pobres no Natal, ajudando outros a estudar. Ele era professor de aeróbica, esqui e natação. "Ele ensinou metade dos garotos dessa cidade a nadar", afirma seu pai, Howard Madson, dono de uma loja de ferramentas na cidade. Em 1979, Madson levou sua família para Barron, uma comunidade pacífica de plantações de milho e fazendas de perus que ficava a uma hora e meia de Minneapolis. Madson era um gerente de filial da JCPenney, e David, que nasceu em Waterloo, Iowa, passou sua meninice em três outras cidadezinhas do Wisconsin antes de se mudar para Barron para frequentar o ensino médio. Enquanto crescia, adquiriu uma forte ética de trabalho e sólidos valores cristãos. "As minhas duas irmãs e David eram focados", diz Ralph. "Existe uma crença de que, se você escolhe um objetivo e trabalha de verdade, você está trabalhando de forma inteligente. Isso tem funcionado para nós."

David, assim como Andrew, amava ser o centro das atenções, mas como um pacificador. Ele era o mediador em brigas do bairro e, mais tarde, o conselheiro entusiasmado no complexo de dormitórios na Universidade de Minnesota, em Duluth. Como um jovem e bonito profissional fazendo apresentações para seu chefe, ele enchia os clientes de elogios dizendo que sim, eles poderiam ter o impossível.

Ele parecia tão animado e envolvido que inevitavelmente atraía outras pessoas. Wendy Petersen, uma de suas amigas mais próximas na faculdade, se lembra de vê-lo ao longe na sala de jantar do dormitório em Duluth. "Meu Deus, eu pensei, preciso conhecer aquela pessoa, porque ele parece ser muito divertido. Eu acho que as pessoas sempre queriam estar perto dele por causa do magnetismo da sua personalidade."

Quando o pneu do ônibus da Igreja Luterana de Salem furou numa viagem para a Dakota do Norte, David, cuja família era luterana devota, entreteve o grupo enquanto o pneu era trocado. Quando algum amigo da faculdade estava triste e se afundando em autocomiseração, David aparecia na porta da pessoa de terno e a levava para passear na cidade.

"Ele queria salvar pessoas. Gostava dos rejeitados. David era meio que atraído por pessoas que precisavam dele", diz sua antiga colega de trabalho, Kathy Compton. "Ele havia acabado de assistir *Jerry Maguire: A grande virada* e falou 'Jerry Maguire parece comigo, sempre tentando deixar tudo bem!'."

Mas seu charme tranquilo e sua necessidade de ajudar pessoas atraentes e complicadas transformaram David em um alvo. Antes de conhecer Andrew, David saiu profundamente marcado de uma relação com um ex-companheiro de dois anos, que começou a persegui-lo e assediá-lo depois que David o mandou embora. O perseguidor, Greg Nelson, que espalhou rumores falsos de que David havia passado HIV para ele, finalmente foi preso depois de violar repetidas vezes uma ordem judicial para permanecer longe de David. Em algumas ocasiões, Nelson chegou a ligar mais de 120 vezes por dia. Ele deu o número de David para serviços de telessexo, para que pessoas "procurando agitação" ligassem. Ele mandou material pornográfico com uma foto de David pelado para os parceiros seniores de David numa firma de advocacia, com a mensagem "Vocês sabem o que os empregados de vocês fazem?". Rich Bonnin, um amigo próximo de David e antigo colega de quarto, explica: "David gostava quando as pessoas contavam com ele. Greg ficou muito dependente de David. Então, quando não podia mais ter David, ele ficou obcecado".

O episódio durou mais de dois anos e, mesmo depois de David ter conhecido Andrew, ainda causou muito sofrimento e aparições no tribunal. Nelson foi preso mais de uma vez. Enquanto isso, David sentia medo de abrir a porta e trocava seu número de telefone frequentemente. Ele nunca sabia se encontraria seu carro arranhado ou estragado.

David odiava violência. Certa vez, quando era criança, seu pai o levou para caçar patos. "David não gostava de ver nada ser abatido", conta seu pai. "A gente atirou em um pato e ele chorou tanto que escondi o bicho atrás de uma árvore, mas isso não funcionou, então, um conhecido calhou de estar por perto e, sem que David visse, eu dei o pato para o cara tirá-lo dali, porque David estava inconsolável com a morte do pato." Quando David era conselheiro de dormitório, um estudante raivoso o confundiu com outra pessoa e o empurrou contra um painel de vidro. Ele não se machucou, mas ficou abalado. "Ele ficou branco feito um fantasma, muito alarmado, e precisou ser acalmado", diz Wendy Petersen. "Estava muito assustado. David não era um grandalhão. Ele não tinha tamanho. David não era muito físico."

Durante anos, David procurou incansavelmente por uma carreira que o satisfizesse. "Era uma piada constante", conta Doug Petersen, o marido dentista de Wendy. "Toda vez que ele ia em algum lugar, como uma loja ou um restaurante, ele dizia 'Talvez eu arrume um emprego aqui'. Era sempre no restaurante mais badalado." A vida pessoal de David estava um caos. Como não queria desapontar a família, lutou durante seus anos de faculdade contra a própria homossexualidade, namorando várias garotas, até se apaixonando desesperadamente por uma delas, mas sempre duvidando se era hétero, gay ou bissexual. "Era uma coisa muito difícil para ele confrontar", conta Wendy. "Tudo era *status quo* na nossa época de faculdade. Conformismo era o esperado."

Wendy acrescenta: "David era um mauricinho. Vestia roupas elegantes. Era estudioso e bem ajustado, mas essa era uma área em que não se ajustava bem. E era muito perturbador para ele". David queria ter uma família. "Mas, à medida que o tempo passava, ele não podia ignorar sua atração por homens." Então chegou o dia em que David foi até o seu pai para contar que era gay. As fortes convicções religiosas do pai dificultaram sua aceitação.

"Eu não posso dizer que não faz diferença para mim, porque eu discordo desse tipo de vida. Contudo, isso não tinha nada a ver com o que eu pensava dele e como eu o tratava", diz Howard Madson, que acredita que Jesus desceu da cruz para salvar os pecadores, não os vencedores. "Eu não vou morrer perfeito, e você também não. Nós vamos como pecadores. Não tem diferença entre mentir, trapacear, roubar, ser homossexual ou matar. Se você acredita que existe perdão, que ele está na cruz e na graça divina, você tem tantas chances quanto qualquer outra pessoa. Então eu não olho para David de forma diferente. Mas ainda assim eu o olho como diferente por ser homossexual. Mas isso não criou nenhum problema entre mim e David. Meus sentimentos por ele não mudaram." Quando David contou ao irmão, Ralph, e para a esposa de Ralph, Cindy, que era gay, eles ficaram aliviados. Eles pensaram que ele iria dizer que era soropositivo. Ralph o aconselhou a ser cuidadoso: "Tem muita gente estranha por aí".

Em vários níveis, os dilemas de David foram complicados porque ele era muito talentoso e tinha várias opções. Quando era criança, ele pegava plantas arquitetônicas jogadas na lixeira de uma companhia de design da região e as montava usando peças de Lego. Ele se formou em Ciências Políticas na faculdade e pensou que queria ser advogado. Embora não tivesse ido bem no exame da Ordem, ele se mudou para

Minneapolis e foi trabalhar para uma firma de advocacia, mas continuou a ser atraído para a Arquitetura. Em 1990 ele recebeu uma das quarenta vagas disponíveis na Escola de Arquitetura da Universidade da Califórnia em Minneapolis, onde ele era visto como um otimista tolo.

"David pegava algum projeto na aula de Arquitetura e os professores viam e diziam 'Isso é horrível'", diz Rich Bonnin, seu colega de quarto e também arquiteto. "Então ele falava sobre o projeto e vendia a ideia, e eles diziam 'Amei!'. Ele tinha essa habilidade de analisar, persuadir, encantar e sair de qualquer situação usando a lábia." Além de ter talento, ele sabia como vender. "David era um vendedor. Ele era ótimo em apresentar argumentos de venda, era criativo e gostava de dinheiro", conta Wendy, que pensava que ele deveria ter caminhado para a publicidade. "Arquitetura não pagava bem. David era uma pessoa motivada pelo dinheiro." Ainda assim, na época em que conheceu Andrew, ele estava fazendo a Arquitetura valer a pena.

David se tornou palestrante convidado num curso de Planejamento Urbano Avançado em Harvard. Trabalhou para a Companhia John Ryan, em Minneapolis, planejando "centros financeiros de varejo" para grandes bancos, um emprego que pagava 70 mil dólares ao ano e que o levava para todas as partes do país. "Era um prazer ter David por perto, e ele era uma pessoa extremamente talentosa, perto de se tornar um designer de ponta mundialmente reconhecido em sua área", afirma John Ryan.

Tragicamente, contudo, ele conheceu Andrew Cunanan.

Desde o início, a relação deles foi à distância. Ao final do primeiro fim de semana juntos, Andrew voltou para San Diego, para Norman, que pensava que São Francisco era onde a ex-esposa de Andrew estava. Norman acreditava que Andrew fazia suas várias visitas até lá para ver sua filhinha. Enquanto isso, não havia nenhum lugar para onde David podia ligar em busca de Andrew. Não havia nenhum endereço para cartas – apenas uma caixa postal que não era conferida com frequência. A desculpa de Andrew era que sua família rica não queria chamar a atenção; eles trocavam de telefone constantemente porque eram vítimas em potencial de sequestros. Num dos vários cartões-postais que enviou para David, Andrew o aconselhou a enviar apenas um envelope selado e sem endereço de retorno. "Me desculpe por ser tão cheio de segredos, mas é importante."

Andrew estava no controle. Ele entraria em contato.

Pouco antes de Andrew conhecer David, Stan Hatley quebrou o ombro e apareceu na Flicks certa noite com o braço numa tipoia. Andrew se divertiu andando com Stan pelo bar e dizendo "Eu atirei nele. Se você não tomar cuidado, faço a mesma coisa com você. Isso é o que acontece quando alguém me irrita". Todo mundo enxergou isso como uma piada e adulou Andrew, que estava pagando pelas bebidas como sempre. Quando Andrew voltou a São Francisco depois de encontrar David, ele agiu como se nada tivesse mudado. "A gente nunca ouviu falar sobre Madson quando eles se conheceram", diz Stan, que se mudou para Minneapolis alguns meses depois.

Quando David voltou para Minneapolis, ele confidenciou a Rich Bonnin: "Conheci um cara realmente intrigante". Ele descrevia Andrew como a pessoa "por quem eu tenho menos atração, mas que era o mais persistente". Andrew contou a David seu nome verdadeiro, Cunanan, e não DeSilva. David disse a Rich que Andrew parecia espanhol, ainda que Andrew tivesse dito a ele que sua família tinha plantações e um império jornalístico nas Filipinas. "Ele parecia ter uma boa educação, parecia estar destinado a coisas grandes e comprometido com uma carreira", David disse a Rich. "Ele estava longe da família para tentar deixar uma marca no mundo [...] fora da sombra deles."

David achou estranho que não pudesse ligar para Andrew, mas ele viajava bastante, malhava numa academia à noite e tinha muita coisa para ocupar sua mente. Diferentemente de Andrew, que agora evitava a sociedade hétero e a maior parte das mulheres, David tinha muitos amigos hétero e sempre teve confidentes mulheres que cuidavam dele.

Quando eles se viam em São Francisco, David apresentava Andrew livremente aos seus amigos, incluindo Karen Lapinski e Evan Wallit, que estavam noivos e viviam em Pacific Heights. Karen e David estudaram juntos. Andrew começou imediatamente a criar laços com o casal como uma forma de se insinuar na vida de David. Assim como David, eles aceitaram de braços abertos a generosidade de Andrew.

Um dos primeiros presentes que Andrew deu a David foi uma carteira Gold File que valia várias centenas de dólares. David protestou dizendo que não podia aceitar aquilo, mas acabou ficando com os presentes de Andrew – era mais fácil do que lidar com Andrew fazendo bico. Andrew estava eufórico de ter conhecido David. Ele contou a Doug Stubblefield que estava apaixonado e que David era brilhante. "Ele usava muitos termos carinhosos", diz Doug. "David foi a primeira pessoa que vi Andrew namorar, romanticamente ou seriamente."

Ainda que Andrew e David se vissem a cada duas ou três semanas, e que Andrew estivesse decidido a levar David para jantares chiques, Andrew voltou a frequentar uma sauna gay em São Francisco onde as drogas eram predominantes – tudo isso enquanto ainda vivia com Norman Blachford. Ele também planejava iniciar David no mundo do sexo sadomasoquista com ele, para realizar as fantasias que vinha cultivando a partir da pornografia violenta que passara a assistir nos últimos anos. No entanto, ele disse aos amigos que David "o estava introduzindo". De acordo com Doug Stubblefield, "Nós conversamos sobre experimentar sadomasoquismo com David. Ele não parecia saber muito sobre o assunto". Andrew contou a Doug que era "constrangedor porque ele era o ativo e David era o passivo, mas David estava dando ordens para ele". Mais tarde, afirma Doug, "o papo se tornou 'David não me deixa fazer tudo que eu quero'". Andrew se vangloriou com Doug de ter arrumado algemas: "David me deixa amarrá-lo. Eu gosto muito de amarrá-lo. Estou gostando muito disso tudo. Quero explorar mais".

São Francisco era o lugar perfeito para isso. O Castro tem uma comunidade estabelecida de sadomasoquismo, onde o que seria um choque para o resto do país era costumeiro. No mesmo dia em que Andrew matou Lee Miglin, por exemplo, Jack Davis, uma das figuras mais poderosas na política de São Francisco – um consultor político combativo que é gay e frequenta clubes de sadomasoquismo –, celebrou seu aniversário de 50 anos. O entretenimento – apresentado diante de alguns dos mais importantes oficiais eleitos da cidade, incluindo o xerife – continha um "show de sangue e urina", uma apresentação na qual uma dominatrix desenhava uma estrela nas costas de um padre satânico amarrado. Ela então urinava nele e o sodomizava com uma garrafa de uísque Jack Daniel's. Também havia strippers, masculinos e femininos, de um teatro pornô que ficava nas proximidades. O alvoroço que se seguiu na imprensa se focou em questionar se Davis havia destruído as chances de construir um novo estádio de futebol na cidade, a ser financiado com um controverso empréstimo governamental de 100 milhões de dólares que ele deveria conseguir: fora contratado pelo time de futebol americano San Francisco Forty-Niners para isso. Ele conseguiu com 50,4% dos votos.

Existem clubes de sexo gay em São Francisco com áreas grandes e escuras para fetiches. Os clientes podem transar em um táxi inglês, uma viatura, uma cabine telefônica, uma cadeira de dentista. E não existe problema algum em assistir – quem quiser privacidade pode ir para trás das pilhas de pneus empilhados por lá. Um bar sadomasoquista tem festas temáticas – "noite do *fisting* com látex", por exemplo. Toda terceira quarta-feira do mês é "noite do mijo". "Associações" privadas que acontecem em lugares secretos e apenas para convidados servem para excluir "novatos e *voyeurs*".

A Mr. S Leather Co. e a Fetters USA de São Francisco, onde Andrew comprava, tem quatro andares e publica um catálogo de 289 páginas de equipamentos sexuais, indo de elaboradas gaiolas suspensas e equipamentos de eletrotortura, plugs anais, chicotes, mordaças, máscaras, algemas e capuzes até "amarras hospitalares de última geração", prendedores de mamilos e dezenove lenços de cores diferentes, cada um com um significado sexual quando usado no lado direito ou esquerdo: vermelho do lado esquerdo significa "aprecia fazer *fisting*", vermelho no lado direito significa "aprecia receber *fisting*"; cinza na esquerda significa "masoquista ativo", cinza no lado direito significa "masoquista passivo"; verde na esquerda significa "homem mais velho" e na direita significa "procuro homem mais velho". A loja Mr. S é um negócio de pai e filho. "Nós somos como a Macy's", diz Richard Hunter, o proprietário, "mas com itens diferenciados!".

Independentemente de Andrew ter praticado sexo sadomasoquista antes ou não, ele vinha flertando com a ideia havia bastante tempo. Em São Francisco, ele consultou um dono de masmorra que conheceu através do Projeto Salva-Vidas. Assim como seu vício em drogas, Andrew queria manter essa parte em segredo. "Nem todo mundo aceita o tipo de sexo em que ele estava envolvido, o sadomasoquismo", afirma o dono da masmorra. "Ele não queria que outras pessoas ficassem sabendo." De acordo com Stan Hatley, "ele conhecia gente demais em San Diego e gostava demais da própria reputação para permitir que alguém o visse por lá. Ele fazia isso fora da cidade".

Em várias ocasiões em 1995, Andrew chamou o dono da masmorra num canto, querendo saber mais sobre couro e amarras. "De início eu encarei como piada." Andrew já havia tentado extrair informações dele antes, mas sem mostrar seu interesse. "Ele me perguntava sobre amarras e chicotes: onde você vai? O que faz? Onde você compra coisas?"

O dono da masmorra é parte do comitê da Festa do Couro de San Diego, um encontro anual de mais ou menos setecentas pessoas. Em 1997, a feira do couro foi realizada no Comfort Inn. "Entusiastas de couro, bondage, o pessoal do sadomasoquismo vendendo coisas, seminários de demonstração, workshops sobre segurança, saúde mental, açoitamento consensual", ele explica. "Por exemplo, se um amante curte chicotear, como você amarra alguém de forma segura? Como levar alguém até o limite e trazer de volta?"

Andrew, informa o dono da masmorra, começou a "telefonar para saber sobre misturar sangue e sêmen. Não tem muita gente que curte isso. Você faz um pequeno corte no peito ou braço. As incisões são microfinas para que possam curar sem deixar cicatrizes. As mulheres lésbicas fazem automutilação no peito. As pessoas ejaculam no sangue e misturam tudo. É muito estranho. E uma das formas como o HIV se espalha".

O dono da masmorra conta que Andrew falou com ele sobre David Madson várias vezes na época em que começou a se envolver com David. Erik Greenman, o antigo colega de quarto de Andrew, conta que Andrew falou inúmeras vezes sobre seu sexo sadomasoquista com David. "Ele disse que David gostava tanto daquilo quanto ele." Um amigo de São Francisco, John Semerau, afirma que Andrew o convidou para fazer sexo com ele e David mais de uma vez. "Eu jantei com ele e David duas vezes. Eles queriam que eu transasse com eles. Eu nunca transei com eles", conta Semerau. "Andrew então me convidou para ir até o quarto de hotel deles e ver as cuecas de couro e anéis penianos que tinham comprado."

Também existe uma cena sadomasoquista em Minneapolis, e a polícia de Minneapolis afirma que Madson a conhecia. A alguns minutos de caminhada do loft onde David morava no centro de Minneapolis está o Gay Nineties, um clube grande e animado que tinha shows de *drag* e go-go boys dançarinos. O Nineties tem uma grande pista de dança e vários bares. A sala nos fundos é o "espaço dos garotos do sadomasoquismo que usam couro", diz Stan Hatley, e os clientes têm um código de vestimenta para entrar. "Ou você usa couro, ou tira a camisa, ou veste jeans e botas pretas de sadomasoquismo, ou uma coleira de couro." As pessoas não vão lá pelo "sexo bonitinho", diz Stan. "Eu costumava vê-lo [David] no Nineties nessas noites", embora, admita, não especificamente na área sadomasoquista.

Alguns quarteirões rua abaixo fica o Y'All Come Back Saloon, um bar gay popular que, aos sábados, apresenta a "noite do tanque". "Você coloca uma parede entre duas mesas de sinuca nos fundos e seleciona uma para ser o tanque. As pessoas fazem sexo na mesa de sinuca, fazem sexo oral ali mesmo. Ninguém liga, porque é isso que acontece em bares sadomasoquistas de verdade", conta Stan Hatley. Seu antigo colega de quarto trabalhou lá durante um tempo. Ele também tinha uma norma de vestimenta, e Hatley afirma ter visto David Madson no Saloon nas noites de tanque. "Acho que se pode dizer que ele estava vestido apropriadamente." Stan conta que nas segundas-feiras à noite, a "noite sadomasoquista" do Saloon, era mais para héteros, que se reuniam na pista de dança. "Você vai lá; eles penduram pessoas em gaiolas e batem nas pessoas com chicotes." Na quinta-feira a noite sadomasoquista era em outro bar gay de Minneapolis, o Ground Zero, onde a gaiola fica no salão principal.

"Eu vi David Madson em lugares desse tipo", Hatley continua a afirmar. No entanto, a família Madson e muitos amigos não acreditam que David estivesse envolvido com sexo violento.

"Eu sei de duas ocasiões em que David falou comigo sobre experiências com bondage, e realmente não era a praia dele", diz Rob Davis, que acrescenta: "Em um nível pessoal, David era submisso na cama, e ele preferia ser maltratado a bater. Eu sou gentil em casa e David me pedia para ser mais agressivo". Ele assume: "Acho que podemos concordar que ele gostava de ser dominado".

Para David, o relacionamento com Andrew era um exercício frustrante. Todos os sinais indicavam um desastre, mas ele foi cegado pela erudição, experiência e riqueza de Andrew. Depois do segundo fim de semana juntos, David voltou para casa e contou a Rich Bonnin que sexo com Andrew era basicamente péssimo. "A primeira vez que eles dormiram juntos, e muitas outras vezes depois, David me contou que, primeiro, o sexo não era bom – Andrew o deixava desconfortável –, e que Andrew queria fazer coisas que David não queria fazer. Era uma tensão bem grande no relacionamento." David falou para Rich Bonnin que ele nunca deixava Andrew ficar por cima. "David sempre disse que Andrew queria muito fazer sexo com ele desse jeito, mas David sempre dizia não." David disse que Andrew ficou muito irritado. "Ele saiu do quarto e desceu para o restaurante. Deu piti."

Andrew brincava com David. David só podia escrever para a caixa postal e demorava uma semana ou duas para Andrew ligar e dizer "recebi sua carta". David começou a desconfiar que Andrew estava em outro relacionamento. Quando questionado, Andrew respondeu: "Eu nunca falei que era exclusivo, a gente só saiu algumas vezes". David disse que pensou "tudo bem, acho que é justo".

Na verdade, Andrew estava quente atrás de David, mas estava parcialmente travado por Norman. Ele ligava para David e tentava fazer planos, mas não se comprometia até o último minuto e algumas vezes cancelava. "É aquela coisa de Pavlov", diz Rich, "onde o reforço aleatório é a melhor forma de mudança comportamental". Se Andrew estava encorajando David a procurá-lo, Rich Bonnin afirma, "David não *se* sentia procurado". Andrew mandava cartões-postais dizendo o quanto queria ver David, depois não se comprometia em dizer se David deveria ou não estender uma visita marcada à Califórnia – típico comportamento passivo-agressivo que fez com que David reclamasse da falta de comprometimento de Andrew. David não estava acostumado com aquele tipo de atitude; *ele* era a pessoa que costumava se manter desapegado; *ele* era a pessoa que fazia planos. "Ao mesmo tempo, ele pensava 'estou sendo desafiado, que interessante'", diz Monique Salvetti, a amiga mais próxima de David em Minneapolis.

Enquanto Andrew banhava David com presentes caros e ficava em hotéis caros com ele, ele também adentrava ainda mais o mundo sadomasoquista. Ele pediu a Doug Stubblefield – cuja tese em Berkeley foi sobre Michel Foucault, o filósofo homossexual francês que articulou "ir além dos limites da normalidade" – por indicações de filmes sobre sadomasoquismo para alugar. Stubblefield ficou preocupado que Andrew estivesse violando o fundamento da dor e prazer – ou seja, que eles devem ser iguais e balanceados. Doug achou que Andrew tinha problemas em compreender essa linha – ele estava tentando dominar David demais. Seu comportamento sexual estava sendo levado para "espaços públicos onde não seria tão estilizado, mas ainda seria abuso". De acordo com Guenter Frivert, um dono de loja em São Francisco que conheceu Andrew por meio de Karen Lapinski, "Andrew tratava David como um escravo. Ele entregava as chaves para David e rosnava 'Vá pegar o carro'".

Demorou até abril de 1996 para que Andrew visitasse David em Minneapolis. Ele mentiu para Norman dizendo que sua irmã era anestesista e trabalhava lá. Naquele fim de semana, Andrew se encontrou com Stan Hatley e David no Saloon, mas fingiu que estava apenas passeando na cidade. David o levou para jantar no Manny's, um restaurante caro onde ele já havia trabalhado como *maître*. Rich Bonnin ficou impressionado com a aparência imaculada de Andrew e como ele era articulado, mas as suspeitas de David cresciam.

Ainda assim, Andrew sabia como rebater as dúvidas de David antes mesmo que elas surgissem. Durante o jantar com Rich Bonnin ele usou a carta do pobre menino rico, dizendo que era uma cruz imensa vir de uma família tão rica: "As pessoas são invejosas, e elas inventam *histórias* sobre você", Andrew reclamava. "Era sua forma de tentar rebater qualquer suspeita sobe alguma informação que se voltasse contra ele", diz Bonnin.

Em maio, Andrew e David se encontraram outra vez em São Francisco, e David recebeu um aviso explícito. Karen Lapinski, Evan Wallit, David e Andrew levaram uma antiga paquera de Andrew para almoçar em comemoração por ter conseguido um doutorado e ter se tornado um professor. O professor afirma que as esquivas de Andrew sempre o incomodaram, mas, assim como muitos outros, ele as deixou passar. Ele estava ciente de que Andrew "esperava que ninguém comentasse sobre a forma como ele era composto de fragmentos. Eu o lia como um livro muito interessante".

O professor sabia que as coisas estavam complicadas entre Andrew e David. "David era uma pessoa que exigia muita honestidade. Ele queria alguém que fosse real com ele, e isso não era possível com Andrew." Era uma bela tarde de primavera, então o jovem professor levou David para dar uma volta ao redor do quarteirão. "Andrew é um mentiroso patológico", ele falou. "É uma loucura. Você não sabe quem ele é. Não coloque em jogo nada que você não está disposto a perder." David ouviu, mas o professor concluiu que ele não queria abrir mão de Andrew. "Eu acho que ele queria fazer as coisas darem certo. Ele era uma pessoa focada em compromissos – típico de Minnesota, digno de confiança e confiável."

Então, foi a vez de Andrew dar uma volta no quarteirão com o amigo. "Eu te conheço como ninguém, e eu não sei se isso é muita coisa – você não me conta muito sobre quem você é ou como é a sua vida em San Diego. Eu acho que tenho uma boa ideia de como é."

Ele olhou para Andrew e falou cheio de ironia: "A sua família é de filipinos milionários, não é?". Andrew não mordeu a isca. Sua única resposta foi: "Eu não sei se estou apaixonado por ele". O professor achou que havia dado dois recados, mas Andrew, especialmente, não seria nem um pouco receptivo.

"Ele não tinha espaço para encaixar amor, nenhuma base onde plantar isso, porque a vida inteira dele havia sido uma mentira. Para ter David, ele precisaria se endireitar." Seu amigo ponderou: "Será que Andrew algum dia vai aceitar que não era todas aquelas fantasias que ele havia se tornado?".

12

TÉRMINO

Em junho, Andrew atingiu o ápice de sua vida como uma pessoa de aparências, dividindo uma casa em Saint-Jean-Cap-Ferrat com Norman e Larry Chrysler, um membro da Gamma Mu de Los Angeles. Andrew falou a David que estava se juntando à família na "minha casa de verão" na França e que estaria incomunicável durante o mês. Antes de viajar, ele mandou um cartão-postal do Helmsley Park Lane Hotel em Nova York para David: "Tenha um ótimo verão e alguém de longe estará pensando em você". Assim que chegou na França, Andrew continuou a enviar a David um fluxo constante de cartões-postais com mensagens como "A França é muito arquitetônica e eles têm arte por aqui", ou "Avignon é cheia de malandros e patifes. *C'est moi, ne pas*? [Sou eu, não é?]" Em outro cartão ele disse a David: "Você é muito mais bonito que esses garotos franceses peludos e de cabelos escuros... Eu sinto falta de você e da sua bunda mais que tudo". Em seus cartões-postais, Andrew fazia referências oblíquas a Norman, escrevendo "comida maravilhosa, companhia nem tanto" e se referindo a uma viagem a Paris com seu "parceiro de negócios (a cidade mais romântica do mundo com o cara menos romântico)".

Andrew passou os dias deitado na beira da piscina marcando passagens em livros, jantando em restaurantes chiques e absorvendo informações "como uma esponja", conta Chrysler. Ele agia como se fosse um guia da cidade e organizava todas as visitas. Contou a Chrysler que era descendente de judeus sefarditas. Norman escutava silenciosamente enquanto Andrew tecia suas histórias e dava opiniões sobre tudo. Certa noite eles estavam discutindo sobre o La Mamounia, o velho hotel em Marraquexe. Chrysler se lembra: "Andrew falou 'Ninguém fica mais no Mamounia. Foi reformado'. Duas semanas depois eu peguei uma revista na casa e nela estava o mesmo trecho sobre o Mamounia dita pelo [parceiro de negócios de Yves St. Laurent] Pierre Bergé. Palavra por palavra. Ele lia as conversas do dia seguinte".

Chrysler achou Andrew "fascinante", ainda que "cheio de lorotas"; ele sabia tão pouco francês que precisava de cardápios traduzidos. E ele nem sempre tinha modos. Quando foi num bar, gritou: "Os americanos ricos chegaram!". Ele aparentemente não conhecia a área como afirmava conhecer, mas apontava para uma casa distinta e dizia, de acordo com Chrysler, "Essa casa pertenceu a Fulano e Ciclano, e foi vendida para Fulano e Ciclano". No que diz respeito a carros, ele era obcecado por Mercedes: "Eu *sempre* tive Mercedes". Um dia ele voltou da vila de Beaulieu com um pequeno jarro de geleia que custou 20 dólares. "Eu nunca olho o preço", disse. "Minha família nunca olhou preços."

No caminho de volta da França, Norman e Andrew passaram vários dias de julho de 1996 em East Hampton, Long Island, como convidados de um casal gay rico. Eles frequentaram festas e jantaram no badalado restaurante Nick & Toni's. Como de costume, Andrew encantou seus acompanhantes mais velhos, mas, de acordo com um dos anfitriões, ele falou "coisas inapropriadas sobre dinheiro" e contou histórias que deixaram a todos de cabelos em pé. Contou que já havia sido casado com uma mulher judia e que seu sogro era o chefe da inteligência israelense, o Mossad. "Ele era jovem e atraente, cativante, boa companhia – o que havia para não gostar?", afirma o anfitrião, que o considerou "triste" de duas formas: "Ele tinha muita coisa a favor dele. Não precisa dessa enganação toda [...] Ele também era um jovem sem nenhuma ambição de carreira em qualquer direção. Basicamente falou que se interessava por homens mais velhos por causa da situação financeira. Ele não disfarçava isso, e falava na frente de Norman".

Norman aparentemente *olhava* os preços. Enquanto estavam na Europa, Andrew decidiu que precisava ter uma Mercedes SL 600 conversível nova que custava 125.895 dólares, e até confidenciou a David sobre o carro num cartão-postal. "Eu acho que finalmente vou ganhar minha Mercedes SL 600!", contou entusiasmado. "Eu sinto como se merecesse isso, mesmo que ninguém mais pense assim." Pouco depois de voltarem para casa, contudo, quando Andrew falou a Norman que iria embora se não ganhasse o carro, Norman recusou. Num gesto dramático, Andrew empacotou suas coisas e deixou uma nota que dizia "Eu segui adiante". Mas ele também deixou o número de seu celular e esperava que tocasse imediatamente. As negociações acabaram, contudo, e Andrew precisou se mudar para um apartamento tipo estúdio, pagando aluguel por semana, na Rua Washington em Hillcrest – tão longe de Coast Boulevard, número 100, em La Jolla, quanto possível. Além disso, Andrew vinha prometendo a David que assistiriam aos fogos de Quatro de Julho juntos num veleiro no Porto de Boston. Mas em junho ele mandou um cartão-postal a David de Cap-Ferrat, sugerindo que um acontecimento sinistro e inominável os manteria afastados: "A situação na Marselha se tornou extremamente delicada e eu posso não estar em casa no Quatro de Julho". David chegou ao limite quando Andrew não apareceu no feriado. Ele também cortou Andrew de sua vida.

Os dois golpes foram pesados. Andrew havia exigido uma Mercedes porque esse era o nível de vida ao qual ele estava acostumado, foi o que disse aos amigos; Norman deveria ter cedido. Afinal, ao viver com Norman, ele tinha direito a uma herança. Sua família estava se afastando dele, ele falou, porque, ao "cuidar do Norman" em sua senilidade, ele havia se exposto. Muitos de seus amigos mais jovens acreditaram nessa história. "Ele sentia como se tivesse caído vários degraus em seu relacionamento com Norman", diz seu ex-colega de quarto, Tom Eads. "Achava que devia voar de primeira classe. E achava que estava abrindo mão de muita coisa. Ele desistiu de sua herança para se devotar a Norman. Andrew não gostava de ficar contando centavos. Eles brigavam sobre decoração. Norman só aceitava pintar tantos metros da casa nova em La Jolla, ele não repintava tudo."

Robbins achou que Andrew ficaria naquele arranjo por pelo menos mais três ou quatro anos – era nisso que Andrew pensava quando ele e Norman foram morar juntos. Mas Andrew gostava tanto de controle quanto gostava de dinheiro. Incomodava a ele que Norman, que valia 110 milhões de dólares, não voasse na primeira classe, pelo que dizia aos outros – ele não voava nem na classe executiva. Voar na classe econômica era um golpe baixo para um narcisista como Andrew, ainda que ele e Norman ficassem em hotéis cinco estrelas e comessem em restaurantes três estrelas. Num acesso de pirraça, Andrew fez uma lista de exigências: uma Mercedes, viagens em primeira classe, um aumento na mesada, um lugar no testamento de Norman. "Andrew realmente pensou que Norman entraria em colapso sem ele e imploraria para que voltasse", diz Tom Eads, que definiu o término como "um negócio descontinuado".

Andrew escreveu a Norman em seguida dizendo que deixaria a cargo de Norman decidir quanto ele deveria receber por seu ano de serviço. Norman deu a ele 15 mil e saiu de férias para a Europa, numa viagem planejada anteriormente com amigos que Andrew havia apresentado a ele. Andrew aparentemente tentou depositar o dinheiro sem que o banco tivesse dado a notificação de praxe ao Imposto de Renda – qualquer cheque acima de 10 mil precisa ser reportado à lei –, mas o caixa do banco que ele conhecia recusou o pedido.

Agora que estava livre de Norman, não havia a menor chance de Andrew deixar David escapar. Mas David já suspeitava havia bastante tempo que Andrew estava envolvido em alguma coisa escusa. Bancando o maioral, certa vez Andrew falou a David que "tem alguém na cadeia agora que causou problemas a uns amigos meus, e eu dei um jeito de arrumar alguém para matá-lo". David não fazia ideia do que pensar, mas esses comentários o incomodavam.

Em várias ocasiões, David trouxe à tona a possibilidade de terminar o relacionamento. "Sabe, se você não quer mais me ver, a gente não precisa continuar fazendo isso." Mas Andrew mandava dúzias de rosas para ele no trabalho para acalmá-lo, enquanto se recusava a sequer considerar que seu relacionamento havia terminado. "Não, não, não. Nossa relação é especial demais pra mim."

Agora Andrew implorava a David para que viesse visitá-lo em San Diego, mas David se recusava. A ficha estava começando a cair – Andrew havia perdido tanto Norman quanto David. Amargurado e sem objetivos, Andrew então se virou para Jeff, a segunda pessoa mais importante em sua vida. Ele apareceu em São Francisco no momento em que Jeff estava largando a Patrulha Rodoviária da Califórnia – não era o que ele esperava.

Andrew disse que estava esperando ficar por apenas alguns dias, mas sua visita se estendeu por duas semanas. Jeff morava parcialmente com sua irmã mais velha, Sally Davis, nas proximidades de Concord, Califórnia. Na maior parte do tempo, no entanto, ele ficava com seu caso mais recente: Daniel O'Toole, um loiro de olhos azuis de 21 anos de idade. Jeff disse a Daniel que estava apaixonado por ele alguns dias depois de se conhecerem. Daniel também se apaixonou loucamente por Jeff, mas estava preocupado que Jeff quisesse controlá-lo.

Daniel teve sua primeira exposição prolongada a Andrew quando se esbarraram numa tarde no Castro. Andrew, que estava perambulando pelo bairro, convidou Daniel para almoçar, exibiu muito dinheiro e sugeriu que ambos fossem cortar o cabelo. Andrew cortou seu cabelo bem rente – "igualzinho ao do Jeff", afirma Daniel. "Eu fiquei com a impressão de que ele estava copiando muita coisa do Jeff."

Andrew então embebedou Daniel e o levou a uma locadora de filmes, onde ele foi olhando "coisas que pareciam exploração de menores". Andrew pegou alguns filmes pornôs de *bondage* agressivo, que ficavam numa caixa porque eram considerados fortes demais para as prateleiras. Depois de mais uma bebida, Andrew levou Daniel até seu Infiniti estacionado ali perto para mostrar uma foto de David e escutar música, enquanto compunha rapsódias para Daniel acerca de David – "o amor da minha vida, o homem com quem quero me casar". Ele também contou a história de sua filha em São Francisco. "Me pareceu que David conhecia Andrew muito bem. Andrew insinuou que tinha uma relação bem ampla com essa pessoa."

Quando Andrew deixou Daniel em casa, perto das 11 da noite, Jeff estava esperando. Ele ficou bravo com Andrew por ter embriagado Daniel. Na verdade, Jeff estava perdendo a paciência com Andrew rapidamente. Ele ligou para a mãe de Daniel para se desculpar, dizendo a ela de forma bem clara para "fazer o possível para que Daniel não se misturasse com Andrew". Ela perguntou quando Andrew iria embora. "Espero que seja logo," Jeff respondeu. Daniel contou a Jeff algumas das coisas que Andrew havia dito a ele sobre sua filha. "Ah, Daniel, não dê ouvidos a nada disso. Ele fala muitas coisas que não são verdade." Daniel diz: "Jeff não achava que havia qualquer mistério em Andrew. A situação perfeita para ele era alugar um filme, arranjar alguém num bar e levar para o seu quarto de hotel".

Jeff contou a Daniel que Andrew o envergonhava em público. Andrew começava a contar uma de suas histórias exageradas e, de repente, colocava Jeff no meio delas, esperando que ele o apoiasse. Mas Jeff não queria escutar mentiras, e certamente não queria que "outra pessoa determinasse quais aspectos de sua vida seriam revelados". Mas por que motivo Jeff aceitou tanta coisa vinda de Andrew? Daniel queria saber. A desculpa de Jeff era que "sentia pena de Andrew porque Andrew o considerava seu melhor amigo. Mas Jeff não considerava Andrew *seu* melhor amigo".

Ainda assim, Jeff era leal. Ele também admirava a generosidade de Andrew, independentemente de isso criar ou não um senso de obrigação.

Ele aconselhou Daniel que era melhor deixar que Andrew pagasse por tudo. Caso contrário ele faria uma cena, e isso era muito cansativo. Mas, naquela altura, "Jeff estava cansado daquela atitude", diz Daniel. "Eu não me lembro de uma vez em que Jeff esteve confortável com Andrew, quando Jeff e Andrew foram realmente próximos."

Mais tarde naquela primavera, Andrew, David, Jeff e um convidado de Jeff jantaram com Doug Stubblefield e seu amigo Glen Setty num restaurante japonês. Andrew estava especialmente barulhento naquela noite. Falou que Jeff era seu amigo mais antigo e que se conheciam desde o jardim de infância ou a primeira série, eles poderiam perguntar a Jeff. Jeff participou da história por educação. Ele falou: "Eu cresci do outro lado dos trilhos, mas sei tudo sobre ele". Andrew disse: "Se você quiser um verdadeiro furo jornalístico, procure o Jeff – ele sabe os podres". Stubblefield afirma que sentiu uma camaradagem verdadeira entre os dois naquela noite, mas, na verdade, Jeff diria aos outros que, ao pedir para que mentisse por ele, Andrew o havia afastado.

Jeff foi até San Diego para o Fim de Semana do Orgulho Gay em julho, e ele e Andrew se encontraram com um oficial naval que conhecia ambos de longa data. Eles jantaram, e pela primeira vez o oficial notou que os comentários de Jeff sobre Andrew estavam afiados. Suspeitou que os dois deviam estar brigando por causa de algum garoto, mas não era o caso.

Andrew havia feito uma última tentativa de conquistar David, em São Francisco, perto do Dia do Trabalho, mas falhou. David exigia honestidade, e Andrew não era capaz de tirar sua máscara. Ele havia criado uma persona falsa que destruía sua habilidade de ter um relacionamento verdadeiro. Sem uma fachada, o que ele era? Numa comunidade onde dinheiro e aparência vinham acima de tudo, Andrew estava no lado perdedor em relação às duas coisas. Sua imagem, criada de forma cuidadosa e patológica, estava ruindo, e seu benfeitor havia ido embora. Agora, ele precisava encarar o fato de que David também havia ido embora.

Derrotado, Andrew voou para o sul por causa do feriado. Quando Michael Moore o buscou no aeroporto de San Diego, ele se lembra, "ele ficou calado por um bom tempo". Uma velha conhecida da Escola Bishop, Stacy Lopez, ouviu bem mais. Quando ela se encontrou com Andrew na festa de Dia do Trabalho, foi a primeira vez que eles se viram em muitos anos. No início ele hesitou em responder as perguntas dela sobre o que estava fazendo, mas ela pressionou. "Você trabalha?", ela perguntou.

"Não", ele respondeu. "Eu tenho dinheiro."

"Ah, você arrumou um coroa rico, né?"

"Eu dou meus pulos."

"Você está namorando?"

Andrew não mentiu dessa vez. Ele falou a verdade para sua velha amiga Stacy. Disse que estava devastado. "Eu estava num relacionamento que realmente me machucou." Ele estava com vergonha por ter engordado e disse a ela que não se sentia atraente. "Olha pra mim. Estou terrível. Horrível."

Stacy se lembra: "Ele não estava feliz consigo mesmo".

Havia começado a se desfazer.

13

MAU COMPORTAMENTO

No fim de outubro, incapaz de arrumar um emprego em San Diego, Jeff encerrou uma busca de três meses ao conseguir trabalho em Minneapolis como gerente distrital de contas comerciais na Ferrellgas, uma companhia de gás que recrutava ativamente ex-militares. Alguns dos amigos de Jeff, como Michael Williams, tentaram convencê-lo a não ir embora: "Eu estava incomodado com o fato de Jeff ter desistido tão rápido e se mudado para tão longe, e estava tentando convencê-lo a não fazer isso". Mas Jeff estava ansioso para pagar aos pais o dinheiro que tinha pego emprestado, e prometeu aos amigos que estaria de volta em seis meses.

Jeff estava menos irritado com Andrew e permitiu que Andrew viajasse com ele para uma entrevista de emprego em Houston. Jeff não queria ficar sozinho. Estava deixando um lugar quente e ensolarado que amava para viver num clima bem mais difícil. A notícia de que Jeff estava indo para Minneapolis era tudo que Andrew precisava para tentar uma reinserção na vida de David. Ele ligou para o apartamento de David e a irmã, Diane Benning, atendeu. "Não ligue outra vez", ela avisou. Mas Andrew persistiu, com a desculpa de que David poderia ajudar Jeff a conhecer o lugar. O único problema foi que David havia se apaixonado por outra pessoa algumas semanas antes de Jeff conseguir o emprego.

Rob Davis era alto e se descrevia como um "PAN" – Príncipe Americano Negro – vindo de Washington, cuja família possuía um negócio de sucesso em limpeza comercial. Rob era descolado e urbano, o primeiro de muitos amigos negros que David teria. "Eles vinham de uma origem diferente, e ele achou isso muito intrigante", diz Wendy Petersen. "Sentia que já tinha tido relacionamentos ruins naquela época, especialmente com caras brancos. Sentia que tinha sido pisoteado, ou que tinham tirado vantagem dele." David também simpatizava com "muitas lutas das minorias", afirma Monique Salvetti. Wendy acreditava que ter um namoro a distância combinava com David porque ele poderia ser indiferente quando quisesse. Ele sentia que a distância lhe dava mais "controle".

Jeff se mudou para Minneapolis com um jovem ex-marinheiro chamado Casey Murray, que Andrew apresentou para ele um dia na praia. Jon Wainwright e outros tentaram dizer a Jeff que ele não conhecia Casey por tempo o suficiente para que juntassem suas coisas e fossem morar juntos, mas Jeff era teimoso e queria a segurança de um relacionamento. Casey chegou em Minneapolis um mês depois de Jeff. Dentro de um ou dois meses, eles se separaram.

Casey não gostava de Andrew, uma pessoa que considerava "falsa e patética". Na verdade, Casey sempre dava uma joelhada em Jeff debaixo da mesa cada vez que Andrew contava uma história mirabolante. "Eu dizia para Jeff: 'Não tá vendo?'. Mas ninguém falava isso na cara de Andrew – ninguém queria machucá-lo." Sempre que o nome de Andrew aparecia, Casey diz, "Jeff revirava os olhos", mas ele nunca falou para ele "sumir". Ele disse a Casey que Andrew era alguém que se tolerava, "como um irmão".

"Os holofotes precisavam estar em cima de Andrew. Você dizia uma coisa sobre a sua vida – ele também precisava ter feito isso, só que dez vezes melhor", Casey relembra. "Ele chegava muito bem vestido, com um relógio de ouro e carregando um telefone. O telefone nunca tocava a menos que ele discasse. Ele nunca tinha que ir a lugar algum – só dizia que tinha. Queria ser mais ocupado do que era de verdade."

Andrew decidiu visitar Jeff por alguns dias para ajudá-lo a se acostumar com Minneapolis. Mas a visita se esticou, fazendo com que Jeff se distraísse. "Tentei aguentar Andrew por dez dias", Jeff falou a Stan Hatley, com quem ele esbarrou no Y'All Come Back Saloon. "Falei para ele que podia se hospedar num hotel ou ir embora: 'Você está me deixando louco'." Jeff também disse a uma mulher de Minneapolis, chamada Dana Evans: "Eu preciso que ele vá embora". David também não estava preparado para ter Andrew por perto. "Pelo que entendo", diz Wendy, "Andrew chegava na cidade sem anunciar. Ele se intrometia e ficava na presença de David, e David não estava confortável com isso".

Andrew sabia sobre Robbie, mas continuava a afirmar para David que estava "mudando", e agradecia a David constantemente por ajudálo a se endireitar. Ele na verdade estava mudando para pior, mas era esperto o suficiente para apelar à propensão de David em ajudar os necessitados. "David era o tipo de pessoa que sempre resgatava o passarinho machucado – chegando a ignorar seus próprios interesses", afirma Rich Bonnin.

De volta a San Diego, Andrew continuou a se lastimar. Para conseguir dinheiro, precisou vender seu Infiniti. "Ele disse que depois de vender o carro aquele era todo o dinheiro que tinha", conta Michael Moore. Estava acumulando dívidas no cartão de crédito, e seu uso de cristal e cocaína estava fazendo com que até seus amigos mais despreocupados notassem suas mudanças de humor. "Ele ia de barulhento para sombrio e quieto. Estava lendo e, então, queria ficar longe de todo mundo. Acontecia de repente", diz Franz vonRichter. "Parecia um pouco perdido", afirma Michael Moore. "Assustadiço." Ele juntava pessoas "para um jantar que custava centenas de dólares, então saía para comprar revistas sobre carros e arquitetura e lia na mesa". Moore acrescenta: "Ele agia de uma maneira bem ruim à mesa. Falava sobre brinquedos sexuais relacionados à eletrocussão no jantar. Sobre um dildo com uma corrente elétrica. Eu ouvia sobre isso sem parar".

Andrew voltou para Minneapolis no meio de novembro, por um fim de semana, para participar da festa beneficente da Fundação das Indústrias de Design Lutando Contra a Aids [Design Industries Foundation Fighting Aids – DIFFA]. David faria uma festa em seu apartamento antes do evento, e Rob Davies, seu namorado, chegaria de avião. Andrew chegou na sexta, um dia antes da festa. Naquela noite ele e Jeff foram para o Saloon, onde encontraram Dana Evans e um amigo dela, um arquiteto chamado "Joe". Andrew e Joe começaram a conversar. "O único motivo de eu ter conversado com Andrew foi porque achei Jeff bonitinho", conta Joe, que é de uma família rica de Chicago. Ele fez pós-graduação na Brown e em Harvard, e tinha um Saab conversível novinho em folha. Nada disso passou despercebido por Andrew, que ficou muito curioso sobre o negócio financeiro do pai de Joe. "Ele ficou muito interessado em *onde* e o que era o negócio."

Joe havia acabado de sair de um relacionamento de três anos, e Andrew estava encantado. Ele implorou para que Joe o deixasse ficar com ele, porque não tinha onde ficar naquela noite. Eles dormiram juntos, mas tiveram uma briga imediata sobre quem seria ativo e quem seria passivo. "Eu falei 'Andrew, eu nunca sou passivo. Eu não gosto disso'. Ele respondeu 'Eu também não sou'." Então Andrew, que havia passado as duas horas anteriores "se fazendo todo para cima de mim, me sufocando no travesseiro", não deixou que Joe encostasse nele outra vez. "Toda vez que eu encostava na cueca dele, ele pirava. A gente nunca transou. Ele ficava repetindo 'Não, não, não encoste em mim'."

Na manhã seguinte, Joe se lembra, "eu acordei pensando 'O que esse cara tá fazendo comigo?'. Eu estava cheio de marcas de chupão no pescoço". Andrew também havia mordido o peito de Joe, o que deixou marcas feias. "Eu achei que era divertido", Andrew falou. Apesar desse comportamento, Joe levou Andrew de carro até o apartamento de Jeff na manhã seguinte. "Eu estava doido para tirar ele da minha casa." Andrew disse que estava com frio e pegou uma jaqueta Andrew Marc, que valia 1.200 dólares, na casa de Joe. Andrew apareceu usando a jaqueta mais tarde, quando ele e David foram beber com uma amiga próxima de David, Monique Salvetti.

Na pré-festa de David no sábado à noite, Rich Bonnin ficou surpreso com as mudanças na aparência de Andrew. "Ele vestia um belo terno que havia servido em outras épocas. Parecia gordo. Parecia cansado e exausto. Eu fiquei chocado porque, quando me encontrei com ele na primavera, ele parecia com o papel que representava." Além disso, o comportamento de Andrew havia se tornado completamente bizarro.

Jeff chegou na festa, assim como um amigo dele do trabalho, Jerry Davis, um ex-oficial da Força Aérea, e outro amigo, Michael Reardon. Monique Salvetti, Rich Bonnin, Joe e Dana Evans já estavam lá. Rob Davis estava servindo de anfitrião, e David estava entretendo os convidados. "O que você faz?", Dana perguntou a Andrew. "Eu sou um romântico profissional", ele respondeu alegremente, e se virou para os canapés. Rob pediu explicitamente que ninguém desse *hors d' œuvres* para Prints, o amado dálmata de David. Andrew encheu um prato e deu para o cachorro, que vomitou imediatamente. "Que babaca", Michael Reardon pensou.

Então, Andrew foi até uma mesa que tinha uma foto emoldurada de Rob e David juntos. "Isso parece interessante", falou. Ele queria que alguém prestasse atenção nele e ninguém estava fazendo isso.

Então foi até a mesa de comida, onde estavam duas velas acessas, e empurrou um pratinho de papel na direção da chama. Um amigo de Jeff e David chamado Rick Allen puxou o prato. Indiferente, Andrew colocou alguns guardanapos no prato e enfiou nas chamas da vela. Ele então largou o prato sobre a mesa e saiu andando enquanto o alarme de incêndio disparava.

Rob Davis pegou o prato e colocou debaixo da torneira. Quando Andrew começou a sussurrar e a se esfregar em David, Rob, que tem mais de 1,80 m, perdeu a paciência. Ele puxou Andrew para um canto do apartamento e o jogou contra a parede. "Com licença, eu sei que você passa dos limites. Não vou tolerar você se esfregando no meu homem. Enquanto eu estiver aqui, você vai respeitar a minha presença ou vai embora." Andrew se afastou, dizendo "Tudo bem, cara. Foi uma brincadeira". Rob conta: "David ficou, tipo, 'Obrigado'".

Quando a festa terminou e chegou a hora do evento beneficente, Andrew pegou o elevador com Jeff e sugeriu que deveriam se encontrar mais tarde. Michael Reardon, que estava andando com Jeff, se virou para Andrew e falou nervosamente: "Você é tão babaca". Mas Andrew não reagiu. "Ele apenas deixou passar, como se dissesse 'Não é a primeira vez que alguém me fala isso'", Reardon relembra. A essa altura Joe e Dana já tinham chegado, e Joe queria saber onde estava sua jaqueta de couro, mas decidiu não fazer uma cena para tê-la de volta. "Andrew era tão estranho." Cerca de uma semana mais tarde, Jeff perguntou a Dana o que ela achava de Andrew. "Eu fico surpresa de você ser amigo dele", ela respondeu. Mais uma vez, Jeff usou a analogia de Andrew ser da família. "Você pode não concordar com o que eles fazem, mas você está lá para eles."

Tanto Jeff quanto David esperavam que Andrew fosse entender a indireta e se afastar, mas ele nunca fez isso. David levou Rob para Vail, para uma semana de ski antes do Dia de Ação de Graças, e Rob comprou para David um adesivo onde se lia "Eu amo Vail" para que ele colocasse em sua caminhonete vermelha modelo Jeep Cherokee. Durante esse tempo, Andrew ficou no apartamento de David cuidando do cachorro. "O único temor que David tinha em relação a Andrew eram as mentiras", Rob explica. De onde vinha o dinheiro dele? Jeff, que conheceu David casualmente e saiu com ele para jantar ou ir na academia algumas vezes, tentou alertá-lo sobre Andrew: "Você não pode acreditar em uma palavra do que ele diz. Ele vai falar qualquer coisa só para chamar a atenção". Enquanto isso, Andrew falou para um amigo que se sentia desconfortável de ter as duas pessoas com quem ele mais se importava morando na mesma cidade sem ele.

Em dezembro, Andrew, que saiu de Minneapolis brevemente, encontrou outra desculpa para voltar: cuidar do apartamento e de Prints. David confidenciou a Rob que Andrew já havia comentado que tinha mandado matar alguém. Numa festa de Natal, Andrew contou a Rob Davis que Jeff foi para Minneapolis porque estava levando cocaína através da fronteira mexicana para Andrew; ficou assustado porque a Polícia Rodoviária da Califórnia havia começado a investigá-lo, e foi por isso que pediu demissão. Embora Rob afirme que Jeff comentou com ele certa vez que precisou sair da Califórnia porque as coisas haviam esquentado por lá, a polícia não tem nenhum registro de tal investigação, e as pessoas que conheciam Jeff não acreditam que ele se envolveria com drogas. Andrew aparentemente tentou ainda assim. Jeff falou para um dos seus conhecidos em Minneapolis, o engenheiro de pesquisa Rick Allen, sobre as tentativas de Andrew de recrutá-lo para negócios ilegais. "O que Jeff me contou", diz Rick Allen, "foi que Andrew falou com ele sobre trabalhar de segurança para o negócio dele de 'importação-exportação'".

"Eu nem sei do que você está falando", Rick Allen afirma ter respondido a Jeff.

"'Drogas, Rick, drogas'. Jeff hesitava muito em falar sobre tudo isso. Ele me falou 'Não é algo que conto para todo mundo'. Eu perguntei 'O que você falou para ele?'. Jeff respondeu 'Eu disse para ele ir se foder'."

"Andrew também falava sobre ter milhões confiscados em bancos estrangeiros por meio de intimações do FBI ou mandatos", diz Rich Bonnin. "Ele falou para David que foi isso que mudou a cabeça dele – ele chegou perto de perder tudo, aí decidiu se endireitar." As palavras exatas de Andrew, de acordo com Rich Bonnin, foram "Não dá para simplesmente sair da máfia".

Em retrospecto, é incrível como as pessoas aguentaram Andrew por tanto tempo. Ainda assim, Monique Salvetti, que conheceu Andrew no fim de semana da DIFFA e se juntou a David e Rich para uma bebida com ele no fim de semana, o considerava "uma personalidade radiante".

Andrew foi direto para a prateleira de livros dela, pegou um volume de Isak Dinesen, procurou imediatamente sua passagem favorita e a leu em voz alta. Durante as bebidas, conta Monique, ele foi todo charme. "Andrew era muito culto. Sabia muito sobre arte e literatura, e a gente conversou sobre isso."

Em determinado ponto, ele se esticou para David e perguntou a Rich e Monique: "Vocês não acham que o nosso David parece com o Tom Cruise?". Como os dois não tinham nada de parecido, conta Monique, "eu achei aquilo muito ridículo". Mas, mais tarde, ela disse ao amigo: "Ele é muito legal, David".

14

A DERROCADA

O Spa Mustang, aberto 24 horas, atende homens bissexuais no armário e um ou outro curioso. "Nos fins de semana eu atendo os homens gays", afirma o proprietário, Todd Kaufman. O Mustang fica em North Park, uma área de classe trabalhadora; por não ter sido gentrificada como Hillcrest, é um lugar mais fácil onde se esconder. No começo de 1996, Andrew começou a aparecer no Mustang para sexo rápido. No outono ele estava ficando por mais tempo, algumas vezes por mais de 24 horas. "Eu não acho de forma alguma que ele estava transando", diz Kaufman. "Acho que estava incomodando as pessoas." Andrew vagava insone e com uma aparência horrível. Kaufman já havia visto essa síndrome antes. "As pessoas começam a agir como se morassem aqui. Eu tinha a impressão de que ele tinha perdido o emprego e estava sofrendo. As histórias dele eram coisa de louco." Em suas visitas anteriores, Andrew ficava no seu canto e passava a impressão de que estava fazendo "turismo" entre os pobres. Não era mais o caso.

"Você classifica as pessoas", Kaufman continua. "Ele começou sendo uma coisa, vestindo roupas bonitas, e virou outra – jeans, camisetas, maltrapilho, desleixado. As pessoas começam a viver na sauna porque não querem lidar com o que está acontecendo na vida delas. Elas ficam nos bares até a hora em que eles fecham, então fazem a mesma coisa nas saunas, porque dessa forma elas não ficam sozinhas e não precisam lidar com nada." Kaufman chama isso de "encapsulamento". "Eles se fecham em si mesmos, uma coisa muito estranha. Você precisa enxotá-los." Andrew chegava às 2 horas da manhã num sábado, depois que os bares fechavam, e ficava até a tarde do dia seguinte no Mustang, pegando comida na máquina de doces ou um passe de uma hora para sair e comprar alguma coisa na loja de comida mexicana rua abaixo. "A série de TV *Roseanne* começava a passar às 5 da tarde. Ele sentava e assistia."

Nessa época, Robbins estava no México tentando se envolver na produção de *Titanic*, esperando construir sets para o filme épico que estava sendo filmado por lá, mas acabou fazendo serviço de dublê. Andrew, sem noção da impressão ridícula que passava, andava pelo Mustang dizendo que *ele* estava construindo sets para *Titanic* e citando todas as suas conexões em Hollywood. "Ele ficava tão desesperado enquanto contava essas histórias – precisava justificar seu valor", afirma Todd. O que Andrew realmente estava fazendo era traficar drogas. "Ele andava com três drogados que usavam couro. Parecia um coroinha que não sabia onde tinha se metido. Dava a impressão de que estava tentando ser mais durão do que era de verdade. Eles o toleravam porque ele fornecia drogas. Dois deles estão na cadeia agora."

Kaufman começou a ficar de olho em Andrew, suspeitando que ele usava cocaína e ecstasy. "Eu tinha a impressão de que as pessoas o usavam. Ele estava tentando comprar a atenção das pessoas, e também estava vendendo muito", Kaufman explica. "Ele incomodou a mim e aos meus funcionários, e eu tenho muita paciência, caso contrário não estaria nesse negócio." Kaufman decidiu que havia chegado ao limite. "Quando ele ficou envolvido demais no tráfico, eu tive que expulsá-lo do clube. Ele fez muitas ameaças quando eu o coloquei pra fora: 'Vou falar para os meus amigos não virem mais aqui'." Kaufman nunca considerou Andrew violento; ele era, como ele coloca, "controlável. Era muito fácil colocá-lo para fora – o que nem sempre é o caso".

Kaufman concluiu que Andrew estava sofrendo de depressão e "autoestima muito baixa. Ele vivia muitas vidas de uma vez. Dava a impressão de que estava se afogando".

No mês de setembro anterior, Andrew foi morar com Tom Eads e Erik Greenman, um jovem casal gay que ele apresentou. Ambos eram devotados a Andrew, e ele amava o cachorro deles, um Rottweiler preto chamado Barklee. Eles moravam num apartamento de dois quartos que custava 750 dólares por mês e ficava na Rua Robinson, a uma curta caminhada do Rich's, da Flicks e da California Cuisine. Erik era garçom no Mixx, um restaurante de classe alta que Andrew apreciava. Tom estava na faculdade e trabalhava meio período. Em novembro ele se mudou, mas continuou próximo de Andrew.

Enquanto morava na Rua Robinson, Andrew dormia a maior parte do dia, levantava no fim da tarde e levava Barklee para um longo passeio no Parque Balboa. Uma vez por semana ele passava na loja de charutos e pegava alguns charutos de 8 dólares, que fumava no parque. Andrew mimava Barklee e, em suas caminhadas pela vizinhança, comprava *carne asada* para ele. Voltava para o apartamento a tempo de assistir *Jeopardy!* e fazia seus planos para a noite. Geralmente ligava para Franz vonRichter, outro amigo jovem, belo e platônico, para jantar com ele. Andrew se sentava no banco traseiro do Infiniti que em breve precisaria vender e deixava que Franz fosse o motorista particular. "Sempre que saíamos, ele dizia 'Franz, pare no Bank of America'." Andrew mantinha sua carteira visível no bolso da frente e sacava 400 ou 500 dólares de uma vez. "Ele gastava muito dinheiro", relembra Franz.

Nesse período, Andrew também ganhou muito peso, consequência de levar Franz para jantares elaborados três ou quatro vezes por semana. "Estava evidente, beirando o nojento. Parecia algo que um hétero seria", diz Shane O'Brien. "Queijo cottage amontoado numa parte... A barriga, eca." Certo dia, alguém disse a Franz que ele também havia engordado. "Eu entrei numa dieta relâmpago. Eu pesava 72 quilos. Aí, fui para 79, 81. Nessa comunidade, isso é virar uma baleia", enfatiza Franz. "Quando conheci Andrew, ele pesava 72, 74 quilos. Acho que no fim ele estava pesando 81, 83." Andrew, ele conta, se sentia mal porque seu corpo era muito diferente daqueles que os garotos por quem ele se interessava tinham. "Ele gostava de militares – marinheiros e fuzileiros navais –, quanto mais fortes, rígidos, melhor. Parrudos de verdade, malhados", diz Franz. "Se ele perguntasse 'Você acha aquele cara bonito?', isso significaria cabelo curto, magro e forte."

Quando Andrew e Franz iam para Black Beach, Andrew era o deslocado. "Deus, Franz, você tem um corpão", ele dizia. "Havia muitas pessoas saradas por lá, e Andrew comendo biscoito recheado, fumando um charuto com um pacote de Doritos, bebendo cerveja", diz Franz. "Tinha um cara pelado de bicicleta vendendo cerveja, e a gente comprava cerveja dele. Andrew nunca ficava pelado em Black Beach. Todos os amigos dele tinham corpos sarados." De acordo com Erik Greenman, "Andrew definitivamente não arrumava encontros. Ele precisava exibir dinheiro. Um cara de boa aparência não olhava para ele. Isso diz muita coisa". Certa vez, Andrew levou Franz para conhecer um velho amigo dele. "Esse cara realmente gostou de mim", Franz relembra. Mas Andrew ficou indignado, gritando "Eu nunca vou te levar para sair com ele. Nunca! Você roubou toda a atenção.

Você me envergonhou na frente dos meus amigos'". Franz diz ter respondido "'Andrew, eu te fiz parecer legal'. Mas o negócio com Andrew era que *ele* tinha que ser o centro das atenções".

Embora Andrew mantivesse uma aparência superficial de que tudo estava perfeito, à medida que engordava e se afundava na depressão, seu uso de drogas aumentava e sua fúria era quase incontrolável. Franz geralmente era um alvo. Fingindo estar brincando, Andrew o agarrava numa chave de braço, o derrubava no chão e torcia seus mamilos. "Ele me derrubava enquanto voltávamos para o carro ou para a casa dele. Havia certa violência", admite Franz. "A gente sempre fazia confusão, mas ele dizia 'Franz, nunca me irrite'." Um dia, Andrew segurou no bolso da camisa de Franz e arrancou a camisa dele. Ele fez a mesma coisa de novo mais tarde. "Tinha alguma coisa nele, uma insinuação sexual maldosa de ser agressivo no sexo. Isso meio que o excitava", conta Franz. "Andrew tinha mania de pegar em todo mundo. Ele vinha conversar com uma pessoa e torcia os mamilos dela. Cerrava os dentes e sorria, dizendo 'Gosta disso?'. Chegava em algum cara no bar e pegava na virilha dele, e dizia 'Você fode o David ou o Keith? Ele tem uma rola grande que nem a sua?'. Segurava no pau deles e falava 'É, você tem um pauzão'. E então dizia 'Aqui, deixe-me te apresentar. Você precisa conhecer o meu bom amigo Franz vonRichter. Meu desgraçado austríaco, alemão, bávaro'. Ele fazia isso com um sotaque alemão falso."

No entanto, a raiva e o desespero de Andrew passaram despercebidos por seus amigos autocentrados; eles continuaram a vê-lo como o caixa eletrônico que distribuía dinheiro com prazer. "Andrew estava perdendo a aparência atraente. O que ele não tinha em aparência, ele compensava com dinheiro", declara Franz. "Por causa de sua personalidade e dinheiro, as pessoas nunca o questionavam. O dinheiro cuidava de tudo."

As fantasias obscuras de Andrew eram alimentadas pelo cristal de metanfetamina, pela cocaína e pela pornografia. "Todo mundo tem seu fetiche sexual", afirma Erik. "O dele era assistir isso." Andrew gostava especialmente do astro pornô Cort Stevens. "Eu falei para ele uma vez que estava indo para São Francisco", relata Franz. "Andrew falou 'Quero que você pegue um filme do Cort Stevens para mim, vou te dar 50 dólares. Alugue o filme. Você precisa de um depósito de 50 dólares se não tiver cartão de crédito. Eu quero ficar com a fita'. Era um filme bem estranho", conta Franz. "Em todas as cenas Cort Stevens está amarrado, levando choques.

O outro cara usando couro tem cinco ou seis tipos de *tasers*, tocando cada parte de Stevens com o *taser*, e toda hora ele levava um choque."

Aparentemente, Andrew se masturbava assistindo vídeos pornográficos. "Erik fez uma piada algumas noites depois de eu ter trazido as fitas", conta Franz. "Ele falou 'Cheguei em casa e aquela fita estava no videocassete, com uma jarra de vaselina perto da TV, com um pano sujo'."

Erik achou que as inclinações sexuais de Andrew eram tão extremas que impediam relacionamentos normais, situações de flerte. "Fossem chicotes ou fazer um cara andar acorrentado – vai saber. Você precisa de privacidade para isso. Ele sempre teve filmes de *bondage*... Andrew sempre gostou de sadomasoquismo – mais de amarrações, da degradação, não de asfixia."

Dentro de alguns meses, conta Erik, Andrew estava outra vez entregando maletas misteriosas cheias de dinheiro. Ele tinha um telefone extra sob o nome Andrew Cunanan para transações de drogas. "Jeff me falou abertamente que Andrew estava traficando drogas", diz Michael Williams. "Ecstasy, metanfetamina, cocaína. Ele falou 'Ele voltou para a profissão antiga dele'."

Andrew entrou bem no meio de um circuito de tráfico de drogas que operava impunemente em uma das ruas mais movimentadas de Hillcrest, escondido por vários negócios legítimos. A polícia de San Diego não parece saber nada sobre o assunto até hoje. Duas lojas varejistas dividem uma área de descarregamento, onde seus enormes caminhões de entregas chegam do México ou do Arizona trazendo caixas de cerâmica colorida e ornamentos de gesso para jardim, que, por sua vez, são preenchidos com enormes quantidades de cristal de metanfetamina, pílulas, esteroides, maconha e cocaína. O proprietário de um negócio pornográfico também está supostamente envolvido e tem um ponto de entrega atrás de sua loja. As drogas então são enviadas para o leste dentro dos produtos de algum dos negócios, e todos os pagamentos são feitos com maletas cheias de dinheiro, como aquelas que Andrew carregava.

Este não é, de forma alguma, o único circuito de drogas em Hillcrest. Vários atendentes de bar traficam – um deles supostamente usa um velho cano de esgoto dois andares abaixo de um negócio de decoração como ponto. Qualquer um em Hillcrest pode arrumar drogas facilmente em qualquer lugar da vizinhança. "Eles ganham muito dinheiro", diz Anthony Dabiere, um ex-garçom do California Cuisine. "Você precisa acreditar em mim.

Tem muita coisa sombria e muita treta." Andrew estava trabalhando perto de casa.

Naquele verão e outono, depois do término entre Norman e Andrew, Andrew começou a andar com Dominick Andreacchio, que ele considerava outro sósia de Tom Cruise. Ele gostava de exibir Dominick, mas nunca parou de falar sobre David Madson. "Andrew estava muito apaixonado por ele", afirma Dominick.

Certo dia, quando Dominick estava fazendo compras com Andrew, ele acabou vendo o cartão de crédito de Andrew por acaso, com o sobrenome Cunanan. Dominick relembra: "'Ah, sim, acho que esse é o meu outro nome'. E ele me mostrou o outro passaporte dele. Ele tinha alguns". Mas Andrew negava estar envolvido com drogas, embora admitisse abertamente para Dominick que gostava de atitudes ilegais de um tipo diferente. Ele dizia que certas coisas "apenas caíam de caminhões. E eu fiquei todo 'Do que você está falando?'". Quando Andrew deu um tocador de CDs para Dominick, por exemplo, ele disse que tinha vindo de um trabalho de dentro. "Tipo, grandes caminhões com eletrônicos indo para algum lugar; ele entrava com alguém e roubava o equipamento eletrônico."

Dominick tinha um namorado, então Andrew não dava em cima dele descaradamente. Mas ele era muito aberto com Dominick sobre o que gostava sexualmente. "Ele usava coisas de eletrochoque. Era sempre muito estranho. Dizia coisas como 'Eu adoraria dar um choque *nele*'. E eu ficava tipo 'Uhum, esquisitão'."

15

PERDENDO O CONTROLE

Durante as festas de fim de ano em 1996, Andrew tinha períodos incomuns de calmaria, mas em instantes voltava a ser o Andrew maníaco e esperto de antes. Ele e Erik fizeram uma festa de Natal que ele insistiu em chamar de Chanucá. Em outra ocasião, levando sua identidade judaica ainda mais longe, ele audaciosamente pegou uma nota de 100 dólares da mão de seu amigo Arthur Harrington enquanto ele a segurava para pagar o garçom na Flicks, dizendo "Este é o meu presente de Chanucá". No Natal, Ken Higgins, um dos amigos de Andrew do seu círculo profissional, o convidou para um grande jantar de frutos do mar. Durante a refeição, Andrew se levantou, saiu da sala e foi ler uma revista. "Ih, lá vem a mudança de humor", Ken fazia piadas quando isso acontecia, mas ninguém se alarmava muito. Poucos sabiam que Andrew havia começado a usar morfina e petidina para conseguir dormir.

Tarde da noite, o colega de quarto de Andrew, Erik Greenman, o via injetando sua droga favorita: cristal de metanfetamina. Pela manhã, ele "descia, se sentindo péssimo", relembra Erik. Ele dizia a Erik sarcasticamente: "Nunca use crack, Erik. É uma droga do gueto". Especulava-se que Andrew também estava usando heroína, mas nenhuma marca de agulha foi encontrada em seu corpo. No mundo de Andrew, porém, drogas e pornografia eram tão constantes que ninguém parou para questionar se uma coisa alimentava a outra, no caso dele, de um modo que causava alarme. Especialistas em comportamento de assassinos em série dizem que a combinação pode ser explosiva. O narcisismo de Andrew e suas mentiras patológicas já faziam dele uma personalidade limítrofe; sua família tinha um histórico de sofrimentos mentais. Mas Andrew fazia questão de que ninguém tivesse todas as respostas. Finalmente, havia uma tolerância tão grande do seu comportamento que na verdade ele estava cercado por facilitadores. Quando Robbins foi até alguns amigos de Andrew expressando preocupação com a situação financeira cada vez mais precária dele, por exemplo, a resposta foi "É, a gente tá acabando com o dinheiro dele, né?".

Na noite de Ano Novo, Sheila Gard ficou chocada de ver Andrew pela primeira vez em meses. Ela se lembra de ter falado "'Uau, o que aconteceu com você? Você está desgrenhado!' Ele não parecia bem. Os olhos estavam fundos, ele estava acima do peso, calado. Estava completamente diferente, sozinho. Parecia deprimido – não estava andando por todo lado, não estava sendo a alma da festa. Não estava de bom humor". Ele também estava com olheiras enormes porque passava a noite inteira acordado no Wolfs, o bar dos chapados. Ainda assim, na noite de Ano Novo, David recebeu uma ligação de Andrew, que falou "Eu larguei as coisas do passado. Agora sei quão perto eu estive de perder tudo, e quero levar uma vida honesta". Ele agradeceu David por ajudá-lo a encontrar a luz e disse a ele que iria começar uma companhia de construção no México para construção de sets de cinema – se apropriando da vida de Robbins mais uma vez.

A verdade era que Robbins havia oferecido um emprego a Andrew, e Andrew recusou a ajuda. Sua falsa grandiosidade o impedia de ser qualquer coisa além de ardiloso e assustado. Andrew estava encurralado: se admitisse a verdade, seria alvo de zombaria, chamado de perdedor e de mentiroso. Mas ele havia chegado ao ponto em que suas mentiras estavam custando as únicas duas pessoas com quem ele já havia se importado. Ele não tinha emprego e estava com pouco dinheiro, e caíra nas garras de uma depressão profunda. Onde estava a luz? Andrew começou a perder o controle.

Jeff e David não queriam Andrew por perto, mas não tinham a coragem necessária para dizer isso explicitamente. No fim de janeiro, Andrew voltou para Minneapolis. Ele ficou na casa de Jeff, que estava sofrendo com o inverno de Minnesota e desesperado para encontrar um emprego em terras mais quentes. Jeff havia adquirido alguns dos gostos caros de Andrew e estava acumulando dívidas. Robbins Thompson começou a ouvir histórias de que Andrew havia emprestado vários milhares de dólares a Jeff. Se foi esse o caso, isso pode ter dado a Andrew a impressão de que podia pressionar Jeff a ajudá-lo em seu tráfico de drogas. Mesmo que cocaína estivesse fora de questão, ainda era possível ganhar bastante dinheiro com a venda de esteroides no Meio-Oeste. Esteroides não eram tão estigmatizados na comunidade gay, ao contrário de outras drogas ilegais; eram vistos como suplementos para malhação. Jeff pode não ter tido muita escolha em relação à presença frequente de Andrew.

No fim, "Jeff e David davam apoio", diz Rob Davis. "Se Andrew vinha para a cidade por qualquer motivo, Jeff fazia com que Andrew ficasse na casa dele. Ou se David estivesse fora da cidade, não havia problema algum em Andrew ficar em sua casa e cuidar do cachorro." Andrew parecia determinado a não ser esquecido por nenhum deles.

Depois que Andrew pagou a conta de um grande jantar certa noite, Rob perguntou a David de onde vinha todo aquele dinheiro. "David respondeu: 'Ele mexe com cocaína e tem um coroa rico que o sustenta'. Eu respondi: 'Baita ricaço para pagar 350 dólares numa refeição quando você está fazendo isso apenas para se exibir em Minnesota'."

Naquele fim de semana em particular, no final de janeiro de 1997, Andrew foi a uma festa de aniversário que David organizou para Rob. Jeff também estava lá com um jovem namorado. Andrew contou a Rob que estava sendo sustentado por um "magnata imobiliário mais velho". Ele também mencionou que esteve em Chicago, mas que não gostou de duas coisas. Andrew estava tão "animado e saltitante" que Rob pensou que ele estava usando cocaína.

"Você está mexendo com pó hoje?", Rob perguntou.

"Isso é coisa do passado" era a resposta evasiva de Andrew.

Rob achava que Andrew era um idiota intrometido. "Mas a explicação de David era 'Ele é meu amigo. É um ex-namorado. Eu não o vejo com frequência, Rob. Não precisa se preocupar'."

A essa altura, já na Califórnia, Andrew havia raspado a maior parte do cabelo e abandonado os óculos característicos em prol das lentes de contato. Estava mais gordo e usando roupas largas e desleixadas. "Qual é a desse cabelo?", Franz perguntou. "Fácil de cuidar", Andrew respondeu. Seu mal humor continuava, mas ele não deixava que ninguém entrasse em sua concha. Um dia ele se levantou do sofá no apartamento e falou "Erik, eu estou infeliz". Erik conta: "Então ele se levantou e sumiu. Ele te mostrava um relance e depois se fechava". Robbins tentou fazê-lo se abrir mais de uma vez. "Ele dizia que estava cansado, e isso foi o mais perto que já cheguei." Robbins o pressionou com relação aos seus planos, porque ele estava "no fim da linha" e ficando, obviamente, sem dinheiro. "Estou bem, estou bem", Andrew respondeu, e anunciou que estava deixando San Diego e se mudando para São Francisco. Ele uma vez confidenciou a Franz que estava negociando um emprego numa empresa de títulos imobiliários ao norte do condado, perto de Rancho Santa Fé.

Enquanto isso, dois atendentes da Flicks notaram individualmente que, por volta de fevereiro de 1997, sempre que alguém reclamava sobre o comportamento de outra pessoa, Andrew dizia "Bem, acho que vamos ter que matá-lo".

Andrew começou a beber muito mais, geralmente no restaurante Mixx. "Ele pedia sem parar garrafas do vinho Stone Street, que custavam 36 dólares, conta o *maître* Rick Rinaldi. Em outras noites ele pedia garrafas do merlot Duckhorn, que custava 120 dólares. Andrew também pedia comidas caras – *foie gras* e sobremesa. Pessoas que usam cristal não costumam sentir fome, mas não é incomum que usuários de longa data continuem se alimentando e que outros comam exageradamente de vez em quando. Andrew era tão bom para os negócios e dava gorjetas tão boas que Rick Rinaldi fazia rodízios de garçons para atendê-lo. Andrew costumava brincar dizendo que não sabia se deveria ir até L.A. ou Paris para jantar. Na verdade, nessa época, ele mentiu dizendo que havia voado no avião supersônico Concorde com um amigo que tinha uma passagem sobrando e passou quatro dias em Paris. Ele "voltou" entusiasmado com todos os novos restaurantes.

Certa noite, quando estava no Mixx, Andrew apontou para um homem que estava sentado perto do piano com um casal. "Você sabe quem é aquele?", ele perguntou a Rinaldi. "É Joseph Wambaugh." Então Andrew foi até o homem. Mais tarde, conta Rinaldi, "Eu vi o nome de Wambaugh no cartão de crédito". O famoso escritor de livros policiais é uma celebridade local. Wambaugh nega ter conhecido Andrew.

Rob Davis conta que viu Andrew outra vez em Minneapolis no fim de semana de 7 de fevereiro de 1997. No dia dos namorados, David e Rob terminaram, e David imediatamente começou a namorar outro afro-americano alto e de boa aparência, um produtor da televisão a cabo. Rich Bonnin conta que Andrew foi jogado para escanteio.

Mas não por muito tempo. Andrew confidenciou a um amigo em San Diego que pretendia dar um anel a David, mas seu pedido de casamento não foi aceito. No meio de março, à medida que a Páscoa se aproximava, David mencionou a Rich Bonnin que tinha algumas milhas de voo e estava pensando em ir para Los Angeles com Andrew para ver seus amigos Karen Lapinski e Evan Wallit. A essa altura, David já tinha um novo namorado afro-americano, Cedric Rucker, o reitor assistente das atividades estudantis na Mary Washington College em Virginia, que ele conheceu numa viagem para Washington, D.C.

Andrew havia sugerido que ele, Karen, Evan e David viajassem de férias juntos para a Europa, mas Karen tinha aulas, então decidiram ir até Los Angeles. Andrew foi para São Francisco e manipulou Karen e Evan a convencerem David a ir para o oeste. Karen, cujo pai havia morrido, pediu para que David a acompanhasse em sua cerimônia de casamento. Andrew insistiu com grandiosidade que pagaria pela recepção de casamento do casal e comprou uma jaqueta de couro de 900 dólares para Karen. Karen e Evan ficaram contentes em aceitar tudo aquilo. Ele falou para eles e para David que tinha 15 mil dólares que precisava gastar antes do dia 15 de abril por causa de impostos. Agradeceu a David outra vez por ter mostrado o caminho certo e apelou para a compaixão do outro. Ao mesmo tempo, exibia presentes caros.

"A fraqueza de David em relação a Andrew era que ele se encantava pelo materialismo do outro", diz Rob. David era suscetível à suposta riqueza de Andrew e, embora suspeitasse que Andrew traficasse drogas e, talvez, coisas piores, ele continuava a aceitar os presentes caros. Andrew enviou por correio uma passagem de ida e volta no valor de 739 dólares saindo de Minneapolis para Los Angeles, e alugou um quarto de hotel que custava 395 dólares no Chateau Marmont, em Hollywood, para ele e David. Ele também levou uma bagagem cheia de brinquedos sexuais – balanços, amarras, arreios e cera – que havia comprado em São Francisco, na loja Mr. S Leather.

O fim de semana foi uma festa incessante, tudo às custas de Andrew. O grupo viveu de forma intensa e comeu em grande estilo: um jantar de 1.400 dólares no Restaurante Valentino, em Santa Mônica, na noite de sexta; um almoço de comida japonesa para quatro que custou 1.300 no Ginza Sushiko, o restaurante mais caro de Beverly Hills, onde peixes raros chegam de avião ainda frescos vindos de Osaka; uma ceia no Coco Pazzo, em West Hollywood, no sábado à noite.

Entre as refeições, eles faziam compras. Andrew comprou um terno Armani de 1.200 dólares para David e 2 mil dólares em roupas para si mesmo e para os outros na Neiman Marcus e na Zegna, em Beverly Hills. Karen era uma velha conhecida de Lisa Kudrow, estrela do seriado *Friends*, então certa noite eles foram para uma festa do estúdio a convite de Lisa e jantaram na casa da mãe dela, algo do qual Andrew se gabaria por semanas. Naturalmente, Andrew tentou impressionar a celebridade – chegando a se creditar como produtor de grande parte de *Titanic*. Lisa tentou dispensá-lo. David ligou para Cedric enquanto estava na festa e ficou mais de uma hora no telefone. De volta ao Chateau Marmont, Andrew queria fazer sexo com David, mas David recusou. Andrew, que a essa altura já tinha passado mais de 8 mil dólares no seu cartão de crédito American Express, estava furioso e começou a fazer bico. "Eu acho que David se aproveitava muito de Andrew", diz Erik Greenman. "Andrew banhava David com presentes. David aceitava tudo e então dizia 'Eu só quero ser seu amigo'."

Karen Lapinski falou mais tarde para a polícia que Andrew se agarrava a David, implorando por sexo. Ela também disse que era óbvio que Andrew estava apaixonado por David, mas que o sentimento não era recíproco. David havia contado a Karen que o início de seu relacionamento com Andrew foi "muito estranho". Ela sentia que Andrew desejava um "relacionamento sexual violento" enquanto David precisava de um "relacionamento amoroso". Em Minneapolis, por exemplo, o produtor de TV disse que o sexo com David era "muito, muito, muito comportado" e sem nenhuma violência. David contou que todos haviam "tido um ótimo fim de semana com muitas compras e que foram a um jantar na casa de Lisa Kudrow".

O produtor, que achava que David tinha um dom para ouvir e ensinar, também concluiu que "David estava impressionado com o dinheiro e com o poder que o dinheiro dava às pessoas". Uma das primeiras coisas que David disse a ele foi "Pessoas de sucesso andam com pessoas de sucesso". Ele conta que David se apresentava dizendo que havia crescido em Chicago. "Eu não fazia a menor ideia de que ele havia vindo de uma família de classe média e que a família dele possuía uma loja de ferramentas." Agora, David contava que *ele* havia comprado um terno caro em Rodeo Drive. "Aquele fim de semana inteiro teve a ver com dinheiro e trepar com estrelas", afirma o produtor. Andrew, que queria controle e estava perigosamente desequilibrado, não conseguiu o que queria em seu fim de semana com David. David estava no controle. E a raiva de Andrew se acumulava.

Dentro de três dias Andrew estava de volta em São Francisco, supostamente procurando um lugar para morar. Ele ficou por duas semanas, e circularam rumores sobre o seu uso de drogas. Do nada, ele ligou para sua irmã Gina, que estava morando lá, e eles saíram para beber. Ela não ouvia falar de Andrew havia anos e estava animada em tê-lo novamente em sua vida. Ele levou sua sobrinha mais nova, que estava visitando Gina durante as férias de primavera, para o cinema. Essa foi a última vez em que alguém da família o viu.

Dirigindo um Mustang alugado, Andrew contou a vários amigos que havia arrumado um apartamento no bairro Marina, em Russian Hill, ou no Castro. Ele via Karen e Evan frequentemente e ficou hospedado em Sherman House, na parte baixa de Pacific Heights, e também no Mandarin Oriental. Para um *bartender* do Badlands Bar que Andrew levou para jantar, ele se apresentou como um oficial da inteligência do exército. Quando o *bartender* ligou para o quarto dele, Andrew atendeu o telefone dizendo "comandante Cunanan".

Certa noite, numa boate gay, ele encontrou Tim Schwager, um jovem de 26 anos que era subgerente na Denny's de São Francisco. Andrew se ofereceu para arrumar drogas para ele – ecstasy ou cocaína –, mas Schwager recusou. "Ele disse que era associado a pessoas que traficavam em San Diego", diz Schwager. "Ele era meio que um intermediário." Andrew também se vangloriava de conhecer várias celebridades – Lisa Kudrow, Elizabeth Hurley, Madonna. "Ele disse que tinha almoçado com Lisa Kudrow uma semana antes."

Andrew levou Tim Schwager para o Mandarin Oriental. As lembranças de Schwager sobre aquela noite são confusas. "Eu acho que fui drogado ou bebi demais naquela noite", ele diz. Assim como Joe em Minneapolis, Tim também tinha "flashbacks de tentar afastá-lo durante a noite. Eu não estava sexualmente atraído por ele. Acordei com três marcas de chupão no corpo". Tim Schwager se lembra de ter ido dormir de cueca. "Quando acordei, eu estava pelado. Depois daquela noite eu vi que ele tinha um lado sombrio."

Eles se encontraram outra vez no outro fim de semana. "Ele ficou com o braço ao redor do meu pescoço a noite inteira. Começou a gostar de mim, mas eu o rejeitei." Andrew então foi para outro clube e, quando Tim chegou lá, o viu chegando em outra pessoa. "'Você é um pegador, hein?', eu perguntei. Ele apenas deu sua risada sarcástica."

Tim conta que Andrew disse que estava se mudando para São Francisco, mas que antes disso "ele precisava ir em Chicago fazer uma coisa".

No fim de semana antes de ir para Minneapolis, Andrew ficou em São Francisco. Todo o fim de semana pareceu marcado pelo prenúncio da tragédia que se seguiria. Andrew estava claramente drogado. No Midnight Sun, ele agarrou a bunda de seu velho amigo Steven Gomer e começou a girá-lo. Steven relembra que o cabelo dele estava tão curto que ele parecia "um líder terrorista pronto para se infiltrar". Steven apresentou Andrew novamente para seu amigo Philip Horne, um advogado. Andrew disse que estava procurando um colega de quarto. Phil também estava. Andrew falou para todo mundo sobre o apartamento que estava alugando no bairro Marina – dois quartos, duas lareiras, e Phil só teria que pagar 630 dólares por mês porque Andrew estaria viajando para cuidar de sua fábrica com setenta empregados no México, que construía cenários para filmes de Hollywood. A mentira de Andrew era tão arraigada que algumas semanas antes ele havia se engajado em uma conversa sobre segurança do trabalho e planos de saúde para seus empregados. Phil não conseguia acreditar em sua sorte em ter encontrado um apartamento. Andrew disse a ele que ligaria no primeiro dia do mês.

Naquela noite, diz Steven, Andrew estava muito "agressivo e cheio de energia", segurando com força enquanto fingia estar brincando. "Ele era muito exagerado. Quando estávamos no bar, ele ficava pulando em cima de mim, me levando pra cima e para baixo." Steven conta que teve vontade de dizer "Você está me envergonhando. Parece que está se esfregando em mim como um animal, e isso é inapropriado e certamente não é bem-vindo". Mas ele não fez isso.

Quando Andrew se encontrou com seu velho amigo de Berkeley, John Semerau, nos fundos do bar, ele estava ainda mais desgovernado. "Ele me segurou pelo pescoço com tanta força que seu aperto começou a me sufocar", relembra Semerau. "Ele me machucou. Andrew era muito agressivo em sua tentativa de mostrar afeto, agarrando, estrangulando, apertando o mais forte que podia com as mãos." Semerau pediu para que Andrew parasse. "Andrew, você está me machucando. Pare!" Andrew mostrou a Semerau um panfleto de uma festa sadomasoquista em que planejava ir na noite seguinte, e o convidou. Mas Andrew nunca ligou. "Ele estava descontrolado", diz Semerau. "Nos últimos seis meses, sempre que eu me encontrava com ele, ele estava particularmente agressivo."

Nos oito anos desde que se conheceram, Andrew nunca permitiu que Steve pagasse uma conta, mas naquela noite ele deixou. Eles andaram de mãos dadas pelo Castro, e Andrew falou do seu grande amor por David Madson. "Ele não mencionou o fato de que estava sendo rejeitado."

Steven nunca tinha ouvido Andrew falar algo como "David é o homem certo para mim".

"Por que diz isso?", perguntou. De repente, o rosto de Andrew se contorceu, e ele deixou escapar uma risada alta e maníaca. "'Bem, ele me deixa fazer o que eu quiser com ele', e começou a gargalhar."

"Do que você gosta?", Steven quis saber.

Andrew começou a recitar uma longa lista de inclinações sadomasoquistas: gaiolas, cintas nos genitais, máscaras de látex. "Máscaras de látex? Quer dizer, tipo aquelas com buracos no nariz, olhos e boca?"

Andrew o cortou: "Pelo menos no nariz".

"Naquela hora", conta Steven, "a gente não estava mais de mãos dadas".

Eles montaram na motocicleta de Steven e foram até o carro de Andrew. Então, Andrew surpreendeu Steven outra vez, chamando-o para ir até o Mandarin Oriental com ele. A ideia de que poderiam colocar em prática aquilo que conversaram estava implícita.

"Cai na real, Andrew. Nós somos amigos há oito anos. Você não acha que isso é meio idiota?"

"É, talvez seja."

Steven conta que Andrew estava muito mais aberto naquela noite do que ele jamais havia sido, mas estava revelando um lado que Steven nunca havia imaginado: "Tudo era sempre tão alto-astral e alegre, e ele estava mostrando que estava insatisfeito, incompleto e perturbado".

Andrew implorou a Steven, "como um cãozinho abandonado", que aparecesse no Café Flor no dia seguinte para passarem a tarde juntos. "Eu prometi que faria isso, mas não fiz. Eu não fui, e não passei o dia com ele, e não liguei para me explicar. E aquela foi a última vez em que nos falamos."

Bud Moore, um loiro bonito que era amigo de Jeff e trabalhava com publicidade, se encontrou com Andrew na noite seguinte no Café, um ponto de encontro no Castro que atraía um grupo mais jovem do que o Midnight Sun ou o Badlands. Bud teve uma queda por Jeff e eles haviam namorado casualmente, mas, como ele tinha 26 anos de idade, diz Bud, "eu era velho demais". Através de Jeff e outros amigos de Bud em San Diego, a reputação de Andrew o precedia. Então, ele não ficou interessado quando Andrew começou a se aproximar, abraçando-o apertado e tentando manter os braços ao redor dele. "Eu sabia que ele era um mentiroso." Andrew pegou o boné de beisebol de Bud e se recusava a devolver.

Ele ficou provocando Bud e escondendo o boné atrás das costas. Finalmente Bud foi até Andrew, se aproximou e deixou seu copo cheio de água cair e quebrar nos pés de Andrew. "Estou te pedindo mais uma vez, me dá meu boné", ele falou. Dessa vez Andrew não resistiu. Rejeição estava começando a se tornar seu segundo nome.

Na noite de domingo, John Semerau foi até o Midnight Sun para assistir *Os Simpsons* e viu Andrew sozinho no bar outra vez. Ele falou tudo o que queria sobre o fato de não ter recebido uma ligação sobre a tal festa sadomasoquista. "Andrew, eu estou puto. Cansado das suas merdas superficiais. Cansei. Fique longe de mim." Mais tarde naquela noite, Semerau se acalmou. "Eu me sentia tão culpado que comecei a conversar com ele. Ele não falou muito. Não pediu desculpa." Eles saíram juntos de lá, conta Semerau. "Ele foi comigo até o meu carro." E lá eles se despediram.

Mas Semerau continuou a ser assombrado pelo olhar que Andrew carregava quando o abraçou com tanta força que o sufocou. "Alguma coisa se partiu dentro dele." Só mais tarde Semerau chegou à conclusão de que "Andrew estava caçando, sentindo o prazer da caça, a emoção de matar. Eu vi nos olhos dele. Eu vi no corpo dele. Ele havia seguido um caminho sem volta."

16

ADEUS

O cartão de crédito platinum de Andrew havia chegado ao limite. Ele devia mais de 40 mil em dois cartões e estava completamente quebrado em seu último fim de semana em San Diego. Na verdade, Andrew DeSilva já havia declarado falência. Depois de uma recusa inicial da American Express, Andrew conseguiu mentir o suficiente para comprar uma passagem para Minneapolis, saindo na sexta-feira. Então, ele se mudaria para São Francisco de uma vez por todas. Em São Francisco, porém, ele havia dito que precisava cuidar de alguns assuntos em Chicago, e enquanto estava em San Diego ele dizia aos amigos "Tenho negócios inacabados com Jeff Trail". Enquanto se preparava para ir embora, Andrew começou a doar seus pertences.

Ele chamou Tom Eads para pegar um par de sapatos Ferragamo pretos com fivelas. "Ele não estava dando seus sapatos sociais", Eads diz com tristeza. Mas Andrew deu aos amigos um casaco de caxemira e alguns suéteres elegantes – coisas de antigamente, antes de engordar, raspar a cabeça e injetar metanfetamina. Erik Greenman ficou satisfeito: "Eu sou o colega de quarto. Eu peguei muita coisa". Mais tarde, Erik diz que entendeu: "Andrew estava dizendo adeus".

Na noite de quarta-feira, Andrew foi para o Mixx com o corretor Richard De Bethizy. Andrew falou aos amigos que podia arrumar um emprego com uma empresa de títulos e que Bethizy estava numa posição em que poderia ajudá-lo. Na noite de quinta, 24 de abril, Andrew deu um grande jantar de despedida no California Cuisine, mas deixou bem claro que não tinha dinheiro para pagar por ele. Aqueles que compareceram eram seus amigos mais antigos: Robbins; Tom Eads, que morou com ele e Erik Greenman durante pouco tempo; Ken Higgins, que era dono da companhia de iluminação; e Arthur Harrington, o advogado. Franz vonRichter estava trabalhando no hotel naquela noite, então não conseguiu ir.

"Que droga, onde ele está?", Andrew exigia saber. "Eu levei ele para jantar durante um ano inteiro!" Dominick Andreacchio, que também era beneficiário de três ou quatro jantares por semana, conseguiu aparecer. Em retrospecto, Dominick conta, os abraços que ele recebeu diversas vezes de Andrew naquela noite pareceram bem "finais".

O jantar foi um tanto sombrio de certa forma, como se Andrew estivesse organizando o próprio velório. Arthur Harrington, junto com Higgins, trouxe algumas garrafas do champanhe Veuve Clicquot, dizendo que se não fosse por Andrew as pessoas à mesa não se conheceriam. "Ele era a cola que nos unia." Eads relembra: "Duas pessoas fizeram esse comentário. Andrew os ajudava a não se sentirem sozinhos". Anthony Dabiere, o garçom favorito de Andrew, escreveu "Adeus para você" na borda do prato de suflê de chocolate de Andrew usando purê de amora . Quando chegou a hora do brinde de Andrew, ele estava definitivamente mais reservado. Falou que se sentia agridoce com sua partida. Disse que a coisa da qual ele mais sentiria falta era Barklee, o cachorro de Erik.

Na saída, Andrew suspirou para Higgins – que havia ajudado a pagar a conta – que ele "teria algum dinheiro até domingo". Ninguém teria adivinhado, ao ouvi-lo falar, que sua passagem para Minneapolis era só de ida.

Em Minneapolis, Andrew era como um personagem saído do velho quadro de Bill Murray no programa *Saturday Night Live*, "A coisa que não vai embora". Jeff não queria vê-lo. David também não. E, como sempre, ninguém dizia isso na cara dele, mas Andrew não era estúpido.

"Estou muito desconfortável com a vinda dele", David confidenciou pelo telefone ao namorado, Cedric Rucker, na Virgínia. A essa altura, David já tinha conhecido outro homem de quem gostava em Atlanta, um artista gráfico, e tinha começado um relacionamento com ele, mas ainda não havia contado a Cedric. Ele também estava, aparentemente, vendo um terceiro homem em Minneapolis. "David estava apreensivo com a visita de Andrew", Cedric diz. "Ele suspeitava que Andrew estava envolvido com o tráfico internacional de drogas, trazendo drogas através da fronteira com o México. Ele provavelmente tinha ligações com o crime organizado. Eu falei 'Por que você quer se envolver com isso?'. Ele respondeu 'Porque ele está tentando mudar de vida. Andrew só precisa de ajuda'."

Nessa época, David estava agitado por outro motivo. Seu antigo perseguidor, Greg Nelson, havia reaparecido. Numa cafeteria chamada Café Wyrd, no distrito de Uptown, David ergueu a cabeça e viu o perseguidor encarando-o pela janela. David saiu imediatamente e foi para a casa de Monique para ver se havia sido seguido. Alguns dias mais tarde, quando foi com Linda Elwell, sua colega de trabalho, para o lugar onde havia estacionado seu Jeep, ele o encontrou riscado de um lado e amassado, um sinal muito indicativo.

Na segunda-feira, Andrew deixou uma mensagem no telefone de Jeff: "Estou indo para Minneapolis na semana que vem, e quero te ver". Ele terminou dizendo: "Então, sim, estou animado. Espero te ver". Mas Jeff estava inquieto. No dia 7 de abril, sua mãe passou por uma cirurgia contra câncer, e ele e as irmãs foram para casa ficar com ela. Lá, Jeff confidenciou à sua irmã mais próxima, Candy Parrott, que estava com um problema e precisava do conselho dela. "Isso já aconteceu antes", Jeff explicou. "Andrew está vindo para ficar algumas semanas, e eu estou envolvido com um cara, Jon, e não sei o que fazer." Até então, Candy, que mora em Austin, no Texas, não fazia a menor ideia de que Andrew queria algo além de uma amizade platônica com seu irmão. Ela havia conhecido Andrew em setembro do ano anterior, quando ele foi para Houston com Jeff para uma entrevista de emprego de Jeff. "Eu não vi nada de sinistro nisso", diz Candy. "O que Jeff falou foi que isso já havia acontecido antes. Andrew havia ido para Minneapolis em novembro, e naquela época Jeff estava envolvido com Casey."

Andrew, aparentemente, estava secretamente apaixonado por duas pessoas ao mesmo tempo. Primeiramente, em Minneapolis, ele precisaria ver se havia alguma forma de se juntar a David outra vez, "o homem com quem quero me casar". Se não conseguisse, Jeff se tornaria o objeto do seu desejo. "Ele sempre quer mais do que eu posso oferecer, e eu simplesmente não sei o que fazer", Jeff reclamou com Candy. Mas ele não mencionou nenhum pedido de Andrew para que entrasse no ramo das drogas com ele – apenas que Andrew queria um "relacionamento" com ele.

Andrew, que sempre foi solícito com Jeff, precisava desesperadamente que alguém, em algum lugar, também se importasse com *ele*. Ao mesmo tempo, as drogas e a pornografia com a qual ele se alimentava mantinham suas fantasias sexuais e dominadoras no máximo. Candy deu a Jeff alguns conselhos racionais de irmã: "Você precisa dizer a Andrew que está envolvido com Jon e deixar que ele tome a decisão dele".

Jeff, ao que parecia, conversou com Andrew, que não ficou feliz com o que ele tinha a dizer. Pouco depois, Jeff ligou para seu amigo Mike Williams em San Diego para dizer que ele e Andrew "tinham se desentendido". Disse que não queria conversar com Andrew outra vez. Mesmo um mês antes disso, quando Jeff se encontrou por acaso com Stan Hatley no Saloon uma noite e Stan perguntou sobre Andrew, Jeff havia dito "Não quero falar sobre ele. Ele me encheu o saco". No fim de abril, contudo, Jeff havia se acalmado. Estava claro que Andrew ficaria com ele e David durante o fim de semana em 25 de abril, quisessem eles ou não.

Na quinta-feira, David começou a pensar o que poderia fazer com Andrew. Naquela noite, seu ex-namorado, o produtor de TV, ligou para David, que explicou o motivo da visita de Andrew: "Andrew precisa resolver umas coisas com Jeff Trail". "Que coisas?", o produtor quis saber. "É uma longa história. Não quero falar sobre isso agora", David respondeu. O produtor se lembrou dos rumores sobre Andrew e Jeff e os "negócios obscuros deles. Ouvi dizer que tinha a ver com drogas". Quando o antigo colega de quarto de David, Rich Bonnin, ouviu que Andrew apareceria outra vez, ele não gostou disso, mas David o acalmou. "Eu não vou deixar de cuidar das minhas coisas por ele."

Enquanto isso, Jeff estava tão quebrado que pediu algumas centenas de dólares emprestado de um amigo no trabalho para se virar no fim de semana. Jeff havia se planejado para não estar na cidade quando Andrew chegasse e, talvez, evitá-lo completamente. No sábado ele estava levando o namorado, Jon Hackett, um estudante da Universidade de Minnesota, para uma noite no interior para celebrar seu aniversário de 22 anos. Eles estavam hospedados na Dancing Winds, uma pousada e fábrica de laticínios de cabra e de queijos. Andrew podia ficar no apartamento de Jeff em Bloomington no sábado à noite – ele deixaria a chave debaixo do tapete –, mas Jeff estava dando sinais bem claros de que não teria tempo para Andrew.

Andrew encheu uma bolsa de viagem preta da Tumi para seu fim de semana em Minneapolis. Colocou algemas, filmes pornográficos e cinco frascos de 200 ml com o esteroide ilegal ML Testosterona. Segundo um traficante de Hillcrest, o fato de que os esteroides estavam em frascos de vidro, e não em pacotes, significa que são "classe alta", usados por empresários jovens. Andrew talvez tenha levado os esteroides para conseguir algum dinheiro. Eles também poderiam ter sido uma oferenda para David, que era fanático por malhação e que havia ficado mais forte no último ano, embora seus amigos insistissem que ele nunca havia usado drogas. É improvável que Andrew, que tinha problemas com peso e que nunca malhou, usasse em si mesmo.

Na manhã de sexta-feira, Ken Higgins levou Andrew até o aeroporto sem muita conversa. Mais tarde, ele se lembraria das várias vezes em que Andrew falou que odiava Gianni Versace. Andrew era profundamente invejoso e ressentido do rico e famoso estilista italiano que "veio do nada" e que através de "muito trabalho" se tornou uma celebridade internacional e ícone gay. Andrew chamava Versace de "o pior estilista de todos" e contou a Higgins que ele era "pretensioso, pomposo e ostentador". Por fora, Andrew tentava manter sua raiva sob controle, mas por dentro ele parecia manter uma lista. Ainda assim, ninguém percebeu o quão profundamente deprimido e instável ele estava quando entrou no voo 576 da Northwest Airlines, com previsão de chegada em Minneapolis às 5h20 da tarde.

David o buscou obedientemente no aeroporto de Minneapolis. Estava preso com Andrew mais uma vez. Mais uma vez, Andrew chegou trazendo presentes que David aceitou. Cinco de seus amigos do trabalho sugeriram casualmente que David deveria se juntar a eles para um jantar no Caffè Solo, na frente do apartamento dele. Ficaram levemente surpresos quando encontraram David e Andrew esperando por eles no bar quando chegaram. Linda Elwell, Laura Booher e Kathy Compton concordam que David parecia mais quieto que o normal. "David não estava relaxado", diz Kathy Compton. "Ele parecia incomodado." Andrew o incentivava: "Mostra para eles o que eu te dei". Ele havia trazido um relógio Cartier de ouro para David. Não era "novo", David os assegurou, apenas um agradecimento por parte de Andrew por tê-lo ajudado a se endireitar.

Na verdade, relógios Cartier nunca usados, mas não necessariamente novos, estavam na lista de "coisas que caíram do caminhão" de Andrew.

Durante o jantar, Andrew mencionou que planejava voltar para a Califórnia na segunda-feira de manhã. Ele contou a Kathy Compton sobre o Rolls-Royce conversível de sua avó, que ele dirigia quando criança. Falou a uma das mulheres que tinha uma empresa que fazia equipamentos de isolamento acústico para sets de filmagem – parecida com aquela que Norman Blachford tinha antigamente. Mais tarde, Andrew e David se encontraram com Monique e um colega para uma bebida no Nye's Polonaise, um bar brega de polca com cabines de couro falso e uma pista de dança lotada e animada pela "Maior Banda de Polca do Mundo". Eles conversaram por cerca de 45 minutos. Andrew contou a Monique que talvez fosse almoçar com Jeff no domingo; talvez todo mundo pudesse se encontrar depois. Ele disse que estava montando uma fábrica no México para fazer sets pré-fabricados.

Então, Andrew e David foram ao Gay Nineties para dançar. David ficou por mais tempo do que Andrew. Na manhã seguinte, David já estava acordado às 9 da manhã para ir malhar. Um pouco mais tarde ele conversou com Monique. "Está tudo bem?", ela perguntou. "Sim", ele falou. Fizeram planos de se encontrarem mais tarde naquele dia, mas Monique não conseguiu falar com ele depois. Ela tinha planos para sábado à noite, então David a chamou para jantar no domingo. David também falou com Cedric, que ouviu Andrew falando no fundo "Com quem você está falando?". David respondeu e continuou a conversar como se ele nem estivesse lá.

O Edifício Harmony Lofts, onde David morava, era como uma cena do seriado *Seinfeld*. Jovens urbanos, incluindo "Kilo Bale", o baterista da banda de rock Flip, moravam ali e tinham uma relação amigável, visitando os lofts uns dos outros. David podia contar com seu vizinho de frente, o artista gráfico Perry Del Ghingaro, para cuidar de seu cachorro, Prints. Jennifer Wiberg, a zeladora do prédio, também era amigável com David. Segundo Perry, David uma vez descreveu Andrew de forma entusiasmada como "muito rico e muito intrigante". Ainda assim, Perry também descrevia David como "muito seletivo". Tanto ele quanto Wiberg se sentiam "honrados" por estarem na lista de conhecidos de David. "Nós éramos os únicos no prédio convidados para as festas dele." No sábado, Perry Del Ghingaro e Jennifer Wiberg conheceram "Andrew da Califórnia" no elevador. Outra vez, Andrew não estava particularmente agradável e não se engajou na conversa.

O fim de semana foi passando e Andrew não estava conseguindo o que queria. Perto da meia-noite de sexta-feira, Stan Hatley e um amigo se depararam com Andrew e David andando na direção do Saloon, saídos da Gay Nineties. Andrew não foi nem um pouco cordial com Stan, seu antigo colega de bar. "As apresentações e conversas foram muito forçadas", relembra Stan. "Ei, o que você tá fazendo?", ele perguntou. "Nada", a resposta de

Andrew foi direta. "Eu só vim ver o Jeff." Stan achou que Andrew parecia desanimado e deprimido.

No sábado à noite, David e Andrew foram jantar no popular restaurante Monte Carlo, mas então se separaram. Mais uma vez, depois de ir para os bares, Andrew estava sozinho. Ele aparentemente passou a noite de sábado no apartamento de Jeff em Bloomington, perto do Mall of America, mas ninguém pode ter certeza. O vizinho de porta de David, Scott Carlson, foi acordado às 3 da manhã por um grito alto vindo do apartamento de David, número 404. Isso durou várias horas, até as 7 da manhã. Ele falou mais tarde para a polícia que achou que David "provavelmente estava fazendo sexo com seu parceiro homossexual", um "homem branco de cabelos pretos encaracolados, 1,70 m", que ele estava namorando "havia um mês." Mais tarde naquela manhã, David ligou para um amigo advogado para cancelar um *brunch* que haviam marcado.

Por volta das 10 da manhã de domingo, Andrew estava na casa de Jeff Trail quando Jerry Davis, um amigo de Jeff do trabalho, ligou para deixar informações sobre um jogo da liga gay de softball naquela tarde. Jeff raramente perdia esses jogos. Andrew educadamente recebeu a mensagem e anotou para Jeff num bloquinho de papel amarelo, assinando a nota "Com amor, Andrew". Perto de 12h30 daquela tarde, Joe, que havia emprestado sua jaqueta cara de couro da Marc para Andrew na noite antes do evento DIFFA, viu Andrew e David indo para uma livraria e loja de música na Praça Calhoun, na área nobre de Minneapolis.

Enquanto estava sozinho na casa de Jeff, Andrew aparentemente aproveitou a oportunidade para ligar para seus amigos em San Diego. Deixou uma mensagem para Dominick Andreacchio dizendo que esperava vê-lo logo em São Francisco. E, pela primeira vez em meses, ligou para Norman Blachford para dizer adeus. Ele disse a Norman que sabia que o relacionamento deles havia chegado ao fim e que estava se mudando para São Francisco e manteria contato. Blachford ficou intrigado com a ligação. Ele já sabia que Andrew estava indo embora.

Jeff levou Jon Hackett direto da pousada para o trabalho na loja Old Navy, no Mall of America. No caminho ele comentou que precisava falar sobre "algo sério" com Andrew, mas que isso só ia levar meia hora. "Jeff não falou se sabia sobre o que era a conversa", diz Jon. Jeff também avisou que não estaria por perto na segunda e na terça; ele tinha "assuntos pessoais" para tratar. Hackett diz que não o questionou além disso.

Não achou que era seu direito perguntar sobre os assuntos pessoais dele. Jeff apareceu depois disso no jogo de softball de Jerry Davis, fazendo piadas sobre as "princesinhas delicadas" que estavam jogando. Jerry achou que ele estava num dia ruim, mas outro colega de trabalho, Ben Guzzi, que estava lá com a esposa, mais tarde o descreveu como desanimado. Jeff foi para casa mais cedo para fazer um bolo de aniversário para Jon Hackett. Alguns amigos estavam vindo, ele falou.

O único outro momento em que Andrew foi visto naquela tarde foi por volta das 5h30, quando um morador o viu entrar no elevador sozinho e sair no andar de David. Ele não quis conversar. Quando Jon Hackett voltou para o apartamento de Jeff, por volta de 6 da tarde, ele tirou um cochilo e Jeff desligou a campainha do telefone. Jon Hackett estava dormindo quando Andrew ligou, mas às 8 da manhã Andrew deixou uma mensagem de voz sem se identificar, apenas indicando o número de David e dizendo "Me dá uma ligada, eu quero te ver". Jeff ligou para ele imediatamente.

Ainda assim, Jeff estava disposto a sumir com Andrew de uma vez por todas, e sugeriu a Jon que fossem ao cinema mais tarde. "Sem chance", Jon respondeu. Ele queria dançar em seu aniversário. Jeff saiu as 9 da manhã em seu Honda Civic 1996 para se encontrar com Andrew numa cafeteria. Disse que se encontraria com Jon entre 10 horas e 10h30 na Gay Nineties. Isso nunca aconteceu.

PARTE DOIS

17

ASSASSINATO

O primeiro golpe no crânio de Jeff Trail o atingiu com força o suficiente para derrubá-lo. Foi dado com um martelo caro que estava na mesa de jantar de David. David vinha fazendo uma reforma na cozinha, então sua caixa de ferramentas estava por perto. Jeff aparentemente ergueu o braço para se defender, porque foi atingido várias vezes no punho esquerdo e na mão. Então desabou no chão enquanto era furiosamente atingido por um total de 27 golpes no rosto, cabeça e parte superior do torso, tanto com a cabeça quanto com a orelha do martelo. Uma martelada ou o próprio peso do seu corpo em queda fez com que seu relógio militar suíço Wenger parasse às 9h55 da noite.

O identificador de chamadas do telefone de David mostra que alguém – possivelmente Jeff – ligou para o apartamento às 9h08 da noite de uma cafeteria próxima onde Jeff planejava se encontrar com Andrew. O identificador de chamadas, conectado ao interfone do apartamento, também mostra que David recebeu uma chamada no interfone na entrada do Harmony Lofts às 9h45. David não tinha um sistema de campainha, então Jeff precisaria ligar e esperar até que alguém descesse para abrir a porta para ele – fosse Andrew ou David, que levava seu cachorro para passear antes do jornal das 10 horas, e talvez estivesse de saída às 9h45.

Para ir do apartamento de David até a porta de entrada são necessários três minutos, e a mesma quantidade de tempo para fazer o caminho inverso. Qualquer conversa que tenha acontecido depois da entrada de Jeff no apartamento foi breve. Existe uma marca na parede do lado esquerdo da porta, sugerindo que um dos golpes errou Jeff. Mas outro, que o acertou enquanto a porta ainda estava aberta – antes que um vizinho a escutasse bater –, espalhou sangue no corredor. Pedaços de cérebro se alojaram no batente da porta.

Jesse Shadoan, vizinho de frente de David, contou para a polícia mais tarde que ouviu alguém gritar: "Dá o fora, porra!". E então ouviu a porta fechar com força e sons de batidas que duraram entre trinta e 55 segundos, depois dos quais ouviu passos apressados no corredor e barulho de água corrente. Ele colocou a cabeça para fora, mas não viu ninguém. Nenhum outro morador disse ter ouvido qualquer coisa.

Quando Andrew pediu para se encontrar com Jeff na noite de domingo, ambos estavam em situações financeiras precárias, Andrew ainda mais que Jeff. Mas Jeff também estava endividado, viciado como era em brinquedos caros – vários aparelhos de TV, uma máquina de karaokê, um liquidificador de 300 dólares da Williams Sonoma, duas raquetes profissionais de tênis, vários ternos de 600 dólares. Jeff devia principalmente aos pais, mas pessoas em San Diego, Robbins Thompson sendo uma delas, acreditavam que ele também devia vários milhares para Andrew.

Andrew, então, podia estar tentando pressionar Jeff a vender esteroides para ele no Meio-Oeste, onde poderia ter muito lucro; Andrew poderia ter ido para Minneapolis para receber o que Jeff devia; ou talvez tenha oferecido os esteroides como forma de pagar o que *ele* devia a Jeff. De qualquer forma, Jeff não estava inclinado a tê-lo por perto, fosse como amigo, como parceiro de negócios ou como o namorado que ele disse a irmã que Andrew queria que ele fosse. Andrew tentou várias vezes no passado recente estender suas visitas em Minneapolis, mas Jeff sempre disse não.

Se Jeff não quisesse ter mais nada com ele, e se David o rejeitasse mais uma vez, Andrew estaria encurralado. Ele havia investido tempo, atenção e dinheiro nos dois; não podia aceitar a ideia de que havia sido usado. Agora, os dois homens com quem ele mais se importava viravam as costas para ele, banindo-o para se virar sozinho, inseguro, deprimido e acima do peso. Era culpa deles. Eles o estavam forçando a expor toda a falsidade de sua grandiosidade, como um pavão desgrenhado.

Os anos de mentira patológica, combinados com seu uso habitual de metanfetamina e vício em pornografia violenta, deixaram Andrew perigosamente desequilibrado por baixo das várias camadas de fingimento envernizado. O momento em que Andrew perdeu as esperanças e pegou o martelo englobava não apenas toda sua inveja e autocomiseração, mas também sua vontade a sangue frio de continuar a enganação. Ele manteria a máscara. Ele nunca havia permitido nem mesmo a Norman Blachford um pouco de controle emocional, ainda que Norman fornecesse cada desejo material dele. Como Jeff e David podiam ousar abandoná-lo? Ele subitamente liberou sua fúria.

Como um manipulador experiente que havia dominado David com sexo violento, Andrew agora precisava convencê-lo de que sempre poderia dizer que David estava presente durante o assassinato de Jeff – ou até culpá-lo completamente pelo assassinato –, estivesse ele ali ou não. Como David poderia provar que estava mentindo? Afinal, tudo aconteceu no apartamento dele. Mas, ainda que David tivesse estado lá, horrorizado demais para intervir – e essa possibilidade parece improvável –, Prints não teria latido? É provável que sim, mas Andrew era habilidoso com cachorros, e Prints gostava dele.

Mas por que David não tentou escapar? Andrew certamente podia contar com o horror que David tinha a violência para mantê-lo sob controle. Se ele saísse da linha, Andrew poderia usar de forma mais pragmática as algemas, amarras de pernas e fitas que já havia usado anteriormente por prazer. Da mesma forma, se David pensou inocentemente que podia contar com seus famosos poderes de persuasão, ele pode ter considerado que conseguiria fazer com que Andrew contasse uma história para a polícia e se entregasse. Mas, se David não tinha cem por cento de certeza que Andrew não tinha conexões com a máfia, ou caso tenha se sentido ameaçado, então teria medido seus passos e tentado racionalizar com o impossível. David não tinha muitas opções.

A primeira coisa a ser feita era remover o corpo da porta de entrada. Ele havia caído num tapete oriental que David mantinha perto da porta. O corpo de Jeff foi enrolado no tapete, arrastado três metros depois da mesa de jantar e encostado na parte de trás do sofá da sala.

A maior parte do apartamento de oitenta metros quadrados era um espaço aberto – apenas o banheiro, num ângulo à direita da porta de entrada, era completamente fechado. A área da cozinha era próxima do banheiro, separada por uma parede, e a mesa de jantar ocupava a maior parte da área entre cozinha e sala. Uma repartição definia o espaço de dormir atrás da sala de estar na parte frontal do apartamento. O corpo de Jeff encostado no sofá podia ser visto da porta e de qualquer parte da área da cozinha. As pernas dele estavam para fora e foram cobertas com uma manta oriental cuidadosamente dobrada.

Havia muito sangue para limpar. Tecido e papel-toalha foram usados para enxugar o chão. Ainda assim, dois pares de pegadas sangrentas – um descalço e o outro calçado – foram deixados no piso de madeira. O relógio de Jeff e seu anel da Marinha foram removidos e jogados num saco plástico com amarra, juntamente com uma camisa Banana Republic ensanguentada, o martelo e toalhas sujas de sangue, e a sacola foi colocada debaixo da mesa. O *pager* de Jeff, que apitaria repetida e inutilmente nos próximos dias, foi deixado em seu cadáver.

Jon Hackett esperou por Jeff na Gay Nineties, perguntando-se sobre o motivo de ele nunca ter aparecido. Às 3 da manhã ele foi até o apartamento de Jeff. Como não fazia ideia de que Andrew estava na casa de David Madson, ele não ligou para lá imediatamente. Ao acordar, às 8 horas, e se dar conta de que Jeff não havia voltado para casa, ele começou a ligar para hospitais e prisões. Também telefonou para o trabalho de Jeff, mas não houve resposta. Durante toda a segunda-feira, Jon tentou falar com Jerry Davis, o amigo mais próximo de Jeff na Ferrellgas, mas ele estava fora conversando com clientes e não respondeu.

Jon perguntou seu pai, o administrador da prisão, se ele tinha o número de identificação do veículo de Jeff. Seu pai respondeu que sim. Mas a polícia de Bloomington não estava interessada – eles disseram que, se não conseguissem falar com os pais de Jeff, ele teria que esperar 72 horas para abrir um caso de desaparecimento. "Eles me disseram que Jeff já era grandinho – 28 anos – e que podia fazer o que quisesse." Jon Hackett sabia que Jeff não havia contado aos pais que era gay – então, receava ligar para os Trail. Ele esperava que Jerry Davis ligasse para eles.

Jon foi para as aulas da manhã de segunda e voltou para a casa de Jeff às 8 da noite. "Tudo estava como eu havia deixado. Uma luz ainda estava acessa em cima do fogão. Nada havia mudado." Ele procurou nos arquivos e encontrou o número de telefone do banco de Jeff. Depois de escutar a mensagem de Andrew na secretária eletrônica de Jeff, ele ligou para o número de David duas vezes na noite de segunda-feira, mas não obteve resposta. Esperava ter respostas de Jerry, mas ele não retornou nenhuma de suas ligações durante o dia.

Na terça-feira os patrões de Jeff começaram a se preocupar e Jon finalmente conseguiu falar com Jerry Davis, que também não tinha notícias de Jeff, o que ele achou estranho. Jon continuou tentando nos hospitais e com a polícia, que por fim disse "Quem é você? O parceiro dele?". Jon respondeu "Bem, sim. Ele ainda está desaparecido. Eu quero reportar um desaparecimento". Tanto Jon Hackett quanto Jerry Davis imploraram para que a polícia interviesse, mas os policiais responderam: "Não podemos fazer nada até que um parente se apresente".

Na segunda-feira David não apareceu no trabalho, embora tivesse uma reunião importante às 9 da manhã. Naquela tarde a vizinha do lado de David, Kathleen Sullivan, desceu o elevador do Harmony Lofts. Quando as portas se abriram, ele deu de cara com Andrew e David. "Oi", ela falou sorridente para David. "Oi", ele respondeu debilmente. Ela achou que ele parecia "taciturno ou triste". Andrew ficou em silêncio.

Na manhã de terça, enquanto tomava seu café da manhã, Kathleen Sullivan olhou pela janela e viu dois homens, um dos quais ela pensou ser David, andando com o cachorro perto do rio onde David costumava passear com Prints. O cão estava na coleira – o que não era comum para David. O homem levando o cachorro estava sem camisa; o homem que o acompanhava estava de jaqueta. Ambos estavam longe demais para serem identificados.

Enquanto isso, na John Ryan Company, Linda Elwell, amiga e colega de trabalho de David, recebeu uma ligação da mulher que era o contato de David em um grande serviço que ele estava fazendo para um banco. "Tentei ligar para David o dia todo ontem. Ele tem tarefas para entregar e não fazemos ideia de onde ele está", a mulher falou. "Estou com um pressentimento ruim." Linda disse que ela e Laura Booher iriam dar uma olhada no apartamento dele.

Às 12h15 da tarde, Linda e Laura foram até o apartamento de David e, assim que Laura bateu na porta, ela pensou ter ouvido sussurros do lado de dentro. O cachorro começou a bater com as patas na porta e a arranhá-la, mas ninguém respondeu. Linda, que estava com David quando ele encontrou seu carro arranhado, tinha medo de que Greg Nelson tivesse ido atrás dele. Nelson era o alvo mais óbvio de sua ansiedade.

As duas mulheres voltaram para o escritório e ligaram para a polícia para reportar um desaparecimento – Linda tinha medo de que David tivesse caído na banheira –, mas a polícia sugeriu se encontrar com ela no prédio. Por volta de 2h30 da tarde, dois policiais chegaram, mas não passaram do saguão. "Eles colocaram tantos empecilhos", diz Linda Elwell, afirmando que as trancas poderiam ser estragadas e que ela e David teriam que negociar o pagamento disso. Eles também disseram que talvez precisassem machucar o cachorro caso ele ficasse agressivo.

A polícia estava seguindo as regras. Do ponto de vista deles, as regras de entradas forçadas dependiam de "causa provável". Para que qualquer coisa encontrada seja aceita num tribunal, é preciso que haja uma causa provável para que a polícia entre e vasculhe um lugar. Nesse caso, a polícia não via justificativa. David havia sido visto no dia anterior. Com relação a Prints, se ele causasse algum problema, eles explicaram, "Não se preocupe, senhora, a gente simplesmente atira nele".

Linda e Laura não queriam a responsabilidade por nada que acontecesse a Prints, então deixaram uma mensagem para a síndica do prédio, Jennifer Wiberg, pedindo que ela fosse até o apartamento com sua chave mestra. As mulheres também perguntaram aos vizinhos se eles haviam visto David. Uma inquilina disse que o havia visto levando o cachorro para passear no dia anterior, e isso as acalmou um pouco. Mas Linda deixou uma outra mensagem para Wiberg: "A minha intuição está dizendo para você levar uma escolta policial". Enquanto isso, outra colega de trabalho de David telefonou para Monique Salvetti para expressar sua preocupação. Monique prometeu passar no apartamento quando estivesse voltando para casa.

Por volta de 3 da tarde, Ginger Beck, uma moradora do primeiro andar cujo apartamento dá tanto para Avenida Dois ao norte quanto para a Rua Três, afirma ter visto David e Andrew caminhando em direção ao prédio na Avenida Três. Ela não se lembra se Prints estava com eles. "O rosto de David parecia inchado, como se ele tivesse chorado. Ele estava desalinhado." Mas Andrew gesticulava e falava "mil coisas por segundo".

Jennifer Wiberg, a zeladora do prédio, recebeu a mensagem de Linda e Laura por volta das 4 da tarde. Acompanhada pelo vizinho Perry Del Ghingaro, que também conhecia David, Wiberg bateu com força na porta do 404 e chamou por David. Prints começou a latir como sempre fazia quando havia alguém na porta, mas não houve resposta. Usando a chave mestra, Wiberg abriu a porta.

"Oh, meu...", ela falou. "Oh, Deus." Wiberg imediatamente viu o que parecia ser um corpo enrolado em um tapete oriental. Correu pela sua mente um pensamento de que o corpo parecia mais longo que o de David, mas o cadáver já havia começado a inchar. "Filho da puta", Del Ghingaro falou. "Alguém matou o David."

Wiberg chamou Prints e esperou na escada – chocada – enquanto Perry Del Ghingaro examinou o local mais de perto. Ele viu pernas em jeans azuis e pés em tênis brancos saltando para fora, assim como a enorme quantidade de sangue. Eles voltaram para o apartamento de Jennifer e ligaram para a polícia. A polícia demorou entre quinze e vinte minutos para responder ao chamado. Os policiais uniformizados foram os primeiros a entrar no apartamento, apenas por tempo o suficiente para sentirem o cheiro do corpo em decomposição e se certificarem de que não havia ninguém por lá. Então eles declararam um homicídio. O quartel de polícia ficava na antiga prefeitura, a alguns blocos dali.

"Nós soubemos imediatamente que talvez fosse algo relacionado a homossexualidade", diz o sargento Bob Tichich (pronuncia-se "tichi-itch"), um veterano há 24 anos na polícia que respondeu ao chamado às 4h55 da tarde. "A zeladora sabia que ele era gay. Nós presumimos que era o corpo de David – era razoável presumir isso. Ele não havia aparecido no trabalho – era ele!"

Tichich chamou técnicos forenses para fotografar o corpo e processar o apartamento. "Demos uma volta pelo apartamento. Eles estavam analisando. Nós estávamos entrevistando." A carteira de David estava em cima da mesa de jantar e havia dois pratos de comida parcialmente comidos dentro da geladeira. Uma luz foi deixada acessa. Na gaveta da cômoda do quarto eles encontraram dois pares de algema com chaves, amarras de pernas, duas garrafas de vinho vazias, dois rolos de fita pela metade, uma lata de lubrificante e mais dois pacotes de lubrificante. Havia uma grande sacola com fita isolante enrolada na cômoda, e mais fita isolante enrolada no criado mudo e no chão em frente à cômoda.

Perto da cômoda estava a bolsa preta de viagem que Andrew havia enchido de roupas, filmes pornográficos e esteroides. Agora, ela também continha um coldre vazio, um pente de balas vazio e uma caixa com quinze balas calibre .40 de uma arma Remington Golden Saber.

Às 5 da tarde Linda Elwell ligou para Jennifer Wiberg, que estava conversando com a polícia. Elwell reiterou que Greg Nelson tinha que ser um suspeito. Tichich conversou com Linda Elwell por volta das 7 da noite. Ele disse a ela que acreditava que David havia sido espancado até a morte. A única pergunta dele era "Você encostou na maçaneta? Isso é importante". Ela o assegurou que não tinha feito isso. Alguns minutos depois o tenente Dale Barsness, chefe de Tichich, apareceu. "Era uma cena de crime muito brutal", ele diz, "meio bizarra – o corpo enrolado no tapete. Acreditamos que o assassino ou assassinos planejavam levá-lo para outro lugar".

Não havia urina ou fezes no apartamento, o que indicava que o cachorro havia sido levado para passear por pelo menos dois dias depois do crime. Técnicos forenses serraram pedaços do piso que continham pegadas ensanguentadas. Ninguém se aproximou do corpo. A polícia aguardou até que o médico-legista, o Dr. Eric Burton, chegasse às 7h20 da noite para desenrolar o tapete e revelar o cadáver. Mas o corpo não foi tirado do tapete por medo de que algum cabelo ou fibra de grande valor se perdesse. Com o passar das horas, a polícia continuava a acreditar que o homem morto era David. O corpo não seria retirado do tapete para uma identificação positiva até que o cadáver estivesse no necrotério para uma autópsia.

A amiga de David, Monique Salvetti, uma defensora pública, apareceu para conferir como ele estava e encontrou o prédio cercado por policiais. Ela teria sido capaz de afirmar que o corpo no tapete não era de David e identificar Jeff, mas o corpo ainda estava enrolado e ela foi mantida longe. O sargento Steve Wagner a levou para a base para questioná-la. Monique também falou que Greg Nelson era um suspeito. Ela também disse que um homem chamado Andrew, um californiano ex-amante de David que tinha cabelos escuros e que talvez mexesse com "coisas sombrias", estava hospedado naquele apartamento durante o fim de semana. Deu detalhes do relacionamento dele com David e contou o que sabia sobre as atividades dos dois no fim de semana, mas não se lembrava do último nome de Andrew.

Enquanto isso, David e Andrew iam para o norte pela Rodovia 35 no Jeep vermelho de David.

Desde o julgamento de O.J. Simpson, as regras de evidência mudaram. Com medo da possibilidade de serem humilhados num tribunal como os promotores de Simpson foram, apesar da abundância de evidências circunstanciais, os procuradores federais, estaduais e distritais têm reinado nos departamentos de polícia. Eles agora exigem uma quantidade bem maior de provas antes de acusarem suspeitos de algum crime, e insistem que a polícia siga procedimentos rígidos para evitar alguma possível moção e objeção da defesa durante um julgamento. A situação tem causado uma tensão considerável em alguns quartéis de polícia. Nesse caso, durante as primeiras horas, que eram cruciais, quando poderiam ao menos ter transmitido um boletim sobre o Jeep vermelho de David Madson, os oficiais envolvidos estavam vigiando obstinadamente as evidências.

"Embora seja importante identificar o corpo", Tichich explica, "você não pode perder evidências que te levarão ao assassino. Então, tudo precisa ser feito de forma metódica, meticulosa, para que nenhuma evidência seja arruinada ou destruída".

Inicialmente, até mesmo Linda Elwell, amiga de David, e seu chefe, John Ryan, acreditaram que o corpo provavelmente era dele. Mas logo, conta Linda, eles disseram a Tichich que não acreditavam que era ele: "David era fisiculturista. Ele não deixaria que alguém batesse nele". Enquanto isso, Monique sugeriu que o sargento Wagner ligasse para Jim Payne, amigo de David e advogado em Minneapolis, para ver se ele sabia o sobrenome de Andrew. Payne disse a Wagner que achava que era Kunanen, mas, quando Wagner tentou encontrar esse nome no computador em San Diego, não havia nada. Ele então ligou para Monique, que disse que o sobrenome de Andrew definitivamente era Kunanen ou Cunanen (*sic*). Monique falou que Wagner provavelmente encontraria a informação no porta-cartões no escritório de David.

Monique também falou a Wagner que o cabelo de David era loiro – quase branco na parte de trás. No apartamento de David, a polícia não pôde deixar de notar que o cabelo que aparecia na outra ponta do tapete era escuro, quase preto. Depois entrevistar Monique, Wagner alertou aos oficiais no apartamento que o cabelo de David era loiro, o que foi confirmado facilmente pelas fotos dele no apartamento. Além disso, parecia que esse desconhecido hóspede de cabelos escuros do fim de semana, chamado Andrew, era a vítima.

"Pelo amor de Deus, espero que a gente não esteja na merda agora", Tichich se lembra de ter pensando. "Quando Steve Wagner recebeu a descrição, nós chegamos à conclusão de que possivelmente não era David Madson – o cabelo, nós podíamos ver, era escuro. Agora isso se tornava um problema sério. Nós não poderíamos, de acordo com a lei, entrar sem um mandato se David não fosse a vítima." Tichich estava convencido de que talvez ele tivesse cometido um erro enorme ao entrar no apartamento sem um mandato de busca, embora muitos polícias não tivessem sido tão escrupulosos. Wagner continuou a ligar para Monique, pedindo por mais detalhes físicos de David. Linda Elwell também ligou para Tichich e descreveu David: "Loiro, olhos azuis, forte". Tichich falou para ela:

"Bem, então, baseando nas suas descrições, este corpo não é de David". Às 8 da noite a polícia removeu o corpo; às 10 eles decidiram sair do apartamento e recomeçar no dia seguinte pela manhã com um mandato. A família de David Madson ainda não havia sido notificada. Tichich também ficou sabendo através dos vizinhos que David havia sido avistado andando livremente com o cachorro. Para Tichich, logo, estava claro: David Madson era o principal suspeito.

Por volta de meio-dia na terça-feira, Stan e Ann Trail foram para a casa de Lisa Stravinskas, a filha deles, em Elgin, Illinois, para buscar seus dois netos. A família ia de uma crise médica para outra. Lisa estava grávida de oito meses e passando por uma gravidez extremamente complicada que culminou em um parto prematuro. Ela precisou ficar no hospital para que os médicos determinassem se os pulmões do bebê estavam desenvolvidos o suficiente para que fizessem uma cesárea. Ann Trail ainda estava se recuperando de uma cirurgia de câncer a que tinha sido submetida algumas semanas antes. Ainda assim, os Trail cuidariam dos meninos enquanto Lisa e seu marido iam para o hospital para fazer uma amniocentese e um sonograma. Jerry Davis não conseguiu falar com os Trail até o fim da tarde de terça.

No início, os pais de Jeff pensaram que ele havia ido para o Texas para ver sua irmã Candy, porque não aguentava mais Minneapolis. Jerry Davis ligou outra vez para a polícia de Bloomington para informar que os Trail não haviam tido notícias de Jeff e marcou uma reunião com um detetive e com Jon Hackett, o namorado de Jeff, para a quarta-feira de manhã. Por fim, a polícia de Bloomington concordou em emitir um anúncio de pessoa desaparecida.

"Diga para Jeff que estou quase tendo o bebê", Lisa avisou ao padrasto. "Ele queria estar aqui quando nascesse." Stan Trail respondeu: "Não posso fazer isso. Jeff está desaparecido". O corpo de Jeff ainda estava enrolado no tapete no necrotério de Minneapolis quando, às 9h47 da noite de terça-feira, 29 de abril, a polícia de Bloomington, Minnesota, emitiu o aviso de "Adulto Desaparecido Jeff Allen Trail". O aviso exibia um número errado para a placa de seu Honda Civic 1996 verde (que não dizia mais "Navy [Marinha] 91"). O boletim também dizia que Jeff havia saído para se encontrar com um velho amigo chamado Andrew numa cafeteria, e que Andrew "morava com um homem chamado Dave".

Ele exibia o número de telefone da casa de Madson. O aviso pedia uma busca em toda a região metropolitana. A polícia assegurou Jerry Davis que, se nada acontecesse durante a noite, eles fariam um alerta nacional na quarta-feira pela manhã.

Às 6 da tarde, quarta-feira, 30 de abril, o Jeep de David Madson estacionou na Rua Water, número 300, em Chicago. Ninguém viu o motorista. Às 8h15 da manhã, em Elk Grove Village, em Illinois, a irmã de Jeff deu à luz uma garotinha chamada Emmy. Quase ao mesmo tempo, um detetive de Bloomington ligou para Stan Trail a fim de verificar se Jeff não havia entrado em contato com a família, e falou bruscamente: "Você sabe que ele é homossexual, não sabe?". Lisa diz hoje: "Como se isso explicasse tudo". Na verdade, Stan Trail não sabia que Jeff era gay, mas naquele momento, ele se lembra, a descoberta pareceu "minúscula perto do fato de que ele estava desaparecido".

Enquanto isso, às 9 da manhã em Minneapolis, a autópsia no corpo ainda não identificado de Jeff começava, com a presença do sargento Wagner como testemunha policial. O sargento Tichich, depois de pegar o número de telefone dos pais de David Madson em Wisconsin, estava no tribunal onde, às 9h20 da manhã, conseguiu um mandado de busca para entrar no apartamento de David.

Quando o corpo completamente vestido de Jeff foi retirado do tapete ensopado de sangue, o médico-legista encontrou uma carteira preta de nylon no bolso direito traseiro da calça jeans da vítima. Continha todos os documentos de Jeff e 42 dólares. Jeff foi, finalmente, identificado por uma tatuagem de Marvin, o Marciano, em seu calcanhar esquerdo. Ele também tinha um piercing no mamilo e um anel no dedão do pé. O conteúdo da carteira levou o legista facilmente até a família Trail em DeKalb, Illinois, onde um capelão católico local, acompanhado de um policial, chegou na casa da família mais tarde naquela manhã para anunciar que o filho deles tinha sido assassinado.

O sargento Steve Wagner voltou da autópsia com a notícia de que o corpo havia sido identificado como Jeff Trail. Ele tinha um pressentimento, confidenciou para alguns colegas, desde que ouvira falar sobre Andrew e seu relacionamento com David em sua entrevista com Monique, de que "David não se encaixa nisso tudo. Acho que vamos encontrar David Madson morto". Ele também se lembrou de que Monique havia mencionado que

Andrew tinha um amigo chamado T.J. ou J.T. Ele ligou para ela e ela confirmou que sim, o amigo de Andrew realmente era Jeff Trail.

A Ferrellgas, onde Jeff trabalhava, foi notificada, e Jerry Davis dirigiu até o apartamento de Jeff para dar a notícia a Jon Hackett. Agora eles não precisariam mais comparecer ao compromisso deles com a polícia de Bloomington na quarta-feira de manhã.

Enquanto esperava por Jerry Davis, Jon Hackett ligava insistentemente para o apartamento de David Madson mais uma vez. Quando o telefone tocou, Tichich, que estava lá com seu mandato, havia acabado de ficar sabendo a identidade de Jeff Trail. Ele não atendeu ao telefone, mas ficou animado ao ver que o identificador de chamadas indicava "Casa de Jeff Trail". Oh, meu Deus, Tichich pensou, estou falando com um morto. Ele retornou a ligação imediatamente e Jon Hackett atendeu. "Quem é ele?", Tichich pensou, imaginando se falaria com o suspeito ou com a vítima. Hackett também estava curioso. "Ficamos nesse jogo de gato e rato", Tichich diz. Quando Hackett explicou que havia declarado Jeff como desaparecido para a polícia de Bloomington, foi a primeira vez que Tichich ouviu falar sobre o assunto. Mas não era incomum. Adultos desaparecidos são comuns. "Todo dia a gente recebe ligações sobre pessoas que não aparecem no trabalho, e 99,9% deles querem desaparecer."

Tichich fez perguntas sobre o relacionamento de Jeff com Andrew e sobre as tatuagens de Jeff, às quais Hackett foi capaz de responder. Então, Tichich confidenciou: "Eu não devia te falar isso, mas encontramos um corpo. Achamos que é de Jeff". Jon Hackett ficou tão chocado que fez Tichich repetir duas vezes. Só então Jerry Davis chegou e confirmou a terrível notícia.

Os pais de Jon Hackett planejavam uma festa de aniversário para ele naquela noite na casa de seu irmão, a 45 minutos de distância na direção norte. A mãe de Jon atendeu o telefone para escutar seu filho abalado dizer que era gay e que seu namorado havia sido assassinado. Ela disse que o fato de ele ser gay poderia ser discutido mais tarde; que apenas devia ir para casa. Só quando estava na estrada e escutou o nome de Jeff no jornal das 6 horas da estação WCCO, Jon relembra, é que a ficha realmente caiu: Jeff estava morto.

Na quarta-feira de manhã, na página B7 da seção metropolitana do jornal *Star Tribune* de Minneapolis, os leitores encontraram os primeiros dois parágrafos de imprensa sobre um caso que seria gigantesco em breve.

"O corpo de um homem foi encontrado na terça-feira pela manhã em um apartamento no distrito comercial de Minneapolis, e a polícia está investigando o caso como homicídio..."

Algumas horas depois de dar à luz por meio de uma cesárea, Lisa Stravinskas recebeu a notícia sobre a morte do irmão. O segredo de Jeff, guardado até então por ela e suas irmãs, estava exposto. Sob as circunstâncias mais trágicas possíveis, enquanto começavam a fazer os preparativos para trazer o corpo do irmão e filho brutalmente assassinado, a família Trail, como um todo, precisava lidar com o fato de que Jeff era gay. Stan Trail olhou para trás e se lembrou de que um dos motivos para ele ter saído da Patrulha Rodoviária da Califórnia era o fato de que ela não "era muito tolerante com pessoas com estilos de vida alternativos". Hoje o pai de Jeff diz: "Ele nunca falou que era uma dessas pessoas. Jeff nunca contou para a mãe que era homossexual, mas ele nos deu várias pistas. Ele nunca escondeu nada. Ele nos apresentou pessoas que obviamente eram gays – eu que nunca liguei as coisas. Isso é uma observação sobre a minha percepção. Ele fez tudo exceto me agarrar pelo ombro; queria que eu perguntasse, mas eu nunca perguntei. Talvez eu não tenha perguntando por causa de alguma coisa no meu subconsciente".

"Acabei pensando", diz Ann Trail, "um dos motivos de eu nunca ter chegado a essa conclusão era porque Jeff era muito intolerante com as pessoas que não cumpriam as expectativas dele de como se comportar – pessoas que usavam maconha e, por um bom tempo, pessoas que tomavam bebidas alcóolicas. Eu queria perguntar a ele, mas pensei, se eu perguntar a Jeff uma coisa dessas, ele nunca mais vai falar comigo outra vez. Eu realmente achei que ele ficaria insultado e ofendido se eu perguntasse".

18

SUSPEITO

"Esse é um caso estranho", o sargento Bob Tichich se lembra de ter pensado quando viu a cena do crime no apartamento de David pela primeira vez. "Me pergunto como tudo isso vai terminar."

Na investigação do assassinato de Jeff, que Tichich comandou, ele estava destinado a fazer o papel do "policial malvado". Para a família de David Madson, ele era o investigador antipático e mau que inicialmente suspeitara que David estava envolvido no assassinato de Jeff Trail e não mudava de ideia. Por quê? Simplesmente porque não encontrou evidências que o permitissem fazer isso. Ele ainda diz: "Meu instinto me diz que não foi ele, mas meu instinto não conta".

Teimoso e escrupuloso, Tichich, 52, é alto e está começando a ficar careca, e seu comportamento indica que ele se atém aos fatos. Ele tem uma voz monótona e aparentemente não compreende como seu jeito direto de falar afeta os outros – ele não entende sentimentos. Um alpinista que investiga a fundo atrás de fatos, ele não vê motivos para se conformar. No caso Madson, foi irredutível em seus princípios. Na verdade, Tichich e seu jovem parceiro, Pete Jackson – um esperto ex-agente negro da Narcóticos –, discutiam como um casal de velhos e pareciam ter saído diretamente de uma série de comédia sobre policiais. Os amigos frustrados de David Madson, que se recusavam a acreditar que ele teria ajudado Andrew de qualquer forma, não viam essa semelhança televisiva. Usaram uma metáfora cinematográfica mais próxima da realidade deles: para eles, Tichich era "*Fargo* sem Margie".

Tichich estava tentando conseguir a ajuda de Jerry Davis para localizar Andrew. Será que Jerry poderia vasculhar o apartamento de Jeff em busca do telefone de Andrew? Jerry quis saber se deveria manter todo mundo longe da casa. "Absolutamente não", Tichich respondeu. "Não é a cena do crime." Quando Davis perguntou se podia limpar o apartamento, a resposta foi positiva. "Mas Andrew ficou aqui. Eu deixo pelo menos o banheiro de lado?" Ele disse que Tichich respondeu: "Não, pode limpar tudo". Davis decidiu não seguir o conselho do sargento. "Deixei o banheiro intocado, assim como o quarto onde Andrew estava hospedado, mas limpamos todo o resto." Davis, preocupado que a família de Jeff pudesse encontrar revistas eróticas, estava decidido a deixar o apartamento "menos gay".

Depois que Jerry Davis encontrou o nome Andrew DeSilva e um número de San Diego no porta-cartões de Jeff, foi Pete Jackson, sob ordens de Tichich, que encontrou o número de Andrew no identificador de chamadas de David ao analisar todas as chamadas interurbanas. Quando Jerry ligou para o número, a mensagem da secretária eletrônica era: "Você ligou para Andrew e Erik". A mensagem também indicava o número de telefone de Andrew. Na quarta-feira, Jackson pediu à polícia de San Diego que tentasse encontrar Andrew e avisou que dois suspeitos de assassinato poderiam estar indo para lá. A polícia de San Diego então confirmou o endereço de Andrew, Rua Robinson, 1234, e informou o nome do colega de casa, Erik Greenman.

Wagner foi para o escritório de David pegar o porta-cartões e pedir a John Ryan para checar se David estava usando seu cartão de crédito corporativo ou cartões de telefone. Quanto mais aprendia sobre David Madson, menos o via como alguém que se envolveria em um assassinato. "Eu estava tendo a impressão de que David era um cara pacífico e não violento, disposto a fazer qualquer coisa por qualquer um, inclusive Andrew Cunanan."

Foi somente na quarta-feira às 9 da noite que Tichich emitiu o primeiro alerta nacional sobre David Madson e seu veículo, mas não havia nenhuma menção a Andrew como suspeito e nenhum pedido para deter o motorista. Demoraria até a sexta-feira para que um mandado criminal fosse expedido em busca do carro desaparecido de Jeff. De vez em quando a polícia omite deliberadamente os nomes dos suspeitos que procuram para não os afugentar. Em outras ocasiões, eles não sabem quem estão procurando. Neste caso, diz Steve Wagner, "era um pouco das duas coisas". O carro de Jeff, que estava estacionado a alguns quarteirões de distância da casa de David desde o domingo à noite, tinha uma placa nova, então ainda não havia sido encontrado. E foi só na noite de quarta-feira que a polícia entrou em contato com o aeroporto para ver se o carro de David estava estacionado por lá. Eles ainda não tinham tentado descobrir se Andrew havia voltado para casa ou não. Mas Tichich ligou para o xerife do Condado de Barron, em Wisconsin, para descobrir onde os pais de David moravam.

Embora o filho deles estivesse desaparecido havia três dias e um corpo tivesse sido encontrado no apartamento dele, Carol e Howard Madson não sabiam de nada. No fim da tarde de quarta-feira, enquanto Carol fazia o jantar, ela viu uma notícia na TV sobre um assassinato num prédio de apartamentos no centro de Minneapolis. "Nossa, parece o prédio de David", ela pensou. Naquele dia ela havia acabado de receber um cartão de aniversário de David, que ele havia colocado no correio no sábado anterior.

Se a família de David permanecia no escuro, as notícias sobre o assassinato de Jeff Trail e o fato de que Andrew estava desaparecido viajaram rapidamente entre Minneapolis e San Diego. Na quinta-feira a polícia começou a se aproximar de Erik Greenman, que não ficou confortável de ser cercado por inúmeras viaturas num semáforo em um bairro de San Diego. Ele disse para a polícia que havia ouvido falar sobre a morte de Jeff Trail através de Arthur Harrington, um advogado que era amigo de Andrew, e que Andrew usava dois nomes, Cunanan e DeSilva.

Erik disse que Andrew não era violento e que nunca mataria Jeff – eles eram melhores amigos. Ele também disse que David era a pessoa dominante no relacionamento entre ele e Andrew, e especulou que David poderia ter se tornado violento com Jeff caso Jeff tivesse feito ou dito algo que ficasse entre David e Andrew. Assim sendo, foi um amigo que ofereceu à polícia a teoria do triângulo amoroso gay que alguns da mídia espalhariam, irritando as famílias Trail e Madson e causando uma indignação considerável na imprensa gay. Erik se ofereceu para dar os números de telefone e endereços dos conhecidos de Andrew, mas ninguém pediu para inspecionar o apartamento, e ninguém o mandou não tocar em nada no quarto de Andrew para evitar a contaminação de evidências.

No início, a simples ideia de que Andrew seria capaz de cometer assassinato foi descartada amplamente. O amigo mais próximo de Jeff, Jon Wainwright, entrou em contato com a polícia de Minneapolis para dizer que não achava que Andrew faria uma coisa dessas. Contudo, Rich Bonnin e o advogado amigo de David, Jim Payne, também entraram em contato com a polícia depois de ler a matéria no *Star Tribune* sobre o corpo no apartamento de David. Nenhum deles havia conseguido falar com David, e a polícia não dava nenhuma informação. "Todos os amigos de David e Jeff Trail viveram na mesma cidade por seis meses e nada nunca aconteceu", diz Rich Bonnin. "No fim de semana em que Andrew está aqui, Jeff é assassinado. 'Você precisa procurar por Andrew', eu falei para o Wagner. Mas tudo que eles disseram foi 'Onde você acha que David está?'."

Tichich tinha certeza de que David tentaria ligar para casa. Na quinta-feira a polícia começou a rodear a casa da família Madson. Ele avisou a Linda Elwell pelo telefone: "Acreditamos que David esteja tendo impulsos suicidas, e se ele tentar ligar para você, é bom que você me ligue". Monique Salvetti, ela mesma uma oficial de justiça, ficou chocada quando Tichich disse que era melhor que ela também ligasse. "'Vocês vão nos ajudar ou não? Posso contar com a cooperação de vocês? Se você tiver notícias de David, se souber de alguma coisa, espero que me conte'", Monique se lembra de Tichich dizer. "Tive a clara impressão de o que o que ele realmente estava dizendo era 'Não nos sacaneie'."

Ela e Elwell se ofenderam, assim como muitos outros amigos de David, de serem suspeitas de acobertar um fugitivo. Também ficaram irritadas com o fato de que a polícia estava se concentrando em encontrar David, mas não Andrew, embora Wagner tivesse assegurado que este não era o caso. "Eu sei que os colegas de trabalho de David ligaram e gritaram com a polícia 'É melhor vocês tratarem isso como um caso de pessoa desaparecida, porque ele não seria capaz de fazer isso'", diz Monique, "mas a polícia respondeu 'Olga, a gente vê muita coisa que vocês não veem', de forma bem desdenhosa. Era o tom de voz que eles usavam. Eles concluíram que era David e não precisavam de muita evidência." Elwell e Laura Booher, que foram procurar por David na terça-feira, não entendiam por que elas não haviam sido formalmente interrogadas. Se Tichich estava suspeitando de David, elas queriam saber, por que não havia sido colocado na mídia e transmitido que estavam procurando por ele? Tichich basicamente as mandou cuidar de suas vidas. "Vocês não conhecem os fatos."

Na terça-feira de manhã, 1º de maio, Wagner ligou para Carol Madson, a mãe de David, pela primeira vez, para contar que o filho dela estava desaparecido. "Ele tinha a voz mansa", Carol se lembra. "Ele não me assustou. Disse que um corpo foi encontrado na casa de David e que estavam procurando por ele para um interrogatório. Eu estava meio chocada."

"A gente estava tentando pegá-lo", Wagner explica, ao surpreendê-lo caso fosse para casa. Carol Madson disse a Wagner que não tinha notícias de David havia dez dias, mas claro que cooperariam. "Eu desliguei o telefone e liguei para Ralph na loja." Ela disse ao filho: "Encontre o seu pai e venham aqui, vocês dois". Estava preocupada com o marido.

Howard Madson, o pai de David, estava fazendo uma entrega da loja fora da cidade, mas não muito longe. Ele tinha tido um forte ataque cardíaco três anos antes, foi operado duas vezes e fez seis pontes de safena. Sua esposa estava receosa de que a notícia precipitasse um novo ataque. Bem naquela hora, Howard Madson entrou na loja de ferramentas. "Precisamos ir para casa agora", Ralph conta ter dito ao pai. "Então eu precisei acalmar meu pai, porque ele pensou que alguma coisa tinha acontecido com a minha mãe. Quando entramos, mamãe estava em frangalhos. Ela nos contou a história. Não fazia sentido. Não podia ser verdade. A gente não havia entendido a história direito." Eles ligaram para Wagner, que repetiu o que havia contado para Carol.

Enquanto isso, Greg Nelson ligou para a polícia para saber se David era a vítima do homicídio. Seu advogado havia dito que, se isso fosse verdade, ele poderia ser um suspeito. Para se livrar das suspeitas, Nelson disse que poderia mandar por fax cópias das passagens de avião que mostravam que ele havia ido para Washington, onde morava, no dia 23 de abril. Ele também acusou David de "abuso físico e psicológico". Essa e outras evidências que a polícia estava juntando "para corroborar atividades sadomasoquistas", de acordo com Tichich, contribuíram para a crença de que David poderia ter tomado parte no assassinato de Jeff. "Era um fato bem conhecido que David estava envolvido em sadomasoquismo, assim como Cunanan, e isso durou bastante tempo."

Quando o sargento Tichich ligou para os Madson por volta das 2 da tarde e falou com Carol Madson, foi a vez dela de se sentir insultada. "'Seu filho é um homossexual que usa esteroides'", ela afirma que Tichich disse. "'Ele entrou em estado de fúria e matou Jeff Trail. Pessoas que usam esteroides podem fazer isso. Ele está sendo procurado por assassinato. Se ele entrar em contato, é melhor que nos avise.' Eu falei 'Bem, isso é ridículo'", Carol Madson se lembra. "'David não usa drogas. Ele se opõe a drogas de qualquer tipo', o que era verdade." Ela acrescenta: "Ele [Tichich] não tinha provas, obviamente. Ele era muito bronco... A atitude dele era toda 'Bem, você já sabia disso'". Ela contou a conversa para seu filho e marido, que afirma ter escutado a mesma coisa de Tichich dois dias mais tarde.

Tichich, que nega ter falado com a Sra. Madson, afirma que ele acreditava naquela época que David deveria ter sido acusado formalmente de assassinato. Os esteroides na bolsa, a descrição de Erik Greenman da dominação de David em seu relacionamento com Andrew e o fato de que Andrew e Jeff eram próximos, tudo isso reforçava a primeira teoria da polícia: um assassinato relacionado a um triângulo amoroso homossexual engatilhado por um acesso de fúria causado por esteroides. "Eu pensei em Madson primeiro porque ele não apareceu para o trabalho. Havia um corpo enrolado no tapete", Tichich explica. "Toda essa evidência física. Eles andaram sobre o sangue e tomaram cuidado para esconder o corpo. Era preciso acreditar que Andrew fosse capaz de controlar Madson durante um longo período de tempo sem a possibilidade de fuga."

Tichich foi até o escritório da promotoria do Condado de Hennepin para pedir um mandado acusando David Madson de assassinato. O pedido foi negado. "O assassinato aconteceu na casa dele e ele foi visto andando depois. Eu pensei que devia fazer a acusação", ele diz. Tichich também foi citado na TV local acusando David, dizendo: "Eles enrolaram o corpo de Jeff num tapete e planejavam se livrar dele". Em outro trecho para a televisão, ele falou: "Eles aproveitaram a oportunidade para fugir pelos fundos e entrar no Jeep de David".

Na noite de quinta-feira, a família Madson começou a pensar que "a vida de David estava seriamente em perigo", diz Ralph, que já estava furioso com a forma como Tichich conversara com sua mãe. Quando ligou para Tichich naquela noite, ele afirma, o detetive disse que alguém acusou David de ter passado HIV para ele, ao que Ralph respondeu "Besteira!". Ralph então ligou para Steve Wagner para reclamar da ligação ofensiva de Tichich para sua mãe e foi ouvido com empatia. Wagner se tornou "o policial bom".

Dali em diante, Steve Wagner passou a lidar mais com os Madson. Ironicamente, Tichich diz que não se lembra de nenhuma conversa que teria azedado seu relacionamento com os Madson – "Eu não fazia ideia de que havia algum problema entre a gente e estou surpreso com isso desde que aconteceu", ele diz hoje. Por outro lado, Tichich se tornou o policial bom dos Trail, retornando as ligações prontamente e tratando-os com educação. Na quinta-feira à noite, Ralph disse a Wagner: "Alguma coisa aconteceu com o meu irmão, eu sei". Wagner, por sua vez, começou a pegar informações sobre Andrew graças aos seus interrogatórios com Monique Salvetti. "Esse tal de Andrew é um *hombre* mal", Wagner disse a Ralph. "A gente teme pela vida do seu irmão."

Sexta-feira, 2 de maio, foi um dia frustrante para os investigadores. Armado com um mandado de busca e dois técnicos, Wagner foi até o apartamento de Jeff Trail para buscar o bilhete que Andrew havia escrito para Jeff e a mensagem de voz que Andrew deixou na secretária eletrônica. De início, contudo, nem Jerry Davis nem Jon Hackett podiam identificar positivamente a voz de Andrew. Os técnicos tiraram fotos e impressões digitais, mas não conseguiram nada; deixar que Jerry Davis limpasse o lugar foi um erro. A incapacidade de encontrar amostras das impressões digitais de Andrew em qualquer lugar acabaria se tornando um problema ao se construir um caso contra ele.

Em Barron, os Madson estavam desesperados. Fizeram inúmeras ligações tentando localizar David. Diane Benning, irmã de David, foi a única pessoa da família a conhecer Andrew e estava ciente das hesitações do irmão com relação a ele. "Eu soube na hora que tinha sido Andrew", ela diz. Nenhum dos Madson tende a assumir uma postura passiva, mas Ralph se lembra de que Diane estava particularmente frustrada e irritada. "Minha irmã ficou no telefone umas dez vezes, gritando 'Pelo amor de Deus! Vocês precisam encontrar David!'."

Naquela manhã, os Madson foram surpreendidos ao encontrar no "Quadro de Avisos" do jornal *St. Paul Pioneer Press* – uma página de miscelâneas composta em sua maioria por contribuições humorísticas dos leitores (Howard Madson a lia religiosamente toda manhã) – uma notícia intitulada: "Uma piada para hoje: de David, que é um engenheiro e está bem". A piada começava: "Um engenheiro, um arquiteto e um artista estão discutindo...". Jeff era um engenheiro treinado, e Andrew se apresentava como um especialista em arte. Poderia ser uma mensagem velada de David? Eles pensaram que sim, porque David sempre zoou seus pais por lerem aquela página. Pediram para que Wagner ligasse para o jornal e encontrasse a pessoa que havia escrito aquilo. "Fiquei boquiaberto quando li aquilo", diz Wagner. "Eu pensei 'Isso com certeza veio dele'. Mostrei pra Tichich. Todo mundo disse 'Deve ser do David'."

Mas o *Pioneer Press* se recusou a revelar suas fontes, mesmo as de coisas amenas. Wagner estava furioso. "Eu ameacei fechar o jornal", diz. O procurador distrital não gostou muito disso. O jornal disse que a contribuição tinha vindo por e-mail e que iria conduzir sua própria investigação. Quando a polícia não obteve resposta, Tichich entrou numa discussão acalorada com um repórter do *Pioneer Press*.

Na sexta-feira depois do trabalho, Howard e Ralph Madson entregaram um cortador de grama para um cliente fora da cidade. "Foi bem difícil não desabar", diz Ralph. Pai e filho tiveram uma conversa desesperadora. "Oh, meu Deus, você imagina o que David está pensando agora?", Howard Madson perguntou. "Imagine como ele deve estar assustado", Ralph respondeu. A conversa foi tão emotiva que Ralph ligou para Wagner depois. Ele fez Wagner prometer que, se qualquer coisa acontecesse com David, ele seria o primeiro a receber a notícia, não seus pais. Estava preocupado que seu pai não conseguisse receber o choque. "Isso é contra nosso protocolo", Wagner respondeu, mas Ralph fez com que ele concordasse.

Em La Jolla, San Diego, a polícia deixou uma mensagem para Norman Blachford depois de encontrar o endereço de seu imóvel na praia listado como endereço de Andrew Phillip Cunanan numa carteira de motorista recente. A polícia também encontrou um endereço de MaryAnn Cunanan em Rancho Bernardo, mas os vizinhos disseram que ela havia se mudado para Chicago em 1995. A digital de polegar que Andrew havia fornecido ao Departamento de Trânsito da Califórnia era a única existente em qualquer lugar a partir do qual poderiam estabelecer uma base de comparação. Além desses, não havia quaisquer outros registros – nenhum para Andrew DeSilva –, e esse fato por si só deixou o trabalho da polícia ainda mais difícil.

Tichich não estava fazendo muitos avanços. Ele ainda pensava que David Madson era o principal suspeito e que possivelmente era soropositivo. Outras teorias e perguntas continuavam a surgir: será que Jeff falou alguma coisa que causou uma tensão entre Andrew e David, fazendo com que Andrew surtasse? Ou será que *David* surtou? Tichich pediu a Jerry Davis, ex-agente de inteligência da Aeronáutica, para ajudar a polícia a descobrir se Andrew tinha uma passagem de ida e volta ou só de ida para Minneapolis. Davis diz que Tichich pensou que Andrew devia ter alguma coisa com militares. "Ele veio com uma enorme conversa fiada sobre o Departamento de Polícia não poder ir aos lugares e obrigar as pessoas a fazerem coisas. Precisam ir de acordo com o sistema."

Jerry pensou que estava sendo convidado a fazer o trabalho de outra pessoa e se zangou com Tichich. "O que começou a me irritar foi que ele estava me fazendo mil perguntas e não me contava nada." Tichich, por outro lado, sentia que estava apenas fazendo o seu trabalho – ele não precisava contar nada. "No início eu pensei que era porque a vítima era gay, por isso eles ficavam fazendo corpo mole", Jerry Davis conta. "Mas existem onze policiais gays na força policial de Minneapolis." Alguns deles asseguraram a Jerry que ele estava errado, que Tichich apenas tinha um jeito peculiar.

Por fim, às 8 da noite de sexta-feira, o Honda Civic 1996 de Jeff Trail foi encontrado a dois quarteirões de distância do apartamento de David, onde estava estacionado desde domingo. Já haviam se passado cinco dias desde o assassinato de Jeff e a polícia não tinha muita coisa desde a noite de terça, quando o corpo foi encontrado. Pior ainda, ninguém fazia a menor ideia de onde procurar por Andrew e David.

19

CHISAGO

A coisa mais famosa no Condado de Chisago, cuja população é de 40 mil habitantes, é o enorme centro de reabilitação para dependentes químicos, a Fundação Hazelden, onde várias celebridades – Calvin Klein, Eric Clapton, Bob Packwood, Liza Minnelli, Kitty Dukakis – se internaram para se desintoxicar. Também há uma fazenda de búfalos, mas, de qualquer forma, o Condado de Chisago, ao norte de Minneapolis, é um lugar pitoresco, rural e pacífico, com plantações de milho, soja e aveia. Lake Wobegon, a cidade fictícia criada pelo escritor Garrison Keillor, onde todas as pessoas são acima da média, poderia muito bem ser ali.

A estação de pesca começa no início de maio, então na manhã de sábado, 3 de maio de 1997, Kyle Hilken e Scott Schmidt estavam procurando por lugares onde montar acampamento para sua viagem de pescaria no próximo fim de semana no Lago East Rush, que ficava a uma hora de distância de Minneapolis. O lago não é visível da estrada, mas entra no campo de visão alguns quilômetros abaixo seguindo uma estrada de terra, depois de uma curva não muito longe do desvio de Rush City a partir da Rodovia 35. Uma parada lógica depois de ver o lago é um casebre abandonado de telhado vermelho com uma torre encarapitada. É feita de placas laterais de madeira em um estilo antigo, e as janelas estão quebradas e vedadas com tábuas. Pinheiros altos emolduram os fundos da casa; pés de abóbora e nogueiras crescem na frente. Ali perto há um celeiro pequeno e decadente, e entre os dois prédios, um caminho de cascalho que leva para um gramado em uma encosta íngreme, de cerca de 42 metros, descendo em direção ao mato alto e à relva ao longo do lago.

Por volta de 10h45 daquela manhã, Hilken e Scott dirigiram até o fim da estradinha e Hilken desceu do carro. Ele caminhou por apenas alguns metros antes de chamar Scott. Os dois olharam para baixo, perto da água, então voltaram para o Jeep e ligaram para a polícia. Um corpo, usando jeans e uma camisa de flanela xadrez, estava deitado de costas e com o rosto virado para o lago a três metros da água. O olho direito havia sido estourado e o esquerdo estava aberto.

Madson levou três tiros. "Eu acho que ele foi pego de surpresa", diz o sargento Todd Rivard, do Departamento do Xerife do Condado de Chisago, que supervisionou a cena. "Ele tinha ferimentos defensivos no mindinho esquerdo e na articulação. Foi alvejado no olho direito, na bochecha direita e nas costas, entre as escápulas – a bala se alojou no peito dele." Uma marca de pneu era visível na grama, e o corpo havia sido arrastado por seis metros. O corpo não tinha identificação, apenas um marcador de páginas de uma livraria em São Francisco. Um conjunto de chaves e um sistema de acesso remoto ao Jeep de David foram encontrados por perto. O carro não estava ali.

Para Rivard, um homem grande como um urso, com 46 anos e um bigode, que por dezessete anos foi o sargento "encarregado de todos os homicídios em Chisago", o corpo "parecia fresco". O olho esquerdo, por exemplo, parecia "úmido". Embora tivesse chovido mais cedo na semana, e ventos frios e fortes tivessem varrido o lago, os dois dias anteriores tinham sido claros. O sol, diz Rivard, podia acabar com um corpo naquela época do ano. Se David tivesse ficado lá por mais tempo, seu corpo estaria mais decomposto. E o cadáver estava limpo. "A condição das roupas dele e tudo mais... A aparência estava boa. Quero dizer, ele estava limpo, sem terra, com exceção das costas, que foram arrastadas. De resto o cara estava com boa aparência." Ainda assim, o cadáver tinha insetos na boca. O legista do condado, Dr. John Plunkett, patologista forense há mais de vinte anos, que já tinha visto "centenas e centenas" de corpos, chegou na cena do crime e disse que David estava morto havia 36 horas no máximo.

"Tivemos muitos corpos desovados no nosso condado, e sempre parece ser perto da água", diz Rivard, "como se tivesse alguma aura de mistério ao redor dela". Rivard supõe que, como teria sido difícil para o assassino enxergar a água à noite, "o rapaz provavelmente foi morto durante as horas do dia". Em condados pequenos como Chisago, eles contam com uma agência estadual, o Departamento de Apreensão Criminal de Minnesota, para processar a cena do crime. O departamento também serve como ligação entre jurisdições. Jon Hermann, agente do departamento, foi um dos primeiros a aparecer no casebre. Ele pensou que David parecia um fisiculturista.

Rivard queria identificar o corpo o mais rápido possível, então mandou delegados para a pequena Rush City com fotos do cadáver para ver se alguém o reconhecia. Ninguém reconheceu. Por volta das 7 da noite, o corpo foi removido do local. O processamento continuou noite adentro. No mato, perto das marcas de pneu, encontraram a cápsula de uma arma Golden Saber .40. Outra seria encontrada com um detector de metais alguns dias depois, enterrada alguns centímetros no chão. Uma busca pela arma do crime na parte rasa do lago, tanto de barco como com mergulhadores, não foi encontrado nada.

No sábado à noite, Bob Tichich apareceu no noticiário noturno do Channel 9. Diferentemente da polícia de Minneapolis, que cuidava do assassinato com discrição na esperança de pegar David desavisado, a polícia de Chisago publicou a descoberta imediatamente. Quando Tichich viu a história de um homem branco não identificado encontrado na margem do Lago East Rush, entrou em contato rapidamente com Todd Rivard e eles compararam anotações. A descrição física dada por Rivard batia com a de David Madson, e o fato de que ele havia sido atingido com uma bala calibre .40 pareceu encerrar o assunto.

Rivard ligou para Jon Herman do departamento, que se ofereceu para pegar fotos de David com a polícia de Minneapolis e comparar com as fotos que o laboratório do Departamento de Apreensão Criminal havia tirado em Chisago naquela tarde. Wagner estava de "cão de guarda" – o turno da madrugada –, e Hermann falou para ele que a hora da morte provavelmente era o fim de sexta. Isso significava que David e Andrew estiveram juntos por cinco dias depois do assassinato de Jeff Trail, mas ninguém os viu. Algumas horas depois, Herman ligou de volta. Ele estava certo de que o corpo era de David Madson, mas uma identificação positiva só seria possível na segunda-feira de manhã, durante a autopsia. Wagner pediu permissão para contar para a família Madson.

No sábado, Howard Madson teve outra discussão com Tichich, que falou sarcasticamente que David e Andrew estavam na Riviera Francesa juntos. Ralph Madson foi trabalhar na loja de ferramentas naquele dia, mas não conseguia se concentrar. Ele se lembra de um cliente pedindo por um galão de tinta laranja para misturar. "O primeiro galão era verde.

O segundo, azul. O terceiro, marrom. Por fim eu virei e disse: 'Vou precisar arrumar outra pessoa para te ajudar'. Não podíamos contar para ninguém – o que você fala numa hora dessas?" Naquela noite ele foi para a cama às 11 horas. Sua esposa, Cindy, estava chorando. "Ralph, estou com um péssimo pressentimento agora", ela falou. "Vamos apenas passar por mais essa noite", ele respondeu. Às 2h15 da manhã o telefone tocou.

"Ralph, aqui é o sargento Wagner." Ralph sentou-se na beira da cama. "Esse é o tipo de telefonema que eu não gostaria de fazer. Encontramos David, e ele foi assassinado."

"Aquele filho da puta. Ele fez isso. Aquele filho da puta." Ralph se virou para a esposa: "David está morto". Ela começou a chorar baixo. "Eu quero ter certeza de que te ouvi direito. David foi assassinado?"

"Sim. Tudo bem se eu ligar para sua irmã?"

"Sim. Mas diga para ela não contar aos meus pais. Você precisa me dar tempo de chegar lá."

Ralph ligou para seu pastor, que morava perto, para que ele o ajudasse a dar a notícia aos seus pais. As duas casas eram separadas por um campo, e antes de caminharem até lá os dois homens ajoelharam e oraram pedindo força. Quando chegaram, a porta dos fundos estava trancada, então Ralph bateu na porta da frente. O pai desceu as escadas de pijama. "Papai sabia – ele sabia o motivo de eu estar ali. Ele não sabia exatamente o que havia acontecido, mas sabia que o motivo de eu estar na casa dele com um pastor às 2 da manhã era para dizer que David havia sido assassinado."

Por volta das 6 da manhã, Ralph caminhou pelo campo outra vez e escreveu uma oração. Ele a entregou para um vizinho que estava indo para a igreja e o pediu para ler e passar para as outras igrejas da cidade também. "E foi assim que nossa comunidade ficou sabendo sobre David."

Pouco depois de falar com Ralph, Wagner pediu para que um alerta de procurado fosse colocado nacionalmente com o nome Andrew Phillip Cunanan, também conhecido como DeSilva – ele deveria ser considerado armado e perigoso; era procurado por sua associação com dois homicídios em Minnesota; poderia estar dirigindo o Grand Jeep Cherokee vermelho de David Madson, placa 543 LUG. Wagner também queria mudar o aviso em relação ao Jeep de David. De agora em diante ele seria listado como "roubado" no supercomputador nacional que todos os departamentos de polícia podem acessar para verificar veículos roubados. Foi só na noite seguinte, domingo, às 11 horas, quando voltou para a vigia noturna, que o sargento Steve Wagner ligou para a polícia do aeroporto de Minneapolis pela primeira vez para ver se algum Andrew Cunanan ou Andrew DeSilva havia pego algum voo saindo de Minneapolis na última semana. Dentro de 24 horas eles receberam a resposta: negativo.

Por quase uma semana, a ênfase da busca havia sido no principal suspeito, David Madson. Com sua morte, as engrenagens mudaram abruptamente. Mas tempo valioso havia sido perdido.

Na segunda-feira de manhã, enquanto a autópsia era realizada em David, Tichich e Wagner ligaram para Monique Salvetti e pediram a ela que fosse de St. Paul, onde ela trabalhava, até o antigo prédio da prefeitura no centro de Minneapolis. Eles queriam que ela ajudasse a identificar a bolsa preta encontrada no apartamento de David, aquela com caixas vazias de algemas e amarras de perna, esteroides, pornografia, um coldre e balas .40. Eles tinham pensado desde o início que a bolsa era de David – na verdade, muitas das hipóteses básicas de Tichich sobre o caso foram baseadas no conteúdo da bolsa.

"Você olhou a etiqueta de identificação?", Monique perguntou, indicando uma etiqueta enlaçada na alça. Quando abriu a etiqueta diante de Tichich, estava o nome do proprietário: Andrew DeSilva. "Oh, uau, estou realmente envergonhado", ela se lembra de ouvir Tichich dizer. "Acho que você não precisava ter vindo aqui no fim das contas."

Todd Rivard, enquanto isso, estava em Hastings, Minnesota, e ajudava na autópsia realizada por uma médica-legista que trabalhava em três condados, a Dra. Lindsey Thomas. Além do choque de ter o filho assassinado, a família Madson ainda estava perturbada pela ideia de que David poderia ter sido considerado capaz de matar Jeff Trail. Agora, eles precisavam lidar com o fato de que, por qualquer razão, David havia ficado com seu assassino por quase uma semana. Eles não podiam acreditar. Mas as evidências que chegavam convenceram as autoridades de Chisago que isso havia acontecido. No domingo, Rivard recebeu uma ligação da proprietária do Rush Lake Resort, que ficava na região. Ela disse que, enquanto se exercitava no quintal na última quinta-feira, ouviu dois tiros vindo da direção onde David foi encontrado. Ela sabia diferenciar tiros de pistola e rifle, disse ela, porque caçava. Contudo, ela não viu nenhum Jeep vermelho.

Em Illinois, a família Trail estava curiosa e confusa ao mesmo tempo. Quem matou Jeff? Foi Andrew, ou David, ou Andrew *e* David? Quando ouviram as notícias sobre David, eles ficaram perplexos e entristecidos. Ninguém se preocupou em perguntar para eles, mas, assim que a família Trail ficou sabendo que David havia sido morto com uma arma calibre .40, eles concluíram que a polícia devia saber que Andrew estava usando a arma de Jeff. Porém, na primeira semana depois do assassinato de Jeff, a polícia de Minneapolis ainda nem havia checado se Jeff tinha uma arma.

Durante a autópsia, a Dra. Thomas recolheu amostras de sangue de David e fragmentos de chumbo de seu cérebro. Do ponto de vista da examinadora, o uso de uma arma calibre .40 era incomum. Por causa do seu peso, uma arma .40 é extremamente mortal. Além disso, as balas da Golden Saber deixadas na bolsa e usadas na arma do crime são feitas para assumir a forma de um cogumelo quando atingem o alvo; dessa forma, elas infligem mais danos à medida que adentram no corpo.

Ela também colheu uma amostra do corpo vítreo do olho de David. À medida que as células dos olhos se decompõem, elas liberam níveis de potássio no sangue. Quanto mais alto o nível de potássio, mais tempo se passou desde a morte. Depois de uma semana o corpo vítreo seca completamente. Mas a Dra. Thomas não examinou o fluído, que foi simplesmente armazenado. Alguns médicos-legistas examinam o vítreo como parte de sua rotina; outros o fazem apenas quando precisam de avaliações múltiplas para definir a hora da morte, especialmente quando há dúvidas quanto a ela. "Não sei o motivo", a Dra. Thomas responde quando questionada sobre por que não examinou o corpo vítreo. "Acho que é porque não é um método confiável – eu nunca usaria em um julgamento."

Larvas dos vermes encontrados na boca de David foram preservadas, já que elas também têm um ciclo de vida exato e são consideradas uma medida confiável se outros fatores puderem ser determinados, como informações climáticas sobre o lugar onde o corpo foi encontrado. As larvas também não foram examinadas, pois o procedimento é caro, poucos entomologistas o fazem e não parece haver necessidade. O Dr. Plunkett e Todd Rivard viram o corpo de David e ele parecia recente. Além disso, a dona do Rush Lake Resort reportou tiros na quinta-feira.

Em relação à hora exata da morte, "não existe uma maneira realmente boa de dizer", diz a Dra. Thomas. "Quincy, o médico-legista da série de TV, podia fazer isso; escritores podem fazer isso. Para ser honesta, a forma mais precisa é se perguntar: quando a pessoa foi encontrada? Quando ela foi vista com certeza pela última vez?" Ela acrescenta: "Depende muito do clima; esse é o problema. Se está quente, o corpo se decompõe rápido; se estiver frio, o corpo permanece fresco por mais tempo. Depende do revestimento do chão e da posição do corpo".

No relatório da autópsia, a Dra. Thomas estabeleceu a hora da morte como sexta-feira, 2 de maio. Os Madson se recusaram a acreditar.

Naquela mesma segunda-feira, os investigadores de Chisago conversaram bastante com Monique sobre Andrew e David, e ela os considerou "muito profissionais". A polícia de Chisago começou a entrevistar muitas pessoas que a polícia de Minneapolis já havia entrevistado. Karen Lapinski disse a Rivard que havia visto parafernália sadomasoquista no quarto de hotel de Andrew e David em Los Angeles, e que Andrew falou para ela que tinha um relacionamento com Jeff. A polícia de Chisago procurava testemunhas em potencial, assim como o pessoal de Minneapolis havia feito uma semana antes. Agora havia três departamentos de polícia envolvidos no caso, sem contar o Departamento de Apreensão Criminal.

Em San Diego, Norman Blachford disse à polícia que não conseguiria dar mais informações sobre a vida pessoal de Andrew. Ele acreditava que os pais de Andrew viviam em Rancho Santa Fé e tinham uma casa em Nova Jersey, e que a irmã dele era uma anestesista em Minneapolis. Ele deu o nome de um agente de viagens de São Francisco, que contou à polícia que havia vendido uma passagem só de ida para Andrew com destino a Minneapolis. O agente também se lembrou de duas passagens que Andrew havia comprado para David Madson com destino a Los Angeles no fim de março. Os números dos cartões usados para comprar as passagens fizeram com que Tichich descobrisse que Andrew havia gastado 20 mil dólares em dois cartões de crédito, e que seu crédito havia sido cortado.

Então, Arthur Harrington ligou para a polícia de San Diego. Ele disse que Andrew havia mencionado ter uma filha de 7 anos de idade, uma ex-esposa em São Francisco, uma irmã médica em Minneapolis e um irmão que fazia canoas no Havaí. Erik Greenman disse à polícia de San Diego que ele havia mexido nos pertences de Andrew durante o fim de semana e encontrado uma caixa de coisas que poderiam ajudar a localizá-lo, incluindo alguns números de série de armas, cocaína e drogas farmacêuticas. "A contribuição mais útil daquela caixa foi que tivemos uma noção de todo o dinheiro que ele havia gastado", diz o sargento Wagner. A polícia encontrou todos os documentos do Infiniti e descobriu que ele o havia vendido em dinheiro, além de receber 15 mil dólares de Norman Blachford.

"Compilamos uma lista enorme de números de telefone a partir dos pedaços de papel que ele havia deixado e a entregamos para a força-tarefa responsável por fugitivos", diz o tenente Dale Barsness, da polícia de Minneapolis. "Acredito que todo mundo foi investigado pelo FBI. Muita gente foi levada a se esconder e não queria sequer viver em seus apartamentos por medo." Erik contou para a polícia de Minneapolis que a notícia do assassinato de David o fez temer pela própria vida. Stan Hatley também ligou para a polícia de Minneapolis e falou a mesma coisa, acrescentando que havia visto Andrew e David juntos na noite de sexta-feira antes do assassinato de Jeff. Stan entrou em contato com o OutFront Minnesota, um projeto antiviolência de gays e lésbicas de Minneapolis, procurando informações sobre como se proteger. Ele se escondeu por um tempo e se mudou para uma cidadezinha em Louisiana. Norman Blachford, se preparando para navegar no *Queen Elizabeth 2*, havia sido avisado pela polícia que Andrew estava na Costa Leste – e que ele não deveria ir a um lugar onde poderia ser encontrado.

O pânico se tornou uma reação comum. Andrew conhecia muita gente na comunidade gay, e agora muitos começavam a se perguntar: eu sou o próximo?

20

LEE MIGLIN

Andrew Cunanan já estava muito à frente da polícia e permaneceu à frente até o momento em que escolheu tirar a própria vida. Antes mesmo de o corpo de Jeff Trail ser identificado, Andrew havia dirigido a noite toda até Chicago, a 643 quilômetros de distância. Entre 6 da manhã e 7 da noite de quarta-feira, 30 de abril, ele estacionou o Jeep de David perto da elegante e cara área de Gold Coast. Com suas graciosas casas de três andares e prédios de apartamentos luxuosos de frente para o lago, sua proximidade com shoppings chiques e vida noturna agitada, Gold Coast era obviamente um território familiar para Andrew. Ele alegava ter visitado Chicago em várias ocasiões.

Uma das pessoas que ouviram Andrew falar de Chicago foi Ron Williams, ainda em San Diego em 1994. Andrew tinha uma queda por Ron Williams e costumava desabafar com ele. De forma gentil, Ron incentivou Andrew a fazer alguma coisa da vida e parar de bancar rapazes bonitos, parar de pagar todas as bebidas. Por que ele não arrumava um emprego?

Andrew disse a ele que, tirando sua família, ele tinha opções, "um velho amigo, um investidor", diz Williams. "Andrew disse que tinha um investidor chamado Duke em Chicago. Falou que não sabia o que fazer, mas que esse bom amigo estava disposto a ajudá-lo – a apoiá-lo em um negócio quando quisesse abrir um. Ele nunca disse que havia um relacionamento, mas sim um bom amigo, muito bem-sucedido, em Chicago."

O pai de Andrew, Pete Cunanan, também afirmava que Andrew contara a ele sobre uma família rica com a qual passou um fim de semana em Chicago muitos anos antes. "Primeiro ele conheceu o filho em Nova York, e então o filho o levou para um fim de semana – era algum feriado. Ele mencionou como a família era impressionante." Rob Davis, o antigo namorado de David Madson, nunca soube o nome dos homens que, de acordo com Andrew, o bancavam em 1996, mas Andrew disse a ele que um deles era um magnata imobiliário, e de fato falara recentemente sobre ter estado em Chicago. Rob Davis também ouviu de David Madson que Andrew havia dito que estava sendo bancado por "um magnata imobiliário, um homem mais velho".

No mesmo dia em que Andrew chegou em Chicago, Marilyn Miglin, uma presença constante no canal de vendas Home Shopping Network, estava indo para o Canadá para vender na TV a linha de cosméticos e perfumes que levava seu nome. Marilyn Miglin falou ao marido, o magnata imobiliário Lee Miglin, de 71 anos de idade, com quem estava havia 37 anos, que não voltaria até o domingo. De acordo com vários relatos, eles eram um casal devotado, com dois filhos crescidos, Marlena e Duke. Eles moravam na arborizada Rua East Scott, em duas casas que haviam sido unidas por uma enorme cozinha nos fundos, com uma janela de frente para o jardim. A casa deles ficava apenas dois quarteirões a oeste do lago, e a uma curta distância do instituto de beleza dela na Rua Oak. O instituto ficava quase em frente a uma boutique Versace.

Os Miglin, embora pouco conhecidos dos cidadãos comuns de Chicago, certamente eram conhecidos na prefeitura. Paul Beitler, parceiro de Miglin no desenvolvimento das vastas propriedades que constituíam a Miglin-Beitler, diz que ele foi o maior contribuinte do prefeito Richard Daley quando Daley se candidatou pela primeira vez ao cargo e perdeu em 1983. Em 1989, Beitler deu 100 mil dólares para a primeira campanha de sucesso do prefeito. "Eu falei a Richie que Chicago precisava se livrar da imagem de 'Beirute perto do lago'." Beitler era mais jovem e audacioso, o representante da dupla; Lee, embora duro e minucioso em negociações, era mais o tipo *workaholic* quieto. Beitler diz: "Ele não era frio como o pessoal de Wall Street".

A Miglin-Beitler desenvolveu ou gerenciou as principais obras imobiliárias no centro da cidade. Na verdade, o Centro Cívico Richard J. Daley, batizado em homenagem ao pai do prefeito, foi gerenciado pela Miglin-Beitler. Eles construíram o prédio da Associação dos Advogados de Chicago e o Madison Plaza, de quarenta e cinco andares, o quartel-general mundial da Hyatt Corporation. O próprio Miglin construiu a base mundial da National Can e desenvolveu a maior parte do parque industrial na área próxima ao Aeroporto O'Hare. Em seu auge, a Miglin-Beitler gerenciava mais de trinta e dois milhões de metros quadrados de outros prédios ao longo do Meio-Oeste – dezesseis milhões de metros quadrados em Chicago e vizinhanças próximas. Ninguém, ao sair do Aeroporto O'Hare, podia ignorar o enorme outdoor na Via Expressa Kennedy, com sapatos brilhantes de rubi e tudo, em referência aos sapatos encantando de *O mágico de Oz*: "Se a Miglin-Beitler cuidasse da Cidade Esmeralda, ela [Dorothy] nunca teria ido embora".

A sede da própria Miglin-Beitler ficava num prédio elegante de cinquenta andares de granito branco desenhado por Cesar Pelli, um arranha-céus que construíram na Rua West Madison, 181, na esquina com a Rua Wells; o aglomerado de escritórios ao estilo Ayn Rand ostentava uma sala de reuniões luxuosa com uma parede de couro acolchoado. Painéis nas paredes se abriam dramaticamente para revelar, protegidos por vidro, modelos iluminados por *spots* brancos do "maior prédio do mundo" – o Skyneedle, um arranha-céus de 125 andares e 610 metros de altura que era o sonho da Miglin-Beitler havia quase uma década, mas que nunca saiu da prancha de desenho.

Marilyn Miglin, tão ambiciosa e focada quanto o marido, mas bem menos retraída, era uma agente do Departamento de Turismo e Convenções de Chicago e trabalhava para o Conselho de Desenvolvimento Econômico do Estado de Illinois. Ela havia deixado sua marca cívica como presidente da Associação da Rua Oak. Os Miglin possuíam seis propriedades comerciais na Rua Oak, onde a Prada, a Armani e a Barneys, bem como a Versace, estão localizadas, e Marilyn foi fundamental em arrecadar 1 milhão de dólares para seu renascimento como a rua de compras mais chique de Chicago. A rua, inclusive, foi renomeada como Rua Marilyn Miglin. No começo de abril de 1997, Marilyn Miglin também foi homenageada por seu trabalho humanitário – providenciando restaurações cosméticas para vítimas de queimaduras – por um grupo de judeus que esperavam arrecadar dinheiro para um hospital em Jerusalém.

Embora a maior parte das pessoas pensasse que os Miglin fossem judeus, eles eram católicos – ela era tcheca, ele era lituano – e bem conhecidos pela hierarquia da igreja. Lee, nascido Albert Lee Miglin, um dos oito filhos de um mineiro do interior de Illinois, começou sua carreira vendendo utensílios de cozinha feitos de aço inoxidável de porta em porta e panquecas pré-prontas no porta-malas do carro. Sua esposa, Marilyn Klecka, era uma cantora de coral com longas pernas que começou a carreira desenvolvendo uma maquiagem que não escorria quando alguém suasse dançando. Apesar de sua profissão, ela era extremamente empertigada e não se sentiu imediatamente atraída por Al, como ele era conhecido na época. O casal contava que, no primeiro encontro deles, ela ficou tão horrorizada com o beijo dele que correu para dentro e lavou a boca com Listerine. Seis semanas depois eles ficaram noivos.

Depois de dez anos de casamento eles tiveram Marlena, assim batizada em parte por causa de Marlene Dietrich, e então Duke, que recebeu seu nome por causa de John Wayne, o ator apelidado de "O Duque". Marlena, 28, era casada e morava em Denver em 1996; Duke, 25, havia começado faculdade na Academia da Força Aérea, em parte porque Lee havia treinado para ser piloto na Segunda Guerra Mundial. Mas, depois de dois anos, Duke se transferiu e se formou na Universidade da Carolina do Sul. Ele foi morar na agitada Miami Beach, onde vivia de forma discreta com o aspirante a compositor Chris Lennertz, que ele conhecera na faculdade, havia seis anos. Os dois filhos ajudavam a mãe com os negócios em meio período – Duke às vezes viajava para San Diego por ela. Até então ele havia atuado apenas em filmes B que foram direto para as locadoras sem passar no cinema. A grande chance de Duke, ele esperava, viria no verão – uma pequena parte no filme *Força Aérea Um*.

Lee era quieto e meticuloso, sempre vestido de forma cuidadosa e elegante, sempre com as unhas recém-feitas. Tinha começado no ramo imobiliário com o lendário e chamativo corretor e desenvolvedor Arthur Rubloff, o "Sr. Imobiliário" de Chicago, que comandava uma grande empresa e morreu em 1986. Abel Berland, o vice-presidente da Rubloff, se lembra de ter chegado um dia no escritório às 8 da manhã e encontrado um Albert Miglin de 31 anos sentado na cadeira oposta à sua. "Quem é você?", Berland quis saber. Miglin explicou que não conseguia marcar uma entrevista através da secretária e que queria trabalhar ali. Berland o recusou, mas Miglin, nascido para vender, falou de forma tão eloquente sobre ser um garoto pobre que aprendera a trabalhar "antes de aprender a andar" que Berland aceitou. O salário seria de 250 dólares por mês. Miglin começou a trabalhar seis dias por semana, até as 8 ou 9 da noite. "Eu desejava boa noite e Miglin ainda estava trabalhando", se lembra Berland. "Foi a persistência e a tenacidade dele que o fizeram subir."

"Quando eu tiver 40, quero significar alguma coisa nessa sociedade", Miglin disse a Berland. "Eu quero ser alguém." Quando Miglin tinha 37 anos, disse a Berland que queria apresentar a ele a garota de 20 com quem iria se casar – Marilyn Klecka. "Ele a trouxe; ela era uma modelo de meio período da agência Patricia Stevens", Berland se lembra. "Eu fiquei tremendamente impressionado com a garota. Ela tinha objetivos e chegaria ao topo. Seria a maior vendedora de cosméticos do mundo." Ela também convenceu Al Miglin a mudar seu nome para Lee.

Começando "com nada mais que as próprias forças", Berland diz, eles compraram uma casa por 30 mil dólares no Near North Side (uma das vizinhanças mais prestigiadas de Chicago) e "literalmente com as próprias mãos e coração fizeram dela um lar". Eles também se aproximaram do chefe, preparando jantares elaborados com vinhos finos para ele e sua esposa. "No início eles nos convidavam com frequência."

Lee era ao mesmo tempo um otimista e um pragmático "que acreditava no futuro do negócio imobiliário", diz Berland. Embora tivessem começado a adquirir mais e mais propriedades valiosas e juntar fortuna, os Miglin não eram exibidos e não desperdiçavam dinheiro. Além das propriedades consideráveis da Miglin-Beitler, o portfólio pessoal de Lee incluía duas dezenas de prédios na parte norte da cidade. "Lee era a epítome do sonho americano", diz seu parceiro Paul Beitler, que vivia de forma mais luxuosa numa casa em estilo neocorbusiano, meticulosamente reformada por Richard Meier, e amava viajar no jato particular da empresa. Embora Lee tivesse velejado de primeira classe no *Queen Elizabeth 2* sozinho, "eles não se davam conta de quão ricos eram", diz a escritora-*socialite* de Chicago, Sugar Rautbord, uma amiga da família.

Ao invés disso, os Miglin eram pessoas econômicas que acordavam cedo e jantavam na cozinha, por volta das 6 da tarde. Tinham duas empregadas que moravam fora e, como Lee era muito meticuloso, tudo era mantido impecável. Por exemplo, uma semana antes de Andrew vir para a cidade, Lee exigiu que esfregassem minuciosamente as paredes da garagem, no beco dos fundos da casa, onde ele mantinha seus carros – seu Lexus cor de jade de dois anos de idade, um Jeep e um Bitter, um carro alemão de edição limitada e exclusiva que valia 80 mil dólares, desenhado pelo piloto automobilístico Erich Bitter.

Lee pagava todas as contas da família e cuidava dos negócios, e Marilyn contava com a ajuda dele para gerenciar os aspectos financeiros da Marilyn Miglin Cosmetics. Ela também era uma trabalhadora incansável, a criadora da fragrância Pheromone, que custava 500 dólares por 30 ml, com milhares de fãs devotos no canal Home Shopping Network; em 1994, o último ano em que registros foram publicados, sua empresa de cosméticos faturou 25 milhões de dólares. Mas, para alguns inquilinos e empregados, a amiga calorosa do prefeito e vivaz propagandista da TV também era conhecida como uma feitora brusca que parecia procurar por oportunidades para brigar.

O mercado imobiliário, naturalmente, tem um vasto potencial para processos e brigas, e os Miglin, especialmente a Miglin-Beitler, tiveram sua cota de conflitos. Uma vizinha rica, Lou Richardson, enfrentou Lee na justiça até a Suprema Corte e venceu, terminando uma disputa de seis anos e meio sobre um dano causado à propriedade dela durante uma renovação feita numa das casas de Miglin. Um empregado da empresa de cosméticos entrou na justiça alegando que deixou de receber 800 dólares em comissões. As pequenas coisas pareciam deixar Marilyn mais irritada. Se alguém estacionasse no beco na frente de seu jardim, ela se incomodaria imediatamente, reclamando que isso obstruía sua visão do jardim de cascalho. Ela uma vez confundiu um trabalhador da empresa de saneamento com um morador de rua e o xingou por mexer no lixo dela.

"Ela não é uma santa", diz o antigo porta-voz da Miglin-Beitler, Mark Jarasek, que defende que ela tem uma latente personalidade "tipo A" – competitiva, ambiciosa, impaciente. "Marilyn guarda tudo até que precise colocar pra fora." Muitos notavam que Lee sempre andava alguns passos atrás dela.

No sábado à tarde, 3 de maio de 1997, algumas horas depois que o corpo de David Madson foi encontrado no Lago East Rush, em Minnesota, Stephen e Barbara Byer estavam saindo de sua vaga no beco atrás da casa dos Miglin, em Golden Coast, exatamente às 2h15 da tarde. Os Byer eram negociantes de arte que alugavam uma elegante casa duplex dos Miglin a uma rua de distância, na East Division. A parte de trás da casa deles – que era o foco do processo de Lou Richardson – dava para a parte de trás da casa dos Miglin do outro lado do beco, então eles estavam acostumados a ver os Miglin na cozinha, onde as cortinas nunca estavam fechadas. O dia estava nublado e chuvoso. Depois de notarem que a garagem dos Miglin do outro lado do beco estava aberta, eles conferiram se havia alguém por ali e viram Lee Miglin. "Ele estava bem no fundo da garagem, vestindo uma jaqueta de camurça marrom, de costas para a gente, e parecia estar mexendo com algumas plantas", diz Stephen Byer. Como Lee não escutava bem e usava aparelhos de audição, Stephen Byer não se preocupou em chamá-lo, e os Byer saíram logo em seguida. Quando Stephen Byer voltou para sua vaga, exatamente às 5h30 – ele conferiu no relógio porque estava atrasado –, notou que as cortinas da cozinha estavam fechadas. Ele achou estranho, mas não deu muita atenção. A garagem dos Miglin já estava fechada naquele ponto. E o velho cão retriever dos Miglin, chamado Honey, também não estava fazendo nenhum barulho.

Os Byer gostavam de Lee Miglin. Ele havia visitado a casa deles duas noites antes para renegociar o contrato de locação e acabou contando histórias sobre seus dias como vendedor de porta em porta. Até mesmo para uma reunião informal como aquela ele não trocava de roupa, mas vestia um terno cinza de listras, camisa branca e gravata de seda. Ele era um dândi de cabelos brancos e nunca havia um fio fora do lugar – tudo tinha sua ordem. Mas a tranquilidade normal foi destruída na manhã de domingo, 4 de maio, por volta das 8h15 da manhã. Os Byer, de saída para tomar café da manhã fora, deram de cara com Marilyn Miglin no portão do quintal deles.

"Steve, Steve, venha rápido. Tem alguma coisa errada!"

"Marilyn, do que você está falando?"

"Acabei de voltar do Canadá e tem alguma coisa errada", ela repetiu. "Lee não está em casa. Lee está desaparecido. Ele deveria me encontrar no aeroporto e não apareceu, e eu peguei um táxi e alguém invadiu minha casa."

Byer tentou reconfortá-la. "Marilyn, tente se acalmar. Tenho certeza de que Lee está bem." Mas assim que os Byer passaram apressados pelo beco, atravessando o jardim, e entraram na cozinha com ela, "eu senti que ela tinha razão – alguma coisa muito ruim tinha acontecido. Primeiro, havia um pote de sorvete Häagen-Dazs com uma colher enfiada. Meio comido e meio derretido. Em segundo lugar, havia uma lata vazia de Coca na pia. Lee era um tipo sério, econômico e compulsivo", Byer explica. Lee Miglin nunca deixaria nada do lado de fora daquela maneira. Ele começou a fazer perguntas a Marilyn. "Lee ia te buscar?"

"Sim", ela respondeu. "Ele sempre aparece."

"Você tentou ligar para ele?"

"Claro. Ninguém atendeu."

"Vou dar uma olhada pela casa, certo?", ele sugeriu.

"Eu não sei se você deveria. Vi uma arma lá em cima."

"Uma arma?" Byer ficou chocado. "Olha, por que você não chama a polícia?"

"Eu estou tentando. Estou tentando falar com eles, mas ninguém veio até agora."

"Quando você ligou?", Byer perguntou.

"Quinze minutos atrás."

Ao ouvir isso, Stephen Byer mandou sua esposa, Barbara, esperar do lado de fora com Marilyn. Ele foi até o andar de cima dar uma olhada e ficou perdido. As duas casas que os Miglin juntaram tinham sido unidas no andar da cozinha, mas não na parte de cima. "Você sobe uma escada e não consegue atravessar ou descer no outro lado. As duas escadarias não se encontram." Para causar ainda mais confusão, "a primeira coisa que eu vi me perturbou bastante: um presunto, daqueles enormes. Eu literalmente vi aquilo em cima da mesa da biblioteca, com um pedaço cortado. A faca estava enfiada no presunto e ele nem estava em um prato. 'Deus do céu', falei para mim mesmo. Eu achava que Lee Miglin nunca deixaria uma lata de Coca na pia ou um sorvete na bancada, muito menos um presunto em sua mesa. Então, ficou muito claro bem depressa que alguma coisa ruim havia acontecido".

Com base nos programas policiais que assistia na TV, Byer decidiu que era melhor não encostar em nada. Ele foi até o banheiro, onde viu "outros sinais perturbadores. Havia uma arma em cima da pia de mármore branco e dentro da pia havia pelos pretos. Lee Miglin tinha cabelo branco, e esses fios eram de barbas de um ou dois dias. Então eu olhei para a banheira e havia uma camada de espuma – sabão ou resíduos corporais – e algumas toalhas no chão entre a pia e a banheira".

Lá em cima no terceiro andar, no que Byer achou que parecia um quarto de hóspedes, um armário com as roupas fora de estação de Lee Miglin estava aberto, e roupas casuais e sapatos estavam espalhados. "Dava para ver que alguém havia mexido em tudo e furtado coisas." A essa altura Byer concluiu que a pessoa que havia se barbeado e usado o banheiro ainda estava na casa. "Pensei que algum viciado em drogas ou algo do tipo havia invadido e estava dormindo."

Mas em todo lugar que Stephen olhava havia um silêncio assustador. Ainda assim, à medida que Byer continuava sua busca, ele esperava "encontrar um bandido dormindo em qualquer canto – ou o corpo de Lee". Novamente se lembrando dos seriados policiais, Byer abriu os armários usando a manga da jaqueta, para não estragar nenhuma evidência. "Fui abrindo armários e esperando que Lee caísse de um deles."

Depois de olhar nos andares superiores, Byer, que é judeu, desceu as escadas até o porão escuro para se deparar com o momento mais chocante de todos. Ele esbarrou em um altar com mais de cem velas apagadas. "Eles têm uma capela no porão e eu realmente não entendi o que era." Ele voltou para o andar de cima e repetiu a busca do outro lado da casa, em cima e em baixo, e não encontrou nada fora do lugar. "A casa estava completamente quieta."

A polícia ainda não havia chegado, então Byer pegou a chave da garagem para checar se algum carro estava sumido. Como não podia deixar de ser, o Lexus verde-escuro de Lee, normalmente estacionado ali, estava desaparecido. Byer conferiu os dois carros que ainda estavam lá – o Jeep que Duke usava e o Bitter prateado logo atrás dele –, mas não viu nada de estranho.

Ele voltou e contou para Marilyn: "O Lexus não está lá".

"Oh, meu Deus. Eu aposto que Lee está no porta-malas do Lexus."

"Marilyn, pode ser que Lee esteja bem e a gente só esteja interpretando errado a situação", Byer tentou acalmá-la. "Qual é o número do telefone do carro?"

Quando Byer ligou para o Lexus, ele afirma que ouviu uma gravação dizendo que a pessoa com quem ele gostaria de falar não estava disponível. "Então, a segunda gravação tocou, dizendo: 'O número com o qual você deseja falar está fora do estado agora'. Eu nunca havia escutado uma coisa dessas em qualquer celular antes."

Marilyn Miglin, enquanto isso, entrou nervosamente na sala de estar. Ela repetia: "Eu sei que ele está morto. Eu sei que ele está morto".

"Marilyn, você não sabe disso", Byer respondeu.

"Sim, eu sei que ele está morto e eles nunca vão pegá-lo. Eles nunca encontrarão quem fez isso." Ela começou a abrir as cortinas da sala – elas normalmente não ficavam fechadas. Byer disse para ela não tocar em nada. "Isso não faz diferença", Marilyn respondeu. "Eles nunca vão encontrar quem fez isso."

A polícia finalmente chegou nesse momento, dois oficiais uniformizados, um homem e uma mulher. Marilyn havia entrado em contato com o capitão da polícia que ela conhecia e disse que era melhor ele mandar alguém imediatamente. Stephen Byer levou o policial pela mesma busca que ele havia acabado de fazer, mostrando o que estava fora do lugar. Mais uma vez, eles ficaram desorientados tentando entender como ir de uma parte até a outra da casa. Quando chegaram ao banheiro, os dois avaliaram que a arma na pia parecia real. "Eu concordo", o policial disse. "Alguma coisa parece ter dado muito errado. Vou pedir reforço agora."

Então, mais quatro viaturas apareceram, e um dos policias perguntou se alguém havia ido até a garagem. Byer disse que sim, e o Lexus estava desaparecido. Então, Barbara Byer pegou a chave e levou dois policiais pelo beco, destrancou a garagem pela porta lateral e os deixou entrar. No início as coisas pareciam normais. Os três olharam brevemente por ali e saíram. Mas Barbara Byer hesitou e entrou novamente. Ela soltou um grito.

Da cozinha dos Miglin, Stephen Byer pôde ver que sua esposa estava chorando e precisou se sentar no banco do jardim. Ele correu até ela. "Meu Deus, Lee está morto", ela falou. Byer tentou entrar na garagem, mas foi impedido por um dos policiais: "Eu não quero que você entre aqui". Então Byer olhou para baixo e viu papel de embalagem marrom e sangue escorrendo debaixo do Jeep. O carro estava estacionado no fundo da garagem com uma lata de lixo posicionada ao lado da roda dianteira para esconder o corpo. Ele não havia notado o sangue antes.

"Eu só voltei porque sabia que havia alguma coisa errada com esse papel de embrulho no chão", Barbara falou ao marido. "Lee nunca deixaria papel no chão. E o que aconteceu foi que eu levantei uma ponta do papel e os pés dele estavam ali!" Stephen Byer ficou pálido e começou a se sentir tonto. Ele estava prestes a desmaiar quando a policial se aproximou correndo. "Ei, não desmaie, não entre em colapso, a família precisa de você."

"Você está certa. Eu só preciso respirar." Byer se juntou à esposa no banco. Barbara perguntou para a policial: "Você já contou para a Marilyn?".

"Não", ela respondeu. "Eu realmente não sei o que dizer."

"Meu Deus, você precisa falar com ela."

"Eu realmente não quero fazer isso."

Barbara Byer atravessou o beco

"Alguém precisa falar com ela. Tudo bem, eu falo." Barbara Byer atravessou o beco e encontrou Marilyn na cozinha.

"Marilyn, eu lamento te dizer isso. Eles encontraram Lee." Marilyn ficou obviamente chocada, mas se manteve firme e marchou até a garagem para identificar o corpo. "Eu sabia!", ela falou. "Eu sabia."

Nesse momento, as sirenes estavam ressoando, viaturas corriam para estacionar no beco e, de repente, policiais estavam em todos os lugares.

21

CAMPO MINADO

O medo agora tomava conta do bairro chique e eclético de Lee Miglin, onde as *socialites* das ruas calmas da vizinhança e os frequentadores dos bares movimentados se misturavam frequentemente. Mas Gold Coast já havia sido um lugar notório para mestres assassinos. Dois dias depois de matar oito enfermeiras de Chicago, em 1966, Richard Speck se escondeu a menos de um quilômetro da casa dos Miglin, no velho Hotel Raleigh na Rua Dearborn, que agora é um espaço para escritórios caros. James Earl Ray, o homem que matou Martin Luther King, foi preso a seis quarteirões de distância por ter apontado uma arma para um taxista no encontro das ruas State e Delaware. A farmácia Walgreens Drugs, que ficava na esquina dos Miglin, nas ruas North e Wells, vendeu um dos quatro frascos de Tylenol adulterados e envenenados que mataram quatro pessoas em 1982. Jeffrey Dahmer pegou um dos dezessete homens que matou no Bijou, um cinema gay, cinco quarteirões acima na Rua Wells, saindo da Walgreens. E John Wayne Gacy, responsável pela morte de trinta e três pessoas, ajudou a reformar o que era então a lanchonete Winstons Doughnut House, nas ruas State e Division, a um quarteirão da casa dos Miglin; como o porão onde Gacy trabalhava cheirava mal, a polícia o cavou à procura de mais corpos enterrados, mas encontrou apenas ratos. Ironicamente, tanto Dahmer quanto Gacy eram gays, e Speck era bissexual – eles, ao contrário de Andrew, apenas não saíram do armário. Além da notoriedade dos assassinos em série, que não era alardeada, e da afluência, que era bem evidente, a vizinhança também tinha a fama de ser não assumida.

No caso de Miglin, a polícia não fazia a menor ideia de quem ou o que estavam procurando. Era um trabalho da máfia? Lee Miglin tinha inimigos? Algum acordo imobiliário que dera errado? A polícia descobriu rapidamente que os 2 mil dólares que a secretária de Lee Miglin havia entregue a ele na tarde de sexta-feira haviam desaparecido, assim como vários milhares de dólares que ele mantinha em casa. Dois casacos de couro, um dos quais pertencia a Duke, tinham sumido do quarto, assim como ternos, joias femininas de pouco valor e uma dúzia de pares novos de meias pretas da marca Sulka.

Nos primeiros dias, ninguém na vizinhança disse ter visto algo de estranho. Marilyn Miglin falou com o marido pela última vez às 2 horas da tarde de sábado, quando ele disse a ela que estava trabalhando tanto dentro quanto fora de casa, e que iria jantar uma salada. A hora da morte foi estipulada entre 2 da tarde de sábado e 6 da manhã de domingo.

A cena do crime estava imaculada, com pouco sangue, exceto pelo lugar onde o corpo ficou deitado e por algumas marcas na parede perto da porta de serviço. Ainda assim, o assassinato de Lee Miglin foi terrivelmente brutal – o pior dos crimes de Andrew Cunanan. Miglin foi encontrado deitado de costas, completamente vestido, com uma jaqueta de camurça marrom, camisa branca e calça jeans, e calçava apenas um pé de sapato. Mais uma vez, o sapato era um Ferragamo, camurça preta dessa vez. Inexplicavelmente, um frasco de Dermarest foi encontrado debaixo do corpo. Revistas de pornografia gay foram deixadas por perto. A calça de Miglin estava aberta, com dentes do fecho faltando do lado esquerdo do zíper, mas não havia sinal evidente de abuso sexual. Lee Miglin vestia a parte de baixo de um biquíni preto da marca Calvin Klein com detalhes em branco.

Nem sua camisa branca de alfaiataria com colarinho, nem sua camiseta branca sem mangas mostravam sinais de cortes, mas, na verdade, Miglin foi retalhado várias vezes no pescoço e esfaqueado diversas vezes no peito – duas facadas com cinco centímetros de profundidade penetraram seu coração. Ou ele estava sem camisa quando foi esfaqueado, e Andrew o "vestiu" posteriormente, ou suas camisas foram levantadas ou puxadas durante o ataque.

A arma parece ter sido uma serra de podar árvores, jogada na caçamba de lixo, ou a chave de fenda ensanguentada encontrada mais tarde no carro roubado de Lee Miglin, um Lexus. Os tornozelos da vítima foram amarrados com uma extensão elétrica laranja, enrolada firmemente oito vezes e presa com um nó duplo. Sua boca estava amordaçada com uma luva branca de jardinagem com vários pontinhos pretos de borracha. Foram encontradas mais de duas dúzias de golpes que causaram hematomas e lacerações em sua cabeça, no rosto e no queixo; o sangue dos ferimentos encharcou camadas e mais camadas da fita adesiva de dois centímetros de largura que foi enrolada ao redor de sua cabeça como uma múmia, com a exceção de uma abertura para as narinas e no topo da cabeça.

Geralmente, hematomas se formam enquanto a vítima ainda está viva. "Ele o atacou, eu acho, com algum objeto – talvez com o cabo da serra encontrada no lixo", diz a procuradora do estado de Illinois, Nancy Donahoe, a promotora responsável pelo "parecer criminal" no caso Miglin. "O sangue podia ser do golpe – ele o atacou primeiro de alguma forma."

Usando a lâmina da serra de poda que jogaria no lixo depois, Andrew quase arrancou a cabeça de Lee Miglin ao fazer um corte irregular de dezenove centímetros, abrindo desde a parte de trás do seu pescoço até sua garganta. Para se assegurou, Andrew também atirou dois sacos de cimento sobre o corpo de Lee Miglin e quebrou cada uma de suas costelas. Então, ele cobriu o corpo com sacos plásticos de lixo e colocou papel de embrulho marrom por cima. Embora não tenha sido mencionado no relatório policial, alega-se que um pequeno tapete oriental foi jogado por cima do corpo. Os sacos de cimento foram encontrados encostados ao cadáver.

Houve um forte sangramento interno, mas, apesar da brutalidade, não havia nenhum ferimento defensivo. As pessoas próximas de Lee não acham que ele teria revidado. "Lee sempre dizia: 'Se alguém tentar te roubar, dê o que a pessoa quer e não a irrite, não dê uma oportunidade para que ela atire em você'", relembra Paul Beitler.

Como o par perdido do Ferragamo foi encontrado no porta-malas do Lexus, considerou-se a teoria de que Andrew tentou colocar o corpo no porta-malas depois de derrubar Lee, ou depois de matá-lo. Mas havia pouquíssimo sangue no porta-malas do Lexus, o que levou à breve especulação de que Andrew havia surpreendido Miglin quando ele estava sem seu aparelho de audição – e o manteve no porta-malas enquanto entrava na casa. O sangue nunca foi testado para ver a quem pertencia. Também havia um nível de monóxido de carbono de um por cento no sangue de Lee – muito acima do nível normal, especialmente para um não fumante, embora ele pudesse ter respirado ar contaminado de um dos aquecedores com vazamentos que geralmente causavam problemas no bairro.

Outra teoria é de que Andrew havia tentado colocar Miglin no carro para asfixiá-lo. Ou talvez ele o enrolou primeiro, deixando os furos na narina, e então bateu em Lee. Mas por que deixar espaço para respirar se a intenção era matar? Ele foi torturado? E se foi, por quê? Também existe a possibilidade de que Andrew estava na casa antes de 2h15 da tarde, possivelmente como um convidado.

Finalmente, o assassino de Miglin poderia ter envolvido um elemento de sadismo sexual, talvez a realização de algum tipo de fantasia. Certamente o rosto enrolado de Miglin lembra as máscaras de látex que tanto intrigavam Andrew nos filmes de pornografia S&M. As máscaras de que ele admitiu, a Steven Gomer, tanto gostar de usar para praticar sexo violento. Mas as roupas de Miglin não estavam desarrumadas, com exceção do zíper da calça jeans. Embora os jeans parecessem ter sido abertos com força, era possível que tivesse sido estragado no transporte da cena do crime.

O que quer que tenha acontecido, existe ampla evidência de que o assassino de Lee Miglin não precisou lutar com sua vítima ou se apressar durante o crime. Ao apontar sua arma para Miglin, Andrew poderia ter descoberto que ninguém estaria em casa até o dia seguinte. Mas será que Miglin teria dito a ele – poderia ele ter previsto? – que ninguém apareceria? Será que Andrew havia sido convidado a passar a noite? A família acredita que Andrew ouviu a secretária eletrônica dos Miglin, que tinha uma mensagem de Marilyn Miglin dizendo em qual voo chegaria, embora isso também esteja omitido do relatório policial, que nunca foi divulgado.

Durante três dias, até a quarta-feira de manhã, a polícia não tinha nenhum suspeito. Tanto a família quanto os conhecidos não sabiam de ninguém que quisesse matar Lee. "Estamos todos em luto pelo meu pai", um Duke Miglin de olhos secos falou, pouco depois de correr para dentro da casa às 6h30 da noite de domingo, tendo acabado de chegar da Califórnia. "Não sabemos nenhum detalhe do que aconteceu e ainda estamos tentando entrar em contato com alguns membros da família." Sua irmã, Marlena, estava de férias na Itália com o marido e não pôde ser encontrada imediatamente, mas amigos importantes, como Sugar Rautbord, começaram a vir no mesmo instante para consolar Marilyn.

Primeiro eles se aglomeraram no opulento escritório de Marilyn, na Rua Oak, enquanto os técnicos da polícia procuravam impressões digitais pela casa, colocando pó preto em todos os cantos. Sugar encontrou Marilyn sozinha em seu escritório, vigiada por policiais. "O escritório de Marilyn tinha uma cúpula de vidro no teto, então a luz do sol batia diretamente em cima dela", relembra Sugar. "E Honey, a cachorra, estava sentada ao lado da mesa dela." Honey, mais tarde, foi alvo de muita fúria por parte de Marilyn Miglin por não ter dado nenhum dos seus latidos de aviso rotineiros, e foi banida por meses para o interior. No entanto, naquele momento, Sugar ficou impressionada "com a ordem do lugar – a mesa é tão arrumada, o escritório é imaculado, tudo é perfeito. É quase como se não houvesse qualquer espaço para o caos".

Marilyn estava se comportando calmamente e ainda não havia chorado. "Eles não são pessoas que choram à toa, que demonstram dor e tristeza. São pessoas que têm a vida em ordem", Sugar explicou. "Marilyn se levantou da mesa, a gente se abraçou e ela começou a choramingar. O policial falou: 'Ela precisava chorar'. Eu não sabia pelo que estava chorando, mas chorava porque uma coisa terrível tinha acontecido. Algo como um assassinato não pertence a um lugar onde a luz é refratada em lustres de cristais, onde as fragrâncias são combinadas e onde o cenário beira à perfeição."

Enquanto isso, os policiais que estavam interrogando os vizinhos fofocavam sobre alguns detalhes das evidências. Betsy Brazis, outra inquilina de Miglin, que havia acabado de se mudar para a outra parte do duplex de luxo onde os Byer viviam, conseguiu uma descrição do quarto e do banheiro de Miglin. "A polícia não conseguia acreditar. Eles disseram que a pessoa que matou Lee passou a noite, dormiu na cama e estava tranquila o bastante para se banhar, se barbear e deixar a pia cheia de pelos, assim como uma banheira suja. Eles disseram: 'Achamos que é um homem negro, por causa da textura do cabelo na pia'. Você não acha isso meio racista?", Betsy Brazis falou.

Ao mesmo tempo, Marilyn e Sugar haviam voltado para receber Duke, que parecia "completamente anestesiado". Assim que entraram, "havia um cheiro diferente na casa, gorduroso, como se o assassino tivesse usado algum óleo", disse Sugar. "Você podia sentir o cheiro da maldade ao entrar na casa." Então, Marilyn levou Sugar para "uma turnê na Casa dos Horrores", mostrando violações em todos os cantos. "Nós fomos ao banheiro e ela disse: 'O que você faz? Você machuca alguém? Mata uma pessoa? E aí vai cortar o cabelo?'."

"Todo esse cabelo escuro, grosso e preto estava no chão do banheiro. Os policiais estavam lá e ela falou: 'Varra isso! Leve isso pra longe!'. Gentilmente, eles disseram: 'Não. Você não pode tocar em nada'. E então nós nos abaixamos para olhar o cabelo escuro e encaracolado no chão. Lee tinha cabelo grisalho e Marilyn era loira. Tudo naquela casa era branco e ensolarado, e de repente foi como se uma coisa escura e terrível e sombria e engordurada tivesse se mudado para a casa. Havia impressões digitais engorduradas na parede subindo a escala." Sugar Rautbord notou que um quadro que escondia um cofre estava torto.

Como ninguém podia tocar a geladeira ou a bancada da cozinha, Sugar pegou o telefone e ligou para o restaurante Gibsons Steak House nas proximidades e contou o que havia acontecido. "Eles começaram a chorar – os caras que eram donos do restaurante. Dentro de vinte minutos eles chegaram com todo tipo de comida. Marilyn se preocupou. 'Aquele policial tem o que comer? E esse aqui?' Estar no controle era parte dela, assim como ser elegante e precisa. Ela não estava preparada para cair no abismo. Mas, lentamente, você podia ver isso surgindo no rosto dela – esse olhar terrível de choque e pesar. Eu não acho que já tenha experimentado essa sensação de ver uma casa ser tão invadida pelo mal antes."

Cerca de doze minutos depois da primeira chamada indicando que um corpo havia sido encontrado, o primeiro carro da TV apareceu na cena do crime. Um milionário assassinado é uma grande história em qualquer lugar, e a imprensa de Chicago é competitiva. Os Miglin não eram apenas ricos – eles eram sociáveis e conheciam o prefeito; Marilyn havia organizado um baile beneficente para o governador. Depois de algumas horas, repórteres e policiais já haviam enchido o lugar.

Embora a polícia de Chicago tivesse demorado para responder, eles agora cobriam todo o espaço. Repórteres da Fox News e das redes locais de TV estavam se debruçando nas campainhas dos vizinhos, implorando por qualquer fiapo de informação. Stephen Byer se irritou e soltou seu shar-pei/pit bull e seu dobermann na frente do jardim gradeado. "Os repórteres de jornais e o pessoal da imprensa fugiram. Eu não sei se eles pensaram que os cachorros pulariam a grade ou o que, mas eles literalmente saíram correndo para longe."

No primeiro dia, as histórias no *Chicago Tribune* e no *Chicago Sun-Times* estavam tão repletas de detalhes da cena do crime que o fato chocou a polícia de Minneapolis – eles diziam que não teriam revelado tanto. Os leitores descobriram coisas que apenas o assassino saberia – a posição do corpo sob o Bitter, o possível uso de equipamentos de poda como armas do crime, o uso de fita adesiva. A própria Marilyn Miglin foi mais aberta do que a própria família seria em alguns dias, dizendo ao jornal *Sun-Times* que o assassino provavelmente havia passado a noite ali: "'Meu primeiro pensamento foi: por que alguém acha que tem o direito de tirar uma vida e fazer isso de uma forma tão horrível?', disse Miglin, acrescentando que ela também ficou "'horrorizada que a pessoa que fez essa coisa horrível, horrível, também passou a noite na nossa casa'".

Na terça-feira o *Sun-Times* soltou, incorretamente, a manchete de que Lee Miglin foi "atropelado quatro ou cinco vezes por um carro [...] e uma lixeira foi jogada em cima do seu corpo". O jornal também reportou, corretamente, que sua garganta foi cortada com uma serra e que a arma encontrada no banheiro era uma réplica que não funcionava. "A cópia de uma Beretta preta semiautomática havia saído do quarto de Duke, onde ficava presa numa parede."

Em Chicago, o chefe de polícia é conhecido como superintendente de polícia, e o superintendente da época, Matt Rodriguez, era quase volúvel: "Existem aspectos do homicídio que indicam algum grau de tortura", ele disse ao *Sun-Times*, recusando-se a dar informações específicas. Ele também confirmou para o jornal aquilo que Marilyn Miglin havia dito ao repórter deles: que o rosto do marido dela "foi enrolado como uma múmia", e que ele nunca deixaria os pratos sujos que foram encontrados na cozinha, o que ela tomou como um sinal de que o assassino havia passado a noite.

Rodriguez também disse ao *Sun-Times* que o assassino "não parecia profissional. Porém, é tão desleixado que talvez seja profissional". Um sinal claro da falta de profissionalismo foi o roubo do carro. "Quando alguém rouba um carro que está registrado no nome da vítima, você imediatamente está se arriscando muito caso seja um criminoso", ele falou ao jornal.

Mas o *Sun-Times* só conseguia informações do departamento de polícia até certo ponto. De forma significativa, o comandante Joe Griffin da Área 3, o oficial politicamente designado para cuidar da investigação, não comentaria nada além de reconhecer o homicídio de "um senhor de idade". Griffin era tão fechado que mais tarde virou o bode expiatório para a falta de cooperação exibida pela polícia de Chicago em relação a outras jurisdições. E, na mesma história, os repórteres Fran Spielman e Phillip J. O'Connor descreveram o escopo dos limites da divulgação do superintendente Rodriguez:

Rodriguez falou repetidamente sobre como o assassino tornou confortável sua estadia na casa. Quando questionado sobre como ele havia feito isso, Rodriguez respondeu:

"Falando francamente, a especificidade da sua pergunta e qualquer resposta minha poderiam colocar em risco a investigação futura. É melhor os oficiais não falarem sobre as coisas que aconteceram lá, porque, na verdade, isso pode contribuir com o sucesso da investigação e a prisão do criminoso."

Questionado se encontraram sangue na casa, Rodriguez respondeu: "Eu não quero responder a essa pergunta".

Questionado se o assassino ficou com Miglin antes do assassinato ou se ficou na casa depois disso, Rodriguez falou: "Eu não posso afirmar com certeza se o assassino ocupou a casa antes do crime. Existe evidência de que a pessoa ou as pessoas ocuparam e usaram a casa da vítima. E isso é tudo que posso dizer".

Mas isso era muita coisa.

Para um leitor atento, as referências repetidas de que o assassino se sentiu confortável na casa dos Miglin podia ser facilmente interpretada como um sinal de que a polícia acreditava que Miglin conhecia o criminoso. A maior parte dos assassinatos é cometida por pessoas que conhecem a vítima – e não um estranho. Não havia sinais de arrombamento. E, claro, o cachorro, que os vizinhos diziam latir para estranhos com frequência, não latiu e nem foi ferido.

Certamente, as cenas do crime na garagem e na casa sugeriam alguém que não estava apenas matando por dinheiro, bem como o uso de um carro de fuga para escapar o mais rápido possível. "Um ladrão entra e sai rapidamente", diz Nancy Donahoe. "Você pode afirmar a mesma coisa sobre Cunanan? Não." O assassino de Miglin, afirma o médico-legista Dr. Edmund Donoghue, "estava muito controlado e objetivo. Ele queria controle". O médico-legista não ficou confortável com a sugestão feita pelo superintendente Rodriguez de que Miglin havia sido torturado. Questionado sobre quanto tempo seria necessário para matar Miglin, contando com a amarração, a fita enrolada na cabeça, as quatro dúzias de ferimentos, a limpeza – trapos ensanguentados também foram jogados no lixo –, Dr. Donoghue diz: "Apenas alguns minutos, se ele estivesse com pressa". Mas Andrew não correu para lugar algum – ele ficou lá.

E a ousada parte de baixo de biquíni que Lee Miglin, de 75 anos, foi encontrado vestindo? O Dr. Donoghue não viu indícios de que Miglin levava uma vida dupla. "Ele era da moda – a esposa provavelmente comprou para ele", explicou. Questionado sobre como ele reagiria se sua esposa comprasse uma roupa de baixo daquelas para ele, Dr. Donoghue não hesitou: "Isso nunca aconteceria".

Ainda assim, havia sinais que levariam muitos investigadores a considerar a possibilidade de um elemento sexual. Os aspectos sádicos eram consistentes com um padrão prevalente entre assassinos em série, que, de acordo com especialistas, precisam realizar suas fantasias sádicas e repeti-las até que estejam corretas. Segundo Gregg McCrary, consultor sênior do Grupo de Avaliação de Ameaças e um antigo agente supervisor especial da Unidade de Ciência Comportamental do FBI, assassinos desse tipo possuem "vítimas complacentes – eles começam com parceiros sexuais que sejam complacentes com suas fantasias. Eles arrumam alguém que aceita as amarras e a tortura até que a vítima não aceite mais participar, então o criminoso sádico fica insatisfeito. Quando chegam aos vinte e tantos anos ou começo dos trinta, eles já desenvolveram suas fantasias sádicas. Eles estão realmente ardentes a essa altura e precisam encenar essas coisas, mas não encontram ninguém que participe. Então, encontram uma vítima relutante para sequestrar, estuprar ou assassinar. A taxa de homicídio é muito maior se a tortura é feita contra a vontade do outro indivíduo".

McCrary diz que os motivos aqui podem ser misturados – tanto gratificação sexual quanto extorsão de dinheiro. O que foi feito com Lee Miglin, por exemplo, "é uma janela dentro da fantasia [do assassino]". Até os motivos psicológicos podem ser misturados. Um assassino que destrói o rosto da vítima indica um ímpeto "muito pessoal", diz ele. "A destruição da face é muitas vezes a da personalidade da vítima – eles querem destruir a pessoa completamente." Colocar a vítima numa máscara, por outro lado, representa uma despersonalização. Mas, embora Miglin estivesse mascarado, sua face foi brutalizada. A autópsia revelou quinze lesões faciais.

Na terça-feira, Paul Beitler, respondendo a questões persistentes sobre um motivo para o crime, disse aos repórteres: "Isso não foi um ataque de gangue". Mas ele provavelmente levantou mais perguntas do que respondeu quando acrescentou: "Todo mundo tem a sua própria opinião sobre o que aconteceu... Mas não teve nada a ver com negócios". A família convocou uma coletiva de imprensa para pedir a ajuda do público com pistas sobre o assassino. Embora os observadores achassem que a linguagem corporal da família era estranhamente rígida e constrangedora uns com os outros, aparecer na frente das câmeras não era algo do qual eles corriam. Marilyn disse aos repórteres: "O que dizer sobre um homem que você amou passionalmente por trinta e oito anos, que personificava coragem e honra e dignidade e valores morais mais do que qualquer um que eu conheça?".

Os policiais continuaram num entrave até a meia-noite de terça-feira. Alguns oficiais estavam chocados com o fato de que o superintendente Rodriguez havia usado a palavra "tortura" e com a notícia falsa de que Lee Miglin fora atropelado. A polícia questionou Stephen Byer – ele viu algum estranho? Betsy Brazis disse à polícia que havia visto um Jeep vermelho estacionado na frente da casa dela na East Division, uma rua depois da casa dos Miglin, na sexta-feira à noite. No sábado, ela notou que ele havia mudado de lugar para a Rua East Astor.

Quanto mais desenfreados os rumores se tornavam – o assassinato era ou não trabalho da máfia? Lee Miglin conhecia ou não o seu assassino? –, mais a polícia se fechava sobre a investigação. A polícia estava, ao mesmo tempo, se curvando aos desejos de uma família poderosa e tentando evitar potenciais problemas jurídicos. "Você precisa entender a torrente de amor e como a polícia a protegeu", diz Sugar Rautbord em relação a Marilyn Miglin. Aparentemente, outro assassinato famoso também estava sempre na mente dos agentes da lei. "A polícia de Chicago é muito fechada", diz Paul Beitler. "E dá para culpá-los, depois de todo o fiasco no caso O.J. Simpson?"

Nada prosseguiu. Então, quase três dias depois de o corpo de Lee Miglin ser encontrado, a policial Olive Dickey notou três adesivos num Jeep Grand Cherokee vermelho que estava estacionado na esquina da Rua Astor, apenas a "trinta e oito passos" da casa dos Miglin. Quando decidiu checar a placa de Minnesota, 543 LUG, ela ganhou na loteria: o Jeep pertencia à vítima de homicídio David Madson, e o suspeito, Andrew Phillip Cunanan, estava armado e perigoso, sendo procurado por assassinato.

Agora a história ficava mais sensacional, lançando os dois assassinatos anteriores, inicialmente considerados "crimes domésticos" – ainda que de um casal gay –, para a suposta vida secreta dos ricos e famosos. Aquela noite, no entanto, estava calma. O Jeep foi vasculhado em busca de digitais e rebocado. O veículo continha vários itens identificados como propriedade de David Madson, assim como um guia da cidade de Chicago com linhas marcando um mapa de Gold Coast e uma cópia da revista *Out*. Talvez o pedaço de evidência mais interessante fosse o recibo de estacionamento indicando que Andrew estacionou primeiro na Garagem General Parking que ficava na Rua North Water, a alguns quilômetros de distância, na quarta-feira anterior, no dia 30 de abril, às 6h08 da manhã – cerca de doze horas depois de o corpo de Jeff Trail ser encontrado em Minneapolis. Aquele recibo de estacionamento terminaria por lançar dúvidas sérias em relação à hora da morte de David Madson.

A mídia imediatamente pulou na história, mas a polícia de Chicago falava pouco. No estado de Minnesota, deixado em banho-maria pela mídia de Chicago, que não repassava informações, os motivos alegados nos primeiros dois assassinatos ainda eram um "triângulo amoroso homossexual" – para o incômodo das famílias Madson e Trail – ou um cenário em que um Andrew soropositivo matava por vingança – suposição escarnecida pela imprensa gay. Nos registros do FBI liberados mais tarde, o motivo da vingança em razão de HIV foi atribuído a um amigo gay de Andrew num dos primeiros laudos em São Francisco. Contudo, não há dúvida de que, com a adição do velho, rico e proeminente Miglin para a lista de vítimas, a visibilidade do caso ganhou uma força tremenda não apenas na imprensa, mas também entre as forças policiais nacionais. O pequeno departamento do Condado de Chisago liderou o caminho.

Às 6 da manhã de quarta-feira, o sargento Todd Rivard, do Condado de Chisago, soube que um repórter de uma afiliada da NBC Chicago havia informado o Centro de Comunicação do Xerife de que o Jeep fora encontrado. Rivard ainda não tinha sido notificado pela polícia de Chicago. A ligação deu início a um padrão: Chisago ouvia sobre grandes desdobramentos no caso primeiro através da mídia. Quando Rivard retornou a ligação do repórter da NBC, ele ficou sabendo não só da possível conexão de Andrew com o assassinato de Miglin, mas também que o Lexus estava desaparecido. Mais tarde naquela manhã, Rivard ligou para a polícia de Chicago, que confirmou os dois fatos. Pouco depois, Karen Lapinski telefonou para Rivard de São Francisco para dizer que uma conta de telefone com várias ligações interurbanas feitas por Andrew havia chegado pelo correio. Ela também deu a Rivard uma explicação completa do que entendia ser a relação entre Andrew e David.

Decididos a tomar uma providência rápida e definitiva, o xerife Randall Schwegman e o sargento Todd Rivard foram até o procurador distrital do Condado de Chisago para pedir um mandado de prisão para Andrew por assassinato. Ele aceitou. A decisão causou surpresa na promotoria. Minnesota não tem pena de morte, e, pelos padrões processuais de grandes cidades, que não davam grande peso para evidências circunstanciais, eles tinham pouca coisa com que seguir adiante. Mas Schwegman e Rivard convenceram o promotor que as balas encontradas na bolsa de Andrew no apartamento de Madson e o Jeep próximo da casa de Miglin eram o suficiente. "Tínhamos causa provável. Estávamos preocupados que [Cunanan] fosse fugir para as Filipinas", diz o promotor Reuter. "Estávamos no início da nossa investigação, mas descobrimos que conseguiríamos mais evidências de confirmação ao longo do processo."

O taciturno comandante da Área 3 de Chicago, Joe Griffin, estava lívido. Griffin era conhecido por ser tão cauteloso, que, certa vez, se recusou a revelar o que havia sido roubado aos investigadores que cuidavam de uma invasão à casa do irmão do prefeito. Um casaco de pele estava entre os itens roubados do secretário de comércio Billy Daley, e Griffin supostamente pensou que possuir um item tão luxuoso refletiria mal na imagem da Primeira Família de Chicago.

Mas Griffin não estava sozinho em sua preocupação. "O fato de Chisago ter expedido o mandado chocou todo mundo", disse a promotora de Chicago, Nancy Donahoe. "Eu recebi uma ligação de Griffin aos berros: 'Como eles puderam fazer isso?'." O problema era que a queixa de Chisago continha muitos detalhes, incluindo a identidade da incomum arma calibre .40 usada no crime, nomes de várias testemunhas e, em alguns casos, onde moravam, fazendo deles alvos fáceis para a mídia. "Nossa principal preocupação era que [o mandado] fosse espantar testemunhas em potencial", diz Nancy Donahoe. "Eu poderia falar até cansar, prometendo que não colocaríamos nada na mídia, que as famílias não descobririam que as pessoas eram gays", mas que credibilidade isso teria se elas ouvissem falar sobre Chisago?

Havia uma razão mais importante, entretanto, para Chisago ter expedido o mandado de prisão de Andrew: a queixa abria caminho para que o FBI entrasse no caso. Normalmente, cada assassinato fica sob jurisdição do lugar onde ocorreu – a menos que o suspeito saia do estado em fuga e haja um mandado pedindo sua prisão. Uma queixa dessas é usada para acionar um mandado UFAP federal – que indica "fuga ilegal para fugir de prisão". Então o FBI pode entrar no caso.

No caso de Chisago, Roy Tubergen, chefe da seção de Crimes Violentos do FBI, admite: "Eles estavam criando acusação contando com a sorte". Ainda assim, o topo do FBI já estava de olho nos assassinatos. O antigo vice-diretor do FBI, William Esposito, falou: "Eu recebi uma ligação do nosso centro de comando dizendo que algo estava acontecendo – houve algumas mortes em Minnesota – que poderiam estar conectadas. Então, uma terceira morte aconteceu, e as pessoas começaram a montar o quebra-cabeça".

"Assassinato em Minnesota não é tão comum quanto em Chicago ou na Costa Leste", diz Roger Wheeler, diretor assistente do FBI, "então, o fato de ter havido um assassinato na cidade, seguido por outro, alguns quilômetros fora da cidade, aparentemente pela mesma pessoa, mexeu com o interesse de todo mundo". Depois de Miglin, "temos um assassino que viajou por três estados e três jurisdições diferentes. Pensamos que, por causa da velocidade e da habilidade de Cunanan em atravessar o país tão rápido quanto fez, ele merecia desde o início toda a atenção que pudéssemos lhe dar".

Ainda assim, antes de entrar no caso, o FBI exigiu certas medidas de segurança por escrito da parte de Chisago. De acordo com Todd Rivard, "Jim Reuter precisava fazer uma acusação de assassinato em primeiro grau" – embora a queixa tenha dito assassinato de segundo grau. "Nós falamos para ele: 'Escuta, Jim, confie na gente – a gente nunca te deixou na mão antes'." Rivard estava confiante de que poderiam conseguir evidências para uma acusação de assassinato de primeiro grau. Mas o FBI, sabendo que não havia pena de morte em Minnesota, não pretendia usar seus recursos de forma leviana. Rivard caracterizou a atitude do FBI como: "Não vamos nos dar a esse trabalho todo sem comprometimento". Tradução: não vamos mexer a bunda para conseguir uma simples acusação de homicídio culposo. O FBI não apenas queria um mandado com causa provável suficiente, mas também "uma carta prometendo uma acusação de assassinato em primeiro grau e promessa de extradição" se Andrew fosse pego. Em outras palavras, Chisago, a primeira a fazer a acusação, tinha que prometer não insistir em julgar Andrew primeiro, oferecendo, assim, um caso mais promissor para ser julgado em um estado com pena de morte.

Em Minneapolis, a notícia de que o Jeep de David havia sido encontrado na esquina da casa de Lee Miglin caiu como uma bomba, bagunçando todas as teorias. "Nós estávamos pensando que era uma briga de amantes gays entre David e Jeff, mas agora tínhamos um milionário em Chicago e outro veículo desaparecido", diz Steve Wagner, sargento da polícia de Minneapolis. "Daquele ponto em diante, o FBI se envolveu bastante e a coisa escalou muito."

Agora o caso tinha mudado totalmente. Com a entrada do FBI, a investigação expandiu – haveria uma caçada nacional. O FBI começou a despachar suas ferramentas imediatamente, incluindo a equipe de informática Rapid Start [Início Rápido], cuja missão era estabelecer um sistema computadorizado unificado para cuidar de todas as pistas relacionadas a Andrew Cunanan. O próprio caso seria entregue a uma força-tarefa para captura de fugitivos, parte da Força Conjunta de Segurança das Ruas, que reunia autoridades locais, estaduais e federais sob o mesmo teto, compartilhando a liderança com o FBI para encontrar os fugitivos mais violentos. As forças-tarefas servem para reduzir as rivalidades entre as agências e aumentar a cooperação policial – o que é sempre um assunto problemático.

"Literalmente algumas horas depois de anunciarmos o projeto na arena da força-tarefa, nós tínhamos todos os grandes departamentos de polícia metropolitana ou delegacias de xerife envolvidas, porque a maior parte deles está representada de uma forma ou de outra em forças-tarefas", diz Wheeler, vice-diretor assistente do FBI. "É uma vantagem tremenda que não tínhamos cinco anos atrás. [As forças tarefas] são uma coisa dos anos noventa. E é uma forma extremamente valiosa de comunicação e de contato" – se, de fato, todo mundo estiver prestando atenção, o que não é automático de forma alguma.

Como os crimes de Cunanan começaram em Minnesota, a força-tarefa daquele estado estava na liderança: Lee Urness, do Departamento de Apreensão Criminal de Minnesota, compartilhava responsabilidades com Kevin Rickett, do FBI. "A responsabilidade deles é estabelecer pistas para as outras divisões seguirem", conta Stephen Wiley, chefe da Divisão de Fugitivos do FBI. "Minnesota estabeleceu uma linha com San Diego, dando a eles uma lista de coisas para fazer, para checar o histórico de amigos e associados." Uma suposição comum é que fugitivos geralmente tentam entrar em contato com a família, ou voltar para casa – embora este com certeza não fosse o caso de Andrew.

O principal objetivo do FBI em investigações de fugitivos não é juntar evidência e nem encontrar um motivo. Em vez disso, o departamento está tentando descobrir para onde o suspeito está indo e como pegá-lo. Ao longo do caminho, os agentes designados descobrem muitas coisas, mas se a informação não está diretamente relacionada com a localização do suspeito, eles não prestam muita atenção. Personalidade não conta. "Nosso objetivo aqui não é descobrir quem é Andrew Cunanan ou quais são suas motivações", diz Kevin Rickett. "Nosso único objetivo é prendê-lo." No caso de Cunanan, focar apenas na "investigação do fugitivo" surtiu exatamente esse efeito – o FBI conduziu centenas de entrevistas, mas deixou passar ou ignorou algumas pistas importantes.

Ainda assim, a polícia de Chicago e outras jurisdições tinham agora o FBI e sua miríade técnica para ajudá-los. "A UFAP é muito boa em seguir por vários caminhos – registros telefônicos, faturas de cartão de crédito, telefones celulares – onde ele está, para onde ele foi, para onde acreditamos que vá", diz a promotora de Chicago, Nancy Donahoe. De qualquer forma, a polícia de Chicago ainda tinha suas dúvidas quanto à direção para onde esse caso os levaria.

O jornal *Chicago Tribune*, em sua edição de terça-feira, 8 de março, deu sua opinião após a descoberta do Jeep: "Se as reconhecidamente tênues linhas de investigação que a polícia está seguindo levarem para onde alguns estão pensando, os investigadores precisarão descobrir como o assassinato de Miglin, de 72 anos [sic], se encaixa com o assassinato dos outros dois jovens". Mas as autoridades de Chicago não estavam animadas com o campo minado político: lidar com um assassino assumidamente gay, suspeito de ser garoto de programa, que havia matado dois outros homens gays de quem era próximo; tudo isso enquanto, por outro lado, a vítima em questão era um homem de família rico e destacado, cujo parceiro de negócios tinha conexões políticas e cuja esposa tinha uma rua chique batizada em sua homenagem.

O parceiro de Tichich, Pete Jackson, diz: "Chicago soube que o cara era grande quando o escritório do cardeal ligou para saber como a investigação estava andando".

22

ERRO FATAL

Andrew escapou com vantagem mais uma vez. No fim da noite de domingo ele estava saindo de Chicago no Lexus de Lee Miglin. O FBI pôde traçar sua rota por meio de um novo software altamente sensível chamado de "triggerfish", um equipamento de triangulação que podia rastrear carros com um certo grau de certeza quando os telefones celulares fossem ativados. O carro de Miglin tinha um telefone, mas Andrew não sabia o código numérico exigido para utilizá-lo. Contudo, o telefone aparentemente era ativado assim que a ignição era ligada. Andrew ligou a ignição ou tentou usar o telefone duas vezes – uma vez no sábado às 11h25 da noite e novamente às 0h37 na madrugada de domingo.

Essas ligações foram monitoradas por um sinal transmitido através de uma torre localizada em Grand Rapids, Michigan. Duas vezes na tarde de domingo, ele tentou usar o telefone. Essas ligações foram pegas numa torre no Condado de Union, Pensilvânia, numa rota que ia diretamente para a cidade de Nova York. "O FBI estava liderando o rastreamento das transmissões do celular", diz o sargento de Chicago Todd Rivard. "Eu fui contatado por Lee Urness [membro do Departamento de Apreensão Criminal de Minnesota que cuidava da Força-Tarefa de Minnesota com o agente do FBI Kevin Rickett], e ele me contou o que estava acontecendo – que isso era secreto, que eles tinham um sinal do celular". Por algum acaso, o serviço do telefone foi desligado, e não foi reconectado até o meio da semana seguinte.

Aparentemente Andrew dirigiu direto até Nova York, porque à 0h45 da segunda-feira, 5 de maio, ele se registrou no West Side Club, uma sauna gay localizada em Chelsea, uma vizinhança boêmia, com uma expressiva população gay, nas imediações de Greenwich Village. Ele estava num ambiente familiar, escondido bem à vista. Enquanto isso, em Minneapolis e Chicago, as vidas dos familiares e amigos de suas vítimas estavam viradas de cabeça para baixo. Na segunda-feira de manhã, foram realizadas as autópsias de David Madson e Lee Miglin, enquanto em DeKalb, Illinois, o funeral de Jeffrey Trail acontecia, sem presença da mídia. As autoridades de Minneapolis falharam em enviar as cinzas de Jeff a tempo para a cerimônia. O Jeep de David Madson ainda estava estacionado perto da casa de Lee Miglin, e a reação clamorosa à "matança" de Andrew ainda não havia começado. Dessa forma, enquanto os corpos de dois dos homens que ele havia matado estavam sendo examinados em busca de restos de sua violência cruel, e sua terceira vítima estava sendo velada, Andrew foi comprar uma calça jeans. Ele a comprou numa loja da Levi's na Avenida 57, perto da Quinta Avenida.

Andrew frustrou a polícia desde o início, porque eles não tinham quase nada de substancial com que seguir adiante. Como ele nunca havia sido preso, e sua única digital existente era a do polegar direito na carteira de motorista expedida na Califórnia, a polícia teve uma dificuldade tremenda em encontrar correspondências para qualquer impressão digital nas cenas dos crimes. E como as autoridades não tinham, por exemplo, tomado o devido cuidado ao investigar o apartamento de Andrew em San Diego ou o apartamento de Jeff, muitas evidências foram contaminadas, e a polícia precisou comparar centenas de digitais. Andrew também parecia muito diferente de uma foto para outra. Em algumas ele parecia um nerd de óculos; em outras, seu cabelo estava longo; em algumas ele parecia másculo, com a cabeça raspada bem rente. Poucas fotos mostravam que Andrew havia engordado.

"O que me irritou no início quando a grande caçada estava rolando", diz Jerry Davis, "eram as fotos que estavam mostrando. Porque o Andrew que eu conhecia era gordo, um cara feio... Eu achava ele nojento. E a foto que eles mostraram na TV – eu pensei, ele parecia bonito. Foi que eu tentei dizer a eles". O outro problema era que, com sua estatura mediana e cabelos escuros, ele parecia comum. "Ele era um cara que podia se misturar em diferentes comunidades – italiana, grega, hispânica", diz Todd Rivard.

Havia também a questão de que talvez Andrew estivesse desafiando a polícia deliberadamente, já que muitos assassinos em série se orgulham de serem mais espertos que a lei. Ou era tudo um caso de estranha ironia? Por exemplo, recibos de cinema encontrados mais tarde em Miami mostram que na quarta-feira, o dia em que o FBI entrou no caso, Andrew supostamente estava em Chelsea no cinema, assistindo Jim Carrey no filme *O mentiroso*. Na noite seguinte ele assistiu a Brad Pitt em *Inimigo íntimo*.

"Ele tinha um objetivo cruel em tudo que fazia", diz o sargento Steve Wagner de Minneapolis. "Eu não o vejo como um gênio. Al Capone, Lucky Luciano, John Gotti – eles são bem mais espertos que Andrew."

No fim da semana, meia dúzia de agências da lei estavam seguindo vários aspectos dos assassinatos de Andrew sem saberem quais eram seus motivos ou para onde ele iria. "Ele estava sempre em movimento", diz Wagner, "indo de um canto para o outro". Mas ele estava fazendo isso sob o início do holofote midiático.

A descoberta do Jeep de David perto da casa de Miglin foi o catalisador que os tabloides precisavam para dar mais atenção ao "garoto gay e festeiro de San Diego", e a possibilidade de que Andrew conhecesse ou estivesse envolvido com Miglin atiçou o interesse nacional. As revistas *Time* e *Newsweek* começaram a preparar reportagens. A TV local era insaciável. Na quinta-feira, relembra Ann Trail, a mãe de Jeff, "nós chegamos em casa e a rua inteira estava lotada de carros e pessoas". Os caminhões de TV a cabo estavam estacionados na frente da casa dos Trail, prontos para alimentarem o programa *Live at Five*. "Eles vieram para cima da gente como uma nuvem de gafanhotos. Era como uma multidão atrás de mim. Eu tinha feito uma cirurgia séria no dia 17 de abril. Ainda não estava bem. Stan falou: 'Você entra – eu lido com eles'."

Talvez não exista um indicador mais verdadeiro do interesse numa história de crime do que um aceno do *America's Most Wanted*, o programa de TV do canal FOX amado pelo FBI e por policiais de todos os cantos, por causa de sua audiência de milhões e o número de criminosos que ajuda a capturar: 535 até o momento. De início, o *AMW* pensou que os assassinatos eram crimes domésticos comuns. "Metade dos crimes no país são domésticos", conta o produtor-executivo Lance Heflin, "então acabam sendo colocados de lado". Mas o apresentador John Walsh tinha sua própria opinião – que Andrew Cunanan "sempre quis ser alguma coisa. Ele queria estar nos círculos. Queria andar com os ricos e famosos; queria estar no Hampton com a galera do David Geffen". Ele queria ser famoso, ponto.

Quando houve o terceiro assassinato, os produtores prestaram atenção. "É uma notícia grande em Chicago porque Lee Miglin é muito respeitado na cidade como desenvolvedor imobiliário e filantropo", explica Walsh. "Eu sei que o prefeito Daley era um apoiador do *AMW* desde o início e um amigo de Miglin, etc., etc., etc., então noticiamos o assassinato." A primeira exibição do *AMW* sobre Andrew Cunanan foi no dia 10 de maio, um dia depois do funeral de Miglin. Durou apenas dois minutos e 47 segundos, mas foi um sinal, especialmente para a grande audiência de agentes da lei, de que Cunanan havia se tornado grande. "Aqui está o cara, ele estava dentro da mansão de Miglin. Agora a elite, a parte rica da sociedade, diz: 'Sabe, a maior parte dos crimes acontece nos guetos. Como alguém poderia ter entrado na casa de Lee Miglin e o matado?'. Nós começamos a olhar para a situação e dizer: 'Acho que estamos lidando com um assassino em série aqui. Qual é a conexão com Lee Miglin?'."

O *America's Most Wanted* não estava sozinho. A equipe de um tabloide de TV, tendo visto o portão do jardim dos Miglin aberto, entrou direto e começou a filmar a família sentada ao redor da mesa da cozinha. O jornal *Chicago Tribune* localizou Norman Blachford através de satélites enquanto ele e seu amigo Peter Cooper, o antigo diretor do Projeto Salva-Vidas, tentavam escapar navegando para Londres a bordo do *Queen Elizabeth 2*. Blachford se recusou a comentar, então o *Tribune* mandou seu correspondente em Londres esperar nas docas como um chofer, segurando uma placa com o nome "Norman Blachford", porque o departamento não tinha a menor ideia de qual era sua aparência. Embora Blachford não tivesse se aproximado do repórter, o intrépido jornalista conseguiu localizá-lo em seu quarto de hotel em Londres, onde Blachford o mandou se afastar de forma bem clara.

Todo mundo queria um pedaço da história – com uma notável exceção. No jornal da cidade natal de Andrew, o *San Diego Union-Tribune*, ele era um homem invisível. Seis semanas depois de noticiar o suicídio em massa do culto Heaven's Gate em Rancho Santa Fe, o *Union-Tribune* chegou a colocar um obituário sobre Lee Miglin no dia seguinte à descoberta do Jeep de David Madson, mas não fazia qualquer menção a Andrew Cunanan.

"Aquela história era muito sensível por aqui", diz Don Bauder, redator de finanças de longa data do jornal. David Copley, o encorpado filho de 41 anos de Helen Copley, dona do jornal, era suspeito, de acordo com rumores, de ser um conhecido de Andrew, mas Copley nega já ter se encontrado com ele. Quando o *Union-Tribune* finalmente publicou sua primeira história sobre Andrew, na quinta-feira, 8 de maio, ela mencionava que "autoridades de vários estados procuram por um homem de San Diego", mas estava enterrada na página A9, não incluía entrevistas com nenhum dos muitos conhecidos e amigos próximos, e citava como fonte, majoritariamente, o promotor do distrital de Chisago, Jim Reuter.

Diferentemente do funeral de Jeff, que a mídia havia ignorado na segunda-feira, o funeral de David em Barron, realizado na quinta, atraiu um enxame de câmeras da TV. Mas eles foram mantidos do lado de fora em sua maioria. As famílias Trail e Madson já estavam sobrecarregadas a essa altura. Para americanos comuns, desacostumados com os holofotes, ser pegos pelo brilho ofuscante da mídia em seu momento de maior pesar é alienante e opressor. No funeral de David, o vizinho dos Madson de duas portas abaixo, um policial aposentado, apareceu completamente uniformizado na igreja e barrou a porta. "Numa cidadezinha como essa, quando uma tragédia acontece, a comunidade inteira meio que se abraça", diz Cynthia Madson, cunhada de David. Ainda assim, as duas famílias acharam necessário buscar o conselho de consultores de mídia.

O escritório de advocacia de Lisa Stravinskas e o patrão de David foram prestativos. "Quando eu vi [a história do triângulo amoroso homossexual] no noticiário de Chicago, eu liguei para o meu chefe", diz Lisa. "Ele me recomendou um consultor de mídia para a firma, que graciosamente nos concedeu o tempo dela e algumas dicas. Ela recomendou que, a menos que falássemos com todo mundo, não disséssemos coisa alguma. Tenha uma declaração familiar e dê alguma coisinha pessoal para que eles te deixem em paz." Os Trail seguiram o conselho dela.

Em Barron, as pessoas da cidade fizeram a mídia se sentir desconfortável – diferente dos casos de Miami e São Francisco mais tarde, onde mãos por toda parte queriam receber alguma coisa. "Eles tentaram conseguir alguma coisa no centro e foram enxotados", diz Howard Madson. "Tentaram acampar no estacionamento da igreja. A patrulha rodoviária, o Departamento do Xerife do Condado de Barron e a polícia da cidade passaram um cordão em tudo, você não acreditaria. No cemitério, quando chegamos, eu olhei e vi viaturas e policiais lá atrás na floresta, dois carros de patrulha rodoviária e policiais em todos os cantos. Eles nos protegeram sem falar nada."

A polícia também estava se certificando de que Andrew não voltaria. Mas os Madson enxergaram o esforço de uma forma mais pessoal. O irmão de David, Ralph, diz: "A cidade conhecia David e ficou de luto, não apenas por causa de David, mas por causa da família, por causa do compromisso que a família fez com essa comunidade ao longo dos anos – gosto de pensar que é pelo respeito aos meus pais. Eles sabiam que precisávamos passar pelo luto".

Além de luto, os Madson estavam cheios de raiva – chocados e enraivecidos que David estava sendo ligado a Andrew de qualquer forma. Eles rebatiam a ideia de que Andrew e David eram amantes, ou qualquer sugestão de que David estava envolvido em sadomasoquismo, e mais ainda da simples noção de que David teve algo a ver com o assassinato de Jeff Trail. Por essas transgressões eles culpavam Tichich e a mídia. Ralph, particularmente, tinha problemas com o fato de David ser considerado amante de Andrew. Ele acabou aceitando que poderia ser verdade, mas queria uma "linha do tempo" associada ao termo. Ele categorizou a mídia como tendo duas frentes. "Na primeira, nós queremos contar o lado da vítima. A segunda é: 'Bem, vamos escrever de qualquer maneira. Então, se você quiser contar seu lado da história, tudo bem. Mas não faz diferença, eu vou escrever de qualquer maneira, eu vou escrever de qualquer forma.' Passamos por isso várias vezes com a imprensa. É um tipo de chantagem."

Ao mesmo tempo, a família apreciava as cartas que os inundavam, vindas dos colegas de trabalho de David e dos amigos, contando sobre atos de gentileza de David e lembrando seu humor. Seu empregador realizou um serviço fúnebre, e os amigos de Minneapolis se reuniram no restaurante Monte Carlo Room na noite após o funeral em Barron para fazer uma homenagem a David e presentearam os Madson com um álbum de lembranças. Velhinhas que ainda conheciam David como Harold Hill, "o vendedor de ilusões" que havia entregado compras para elas mesmo nos feriados, entregaram cartões para os Madson no velório na quarta-feira à noite. "Todas vieram com um cartão e dois dólares", para um fundo memorial, diz Howard Madson, "o que é muita coisa para elas, porque elas dependem de auxílio do governo".

A família encontrou conforto nos gestos de generosidade e os tomou como prova de que David não era quem "eles" – a polícia e a imprensa – estavam sugerindo que ele era. "A maior parte dos amigos de David era de héteros", sua mãe insiste, como se um outro mundo sinistro tivesse visitado seu filho. Os Madson, que sempre respeitaram a autoridade, agora tinham suas ilusões despedaçadas. "Você não entende até passar por isso", diz Howard Madson. "É difícil para nós separar fatos de ficção também, porque não somos diferentes de vocês, e estamos sendo tratados como se estivéssemos possivelmente escondendo um criminoso."

Howard e Ralph Madson dirigiram até o Lago East Rush para ver o local onde o corpo de David foi encontrado. Lá eles colocaram uma cruz de madeira feita à mão, com o epitáfio ABENÇOADO PARA SER UMA BÊNÇÃO AOS OUTROS. "É uma coisa estranha que sempre te aperta – aquela linha [de generosidade de David] que perpassa tudo que ele fez", diz Howard Madson. "Esse caso Cunanan é algo muito além da nossa imaginação. Como diabos isso foi acontecer?" Ainda assim, por qualquer motivo – vergonha, medo, raiva, ou considerações legais – os Madson não entraram em contato com os Trail, que também estavam sofrendo. Em vez disso eles juraram limpar o nome de David.

Na sexta-feira, 9 de maio, tanto os Madson quanto os Trail estavam em Minneapolis. Os Madson pediram permissão para entrar no apartamento de David para procurar documentos pessoais – extratos de banco e similares. Tichich deveria estar lá, porque queria ver se poderia eliminar David como o proprietário da camiseta Banana Republic ensanguentada encontrada no apartamento, numa sacola plástica junto da arma do crime. Evan Wallit, o noivo de Karen Lapinski, havia dito para Tichich que Andrew havia comprado algumas camisetas recentemente e dado uma para ele.

Mas David era viciado em roupas, então, obviamente, tinha algumas camisetas daquela marca. Não era possível limpar o nome de David da mesma forma que os sapatos Ferragamo encontrados com sangue não poderiam ser positivamente identificados como pertencendo a David ou a Andrew. Eles eram quase do mesmo tamanho, e ambos calçavam Ferragamos. Ainda havia algumas pilhas de roupas jogadas na área de dormir que não tinham sido checadas, assim como duas *nécessaires* no banheiro. Mais erros da polícia.

A visita foi difícil para os Madson. Eles descobriram que David já havia comprado e embalado presentes para seus sobrinhos e sobrinhas. Tenha o sargento Tichich notado ou não – e ele parece não ter notado –, eles estavam ficando com mais raiva dele a cada minuto. Em determinado momento Ralph Madson abriu uma gaveta e viu uma carta de dezembro de 1996 que foi devolvida ao remetente. Era endereçada a Andrew Cunanan em La Jolla, Califórnia. De acordo com Ralph, ele se virou para Tichich e falou: "Você vai querer ver isso".

"Por quê?", Tichich perguntou.

"É uma carta de David para a pessoa que o matou."

"Não sabemos se ele o matou", respondeu Tichich.

Ralph insistiu: "Talvez tenha alguma coisa de David para Andrew ou algo assim".

Tichich pegou a carta, mas Ralph ficou com a impressão de que estava recebendo uma mensagem clara do policial. "Eu estava realmente sentindo meio que 'Isso não é da sua conta. Eu sou o policial. Não me diga como fazer o meu trabalho.'", ele conta.

Ralph Madson é uma pessoa confrontadora. Depois disso, ele questionou Tichich: "Quem está usando a palavra 'amante' com a imprensa? De homem para homem, me diga. Vamos lá. Eu gostaria de saber".

Tichich de início respondeu "uma amiga", e então admitiu "a Srta. Salvetti".

Ralph concluiu apressadamente que estava sendo enganado. "Monique não havia falado com a imprensa em momento algum", ele insiste. Mas Ralph entendeu errado. Ela certamente havia dito para a polícia que Andrew e David tiveram uma relação íntima. A polícia passou essa informação adiante para a imprensa através do seu departamento de imprensa.

Agora Ralph, que não havia se encontrado com Tichich pessoalmente antes, claramente sentia que precisava desabafar. "Você estava errado sobre David, não é?", ele pressionava, se referindo às afirmações de Tichich de que David se envolvera no assassinato de Jeff. "Você estava muito errado", Ralph reiterou. "É o David que está morto agora!" Ele então girou sobre os calcanhares e saiu.

As relações entre a polícia e as famílias de vítimas geralmente são complicadas, e não é incomum que as famílias despejem sua frustração nos oficiais da lei. Neste caso, os Madson se sentiam mais do que ofendidos, e ainda assim o sargento Tichich diz que não entende o motivo de eles terem se voltado contra ele. "Eu tive duas ou três conversas com Howard que pensei terem sido boas antes de o corpo de David ser encontrado, e, de repente, ele parou de falar comigo, e eu não fazia a menor ideia de que havia algum problema entre a gente. Eu fiquei desconcertado desde que isso aconteceu."

"Não passamos tempo o suficiente com as famílias das vítimas", diz o sargento Wagner. "O problema é o tempo. Quando estamos focados em suspeitos, normalmente as famílias não são mantidas por perto, e elas têm um desejo tremendo por informações, um desejo de saber qualquer coisa. Algumas coisas nós podemos dizer, outras não."

Wagner mais tarde enviou uma carta simpática aos Madson os assegurando de que David era uma pessoa maravilhosa, que eles viram como uma reparação pelas alfinetadas que acreditavam ter recebido de Tichich.

Mas Wagner defende seu companheiro investigador. "A mente dele está sempre trabalhando. Você precisa de personalidades diferentes. Tich é meio bronco, mas ele investiga a fundo."

Enquanto Tichich estava no apartamento de David na sexta-feira com os Madson, ele recebeu uma chamada de Jerry Davis em seu *pager*. Davis e Jon Hackett estavam no apartamento de Jeff com o médico, a Sra. Trail e Sally, a irmã de Jeff. Eles haviam encontrado algo. Os Trail tinham ido para um evento em homenagem a Jeff em Minnesota. Assim como os Madson, eles queriam ouvir o máximo possível sobre o que de fato acontecera com Jeff. No evento realizado no dia seguinte, Stan Trail, que tinha um bom relacionamento com o filho, iria dizer que havia concluído que tinha muita coisa que ele não sabia sobre o filho, que saiu de casa aos 18 anos. Eles perderam contato. Jerry Davis, enquanto isso, tentando deixar as coisas o mais confortáveis possível para os Trail, falou tudo o que podia para aplacar a dor deles. Mas eles nunca fizeram qualquer pergunta sobre o fato de Jeff ser gay.

Enquanto estava no apartamento e vasculhava as coisas de Jeff com os Trail, Jon Hackett fez uma descoberta importante. Na prateleira superior do armário de Jeff – a polícia nunca olhou lá – ele encontrou um estojo de arma e uma caixa militar de metal para munições com três coldres e um cartucho vazio. Havia um recibo de munições compradas na Califórnia em 1994. A própria arma estava desaparecida, mas alguns dias antes as cápsulas de calibre .40 tinham sido encontradas no chão perto de onde David havia sido baleado. A polícia acreditava que tinha encontrado uma conexão. "Assim que soubemos daquilo – que Chisago havia encontrado cápsulas na cena do crime que marcavam o calibre da arma – a descoberta virou uma coisa importante", diz Wagner. "Não tínhamos a arma, mas sabíamos que era uma .40, e é uma arma incomum." Ele acrescentou: "Queríamos manter as informações em sigilo. Ela acabou em um dos jornais de Chicago".

Com a exceção da procura por digitais, a polícia nunca vasculhou completamente o apartamento de Jeff além do quarto onde Andrew havia ficado, nem recolheu os óculos de Andrew, que ele havia deixado para trás. No dia da busca por digitais, uma vizinha que morava acima de Jeff viu a polícia e falou para eles que tinha visto Andrew na frente do apartamento de Jeff, sozinho, na segunda-feira após o assassinato de Jeff. Mas como ela só ofereceu a informação depois que o caso ganhara bastante publicidade, Tichich não estava convencido de que era um testemunho genuíno.

Quando Tichich – que os Trail estavam conhecendo pela primeira vez – chegou no apartamento de Jeff, a família quis discutir o assassinato de Jeff com ele. Jerry Davis, que havia conversado com Tichich mais cedo sobre o pedido do detetive para que encontrasse informações sobre as passagens de avião de Andrew, diz que ficou irritado outra vez. Tichich começou a descrever o assassinato com termos muito vívidos, e em determinado momento Ann Trail "se levantou e mal conseguia andar. Ela precisou se apoiar na mesa e sair do quarto". Na opinião de Davis, "Ele foi muito bruto ao falar do assassinato de alguém cujos pais estavam sentados bem ali. Em vez de apenas dizer que havia sangue na camisa, ele falou: 'O sangue espirrou quando Jeff estava sendo golpeado com o martelo'".

Davis estava frustrado com o fato de que Tichich não sabia nem mesmo usar a secretária eletrônica de Jeff – o que o obrigou a gastar várias horas ingratas dirigindo até a casa de Jeff, duas vezes, para ajudá-lo. Mas os Trail não tinham a mesma opinião de Davis sobre Tichich. "Ele foi explícito", diz Ann Trail, "e isso me incomodou. Mas não me ofendeu. Ele estava nos mostrando o que aconteceu". Os Trail não tinham nenhum problema com Tichich, que acreditava estar apenas fazendo o seu trabalho.

Para Andrew, era hora de se movimentar outra vez. Na sexta-feira ele quase foi pego. À 1h30 da tarde, na quinta-feira, 8 de maio, a torre de rastreamento da Ameritech Celular informou ao FBI e à polícia de Chicago que o telefone no carro de Lee Miglin havia sido ativado na região da Filadélfia. As autoridades de Chicago informaram à polícia da Filadélfia, esperando ansiosamente localizar Andrew. Na manhã seguinte, sexta-feira, o *Chicago Tribune* fez uma matéria – que o repórter Andrew Martin diz ter sido baseada num vazamento das forças policiais de Chicago – dizendo que Andrew havia usado o celular e estava sendo rastreado.

Ainda assim a polícia de Chicago negou no mesmo dia as informações do jornal *Star Tribune* de Minneapolis, que dizia que Andrew havia utilizado o celular de Miglin. O jornal de Minneapolis, contudo, citou a polícia da Filadélfia, dizendo que uma descrição do carro de Miglin e a placa dele estavam sendo anunciadas de hora em hora para todos os cidadãos na Cidade do Amor Fraternal como a Filadélfia é conhecida. "Acho que a descrição foi feita pela polícia da Filadélfia e transmitida nas rádios, que não são criptografadas", diz a porta-voz do FBI na cidade, Linda Vizi.

"'Fique alerta', foi isso que a mídia pegou." Foi assim que parte da mídia entendeu, mas nada aconteceu de imediato.

Para complicar ainda mais esse evento há o recibo de cinema encontrado mais tarde, uma sessão do filme *Inimigo íntimo* em Nova York na quinta-feira à noite. Se Andrew foi corretamente rastreado na região da Filadélfia e também assistiu *Inimigo íntimo* em Nova York, isso significava que ele saiu de Nova York, dirigiu para o sul, rumo à Filadélfia, e fez a volta para Nova York – pelo menos uma hora e meia na posição contrária. Onde quer que estivesse na sexta-feira, contudo, ele comprou os jornais *New York Times*, *Philadelphia Inquirer* e *USA Today*, dos quais apenas o *Times* tinha um pequeno texto sobre ele.

Na noite de quinta-feira a afiliada de uma emissora de Chicago também havia passado a informação de que havia um boletim sobre Andrew na Filadélfia. Outras mídias logo pediram uma confirmação da polícia da Filadélfia sobre o boletim e sobre a história do monitoramento do celular. O porta-voz da polícia confirmou que o celular de Miglin havia sido ativado na quinta-feira. Antes e depois da confirmação, todas as rádios jornalísticas da cidade noticiaram para o mundo que o telefone do carro de Lee Miglin havia sido ativado na região da Filadélfia. Outras estações de TV também noticiaram a informação. Enquanto isso, também na sexta-feira, o sargento Todd Rivard recebeu outra ligação ultrassecreta de Lee Urness, que liderava a investigação de Cunanan. "Não conte para a sua esposa, não conte para ninguém", Urness alertou Rivard. "Nós estamos na cola dele." Aparentemente, Urness, em Minneapolis, não sabia nada sobre o vazamento.

"Eu estava encostando o carro perto de um mercado e falando ao telefone com Lee Urness", diz Rivard. "Entrei na loja e lá estava. No jornal." Na verdade, o celular do Lexus havia sido ativado na tarde de sexta-feira, às 2h28, 2h30, e 2h33 no sul de Nova Jersey, nas vizinhanças da pequena cidade Pennsville, não muito longe de onde cinco das grandes vias de acesso – incluindo duas estradas interestaduais – convergiam.

Andrew, claramente, também estava ouvindo. O vazamento "infeliz para fora" de Chicago, seguido pela confirmação da polícia, foi provavelmente o erro mais sério de toda a caçada. As consequências da ampla cobertura da mídia, rápida e direta, foram reveladas mais tarde quando o Lexus foi inspecionado. "A antena do telefone foi completamente arrancada, então ele obviamente escutou na mesma hora e tentou desmontar o telefone", diz Rivard. A antena foi encontrada mais tarde, quebrada em duas no piso do banco traseiro. A caixa de energia do telefone, que permitia que os sinais continuassem a ser emitidos, ficava no porta-malas; Andrew nunca a encontrou. Mais tarde o FBI achou buracos no forro do teto do Lexus, indicando que Andrew havia procurando freneticamente uma forma de desconectar o telefone. "Aparentemente ele não conseguiu", diz o antigo diretor assistente do FBI, William Esposito. "Foi aí que ele decidiu abandonar o carro."

As autoridades nunca mais chegariam tão perto de Andrew outra vez. "Todo mundo que estava trabalhando [no caso] ficou possesso", o xerife do Condado de Chisago, Randall Schwegman, disse ao jornal *Star Tribune* de Minneapolis. "Eu ainda acho que isso precipitou a morte de Reese", diz o sargento Steve Wagner. "Ele precisava se livrar do carro naquele momento." Andrew parou numa cabine de informações na Ponte Memorial de Delaware, um cruzamento importante entre Delaware e Nova Jersey, cinquenta quilômetros ao sul da Filadélfia. Pediu materiais sobre lugares históricos e recebeu um panfleto que incluía informações sobre o Parque Estadual Fort Mott. O parque é adjacente ao Cemitério Nacional Finn's Point, em Pennsville, Nova Jersey, um remoto cemitério da Guerra Civil que teria sua tranquilidade perturbada em breve.

23

MURMÚRIOS

O elaborado funeral de Lee Miglin realizado mais cedo na sexta-feira foi noticiado como um grande evento jornalístico local. Se o funeral não tivesse sido coberto de sensacionalismo e tragicidade sem sentido, não teria atraído tanta atenção; o cidadão comum de Chicago provavelmente nunca havia ouvido falar de Lee Miglin antes de sua morte. Mas o rebuliço da mídia foi tão pesado que até repórteres das revistas *People* e *Time* estavam entre a multidão atrás de uma barreira do outro lado da rua da Catedral do Sagrado Nome.

A família tinha pedido que o novo arcebispo da diocese de Chicago, Francis George, o sucessor do cardeal Bernadin, presidisse a missa fúnebre, mas ele havia acabado de ser empossado naquela semana e não estava disponível. Ainda assim, mais de duzentos enlutados encheram a igreja histórica, que foi decorada com orquídeas, dúzias delas, enviadas da exposição anual de flores da primavera em Marshall Field, a loja de departamentos onde Marilyn Miglin já havia sido modelo. Durante a missa Marilyn Miglin falou sobre o falecido: "Nunca nos esqueçamos do espírito e da luz desse grande homem que eu chamava de amigo".

Nesses primeiros dias após o assassinato, foi necessário um grande esforço para amigos próximos se fortalecerem contra a maré de rumores. Ainda assim, muitos ficaram chocados pela compostura da família. "Duke Miglin nunca derramou uma lágrima", afirma Paul Beitler, "o tempo todo, nem uma lágrima pelo pai." Sugar Rautbord rebate: "Eles são tão privados, as pessoas podem confundir a elegância discreta com frieza. Não é. Eles são muito dignos". Duas semanas depois da morte do marido, Marilyn Miglin voltou para o canal Home Shopping Network para vender cosméticos. Ela disse que se sentia segura no estúdio. As senhoras que a assistiam enviaram milhares de cartões, mas por dentro ela estava destruída.

"Ela transformou aquilo em um evento, para assisti-la como em uma novela", diz Paul Beitler. "Ela me disse: 'Eu preciso voltar. Tenho uma responsabilidade para com as pessoas. Preciso fazer isso. Todos eles querem saber, me ver'. Eu fiquei incrédulo."

A família teve uma missa fúnebre privada na terça-feira anterior, pouco depois da coletiva de imprensa. Paul Beitler, que havia agido como o porta-voz da família, considerava Lee o pai que nunca teve. Intenso e emocional, Beitler lutou no Vietnã, e comparou a cena do crime e o rescaldo do assassinato de Lee a estar em combate. "Eu vi a vida de pessoas sendo destruídas na minha frente."

O comportamento "intenso" de Beitler na televisão e presencialmente podia ser intimidador, até mesmo desagradável. Ele era criticado por se aproximar demais da câmera, ainda que, de acordo com observadores, ele parecesse um "animal apavorado que acabou de pular na frente de um carro". Mas sua lealdade para com Miglin nunca foi questionada. Beitler não acreditou quando Marilyn Miglin não o convidou para a visita familiar antes da cremação. "Eu não pude prestar as minhas últimas homenagens." Foi o início de uma ruptura dolorosa, que ele afirma não entender até hoje. Mas um parceiro de negócios de Marilyn explica que quando uma pessoa está tão devastada, a lógica nem sempre prevalece. "Ela estava com raiva por ele estar vivo e Lee estar morto."

No início Beitler era o vingador, disposto a eliminar qualquer dúvida sobre a identidade heterossexual de Lee Miglin e afastar a imprensa e a especulação policial sobre qualquer tipo de relacionamento entre Andrew e Lee. "Nosso plano era abafar tudo, nos isolarmos e não responder a perguntas", diz Beitler. "O produtor de Geraldo ligou. Tom Brokaw ligou através do seu produtor na noite em que o carro de Lee foi encontrado." Na verdade, Beitler ficou sabendo através da imprensa que o carro de Lee Miglin foi encontrado. Mas à medida que os eventos se desenrolavam, Beitler estava por vezes machucado, confuso e torturado. Ele lutou para entender o que havia acontecido com Lee. Durante o processo, seu relacionamento com Marilyn se deteriorou completamente. "Marilyn me tratou muito mal. Ela não é minha amiga."

Os problemas começaram pouco depois do anúncio da conexão de Andrew com o Jeep. A família Miglin se manteve firme – negando que Andrew tenha conhecido Lee ou Duke Miglin. Ao mesmo tempo, algumas pessoas da polícia de Chicago achavam que não estavam tendo muita cooperação da família, embora os Miglin, graças à antiga ligação de Beitler com o prefeito, estivessem sendo tratados a pão de ló. "Minha lembrança", diz Paul Scrimshaw, o detetive chefe da investigação do caso Versace em Miami Beach, "é que os policiais de Chicago estavam falando que os Miglin não cooperavam nem um pouco". Mas Paul Beitler diz que a Miglin-Beitler cooperou. A companhia conduziu uma busca exaustiva pelos registros de telefone e correspondência e não escondeu nada que pudesse ligar Lee Miglin a Andrew Cunanan.

A nova palavra do momento era "aleatório", como em "foi um crime aleatório". Beitler insistiu no dia seguinte: "Podemos dizer com certeza que nem Duke nem seu pai ou qualquer um na família conheciam Cunanan". Repetidas vezes Mark Jarasek, o porta-voz da Miglin-Beitler, negou pela família qualquer ligação entre Lee ou Duke e Andrew. "Duke Miglin nunca ouviu falar em Cunanan, nunca se encontrou com ele e não o conhece." Ou: "As famílias de Beitler e Miglin já disseram veementemente que nem Miglin nem seu filho, Duke, que vive na região de Los Angeles, conheciam Cunanan, Trail ou Madson".

Em particular, Mark Jarasek perguntou a Duke a verdade. Em casa, ele se lembra, depois que o Jeep de Madson foi encontrado, "eu o levei para um quarto isolado. Eu o fiz se sentar e perguntei diretamente, porque um repórter da TV havia se aproximado de mim para perguntar e eu o despachei. Nós tínhamos os dois nomes de Cunanan. Eu falei: 'Você conhece essa pessoa? Você já ouviu o nome? Duke, não faz a menor diferença para mim, e eu não vou falar nada, mas eu preciso saber. Isso é sério'. Eu falei que era sério para ele, para a empresa e para a família. Foi estranho – o jeito que ele falou 'não' me lembrou muito o pai dele. Era incrível. O jeito que ele falou foi exatamente como Lee teria dito 'não'".

Jarasek reiterou o quão importante suas respostas eram. "Eu deixei bem claro para ele, porque sou eu que estou cuidando da coisa toda. Se mais alguém aparecesse mais tarde, seria bem pior do que ser honesto neste momento." Mais uma vez a resposta de Duke foi "Não, eu não sou gay ou bi. Eu não tive nenhuma experiência sexual com um homem". Jarasek diz que "acreditou totalmente". Paul Beitler, contudo, nunca achou que conseguia entender Duke ou ganhar a confiança dele. "Duke nunca respondia as minhas perguntas. Ele sempre foi muito evasivo comigo. Nunca sentava e conversava comigo. Eu nunca consegui cinco minutos do tempo de Duke. Marilyn ficou retraída e ríspida."

Ainda assim, para a imprensa, Beitler descreveu Andrew saindo da via expressa, subindo a movimentada Rua Rush, estacionando o Jeep na esquina de onde Lee Miglin morava, na Rua Scott, e então aparecendo no beco onde ficava a garagem de Miglin e encontrando Lee por acaso. Então, em um segundo, Andrew provavelmente decidiu matá-lo de forma brutal, com as ferramentas disponíveis.

A polícia sabia que aquele não fora realmente o caso. Betsy Brazis, inquilina dos Miglin, disse a eles que havia visto o Jeep vermelho com placas de Minnesota estacionado na frente da casa dela na Rua East Division na sexta-feira à tarde. Ela o viu novamente antes da meia-noite da sexta, depois que ele havia sido movido algumas vagas adiante na rua, então ela o viu no sábado, estacionado na Rua Astor, onde foi encontrado na terça-feira perto da meia-noite. Dois outros vizinhos também afirmaram terem visto o Jeep estacionado na Rua Astor no sábado – e, talvez, tivessem até visto o próprio assassino.

Às 7h30 daquela manhã de sábado, David Arnold estava na rua passeando com o cachorro quando topou com um homem dormindo no lado do passageiro do Jeep, com um boné de beisebol abaixado sobre o rosto. Arnold e seu cachorro pararam a trinta centímetros de distância. "Nós andamos até lá, dei uma olhada nele, e pensei em acordá-lo", diz Arnold. "Ele parecia alguém que havia tido uma noite complicada na região dos bares. Parecia não estar barbeado. Quando eu vi uma foto [de Cunanan] na primeira página do jornal *Chicago Tribune*, eu falei: 'Com certeza é esse cara'." Arnold acrescenta que, como a vizinhança "ficava próxima do lago e tinha uma área significativa de bares, não é incomum ver carros de não-residentes".

Naquele fim de semana Jill Dryer estava cuidando da casa dos vizinhos, que moravam na esquina sudoeste das ruas Scott e Astor – onde o Jeep estava estacionado. No sábado à tarde, entre 1 e 3 horas da manhã, ela carregava várias pilhas de roupas do apartamento dela na Astor, a meio quarteirão de distância, para lavar na lavanderia dos vizinhos. Ela também viu o Jeep vermelho com placas de Minnesota. As janelas estavam abertas. "Havia dois homens no carro – eu só vi aquele que estava com o braço na janela, comendo um sanduíche. O único motivo de eu ter prestado atenção foi porque ele parecia uma pessoa esquisita que eu conhecia, e isso me assustou." Ela passou pelo Jeep várias vezes, mas não se lembra da aparência do outro passageiro, apenas que era um homem branco. "Muita gente acampava por lá – eles estacionam e vão para a praia e usam o lugar como parada. Eu pensei 'Meu Deus, que perdedores. Eles estão usando o Jeep de hotel, e estão estacionados na frente da minha casa.'"

Dryer trabalha como garçonete, e enquanto caminhava para casa às 2 da manhã, pouco depois do assassinato, ela foi parada por dois policiais que a perguntaram se havia visto um Jeep vermelho. Ela disse que sim, relatou sua observação e recebeu uma reação estranha. "Eles não queriam ouvir nada sobre o assunto – duas pessoas em um Jeep", ela declara. "Eu fiquei tão furiosa. Falei: 'faça o favor de dar uma olhada. Pode ter alguém morto num beco'. Eu descrevi o cara antes de eles me mostrarem qualquer foto. Então, depois eles me mostraram fotos e eu apontei [Cunanan]. Ele estava no banco do passageiro." Dryer diz que não entende o motivo de os policiais a terem ignorado, dizendo "'Ok, senhora, já temos o suficiente'. Eu certamente não quero acusar as pessoas de não fazerem o trabalho delas. Talvez, como eu não soube descrever a aparência do outro, eles me ignoraram".

No registro policial não divulgado, os detetives Lawrence Aikin e Charles Gorski omitem qualquer menção a Dryer avistando duas pessoas no Jeep. Eles apenas mencionam que ela acreditava que a foto que haviam lhe mostrado anteriormente de Andrew "era a mesma pessoa que ela observou sentada no banco do carona do Jeep Cherokee que estava estacionado na esquina sudoeste das ruas Scott e Astor por volta de 2 da tarde do dia 3 de maio de 1992".

Para um potencial julgamento, de acordo com a promotora Nancy Donahoe, a polícia e a procuradoria do estado pareciam favorecer o depoimento de outra testemunha, que contradizia os de Arnold e Dryer, reforçando a teoria do assassinato aleatório que a família de Lee Miglin está tentando passar. Lisa Douglas diz que ela e a mãe estavam saindo de uma loja da Bloomingdale, que ficava no cruzamento das ruas Michigan e Walton, no sábado à tarde, por volta de 5 horas ou 5h15, quando foram interpeladas por um homem barbeado, de cabelos escuros. Ele parecia um "estudante estrangeiro rico", e perguntou com um sotaque indeterminado: "Onde fica Gold Coast?". Ele estava com um mapa laminado e um panfleto. De acordo com o relatório da polícia, Douglas disse a ele que já estavam em Gold Coast. Ele apenas olhou para ela, então ela apontou para o norte e falou para ele subir a Rua Michigan por alguns quarteirões e virar à esquerda. Ela precisou esperar ali por mais dez minutos, e ele continuou encostado no prédio. Douglas identificou o homem como sendo Cunanan.

Mas se ele estava barbeado, de onde vieram os pelos na pia do banheiro dos Miglin? Além disso, Andrew conhecia Gold Coast e Chicago. Ele costumava falar sobre a cidade para Stella Kalamaras, a dona do California Cuisine em Hillcrest, cujo marido havia possuído um restaurante em Chicago.

Além disso, havia uma pessoa que não estava dizendo para a polícia o que sabia. Betsy Brazis, uma morena magra e bronzeada, falou para os policiais que havia visto o Jeep estacionado em frente à casa dela na sexta-feira à noite e na Rua Astor no sábado. Contudo, Brazis diz: "Eu vi outras coisas que nunca divulguei para a polícia, porque eles não fizeram perguntas diretas. Não respondi por respeito aos Miglin".

Brazis havia se divorciado recentemente de um cirurgião, sua filha estava quase se formando na faculdade, e ela se mudara apenas duas semanas antes para um duplex que custava 6 mil dólares por mês e ficava bem ao lado da casa dos Byer. Pouco antes de se mudar, ela cortou a mão e precisou de mais de quarenta pontos. Não foi um período tranquilo. "Eu estava tentando levar a minha própria vida. Não me envolvi no caso dos Miglin. Eu não preciso aparecer na TV. Não preciso desse tipo de notoriedade." E ela certamente não queria causar nenhum problema para os Miglin, que, além de tudo, eram os locatários dela. Mais tarde, contudo, ela trocou farpas com Marilyn Miglin sobre seu contrato de locação e escreveu uma carta mencionando que, por respeito, ela não havia contado tudo o que sabia sobre o assassinato. Ela nunca recebeu uma resposta.

Na noite de sexta-feira, 2 de maio, Betsy Brazis estava sozinha em casa com seu cachorro, Mimi, um Chihuahua de pelos compridos. Uma amiga da Dakota do Norte viria para uma visita no dia seguinte, então Brazis estava se acostumando com a casa nova e saindo frequentemente. Assim como os Byer, Brazis podia ver a cozinha dos Miglin e o jardim, e ela também estava acostumada a ver os senhorios, Lee e Marilyn, jantando em frente à grande janela à meia-luz.

De vez em quando, quando Brazis estava do lado de fora no seu jardim de cascalho, ela encontrava Lee. Eles geralmente acenavam e trocavam algumas palavras. Pouco depois do anoitecer na sexta-feira, Lee passou por ela no beco, mas não disse nada. "Eu sei que Lee me viu no quintal. Achei meio estranho ele não ter falado nada – não que ele tivesse que fazer isso", ela se lembra. "Ele estava com um jovem de feições escuras e boné de beisebol. Eu não consegui ver o rosto deles. Devia estar escuro."

Muitas horas depois, Brazis viu Lee Miglin e o jovem conversando na cozinha, onde mais luzes do que o normal estavam acessas. Ela não se aproximou o suficiente para identificar Andrew Cunanan. Só depois de ver a foto de Andrew "zilhões de vezes na TV" foi que ela pensou que ele era a pessoa com Miglin na noite de sexta-feira, mas ela não tinha certeza. Durante os dias tumultuosos que se seguiram à morte de Miglin, ela guardou segredo. "Eu não iria lá. Eu não falava dessas coisas. Falei para a minha filha." Betsy Brazis tem certeza, contudo, de que na sexta-feira à noite Lee Miglin não estava sozinho. Em várias ocasiões, outros vizinhos também afirmam, eles também haviam visto Lee com um jovem, embora, aparentemente, não o mesmo que Betsy havia visto naquela noite.

Betsy Brazis teve outra experiência estranha naquele fim de semana. Às 3h30 da tarde de sábado ela estava do lado de fora outra vez com Mimi, e a cachorra ficou farejando e rosnando na porta de serviço da garagem dos Miglin, perto de onde o corpo de Lee Miglin foi encontrado. "Ela não saía de perto daquela porta do lado", lembra Brazis. "Eu falei: 'Mimi, sai daí. Deve ter alguma coisa morta'."

Mas Brazis não ouviu nada, e ela acredita que a porta principal da garagem estava trancada. "Lee não costumava deixar a porta da garagem aberta. Eu não me lembro de alguma vez tê-la visto aberta." Ela também se lembra de ver as persianas da cozinha abaixadas, assim como Stephen Byer, o que a fez pensar que os Miglin deviam ter saído. De manhã cedo no domingo, contudo, ela diz, "o portão estava escancarado".

Assim como os Byer, a vida de Betsy Brazis foi tirada do curso muito depois do assassinato. "Esse era o assunto em qualquer lugar que eu fosse por semanas." Repórteres homens a paravam na rua, perguntando onde ela havia arrumado o cabelo. "Era ridículo – só para puxar assunto." Ela diz que os repórteres faziam mais perguntas do que a polícia. Ela continuava a se lembrar de estranhezas – como, algumas semanas antes do assassinato, ela ter encontrado os Miglin no beco, andando em direção à garagem deles. Marilyn raramente a cumprimentava, mas dessa vez ela parou para explicar que estavam indo a uma sessão de fotos. "É por isso que Lee está usando maquiagem", disse Marilyn. "Eu não quero que você pense que ele usa maquiagem."

Betsy Brazis não ficou totalmente surpresa de descobrir que o assassino de Miglin era gay. Ela já tinha ouvido os rumores que agora varriam Gold Coast, embora nunca tivessem sido sustentados. "Não entenda com isso que Miglin e Cunanan nunca se encontraram", diz Bob Long, o porta-voz do FBI de Chicago, "mas nunca fomos capazes de encontrar qualquer informação de que Cunanan e Miglin se conheciam, e realmente estamos procurando por isso". Brazis, que era enfermeira, havia perdido o irmão para a Aids, e por anos ela liderou um grupo de apoio e educação sobre o assunto. Antes de ter se mudado para a casa da frente, ela diz, havia escutado o nome de Lee Miglin sendo discutido no grupo que ela liderava. "Ele era sabidamente bissexual. Por causa do seu dinheiro e poder, ninguém falava sobre isso nos círculos sociais. Eu trabalho com Aids há quinze anos – todo mundo sabia", diz Brazis. "O nome de Lee aparecia ocasionalmente como um homem gay 'hétero'."

Em Las Vegas, onde trabalhava agora, Ron Williams, que Andrew costumava levar para jantar em Hillcrest, ouviu falar sobre a possível conexão de Andrew com o assassinato de Lee Miglin e ficou surpreso de saber que Miglin tinha um filho chamado Duke. Ele se lembrava de Andrew ter dito em 1994 que podia contar com o apoio nos negócios de um homem rico e mais velho de Chicago, chamado Duke. "Eu fiquei atônito", diz Williams. Mas Ron Williams nunca foi contatado pela polícia, então ele guardou suas lembranças para si mesmo.

Em Nova York, Jack Shaffer, um corretor imobiliário da Avenida Park que havia trabalhado anteriormente com a Miglin-Beitler, e seu parceiro, John Bralower, também ficaram chocados quando souberam que Lee Miglin havia sido assassinado e que Andrew Cunanan era o suspeito principal. Alguns anos antes, eles haviam topado com os Miglin no aeroporto de Los Angeles. O voo deles para Nova York havia atrasado algumas horas, e eles estavam na sala de espera da American Airlines. Os Miglin estavam a caminho do Havaí para um Natal em família, e esperavam Duke se juntar a eles. Ele finalmente chegou com um amigo, que os deixou impressionados. "Se você o visse, estaria conhecendo uma pessoa bem incomum", diz Shaffer. Ele não se lembrava do nome do amigo, mas assim que ele e Bralower viram a foto de Cunanan, eles concordaram imediatamente: era o amigo de Duke que haviam encontrado no aeroporto de LA. "Eu sei que era o cara cuja foto estava em todos os cantos." Mas as memórias podem ser confusas e Duke, obviamente, sempre alegou que nunca havia encontrado Andrew e nunca foi comprovado que ele o conheceu. "Eu só sei que é isso que sei", diz Jack Shaffer. Ainda assim, ele admite que ele e seu parceiro não jurariam em um tribunal.

24

REESE

Quando na terra que te der o Senhor teu Deus, para possuí-la, se achar um morto, caído no campo, sem que se saiba quem o matou, então sairão os teus anciãos e os teus juízes e medirão a distância até as cidades que estiverem em redor do morto.

Deuteronômio 21:1-2
Passagem indicada por um marcador na Bíblia encontrada sobre a mesa de William Reese

Andrew estava em pânico total. Ele soube por todos os noticiários que estava sendo perseguido eletronicamente. Os avisos de "procurado" sobre o Lexus estavam sendo transmitidos pela rede KYW, a estação de rádio mais potente (com 50 mil watts) da região, a cada quinze minutos. Uma testemunha já o tinha visto arrancando a antena da parte traseira do carro. Ele cortou o cabo do receptor do telefone. Rasgou o forro da janela de trás e removeu o cabo da antena. Mas, por causa da caixa de energia no porta-malas, que ele não conseguia encontrar, o telefone ainda era ativado sempre que ele ligava a ignição. Seria apenas uma questão de tempo até que a polícia encontrasse o Lexus, com o porta-malas cheio de resíduos sanguíneos do assassinato de Lee Miglin.

Ele atravessou a Ponte Memorial de Delaware. Se continuasse rumo ao sul pela rodovia I-95, ele estaria na direção de Washington, em plena luz do dia e em uma das rotas mais utilizadas da Costa Leste. Ao invés disso, ele deu a volta para um centro de informações, onde casualmente perguntou sobre os pontos de interesse na área.

O Parque Estadual Fort Mott, disseram a ele, ficava na primeira saída da Rota 49 depois da ponte em Nova Jersey. Os funcionários do Fort, que foi erguido em homenagem à Guerra Hispano-Americana, estavam convencidos de que Andrew já estivera ali na segunda-feira anterior, no dia em que ele também esteve comprando jeans em Nova York. Carrie McIntosh, que trabalhava no centro de recepções, falou mais tarde que um homem que ela reconheceu como Andrew lhe havia dito que estava fazendo turismo, "vindo da Califórnia". Ele se recusou a assinar o livro de visitas. Embora fosse um dia ameno, ele vestia bermudas cáqui, e o trabalhador da manutenção, Larry Creamer, afirma que o viu deitado numa pequena encosta. Quando outros turistas passavam por perto, ele cobria o rosto com um calendário de eventos que havia pego com McIntosh. Os outros turistas, de acordo com ela, haviam notado seu Lexus com placas de Illinois no estacionamento quase vazio. "Veja bem, as pessoas vêm de todos os lados", uma mulher falou para o marido. "Até mesmo da terra de Lincoln."

Adjacente ao parque estadual fica o Cemitério Nacional de Finn's Point, um cemitério da Guerra Civil onde os mortos tanto da Confederação quanto da União, mas principalmente da Confederação, foram enterrados em trincheiras. Mais tarde, covas para prisioneiros de guerra alemães da Segunda Guerra Mundial também foram escavadas ali. O lugar não podia ser mais remoto. Para chegar até o cemitério, você precisa descer uma longa e estreita estradinha de terra dentro de uma floresta erma. Árvores altas por fim dão lugar a uma vegetação pantanosa à medida que você se aproxima do Rio Delaware. A estrada termina no estacionamento do cemitério. Um portão de ferro separa a área de estacionamento da entrada do cemitério, e uma estradinha curva sobe até a casa de pedra do zelador no lado esquerdo e o celeiro e a garagem no lado direito. A maior parte dos visitantes é de famílias sulistas procurando por ancestrais. Outra estrada, que corre ao longo do rio atrás da casa do zelador, é um ponto favorito dos adolescentes que vão até lá para fumar e namorar, mas isso é o máximo de transgressão que acontece em Finn's Point. De acordo com o guarda-florestal David Kirschbaum, "é um lugar bem solitário".

Bill Reese, 45 anos, amava a paz e o isolamento. Ele era zelador havia 22 anos e se orgulhava do trabalho; essa terra dos mortos era para ele totalmente viva e bela – ele se considerava um zelador da História, e havia sido homenageado pelo Sistema Nacional de Cemitérios por "serviço e dedicação excepcionais". Ele sabia tudo sobre os dois mil Confederados e Unionistas enterrados debaixo da grama de que ele cuidava com tanto carinho, assim como as batalhas que eles haviam travado. Por vinte anos ele havia participado em encenações da Guerra Civil, chegando a aparecer no filme *Anjos assassinos*, da produtora Turner Broadcasting. Bill Reese, com uma barba preta cheia, era uma figura peculiar. Ele havia ido até Albany, Nova York, para pesquisar o uniforme da 14ª Companhia do Brooklyn: calças vermelhas brilhantes com tornozeleiras de couro, que ele mesmo fazia, e uma jaqueta azul-marinho, modelada sobre o uniforme de um caçador francês. Ele também fazia sua própria mochila, bolsa e cartuchos de pólvora. "Bill era muito habilidoso, muito meticuloso", diz seu melhor amigo, Bob Shaw. "Tudo que ele fazia, mesmo que demorasse um pouco mais, ele fazia direito."

Reese havia crescido no sul de Jersey, em Vineland, uma cidade de sessenta mil habitantes. Ele era o mais velho de quatro filhos. David Reese, seu pai, era eletricista, e ele e sua esposa, Nancy, eram religiosos que pertenciam a uma igreja cristã independente; o primeiro filho deles era igualmente devoto. "Ele nunca se meteu em problemas durante a vida inteira", diz seu pai. "Era uma criança direita que não bebia ou fumava." Bill, seus pais e sua irmã, Fay, faziam motocross e andavam de moto juntos. Bill amava a vida natural e os animais, e trabalhou na Sociedade Protetora dos Animais durante o ensino médio. Trabalho escolar nunca foi muito problemático para ele – ele amava especialmente História – e depois de se graduar do Colégio Vineland, Bill se tornou eletricista como o pai. "De vez em quando você segue os passos do seu pai em vez da sua própria inclinação", diz Fay.

Quando Bill Reese tinha 22 anos de idade, ele, Bob Shaw e alguns outros começaram a pesquisar sobre a 14ª Companhia do Brooklyn, Nova York, Milícia do Estado que havia lutado em Bull Run, Antietam, e em Gettysburg. O tataravô de Bill lutou em Gettysburg, pela União. Eles ficaram tão envolvidos que, em 1978, se filiaram como uma sociedade histórica: Sociedade pela Preservação Histórica da 14ª Companhia do Brooklyn, Nova York, Infantaria da Milícia do Estado. Bill era um "pai fundador" e primeiro sargento. Hoje a 14ª Brooklyn tem 250 membros e foi reativada como um ramo da Guarda Nacional do Exército Nacional, que emprega tropas completamente uniformizadas em reuniões da Guarda.

Enquanto perseguia sua paixão histórica, Bill Reese se tornou amigo do supervisor do cemitério e descobriu que o supervisor precisava de um assistente. Então, Bill foi para Finn's Point. Quando seu mentor se aposentou, Bill continuou sozinho. "Bill gostava da ideia de ir para o mesmo lugar todo dia", diz Shaw, "e depois ir para casa". Havia encontrado o seu chamado. "Ele amava o seu trabalho, se é possível amar um trabalho", afirma Craig Platania, o cunhado de Bill. "Ele apreciava ficar sozinho ao ar livre." Bill costumava até mesmo entrar na caminhonete para perseguir quem jogava lixo no chão. Quando os alcançava, Bill balançava o lixo para eles e gritava: "O que você acharia se alguém jogasse lixo no seu gramado?".

Em 1978, Bill Reese se casou com Rebecca Gunderman, a bibliotecária na escola elementar local. O filho deles, Troy, é um garoto de 13 anos. Pouco depois de se casarem, eles compraram 8 mil metros quadrados de terra e construíram uma casinha em Upper Deerfield, a cerca de cinquenta quilômetros do cemitério. Bill e Rebecca gostavam de fazer coisas juntos: marionetes, casas para pássaros e enfeites de madeira para vender em feiras de artesanato. Bill costumava colocar um trailer em sua caminhonete Chevy 1995 vermelha e levar a família para acampar.

Na sexta-feira, por volta das 2h30 da tarde, enquanto Andrew estava enlouquecendo com o sinal de telefone do Lexus, Rebecca Reese ligou para o marido para confirmar se iriam sair naquela noite. Ele respondeu que sim. Sendo um homem de hábitos, ele sempre pegava a estrada principal para buscar a correspondência por volta das 3h30 da tarde. Às 4 horas ele já estava pronto para ir para casa. Ele baixava a bandeira, trancava a casa do zelador e o portão, e ia embora.

O antigo chefe de Bill tinha dois pastores alemães que faziam guarda em Finn's Point, mas os levou com ele quando se aposentou. Embora as pessoas dissessem que a casa de pedra era assombrada, Bill nunca teve medo. Ele amava cada centímetro da propriedade. Se um visitante passasse por lá, Bill não hesitava em mostrar um mapa da propriedade que ficava pendurado lá dentro. No entanto, diz o guarda Kirschbaum, o lugar era tão ermo que "ninguém sabia que ele trabalhava lá".

O telefone no Lexus foi ativado pela última vez às 3h33 naquela tarde de sexta-feira. Andrew pode ter visto Bill Reese apanhando a correspondência em sua caminhonete e o seguido de volta para o cemitério. Ou ele pode ter chegado lá por conta própria, um completo acaso para um local tão fora de mão. Certamente Andrew não teria levado muito tempo para deduzir que os dois estavam sozinhos. A caminhonete vermelha que ele queria estava estacionada perto da casa. Andrew estacionou o Lexus perto do celeiro. Uma rádio cristã tocava no escritório de Bill, e sua bíblia estava aberta sobre a mesa quando Andrew entrou pela porta lateral.

Rebecca Reese não conseguia entender o motivo de seu marido não ter chegado em casa às 5h30 da tarde. Ele sempre era pontual. Ela estava preocupada que a caminhonete tivesse estragado ou que ele tivesse perdido o equilíbrio e caído. Ele havia sido diagnosticado recentemente com estágios iniciais de distrofia muscular, então ela estava particularmente preocupada. Ela pegou Troy e dirigiu até o cemitério, alerta durante todo o tempo. Enquanto isso, alguém no parque viu a caminhonete vermelha de Bill saindo em alta velocidade às 6h10, aproximadamente. Parecia estranho – Bill Reese nunca dirigia daquela forma.

Rebecca ficou alarmada de encontrar o portão de ferro do cemitério aberto. Ela e Troy andaram pela casa chamando por Bill e não tiveram resposta. "Bill, Bill, você está aqui?" No escritório, ela pegou o telefone e ligou para os pais, que moravam a 1h45 dali. "Alguma coisa está errada", Rebecca falou. "Bill não está aqui, a caminhonete dele sumiu, e tem um Lexus verde-escuro estacionado perto da garagem." O pai dela lhe disse: "Desligue o telefone e saia daí agora. Ligue para a polícia e espere por eles lá fora".

O que o pai de Rebecca não falou a ela era que ele havia escutado um boletim de notícias dizendo que um assassino armado e perigoso dirigindo um Lexus verde-escuro estava foragido nas proximidades.

O município mais próximo era do pequenino Pennsville, a cerca de oito quilômetros de distância. Rebecca ligou para a polícia e esperou por eles na estrada principal. Quando a polícia de Pennsville chegou, eles fizeram com que ela e Troy esperassem na estrada do lado de fora do estacionamento do cemitério. Eles entraram na casa, mas não encontraram nada. Bill Reese não estava à vista em lugar nenhum. Então, notaram que a porta do porão estava trancada tanto por dentro quanto por fora. Eles quebraram a tranca de dentro, desceram as escadas e encontraram Bill Reese lá embaixo, encostado numa parede. A princípio, a polícia cogitou tanto suicídio quanto assassinato, mas como não havia nenhuma arma à vista eles rapidamente concluíram que era um assassinato. "Isso foi uma execução a sangue-frio e sem coração", diz o detetive sargento de primeira classe da Polícia Estadual de Nova Jersey, Tom Cannavo, responsável pela investigação da cena do crime. "Ele o fez se ajoelhar e atirou na parte de trás da cabeça dele."

Alguns minutos depois de pesquisar as informações sobre o Lexus, a polícia de Pennsville conseguiu a resposta: Andrew Phillip Cunanan havia matado sua quarta vítima em doze dias. Eles chamaram reforços. "Acreditar que o cara metido lá naquele lugar poderia ser uma vítima era difícil", diz o investigador chefe do Condado de Salem, Ted Vengenock. "É muito incomum", o tenente Patrick McCaffery da polícia de Pennsville acrescenta. "Ninguém nem ouviu o tiro. Isso mostra quão remoto era o local." Quando a polícia ligou para o promotor para notificá-lo de um grande crime, McCaffery conta, ele foi avisado que Cunanan estava na área. Vengenock diz que eles tinham acabado de ouvir no noticiário. Tragicamente, ninguém avisou para a polícia de Pennsville. Por quê? "É uma boa pergunta", diz McCaffery. Mais tarde, a polícia culpou a mídia pela morte de Bill Reese, mas, desde o primeiro vazamento, havia culpa o suficiente para distribuir.

"Posso ficar na sua casa essa noite?" A voz de Rebecca Reese era calma enquanto ela conversava com Linda Shaw, a esposa de Bob, por volta das 11 horas da noite.

"Claro, Rebecca." Linda pensou que talvez Bill e Rebecca tivessem tido uma discussão.

"Posso ficar por três ou quatro meses?"

"Ok. Qual é o problema, Rebecca?"

"Bill está morto."

"Foi um acidente?"

"Ele levou um tiro. Ele foi morto porque um cara queria a caminhonete dele."

Rebecca foi levada para a delegacia da Polícia Estadual de Nova Jersey em Belmar. Ela estava assustada, e a polícia não queria que ela ficasse em casa sozinha. Quando Linda Shaw chegou, o pastor dos Reese já estava lá. Ele disse a Linda para ficar de olho em Rebecca – ela poderia ter impulsos suicidas. Linda levou Rebecca e Troy para casa com ela; os pais de Rebecca, que moravam em Whiting, Nova Jersey, também vieram para passar a noite. As pessoas se revezaram em vigílias, para se certificarem de que nada aconteceria.

Às 3 da manhã, o Lexus foi rebocado para ser examinado. Dentro do escritório de Bill Reese os investigadores encontraram sua bíblia aberta numa passagem do Deuteronômio que falava sobre assassinos desconhecidos. "Foi muito estranho e assustador", diz o investigador Tom Cannavo. "Era parecido com o que tinha acontecido."

Às 4h30 da manhã o telefone dos Shaw tocou. Rebecca atendeu. Era a polícia do estado ligando para confirmar que a vítima definitivamente era Bill e que os investigadores haviam completado o serviço na cena do crime. Eles queriam saber se Bill tinha algum cartão de crédito. Somente então Rebecca parou de resistir e começou a chorar. "Até então ela queria acreditar que era outra pessoa – não podia ser Bill", diz Linda Shaw.

Enquanto isso, o pânico varria a região, criado principalmente, segundo o chefe de investigações Ted Vengenock, pela visão de quinze ou vinte vans de TV a cabo correndo pela cidade esparsamente habitada em direção à cena do crime. "Alguns moradores estavam muito preocupados naquela noite", ele diz. A polícia ouviu rumores de que uma mulher ficou tão assustada ao ouvir um barulho em seu quarto que pulou a janela e correu pela rua só de pijamas e chinelos. Um policial supostamente bateu a viatura enquanto perseguia a caminhonete errada.

Ninguém sabia se Andrew ainda estava na área ou não, embora a polícia buscasse acalmar os ânimos ao dizer que não achava que ele ficaria por ali. "Tínhamos certeza de que ele iria embora depois daquilo", diz McCaffery. "Se aquela caminhonete não fosse encontrada dentro de um período determinado de horas, ele estava fora daqui." Entre si, os oficiais da lei compartilhavam a sensação de que uma picape vermelha com a placa sendo anunciada em vários estados pouco depois do corpo de Reese ser encontrado deveria ser localizada em um instante. "É uma caminhonete muito visível que deveria ser facilmente notada", diz Vengenock. Mas, aparentemente, Andrew viajou pela I-95 impunemente.

As vans da TV vinham equipadas com lanternas tão brilhantes que iluminaram a casinha de pedra e o cemitério de tal forma que parecia uma noite de jogo de futebol. Repórteres locais estavam mantendo vigilância. A Fox TV fazia filmagens de última hora para o programa *America's Most Wanted*, que seria exibido na noite seguinte. O estacionamento geralmente vazio estava cheio. Na manhã seguinte, quando Bob Shaw foi buscar o carro de Rebecca, o lugar parecia uma estação espacial, com todas aquelas antenas parabólicas apontadas para o alto e "a polícia andando com pranchetas para cima e para baixo na estrada". Shaw falou que ele e o pai de Rebecca "tentaram parecer policiais, porque se suspeitasse quem eles eram de verdade, a imprensa os acossaria".

A polícia de Pennsville montou um centro de comando para as várias agências da lei envolvidas atrás da delegacia e tentou descobrir para onde Andrew poderia ir em seguida. "Eu pensei que ele iria para Nova York", diz McCaffery. Mas ninguém fazia a menor ideia. "Depois que ele saiu do cemitério", diz o diretor assistente do FBI, Roger Wheeler, "ele poderia estar em qualquer lugar do país ou do mundo, porque tinha um passaporte. A gente não tinha nenhum depoimento exato, preciso sobre ele ter sido visto para confirmar que estava em algum lugar num dado momento".

O FBI começou uma busca exaustiva pela caminhonete de Reese em todos os grandes aeroportos entre o sul de Jersey e Boston, além de "estacionamentos de hotéis, shoppings, aeroportos, terminais de ônibus – qualquer lugar em que alguém pudesse estacionar um carro e deixá-lo por um período de tempo", diz Wheeler. "Realmente, a pista lógica nesse tipo de caso seria 'olhe nos estacionamentos'." Naquele fim de semana também foi o clímax da Semana do Orgulho Gay na Filadélfia. O FBI estava no local e entrou em contato com várias organizações gays na área para que procurassem por Andrew e distribuíssem folhetos com sua foto – sem nenhum resultado.

A autópsia aconteceu no sábado. O examinador médico concluiu que William Reese morreu com um único "ferimento de bala na cabeça com perfurações no crânio, cérebro e face, aspiração de sangue e sangramento massivo". O cunhado de Reese, Craig Platania, recebeu uma ligação na noite anterior para que fosse identificar o corpo oficialmente. No sábado, a polícia estadual organizou tudo de modo que Rebecca fosse interrogada pela polícia enquanto os repórteres estivessem sendo notificados na cena do crime. Dessa forma ela seria poupada da exposição da mídia. O FBI concluiu rapidamente que William Reese não tinha conexões com Andrew Cunanan de qualquer natureza e havia sido vítima de um crime de oportunidade.

Nos dias seguintes, os repórteres não deixaram Rebecca Reese em paz. Ela precisou ligar para a polícia para que as vans saíssem da propriedade dela. Durante várias semanas eles chegavam de maneira intermitente em sua casa à noite sem aviso e acendiam suas luzes na janela, "fazendo parecer um campo de concentração nazista", diz um observador. Quando isso acontecia, Rebecca pegava Troy e procurava um abrigo em sua própria casa, quando tudo que queria era privacidade para atravessar o luto em paz.

Aparentemente, Andrew havia usado luvas ao matar Lee Miglin, cuja carteira com cartões de crédito foi deixada no porta-luvas do Lexus junto com um cheque em branco em nome de Lee e Marilyn Miglin. Uma fita cassete de "pensamento criativo" que pertencia a Lee Miglin ainda estava no toca-fitas. Dentro de uma sacola de lixo transparente encontrada no porta-malas, estava o sapato de couro preto Ferragamo que combinava com aquele no cadáver de Lee Miglin, assim como a chave de fenda ensanguentada que Andrew havia usado para perfurá-lo e vários pares de luva: brancas, de algodão e com pontos pretos de borracha, que combinavam com aquela encontrada na boca de Lee Miglin; marrons, de seda, com manchas profundas de sangue; e luvas de tecido azul com as pontas dos dedos em couro, igualmente manchadas de sangue. Também havia papéis toalhas ensanguentados, uma sacola de compras da Banana Republic e uma da Pratesi – marca italiana de cama, mesa e banho de luxo – com o nome de Marilyn Miglin.

No bolsão do lado da porta do motorista, Andrew havia deixado duas fotos, uma de um grupo de amigos seus em Hillcrest numa festa e outra de Robbins Thompson de sunga perto da sua caminhonete. Robbins havia dado a foto para Andrew, e era a única cópia. Embora a polícia não tivesse como saber de imediato quem eram aquelas pessoas, era como se Andrew estivesse deixando migalhas de pão, como João e Maria, para os investigadores. Por que outro motivo ele não se livraria de todas as evidências incriminadoras durante a longa viagem entre Chicago e a Costa Leste? Ele parecia querer crédito pelos crimes.

Funcionários de uma parada de caminhões cerca de dois quilômetros depois da ponte no sentido Delaware estão convencidos de que Andrew parou lá para comprar um pacote de cigarros depois de ter matado Reese, embora ele só fumasse charutos, e apenas ocasionalmente. Sua imagem foi registrada por uma câmera, mas ele nunca foi identificado positivamente. As pessoas ficaram aterrorizadas, porque se Andrew podia encontrar Reese naquele cemitério isolado, ele poderia encontrar qualquer pessoa em qualquer lugar. "Aquela era uma área fechada em que nenhum de nós já esteve, e esse cara estava flanando por aí e a polícia não conseguia pegá-lo", diz Andrea Pickman, que gerencia o Popeye's Chicken na parada de caminhões. "Parece que ele estava escapando por entre os dedos e matando pessoas inocentes. Ele era como um maluco. Eu fiquei muito assustada."

Enquanto Andrew avançava pela I-95, a polícia estava paralisada na cena do crime de Reese, tentando resolver uma questão de jurisdição. Quem tinha a autoridade? O assassino de Reese pertencia ao FBI ou aos locais? "Originalmente, pensou-se que deveria ser um trabalho para a polícia de Pennsville", diz Tom Cannavo, da polícia estadual de Nova Jersey. "Então, a polícia do Condado de Salem nos ligou depois que a gente chegou lá, e eles me avisaram que era um caso federal, e eu falei: 'Uau. Chama o FBI'." Tudo ficou parado até a chegada do FBI, por volta das 11 da noite. Tivesse Andrew deixado qualquer pista em especial sobre o seu paradeiro, elas provavelmente teriam ficado por lá.

Quando o agente especial do FBI da Filadélfia Paul Murray chegou, ele disse a Cannavo e à polícia estadual para seguir adiante e processar. "Ele falou: 'Olha, é um homicídio, a gente não faz isso com frequência, vocês fazem o tempo todo. Cuida disso pra gente'."

O Cemitério Nacional de Finn's Point fica em terreno federal, então, normalmente, o FBI estaria encarregado de qualquer crime grave cometido em "reservas governamentais". Mas alguém se lembrou de um antigo tratado que parecia dar à polícia local jurisdição sobre Finn's Point. Foram necessários vários dias de consulta até que o FBI prevalecesse, tirando o caso das mãos do promotor do Condado de Salem e o entregando para o procurador federal em Newark. O parque ficou fechado por cinco dias enquanto o cemitério era vasculhado em busca de evidências. Um cartucho de projétil .40 foi encontrado perto do corpo de Reese, combinando com os cartuchos encontrados na cena do assassinato de David Madson, e as estrias das balas revelaram que haviam sido disparadas pela mesma arma. O FBI mais tarde laureou a polícia de Pennsville com cartas especiais de reconhecimento por sua cooperação.

Um segundo assunto incômodo surgiu: quem ficaria com o Lexus? Chicago queria o veículo de volta, intocado, do jeito que Nova Jersey tivesse encontrado. Nova Jersey queria mantê-lo. "Nós falamos que queríamos o Lexus e seu conteúdo para o nosso caso. Eles disseram: 'Ainda estamos determinando as circunstâncias'", explica a procuradora estadual de Illinois Nancy Donahoe. "A sobreposição de evidências era algo que precisava ser pensado cuidadosamente." Ela acrescenta: "Havia muitas interseções na cena do crime e muito da conversa era sobre o que cada um iria pegar".

"Nós não iríamos colocar nosso caso em risco", declara Cannavo. "Demos a chave de fenda e tudo que estivesse disponível para ser entregue. Qualquer coisa ligada ao caso, nós pedimos que esperassem até fecharmos o nosso caso." De acordo com um oficial federal, "Chicago precisava do carro de Miglin, mas nós estávamos com ele e precisaríamos processá-lo para o nosso caso. Não iríamos liberá-lo sem processar toda aquela evidência". Na verdade, o Lexus continha uma cornucópia de evidências tão grande, ligando Andrew tanto ao assassinato de Miglin quanto ao de Reese, que eles levaram cinco dias para processar tudo. "O FBI e nós estávamos trabalhando em conjunto", diz Cannavo. "Ele deixou muita coisa para trás."

A qualidade das evidências era motivo de preocupação para Chicago, porque o assassinato de Reese aconteceu quando o laboratório nacional do FBI, que normalmente lidava com todos os testes de DNA, estava sob pressão por ter cometido erros em centenas de casos. "Embora eles tivessem sempre feito um ótimo trabalho para a gente", diz Donahoe, "o FBI estava sendo criticado. Precisávamos decidir, vale a pena ou não se juntar ao FBI?". Outra vez, com o caso O.J. Simpson na cabeça, a polícia de Chicago queria se certificar de que não haveria erros. Eles brigaram, com sucesso, para evitar que qualquer exame imediato fosse feito com a pequena quantidade de sangue encontrada no carpete do porta-malas do Lexus.

Nova Jersey argumentou que transportar um carro por 1.600 quilômetros até Chicago poderia facilmente estragar e perturbar a evidência. Digitais poderiam ser perdidas, por exemplo. A polícia de Chicago concordou que o argumento fazia sentido. Ninguém tinha pego nenhuma digital até então. "Todo mundo quer algo grande", Donahoe explica. "Eles querem uma impressão digital ou sangue da cena do crime." Chicago teria que se satisfazer com a chave de fenda.

O escritório do procurador-geral em Newark, que geralmente servia de apoio para Manhattan, estava determinado a julgar Andrew primeiro se ele fosse apreendido. "Quem chega primeiro acaba ganhando no fim das contas", diz Donahoe, e Nova Jersey estava se mantendo fiel ao velho ditado americano que diz que posse é noventa por cento da lei – ou seja, que é mais fácil garantir a posse daquilo que você já tem. Andrew não era mais um assassino doméstico comum. Com a morte de Lee Miglin, ele havia se tornado um "perigoso, violento, psicótico assassino em série", diz John Walsh do *America's Most Wanted*, e o assassinato de Reese provou que ele estava tão sedento por sangue que mataria por pouco mais que um veículo.

Para os ambiciosos procuradores estaduais e federais envolvidos no caso, Andrew Cunanan rapidamente estava se tornando um caso que iria construir ou destruir carreiras, e todos estavam ansiosos para provar sua coragem. "Que caso para perder!", comenta Donahoe. Chicago foi convidada a enviar uma equipe para ajudar a processar o caso, mas Nova Jersey estava segurando o Lexus.

25

A TAMPA

Em Chicago, a imprensa se espalhou por toda a cidade tentando descobrir se Lee Miglin era ou não gay e se Duke conhecia Andrew, mas não conseguiram nada. "Todo mundo queria que esse cara fosse gay. Eu nunca encontrei nada", diz Achy Obejas, uma repórter lésbica do jornal *Chicago Tribune*. "Todo mundo estava feliz em confirmar", ela acrescenta, mas na verdade ninguém tinha provas sobre Lee Miglin. Em certo momento, a Miglin-Beitler recebeu uma ligação do dono de um bar gay. "Mark Jarasek e eu estávamos aqui tarde da noite", diz Paul Beitler. "Mark recebeu uma ligação dizendo que havia uma equipe da TV local no bairro gay de Chicago, indo até os bares e dizendo: 'Vamos pagar qualquer um que confirmar que Lee era gay ou que estava tendo um relacionamento gay'. O dono do bar falou: 'O que diabos está acontecendo? Eles estão inventando evidências como uns loucos'." Mas a maior parte dos repórteres era mais cuidadosa. "Havia uma aura de terror ao redor da história", diz Obejas, em relação a criar uma imagem negativa das pessoas gays e provocar a família. Já que Duke não era a vítima, qualquer reportagem sobre ele foi deixada de lado.

"Sabe o quanto eu investiguei tentando descobrir se Lee Miglin era gay? Eu procurei muito", diz Andrew Martin do *Chicago Tribune*. "O problema era que os critérios para dizer isso no jornal eram tão altos que era esforço jogado fora. Eu não tenho certeza de que eles publicariam nem mesmo se eu tivesse [identificado] quatro ex-amantes." Por outro lado, Martin diz: "Se Miglin tivesse sido um homem gay ativo nos círculos de Chicago, eu tenho convicção de que teríamos descoberto. Se ele fosse presença comum nesses lugares, eu teria descoberto". Ainda assim, "eu não sei o que eu precisaria fazer para manchar a reputação de um homem proeminente e morto de Chicago. Eu teria tido muitos problemas. Coisas apareceram mais tarde, quando o jornal já tinha perdido o interesse. Achei que eles perderam o interesse muito rápido". Obejas acrescenta: "Ainda havia partes da história que não tinham sido reviradas".

Para o lado de Miglin, assim como para a polícia de Chicago, o fluxo de informações se tornou um inimigo, fora do controle deles. Supostamente sob a batuta de Beitler, o prefeito disse para o superintendente de polícia fechar a boca. O próprio Beitler ligou para o superintendente Rodriguez, que havia parado de retornar suas ligações. Beitler ficou irritado por um detetive não identificado ter especulado na imprensa que o assassinato de Miglin podia não ter sido aleatório. "Foi aí que eu peguei o telefone e liguei para Rodriguez e falei: 'Escuta, a menos que você tenha evidência factível, controle os seus detetives. Não precisamos deles especulando nos jornais sobre o assassinato. Nós poderíamos fazer a mesma coisa que o Departamento de Polícia de Chicago – começar a especular que temos outro problema como o do O.J. aqui'."

"Já havia todos os indícios de que se tornaria a história que virou", diz Rodriguez, explicando a reticência policial. "Miglin era bem conhecido no mundo dos negócios e no mundo corporativo. Mas nesses casos nós abafamos a situação porque temos várias jurisdições envolvidas. Não sabemos se o que um indivíduo diz aqui afeta negativamente outro caso. A mídia é como uma esponja seca. Absorveria tudo."

Na verdade, a polícia de Chicago estava profundamente envergonhada pelo vazamento ter colocado em ação uma cadeia de eventos que levou à morte de Bill Reese. E eles ficaram ainda mais incomodados com a informação revelada pelo mandado de Chisago. A família Miglin estava particularmente chocada por uma história que saiu o jornal *Star Tribune*, de Minneapolis, no domingo após a morte de Reese. Bruce Kerschner, o dono da Obelisk, uma livraria em Hillcrest frequentada por Andrew e do lado do California Cuisine, foi citado tendo dito que Andrew conhecia Duke muito bem. "Ele falava sobre ele o tempo todo. Eles passavam muito tempo juntos."

Beitler quis processar imediatamente o jornal por difamação, mas no fim Marilyn e Duke não levaram adiante as ameaças. Mark Jarasek diz apenas que "Marilyn queria seguir a vida dela". De qualquer forma, não demorou para que Kerschner desse para trás. Ele convocou uma coletiva de imprensa no dia seguinte para dizer que havia sido citado erroneamente, e negou ter qualquer conhecimento de que Andrew e Duke se conheciam. "O repórter me perguntou se eu tinha ouvido os rumores todos, e quando eu disse que sim, ele me usou", Kerschner diz. O jornal publicou a negação de Kerschner, mas afirmou que o repórter o havia citado corretamente. "O FBI ouviu que Andrew tinha mencionado Duke várias vezes", diz o sargento Wagner, da Polícia Metropolitana de Minneapolis. Ele acredita que a retratação de Kerschner na imprensa parecia forçada. "Eu tenho certeza de que os advogados de Miglin o ameaçaram."

Outro ponto estranho e perturbador foi a imagem do quarto modesto de Andrew em seu apartamento de San Diego como parte do *America's Most Wanted* na televisão. Entre os livros e revistas empilhados estava uma edição de 1988 da *Architectural Digest*, que Andrew havia obviamente guardado. Nela havia uma história sobre a restauração que Paul Beitler fez em sua casa projetada por Richard Meier. Outra vez, Beitler alegou que era coincidência, mas ele estava começando a ter menos certeza.

Então, para piorar as coisas, a revista gay *Blade*, de Washington, publicou uma história com fontes anônimas dizendo que Lee Miglin havia sido reconhecido na Unicorn, uma sauna gay em Chicago. Lou Chibbaro, o repórter, foi prontamente contatado pelo advogado da família Miglin, que contestou a história. "A gente topava com isso o tempo todo quando lidava com assassinatos de homens gays", Chibbaro diz. "As pessoas gostavam de abafar as coisas. O homem que o viu na sauna – ele o conhecia apenas porque Miglin era uma pessoa bem notável, e a minha fonte o conhecia bem o suficiente para identificá-lo." Uma dessas fontes foi encontrada mais tarde sem a ajuda de Chibbaro, um garoto de programa sustentado por um homem mais velho. Ele tinha um amigo que alegava ter visto Miglin na Unicorn, mas o dono do estabelecimento, Rick Stokes, disse que não comentava sobre seus clientes.

Durante a investigação, o FBI pegou várias informações de segunda e terceira mão de homens gays em muitas partes do país que conheciam Andrew e que disseram ter ouvido falar que Miglin era gay ou que estivesse envolvido com sadomasoquismo. Esses depoimentos foram devidamente anotados nos registros, mas eram apenas boatos. E, embora a polícia estivesse procurando por qualquer um que conhecesse Andrew em North Halsted, o principal reduto gay de Chicago, não é claro se estavam perguntando se Lee era conhecido por lá. "A polícia nunca procurou por Miglin lá", diz a promotora do Condado de Cook Nancy Donahoe. "Se foi feito, eu não fiquei sabendo." Donahoe admite que os policiais não contam a ela tudo o que fazem, mas acrescenta que "eu não tenho motivos para acreditar que" eles se esforçaram para confirmar que Lee Miglin esteve em North Halsted. Andrew, sim, diz Donahoe. "Analisamos registros telefônicos. Sabemos que ele conhecia gente por lá."

Qual seria o valor de descobrir que Lee Miglin era gay no fim das contas? Para os policiais de Chicago, que estavam recebendo ligações do escritório do arcebispo sobre o caso, divulgar que Miglin era gay poderia acabar com sua carreira. "Por que irritar todas as pessoas importantes da cidade?", pergunta Donahoe. "Os detetives são pessoas boas. Estavam sob uma pressão tremenda. A esposa do prefeito é amiga de Marilyn Miglin. Se soubéssemos que [Lee Miglin] era gay, o que faríamos com isso a essa altura? Se *Cunanan* tivesse dito: 'Eu tive um relacionamento com ele', então a gente teria que tomar uma decisão sobre como lidar com isso." Do jeito que as coisas estavam, eles deixaram para lá.

Na segunda-feira, foi a vez do *Sun-Times* agitar as coisas. O jornal encontrou a mãe de Andrew morando num conjunto popular na parte de baixo do estado, em Eureka, Illinois. Ela havia se mudado para lá para ficar mais perto de sua filha mais velha, que morava em Peoria. No jornal, MaryAnn Cunanan descreveu o filho como "um garoto de programa de classe alta". Mais tarde ela negou ter usado essas palavras, mas elas foram amplamente disseminadas e eram exatamente as mesmas que ela usaria para descrever Andrew para o FBI. Aparentemente, o FBI não havia tentado interrogar MaryAnn – ou talvez nem soubesse onde ela estava – até o *Sun-Times* aparecer. Mais tarde naquele dia, porém, um detetive de Chicago e um agente do FBI bateram na porta dela. Ela disse que não via Andrew havia dois anos e meio, mas que por acaso ela havia falado com ele por telefone em abril, quando ele estava visitando a irmã, Gina, em São Francisco. Interessantemente, ele falou para a mãe que estava prestes a arrumar um emprego com um arquiteto.

MaryAnn disse que suspeitava que Andrew fosse gay desde que ele tinha 17 anos, acrescentando que ele "se tornava amigo de homens gays ricos e iniciava relacionamentos com eles, o que lhe permitia ser sustentado por eles. Andrew vivia um estilo de vida exuberante com os presentes que ganhava dos companheiros homens".

Nessa atmosfera altamente carregada, matérias começaram a aparecer perguntando "Quem está no comando aqui?". No mesmo dia que MaryAnn foi entrevistada pelo FBI, o jornal *Star Tribune* de Minneapolis publicou uma matéria com a manchete "Busca por suspeito não tem estratégia":

Enquanto Andrew Cunanan continua a escapar das autoridades, parece não haver uma estratégia coordenada entre as agências locais da lei para ajudar a pegar o homem suspeito de uma matança pelo país que começou em Minneapolis.

Nenhuma agência está assumindo responsabilidade geral por processar as informações, dirigir a investigação ou desenvolver uma abordagem para encontrar o homem de San Diego de 27 anos que está sendo procurado desde que a primeira das quatro vítimas foi encontrada no dia 29 de abril.

E não há nenhum modelo nacional em que investigadores locais podem se basear enquanto coordenam seus esforços individuais.

Andrew estava se movendo muito rápido, matando e deixando o lugar em todas as ocasiões. O posto de comando do caso Cunanan, que era gerido dentro da Força-Tarefa de Fugitivos em Minnesota, tinha conexões com o FBI em dez cidades, mas o departamento não tinha permissão para investigar homicídios, a menos que, assim como a morte de Reese, tivessem acontecido em terras federais. O FBI, contudo, afixou o rosto de Andrew em todas as suas páginas de "Alerta de Crimes" e "Fugitivos" na internet – ele foi o primeiro criminoso a receber uma atenção digital tão grande do FBI. O FBI também entrou em contato com o Projeto Antiviolência Nacional de Gays e Lésbicas para pedir ajuda para alertar seus membros da ameaça que Andrew representava. Porém, o esforço foi extremamente desnivelado. Em Nova York e São Francisco, onde a população gay é organizada politicamente, milhares de panfletos com o rosto de Andrew foram colocados em bairros gays. O grupo de Nova York colocou uma recompensa de dez mil dólares por informações que levassem à captura dele. Em sua cidade natal em San Diego, contudo, onde nunca houve muita interação entre a comunidade gay e o FBI, o trabalho foi bem mais fraco. Em Miami foi quase nulo.

O artigo do *Star Tribune* de Minneapolis citou um criminologista que disse: "Nós temos um sistema centralizado de aplicação da lei para carros roubados, e nada para seres humanos. Quando você lida com esse tipo de coisa, não existe nenhum mecanismo".

Isso era dolorosamente óbvio nos bastidores do drama que se desenrolava com a polícia de Minneapolis, o escritório do procurador do condado e a polícia de Chicago. No início, de acordo com o sargento Tichich, "Eu não conseguia nem fazer com que o procurador do condado retornasse as minhas ligações" sobre o assassinato de Jeff Trail. E o procurador do condado não estava apenas mantendo o caso, como também designou mais uma promotora, Gail Baez, para cuidar dele. Baez queria ir até Chicago com uma delegação de policiais de Minneapolis para ver o Jeep de Madson e todas as evidências em potencial do caso de homicídio. Comparar notas pode ser uma atividade frutífera. Tichich pensou que seria um desperdício de tempo e dinheiro, e verbalizou isso.

Ele argumentou que, não havendo evidências para descartar Madson, Cunanan poderia tentar acusá-lo pelo assassinato. Não necessariamente, diz Baez. "Tínhamos pessoas que poderiam testemunhar sobre a natureza do relacionamento." Baez venceu no fim, mas a delegação de Minneapolis não foi bem recebida em Chicago. A essa altura o porta-voz oficial da polícia de Chicago se recusava até mesmo a confirmar que a vítima assassinada na garagem era Lee Miglin! "Chicago preferia não ter que lidar com ninguém, basicamente", diz o tenente da polícia de Minneapolis Dale Barsness.

Quando a equipe de Minnesota chegou em Chicago, diz Pete Jackson, eles receberam um sermão condescendente do comandante Joe Griffin "sobre o Departamento de Polícia de Chicago e a liberação de informações". Então foram levados para ver o Jeep no laboratório criminal do estado de Illinois, mas descobriram poucas coisas novas ou evidências. Chicago estava tendo tantas dificuldades em conseguir impressões digitais de Andrew que agora procuravam pelos registros dentários dele para comparar com mordidas encontradas em um pedaço de carne na casa de Lee Miglin. A necessidade de registros dentários foi parte do motivo pelo qual a polícia finalmente conseguiu um mandado de busca e apreensão para vasculhar o apartamento de Andrew em Hillcrest no dia 9 de maio, o dia do assassinato de Reese.

Embora o xerife de Chisago, Schwegman, tivesse participado da busca no apartamento de Andrew em San Diego – uma busca feita em parte para facilitar a investigação de Chicago – Chisago se sentiu excluída da cidade grande. Quando os policiais de Chisago pediram ajuda a Chicago, diz Rivard, eles receberam um "'sinto muito'. Eles nos falavam pouca coisa e não enviavam nada. O único registro que recebi foi um inventário do que havia no Jeep; é tudo que eu tenho, ponto. Esses caras estavam entre a cruz e a espada. Eles disseram: 'Sentimos muito, mas temos um capitão aqui acima da gente; estamos respeitando ordens, blá, blá, blá'".

"Nós compartilhávamos nossos arquivos com [Chicago], o que voltou para nos assombrar", diz o comandante Griffin, se referindo à decisão que Chisago tomou mais tarde de liberar toda a papelada que tinha sobre o caso Cunanan. "Eles não tinham o direito de decidir isso. A gente não estava compartilhando? Que mentira! Isso é ridículo! É o que tenho a dizer sobre o assunto."

Questionado se acreditava que o assassinato de Lee Miglin havia sido um crime aleatório, Joe Griffin faz uma pausa por pelo menos dez segundos antes de responder: "Eu acabei de te dizer, eu não ligo pra isso".

Depois de explicar que a polícia de Chicago não havia encontrado evidências de que Lee Miglin era gay ou conhecia Andrew, o superintendente de Chicago, Rodriguez, admite que não pode ignorar a possibilidade de que Miglin fosse bissexual. "Pode ser isso", ele diz. "Eu não posso dizer nada com certeza sobre orientações sexuais."

Alguns dias antes de Pete Jackson, Gail Baez e o sargento Gregory Gordon irem para Chicago, Bob Tichich ligou para Monique Salvetti para fazer uma declaração formal. Ela não o havia visto desde que identificara a bolsa preta de Andrew uma semana e meia antes. Como ela se lembra, "o sargento Wagner começa a rever todas as informações que eu havia dado anteriormente, e aí, depois de dez minutos ele fala: 'Oh, eu deveria mencionar que é quarta-feira, 14 de maio, 19 horas. Estão presentes...'

"Eu falei: 'Espera aí, isso está sendo gravado? Eu não sabia disso'.

"'Nossa, a gente já começou a entrevista formal?', Tichich perguntou. 'Eu também não sabia disso. Você ligou o gravador?'

"'Não, eu pensei que você tivesse feito isso', Wagner respondeu.

"'Não, eu pensei que *você* tivesse ligado o gravador.'"

Enquanto isso, em Chisago, uma nova descoberta tirou do rumo toda a investigação dos dois primeiros assassinatos. Jean Rosen, dona do Full Moon Café, um bar agitado que ficava a cerca de doze quilômetros do lugar onde David Madson foi morto no Lago Rush Lake, disse a um agente do Departamento de Apreensão Criminal que ela estava certa de que Andrew e David, dirigindo um Jeep vermelho, tinham ido ao bar dela na tarde de sexta-feira, 2 de maio. Eles haviam pedido dois cestos de cheeseburgers, tomado duas garrafas de cerveja Grain Belt, e saído 45 minutos depois. A amiga dela, Michelle, que trabalhava no bar da J.J.'s Bowl and Lounge, uma pista de boliche que ficava a alguns quilômetros dali, estava lá no dia e pôde confirmar a história.

"Eu comentei com a Jean", diz Michelle, "'eu aposto que eles são gays'. O jeito que eles andavam e olhavam um para o outro. Eu achei o loiro muito bonito". Embora não houvesse evidência de comida recente ou álcool no estômago de David durante a autópsia, o depoimento de Jean Rosen aumentou a crença do legista de que David havia sido assassinado na sexta-feira; Todd Rivard concordou, apesar da descoberta do recibo de estacionamento de Chicago indicando que Andrew havia estacionado o carro de David por lá na quarta-feira antes de Lee Miglin ser assassinado, o que as autoridades de Chisago interpretaram como evidência de que Andrew e David tinham ido até Chicago juntos antes de voltarem para o Lago East Rush, onde David foi assassinado. Ninguém ouviu quando Ralph Madson falou que David nunca beberia uma cerveja Grain Belt, e ninguém pareceu prestar atenção no fato de que as roupas de David que as mulheres descreveram não eram os jeans com os quais ele foi encontrado. Rivard sustenta: "Aquela senhora no Full Moon ajudou muito. Foi uma boa identificação".

Nesse meio tempo, a polícia de San Diego reabriu a investigação sobre o assassinato de Lincoln Aston para se certificar de que tinham o homem certo. Eles concluíram que Andrew não tinha nada a ver com o assunto. O jornal *San Diego Union-Tribune* publicou a reportagem na seção metropolitana, dizendo até mesmo que alguns amigos de Andrew em Hillcrest estavam se escondendo, mas, novamente, não se preocuparam em criar uma história citando fontes locais. Uma das muitas consequências imprevistas do surto de Andrew foi o efeito em seus amigos. Um jovem atendente da Flicks, por exemplo, foi reconhecido por seu pai no programa *Hard Copy* numa foto em grupo dos amigos de Andrew. O pai, que não sabia que o filho era gay, cortou relações com ele.

Robbins Thompson foi arrancado do armário quando seu colega de quarto hétero viu o rosto de Andrew na televisão como parte dos assassinatos do "triângulo amoroso gay" e o reconheceu. "Ele ficou chocado", diz Robbins. O colega de quarto pediu para que ele se mudasse. Então Robbins foi dispensado por seu sócio numa empresa de reforma de casas. "Meus maiores temores estavam certos", Robbins lembra o que seu sócio disse. "Você é gay."

"Arruinou a minha vida. Quando o meu parceiro de negócios me abandonou, ele basicamente esvaziou as contas, levou tudo." Robbins diz que precisou declarar falência e começar do zero. Ele foi morar no México, onde trabalhou em diferentes postos nos sets de *Titanic*, sem certeza do que fazer depois, já que seu crédito bancário estava acabado.

Robbins não conseguia se livrar da história. Ele foi a uma loja de materiais de construção, e o homem atrás do balcão o reconheceu como "o cara que saiu do armário". "Eu sou bem conhecido no meio do surfe", Robbins admite. "Eu vou à praia e as pessoas me olham, e eu não sei o que elas estão pensando. Não sei se elas estão pensando alguma coisa. É só o fato de elas saberem tudo isso sobre você, e você não sabe nada sobre elas." Tem sido ainda mais difícil para amigos héteros, com quem ele tem conversado sobre o acontecido. "É uma estranheza entre você e eles, porque a amizade não é mais a mesma."

Ainda assim, apesar do caos que Andrew estava causando, ele ainda tinha muito apoio. Um grande número de pessoas que ele conhecia se mostrou pouco cooperativa com as autoridades. Quando Michael Williams, um amigo de Jeff Trail, tentou conseguir fotos claras de Andrew para a polícia, ele foi rejeitado mais de uma vez. As pessoas que, supostamente, eram próximas de Jeff nem compareceram ao velório em San Diego que Williams havia organizado para ele, talvez por medo de que "Andrew aparecesse e matasse todo mundo", ou medo de serem expostos. "Eu liguei para várias pessoas na Marinha. Alguns tinham boas carreiras", reconta Williams. "'Você se importaria de aparecer e falar algumas palavras sobre Jeff?' Muitos disseram não." Aqueles que tiveram coragem entraram por uma porta nos fundos, vigiada pela polícia para que a imprensa não os visse. Outros se recusaram diretamente a acreditar que Andrew havia matado alguém, embora também tivessem conhecido Jeff e se esperasse que tivessem alguma simpatia por ele.

"Pouco depois de o cara no cemitério de Nova Jersey ser morto, um agente do FBI me perguntou: 'Ele teve algum contato direto com você?'", recorda Dominick Andreacchio, um amigo que costumava jantar com Andrew com frequência. "'Você daria algum dinheiro para ele, e nos diria se o fizesse?' E eu fiquei meio 'Não sei. Não sei responder a isso, porque a essa altura parece que alguém está armando para o meu amigo'."

Embora o Departamento de Polícia de San Diego estivesse cooperando com os pedidos de Minneapolis, a promotora do Condado de Hennepin, Gail Baez, queria que Tichich e outros dois detetives fossem para San Diego para descobrir o que pudessem. Mais uma vez, os pedidos dela geraram atritos. Tichich achou que ela estava interferindo no caso dele só porque estava recebendo atenção nacional. "Eu acho que o que realmente a irritou foi que eu falei: 'Me diga por que esse caso não está totalmente errado. Me fala o motivo'. Com base no fato de que tínhamos dois conjuntos de pegadas ensanguentadas e o fato de que Madson estava morto e que não tínhamos nenhuma gravação. Nós só temos duas pessoas naquele apartamento e testemunhas que dizem que eles estão, até onde podiam ver, se locomovendo livremente. Um não estava coagindo ou ameaçando o outro. 'Como vamos montar esse caso na ausência de um motivo claro ou alguém que dê alguma informação realmente concreta sobre o motivo disso tudo?'."

"Eu não acho que nenhum caso é totalmente errado", responde Baez. "Você nunca sabe o que vai aparecer durante uma investigação. Sempre existe a possibilidade de alguém confessar. Sempre existe a possibilidade de o criminoso falar com alguém. Existem muitos motivos para não se abandonar um caso."

No feriado do Memorial Day, três detetives da polícia de Minneapolis foram para San Diego. Eles falaram com Robbins, que os convidou para o México, mas Tichich, embora tivesse ficado impressionado com as habilidades de surfe de Robbins, não cruzaria a fronteira sem um seguro de automóvel para o México. Os policiais de Minneapolis também tinham agendado para falar com Erik Greenman na Flicks, mas tiveram que remarcar porque Tichich não queria entrar. Eles falaram com os agentes do FBI em San Diego, com Arthur Harrington e Ken Higgins, e também com o amigo próximo de Jeff, Jon Wainwright. Greenman mostrou a eles uma foto de Liz Coté, que Andrew havia apresentado várias vezes como sua ex-esposa. O pequeno vislumbre de uma placa em uma caminhonete branca nas margens da foto capturou a atenção dos policiais. Talvez a caminhonete fosse de Andrew, eles pensaram, mas acabou sendo de um negociante de Bud Coté. As entrevistas não os deixaram mais perto de solucionar o caso, "mas descobrimos muita coisa", diz o chefe de Tichich, Dale Barsness. Eles também consideraram outras teorias.

De acordo com Barsness, "ele [Andrew] queria um relacionamento sério com Madson, mas David não o conhecia de verdade – ele fala com Jeff Trail, e o que Trail vai dizer? Ele não tem nada de bom a dizer sobre Cunanan – ele não é muito elogioso. Jeff Trail sempre falou que Cunanan tinha 'um lado muito sombrio'. O ponto é esse – é uma história de amor.

Nós vemos isso o tempo todo com heterossexuais: se eu não posso te ter, ninguém terá. Então, Erik fala para seu colega de quarto: 'Eu vou fazer uma última viagem até Minneapolis para tentar reconquistar David'. Então, eu acho que Andrew pegou a arma de Jeff Trail, e Jeff percebeu que a arma estava desaparecida. Ele a procuraria. Qual seria a coisa mais valiosa na casa? Se você acha que alguém é suspeito, a última coisa que você quer é que ele esteja com a sua arma. Então Jeff chega em casa e olha – a arma dele sumiu!

"Estamos supondo que ele estava procurando a arma, ele estava irritado. Ele vai direto até a casa de David Madson. Vai até lá para que Andrew Cunanan não vá embora com a arma dele. Jeff Trail o confronta sobre a arma. Se é Cunanan que pega o martelo, é David quem diz 'Dá o fora, porra!'? Em 29 anos de carreira, eu nunca trabalhei em um caso com tantas perguntas sem resposta."

Meses depois dos assassinatos, muitas das perguntas continuavam sem resposta. No entanto, Barsness tinha certeza de uma coisa com relação ao depoimento de que Andrew estava no Full Moon Café que ajudou a determinar a hora da morte de David. "Eu não acredito nem um pouco nisso. Também não acredito na hora da morte que o médico-legista determinou."

Quando Barsness me contou sobre suas dúvidas persistentes, o caso já estava encerrado e a hora da morte oficial de David Madson não havia sido alterada. Mas ele não precisava me convencer de sua posição. No dia antes de nos falarmos, eu descobri provas de que o depoimento era uma farsa.

26

DESACORDOS

No domingo após a morte de Bill Reese, eu tomei conhecimento da existência de Andrew Cunanan pela primeira vez. O jornal de Nova York *Daily News* havia feito uma matéria interessante sobre um "jovem festeiro, simpático e amante de diversão" que havia sido eleito como "o menos provável de ser esquecido" no ensino médio e era procurado por uma série de assassinatos. Apenas lá pelo quarto parágrafo a história mencionou que ele havia passado grande parte da sua vida adulta "namorando e vivendo com homens velhos e ricos". Eu imediatamente senti que ele não era um criminoso comum; até suas vítimas pareciam ser indivíduos excepcionais. A história parecia ser boa para a *Vanity Fair*, revista da qual eu era correspondente especial.

Uma semana depois o editor me deu permissão para fazer uma reportagem, e nas semanas seguintes eu me dispus a descobrir tudo que pudesse. Àquela altura, cada investigação tinha pelo menos três entidades policiais no caso – para não mencionar os vários escritórios de promotoria em cada estado envolvido –, embora o assassinato de William Reese tivesse causado uma mudança fundamental na estratégia. As autoridades locais tanto em Minnesota quanto em Illinois haviam cedido a busca por Cunanan para o FBI, acreditando que ele nunca mais voltaria para sua jurisdição. No entanto, não demorou muito para concluir que erros haviam acontecido ao longo da investigação, erros que continuariam a complicar os casos e que, em algumas circunstâncias, colocariam as famílias de David Madson e Lee Miglin em desacordo, ou diferença, com as autoridades que investigavam os assassinatos.

Em Minnesota, por exemplo, a polícia havia mudado o foco e se concentrado em encontrar um motivo, de modo que seus promotores pudessem apresentar o caso mais forte possível quando Cunanan fosse pego. Embora Andrew ainda estivesse solto, a polícia já havia terminado de examinar o apartamento de David como cena do crime. Quando os Madson e Rich Bonnin foram até o apartamento um dia no fim de junho para retirar itens pessoais, eles encontraram duas nécessaires no banheiro que haviam passado despercebidas, uma pertencente a Andrew e a outra, a David. A de Andrew podia muito bem ter contido evidência de DNA, como por exemplo fios de barba que poderiam ser comparados com aqueles encontrados na pia dos Miglin em Chicago. Mais importante do que isso, numa pilha de roupas perto da cama havia uma calça Levi's ensanguentada tamanho 46. David Madson usava tamanho 42. Nesse momento qualquer possível evidência era crucial, porque a polícia não tinha sido capaz de encontrar nenhuma impressão digital nas várias cenas de crime e veículos.

"As calças passaram batido", admite Tichich, "e a etiqueta na bolsa também foi uma coisa vergonhosa. Mas o kit de barbear não é algo pelo qual merecemos ser criticados, como íamos saber de quem era aquilo?". Eu perguntei o motivo de não terem examinado os dois. "Não dá para pegar tudo que tem em um apartamento e trazer pra cá", declara Tichich. "Simplesmente não dá."

Para ser justa, Tichich tentou trabalhar com um renomado especialista em fibras para ver se era possível descobrir alguma "transferência de fibra", isto é, mostrar se alguma fibra da camisa Banana Republic ensanguentada que foi encontrada dentro de um saco no apartamento de David também estava no jeans manchado de sangue. Já que a calça era tamanho 46 e David era tamanho 42, diz Tichich, "isso é uma boa evidência de que Cunanan estava usando as duas peças manchadas de sangue. Mas até nesse caso a pergunta se torna 'Será que Cunanan estaria tão perto a ponto de o sangue ter respingado nele ao assistir *Madson* bater nesse cara até a morte?'. Então, até mesmo isso, embora soasse promissor, não serviu para adicionar nada de conclusivo, na verdade. Então, eu mantenho o meu ponto: do que precisamos? Precisamos de uma filmagem".

Essa falta de prova incontestável era injuriante para os Madson, que sabiam que David era incapaz de cometer assassinato. Eles decidiram fazer uma campanha para limpar o nome de David e repudiar o que consideravam o julgamento apressado da polícia, que acreditavam ter tingido a cobertura midiática do caso. A família alega ter feito mais de cem ligações não atendidas para a polícia de Chicago, tentando convencê-los a fazer novos exames para determinar a hora da morte de David, e nos meses seguintes eu iria me tornar uma peça importante nos esforços deles, aprendendo, através do meu trabalho de reportagem dos procedimentos, sobre o que poderiam usar para ajudá-los em sua busca.

Seguindo uma sugestão minha, eles perguntaram se a médica-legista de Chisago, a Dra. Lindsey Thomas, havia feito o exame do vítreo – o fluido do globo ocular para medição de potássio – que podia ser usado como um indicador da hora da morte. Ela não havia feito – e, uma vez que a médica aceitou o pedido da família, os resultados do exame mostraram que os níveis de potássio no fluido de David estavam altos, o que sugeria que ele havia sido morto havia mais tempo do que imaginavam. Os resultados do vítreo aumentaram a confiança dos Madson, mas um exame mais exato seria medir a idade das larvas na boca de David quando ele foi encontrado. O desenvolvimento delas depende de temperatura, então comparar seu tempo de vida com as condições climáticas no lago dariam uma estimativa bem precisa da hora da morte. Nesse momento, meses já tinham se passado desde a morte de David, e tentar fazer aquele exame seria um árduo cabo de guerra entre os Madson e o Condado de Chisago. O condado não queria gastar dinheiro em um caso encerrado, especialmente se isso significasse admitir que seus policiais estavam errados. Até mesmo os apelos dos Madson para que permitissem que eles pagassem pelo exame foram ignorados.

Mais tarde, em minha primeira visita ao Full Moon Café, encontrei outra falha no argumento de que David continuou vivo por dias depois da morte de Jeff Trail. Jean Rosen já havia sido entrevistada tanto pela polícia quanto pela imprensa inúmeras vezes quando me contou a história. Ela também me disse onde encontrar Michelle, a testemunha que também estava no Full Moon Café naquele dia e confirmara o depoimento. Rosen se lembrava de alguns detalhes que não correspondiam com outras evidências, como o fato de Andrew ter cabelos escuros penteados para trás (o cabelo de Andrew estava raspado naquela época), e tanto Andrew quanto David estarem usando calças cáqui (David, sabemos, estava usando jeans quando morreu). Mas a revelação mais significativa veio de Michelle, que se lembrou, depois de alguns questionamentos, de que havia feito um cheque de 30 dólares para Jean Rosen no dia em que viu os dois homens que pensava serem Andrew e David no Full Moon. Eu pedi para ela ir até em casa e olhar a data no cheque cancelado. Quando liguei para ela para verificar, ela me disse que havia escrito domingo, 2 de maio, a hora oficial da morte de David. Nem o Departamento de Apreensão Criminal, nem a polícia de Chisago, nem qualquer um na mídia se preocupou em perguntar isso a ela.

A estimativa do legista estava caindo por terra, mas ainda resistia. De acordo com o capitão Stephen Strehlow, o policial responsável pela divisão de investigações especiais e chefe de Tichich e Wagner, os dois rapazes terem sido vistos no Full Moon "desencadeou uma corrente de circunstâncias que não eram válidas, e estávamos tentando validá-las. Isso só serve para te confundir". Ainda assim, as acusações, diz Strehlow, "nunca foram descreditadas publicamente e, por causa disso, outras coisas aconteceram. Se você é o legista, por exemplo, e te pedem para determinar a hora da morte, e então você escuta, oficialmente ou não, que parece que estavam vivos nesse dia [sexta-feira] com certeza – se pudesse tomar uma ou outra decisão, você opta por aquela que você acha que tem mais respaldo". Levaria pelo menos mais um ano até que os Madson vissem uma mudança oficial no registro e o filho deles fosse exonerado.

A polícia de Chicago também não acreditava que Andrew fosse voltar para lá. Eles focaram em tentar obter impressões digitais e recuperar o Lexus. Acima de tudo, quando se envolveram, queriam manter o caso abafado. Mais tarde, em Minnesota, eu pude descobrir coisas que contrariavam a posição da polícia, embora o curso deles tenha se mantido inalterado. "Os poderosos se protegem aqui", Sugar Rautbord me avisou. "Problemas aguardam aqueles que incomodam os poderosos."

Permaneciam dúvidas sobre a possibilidade de uma associação entre os Miglin pai e filho com Cunanan. Para melhorar a imagem de Duke, Sugar quis encenar uma caminhada improvisada pela rua de Duke Miglin e uma namorada para que a imprensa visse. Uma modelo que o cortês Duke havia namorado em Los Angeles foi até Chicago para fazer uma visita. Mas a ideia foi rejeitada por ser muito forçada. Embora os dois tivessem se visto por um ano, nunca haviam sido íntimos.

Lee Miglin continuou a ser a mais enigmática vítima de Cunanan. Certamente Duke Miglin, que supostamente havia estado em San Diego no dia anterior ao assassinato do pai, era alguém de quem Andrew se gabaria de conhecer. Ele era o tipo de Andrew – rico, loiro, bonito –, dirigia um carro veloz e pilotava aviões. Mas e seu pai? Certamente seria mais fácil para todos se a polícia nunca descobrisse nada.

Paul Beitler está convencido de que Lee nunca conheceu Andrew Cunanan e nem teria questionado o filho sobre suas amizades. "Lee e Marilyn não eram pessoas que invadiam a vida dos filhos para perguntar 'Você está namorando uma menina?'. Mas, sabe, Lee também nunca andou por aí e disse 'Aqui está uma foto do meu filho. Ele não é bonito? Com essa menina?'" Beitler, contudo, não consegue entender por que um homem jovem, rico e atraente moraria na praia com um colega de quarto. "Primeiro, ele não precisava fazer isso por dinheiro. E segundo, certamente não ajuda seu privilégio heterossexual." Beitler tem certeza de que Lee não tinha uma vida dupla. "Lee não era gay. Eu posso dizer que ele era afeminado, mas não era gay." Na verdade, Beitler diz, "Lee andava por aí fazendo piadas sobre gays no escritório o tempo todo – piadas tolas, estúpidas. Ele contava piadas zoando gays".

Beitler estava incomodado meses depois do assassinato de Lee. Ele não conseguia dormir à noite pensando sobre o que os psicólogos que ele havia contatado haviam dito: "Você não pode acreditar que isso foi um evento aleatório". Ainda assim, a família havia investido muito em proteger sua reputação, e eles tiveram muita ajuda para fazer isso. Marilyn Miglin apreciava e falou publicamente sobre a ligação que recebeu da mãe de Michael Jordan pouco depois do assassinato de Lee. A mãe de Michael teve que lidar com dúvidas em relação à versão oficial de que o assassinato do marido dela havia sido motivado por um simples roubo de carro. "Meu marido foi morto por um assassino aleatório também", ela disse a Marilyn. Em Chicago, com a exceção da Virgem Maria, que outra mãe tinha mais influência? É fácil compreender que Marilyn Miglin se agarrasse às suas crenças e as tornasse conhecidas diante de uma tragédia tão chocante.

Profissionais que estudam a psicologia de assassinos em série tiveram muitas dúvidas de que o assassinato de Lee Miglin havia sido aleatório. "Uma matança de brutalidade exagerada e desnecessária" é como William Hagmaier, chefe da Unidade de Rapto Infantil e Assassinatos em Série do FBI – a unidade de ciência comportamental e criação de perfis – descreve as mais de quarenta contusões faciais, a garganta cortada, e as costelas quebradas que Andrew infligiu a Lee Miglin. "Houve um tremendo excesso de violência. São coisas que às vezes você vê em assassinatos de homossexuais – esse exagero, esses esfaqueamentos repetidos... Se Lee Miglin é um completo estranho, ele lembra Andrew de outra pessoa que é muito odiada. Ou talvez Miglin não seja um completo estranho", supõe

Hagmaier. "Para alguém levar tanto tempo, colocar tanto esforço nisso, existe algo de muito mais pessoal ali."

"Com uma cidade do tamanho de Chicago, as chances de ele simplesmente ir parar naquele beco atrás da casa de Miglin e então vê-lo na garagem – quão improvável é isso?", questiona o agente especial Steve Kives, o agente do FBI responsável pelo caso Cunanan, à unidade de criação de perfis. Kives especula que havia "algum tipo de conhecimento prévio de Miglin... as chances de Andrew simplesmente aparecer em Chicago e encontrar Miglin são remotas". Kives acrescenta: "Havia também uma alegação de que talvez Andrew conhecesse o filho e tivesse tido uma ligação com ele. Pode ser apenas uma alegação. Mas, se for o caso, talvez ele tenha ido até a casa dos Miglin procurando pelo filho".

Hagmaier especula que a brutalidade poderia ter sido engatilhada por "álcool e drogas", ou "talvez ele apenas tenha visto um filme particularmente sádico ou masoquista", que poderia ter sido um evento de gatilho imediato, ao contrário de um motivo longo e planejado. "Ele poderia estar vivenciando a fantasia de algum filme ou livro que leu. Ted Bundy costumava fazer isso com suas vítimas. Ele pintava os cabelos, fazia cortes diferentes, colocava roupas diferentes nelas, porque estava encenando as capas de revistas de detetives."

O fato de que Andrew golpeou repetidamente os rostos tanto de Lee Miglin quanto de Jeff Trail indica que o crime de Miglin também foi pessoal, e não aleatório. "Dado o espancamento facial", diz Hagmaier, "é mais provável que ele conhecesse a pessoa. Todo mundo tem mãos e pés, mas o que mais te enraivece é a boca. É dali que vem o veneno. Normalmente quando se está com raiva de alguém é porque essa pessoa disse alguma coisa, especialmente se houver algum tipo de paixão ou romance envolvido. Eles tentam desfigurar o rosto, porque 'é o rosto que riu de mim. A boca que me fez sentir mal'".

Chicago ostenta um dos primeiros membros da força policial metropolitana que se formou em traçar perfis na Unidade de Ciências Comportamentais do FBI em Quântico, na Virgínia. O capitão Tom Cronin, que desde então foi promovido a comandante, chefe da Divisão de Serviços Forenses e encarregado de todas as cenas de crime em Chicago, não trabalhou no caso Miglin, mas é considerado o especialista em assassinos em série do departamento. Meses depois do assassinato, enquanto andávamos pelo quarteirão da casa dos Miglin e fazíamos várias incursões no beco onde Andrew assassinou Lee Miglin, Cronin explicou como um analista de perfis avaliaria a cena.

"Tentamos entender a vitimologia – saber coisas sobre a vítima ajuda a descobrir coisas sobre o assassino", Cronin me diz. "Como o assassino colocou a vítima nessa posição vulnerável? Como ele podia ter certeza de que o Sr. Miglin, trabalhando em sua garagem, não está com uma Magnum .357? Quando assassinos escolhem um alvo, eles escolhem pessoas que podem dominar. Não estamos lidando com um estranho aqui. Se ele não conhecia Miglin, como ele sabia que o cara não tinha uma arma na garagem? Olhe para esse bairro – cercas de ferro, cercas-vivas, tudo feito para manter as pessoas do lado de fora. Você não vê muita gente que mora aqui andando de um lado para o outro. De noite você consegue escutar um alfinete caindo. A dois quarteirões de distância, é uma loucura."

O que chocou Cronin no início foi a distância considerável entre a garagem de Lee Miglin e a casa. Na verdade, a garagem pertence ao duplex dos Byer. Está localizada diagonalmente na frente do beco, a cerca de 27 metros do quintal dos Miglin. Há uma placa de estacionamento indicando três vagas do lado de fora do portão de ferro dos Miglin, que seria o lugar lógico para eles estacionarem os carros. "Como alguém pode saber que eu estaciono meu carro naquela garagem se eu moro logo atrás de um lugar com três vagas? Eu sou um assassino em série louco e encontro essa garagem aberta. Agora, como eu sei que ele mora diagonalmente na frente do beco? Eu estou prestes a te matar. Você vai morrer, e aí você me dá todas as suas informações?"

Cronin diz que o modo como Miglin foi assassinado combinava com o fato de que Andrew se sentiu confortável na cena, "sugerindo uma familiaridade mais do que casual com a casa. Você obtém esse tipo de conhecimento íntimo enquanto tortura alguém? Isso sugere conhecimento prévio? Isso certamente leva uma pessoa razoável a acreditar que as informações recebidas não foram tão de última hora".

"Talvez tivesse uma arma apontada para ele", eu digo, ainda que Lee Miglin não tenha sido morto a tiros. Mas como Andrew poderia ter amarrado os pés de Miglin com um nó duplo enquanto apontava uma arma para ele? Ele obrigou Miglin a se amarrar? As perguntas se amontoam.

"Uma das coisas que chamam a minha atenção", diz Cronin, "é que ele deixa trilhas de propósito – ligue os pontos, me encontre. É o ego dele falando: 'Eu não quero ficar sem o crédito'. Assassinos em série fazem isso, geralmente de forma mais sutil. Manter uma foto de um amigo no carro e deixar o Jeep na esquina, por exemplo. Ele provavelmente teria amado deixar o Jeep mais perto, mas aquele foi o local mais próximo onde ele conseguiu estacionar, e mesmo assim a polícia quase deixou passar isso – foram necessárias quatro multas". Cronin conclui: "Ele quer crédito – ele está jogando um jogo para ver se alguém liga os pontos, para ver se alguém monta o quebra-cabeça. Ele não tem certeza da inteligência das pessoas que estão montando o quebra-cabeça: 'Junte os pontos, pessoal, quando vocês encontrarem o ricaço em Chicago'.

"Ele acha que precisa ser mais óbvio quando quer que você junte tudo. Ele diz 'magnata imobiliário' para um cara e 'indo para Chicago a negócios' para outro. Está pensando que se você juntar Chicago e magnata imobiliário, e então ele deixar o Jeep por perto, espero que eles concluam: 'Oh! Deve ser o mesmo cara'."

Hagmaier concorda. "Ele não precisava ter deixado os veículos para trás. Poderia tê-los queimado. Ele sabia que seriam encontrados, estava apenas ganhando tempo." Hagmaier explica que, ainda que assassinos em série comecem motivados por raiva ou ciúmes, geralmente isso se torna outra coisa. "À medida que a maior parte dos assassinos em série se materializa e acelera, a motivação muda de crime pessoal para uma coisa mais relacionada com poder. Em outras palavras: 'Eu posso brincar de Deus com qualquer pessoa que eu quiser e quero que todo mundo saiba disso'."

"Esses caras são predadores espertos", diz Gregg McCrary, o antigo agente especial supervisor da Unidade de Ciência Comportamental. "Eles têm a habilidade de separar uma vítima do resto – como naqueles documentários que você vê na TV, onde o tigre escolhe uma zebra para atacar. Eles têm essa habilidade inata de perceber quem é vulnerável."

No fim da nossa caminhada, Cronin me diz: "Eu nunca acreditei em 'aleatoriedade' com um cara que está nos guiando desde o início, nos guiando através do seu comportamento. Ele quer que a gente ligue as coisas entre Chicago, Minneapolis e Nova Jersey. Por que ele faria alguma coisa aleatória agora?".

Oficialmente, o assassinato de Lee Miglin por Andrew Cunanan foi declarado aleatório, e assim permaneceu. "De acordo com a nossa investigação, não temos nenhuma evidência concreta para indicar qualquer coisa além de um crime de oportunidade", diz Rodriguez, o agora ex-superintendente da polícia. "Sabemos que Cunanan cometeu aquele crime – não há sombra de dúvida. Ainda assim não temos um motivo, nenhuma explicação, com base em nossas investigações."

Enquanto eu começava a juntar os pedaços da história, o motivo do assassinato de Miglin permaneceu um assunto encerrado para a polícia de Chicago. "Eu não tenho nada para discutir. Não acho que seja necessário discutir o caso", diz o comandante Joe Griffin, que liderou a unidade investigativa. "Fizemos tudo que podíamos para encontrar um motivo. Vamos deixar assim." Mesmo um ano depois, os detetives de Chicago que trabalharam no caso do assassinato de Lee Miglin relutam em falar sobre uma possível associação prévia entre Andrew Cunanan e Duke ou Lee Miglin (ou ambos). "A Sra. Daley apareceu lá com flores na época da morte. A esposa do governador veio. A expressão dos políticos foi enorme. Ela era uma pessoa muito política, e ela tem muito dinheiro", um policial de Chicago me conta. "Basta irritar a Sra. Miglin, para acabar como guarda de peixes no Lago Wolf."

Um funcionário de alto escalão coloca as coisas de forma mais direta: "O caso está fechado. Não tem nada no arquivo. Os funcionários dele o amavam. A igreja o amava. A esposa o amava. O caso está encerrado".

O caso nunca foi encerrado na minha mente. Quando eu comecei a atravessar o país depois do assassinato de William Reese, passei a conversar com muitas das mesmas pessoas com quem o FBI também estava conversando, assim como muitas pessoas que eles haviam deixado passar. Não demorou muito para eu descobrir uma associação que emergiria em breve, de forma trágica e significante – uma associação sobre a qual o FBI supostamente já havia escutado antes.

Porque como os amigos de Andrew já haviam relatado para mim, ele havia mencionado várias vezes conhecer uma das celebridades gays assumidas mais famosas e bem-sucedidas no mundo: Gianni Versace. Depois de assumir sua nova identidade como assassino em série, essa presumida associação pesou com força na mente de Andrew.

PARTE TRÊS

27

FUGA

Andrew percorreu a rodovia I-95 no veículo roubado de William Reese sem ser visto. Em Florence, na Carolina do Sul, ele parou para roubar uma placa – SKW 263 – num estacionamento do supermercado Wal-Mart perto do cruzamento da I-95 e da Estrada 20 da Carolina do Sul. O proprietário da placa nunca reportou seu desaparecimento – ele pensou que a havia perdido. No dia 11 de maio, depois de ter percorrido 1.800 quilômetros em dois dias, Andrew chegou despercebido em Miami Beach. Sua primeira tarefa foi encontrar um lugar para ficar.

O Hotel Normandy Plaza, pintado de rosa e vermelho, ocupado principalmente por pessoas viajando sozinhas, ficava na Avenida Collins com a Rua 69, alguns quilômetros ao norte de South Beach. Com fotos emolduradas de Marilyn Monroe, que supostamente se hospedou por lá uma vez, uma cabeça de jacaré empalhada e piso de linóleo, o Normandy Plaza estava na outra ponta do espectro em relação ao "paraíso com esteroides" que South Beach – ou "SoBe" – se tornou para turistas gays, mas era de frente para o mar e ficava a uma pequena caminhada de uma praia de nudismo gay. Andrew estacionou a caminhonete de Bill Reese na frente do hotel, e ela ficou por lá durante várias semanas. Ele havia encontrado seu reduto.

No dia 12 de maio, três artigos de revistas de especial interesse para Andrew chegaram às bancas. Tanto a revista *Time* quanto a *Newsweek* o exibiram como suspeito de quatro assassinatos. A *Time* o chamou de "*socialite* gay", e a *Newsweek* de "garoto festeiro animado". O terceiro artigo foi na *Vanity Fair*, que Andrew lia religiosamente todos os meses. A edição de junho trazia um artigo de Cathy Horyn que focava em Donatella Versace, a irmã de Gianni, e mostrava a suntuosa *villa* em South Beach, a Casa Casuarina. Incluía uma pequena seção sobre um piquenique em família na praia gay em frente à mansão, servido por criados que levavam tudo até eles em carrinhos. Para os Versace, que mastigavam sanduíches aos olhos da repórter, a ideia de que tais exposições poderiam transformá-los em alvos nunca lhes ocorreu. Eles estavam apenas alimentando a besta faminta da publicidade.

A besta, no entanto, era um Frankenstein que havia criado não apenas eles, mas também South Beach. A praia se tornou a capital do prazer gay no mundo ocidental, onde o *art déco* decadente se justapõe às fachadas brilhantes de aura *cool* inabalável dos hotéis meticulosamente restaurados, alguns dos quais não possuem relógios, cadeiras, mesas, nada que lembre ao hóspede a existência mundana. Toda a economia se beneficia de dinheiro vindo do tráfico internacional de drogas e, nas ruas, aposentados com andadores se misturam com os novos ricos latinos e alemães, com a máfia russa e com equipes de fotógrafos de moda internacional. Na Avenida Ocean, onde a exuberante *villa* de Gianni Versace é a única residência privada, há uma mistura da Via Veneto dos anos 1950 com a Rua Bourbon. Aqui, na alta temporada, que vai de novembro até abril, centenas de modelos invadem os cafés ao ar livre e os restaurantes, e os espécimes de físico perfeito são tão comuns quanto as chuvas tropicais que botam para correr as roupas de banho das praias. Certas academias são constantemente visitadas em busca de novatos para testes em filmes pornôs. Na verdade, muitos garotos pobres e bonitos, de norte a sul, não aspiram mais a Hollywood, mas escolhem South Beach na esperança de serem descobertos e colocados em alguma propaganda homoerótica.

Com a proibida e efervescente Havana à espera de sua abertura ali perto, South Beach é uma festa de luxúria liberada e relaxamento, onde dançar a noite toda entre centenas de corpos ondulantes e bronzeados é o prelúdio para sexo ardente e anônimo. A altas horas de uma noite típica no Warsaw, a primeira grande boate gay em South Beach, a cena é dominada por corpos musculosos que não parecem reais; eles parecem inflados, retocados e modelados em computador. Esses não eram lugares para zés-ninguéns. "Versace costumava frequentar boates o tempo todo, no início", diz Tom Austin, o belo cronista da cena de SoBe, primeiro para o *Miami Herald* e agora para a lustrosa revista *Ocean Drive*. "Foi em outra boate gay, a Paragon, que Versace viu um go-go boy vestido de anjo e começou a se aproximar dele. No começo o go-go boy disse 'Cai fora, velhote'. Versace então apontou para o peito dele e falou: 'Versace'. O garoto desceu do palco."

Versace usava até mesmo um dos porteiros do Warsaw, Jaime Cardona, para conseguir garotos. Cardona levava os meninos para a porta dos fundos da Casa Casuarina para fazerem testes. "Versace é parte central do mito acerca deste lugar", diz o professor Ralph Heyndels, um homem gay belga que ensina História Francesa e Literatura na Universidade de Miami e mora em South Beach. "Todos aqueles modelos pareciam latinos. Esse era o tipo favorito dele – garotos cubanos. South Beach é a capital latina gay do mundo. Muitos meninos vêm de todos os cantos da América do Sul sonhando em viver nos Estados Unidos. Eles entram em um avião e de repente um Versace ou outro os adota, e nesse sentido isso é bem mais que Hollywood. Para jovens rapazes, é muito mais atraente que Hollywood." Tom Austin diz: "Em South Beach tudo gira em torno do sexo. Nunca houve uma disponibilidade tão grande de sexo e dinheiro, ou sexo de graça, na história". Todas as prioridades, diz Heyndels, são baseadas no desejo. "O desejo te deixa mais vulnerável. Este país, os EUA, é fundamentado em se organizar ao redor do seu trabalho. Aqui, a cultura gay é guiada pelo desejo no sentido imediatista." Dana Keith, antiga modelo de medidas de Versace, agora uma *concierge* no Hotel Astor, favorecido pelos descolados e celebridades, explica a cena dizendo: "Qual é a *vibe* na sala? Qual é o nível das drogas? Quantos garotos bonitos estão ali? É um senso de prioridades bem diverso".

"O ciclo da cultura dominante em South Beach é: (a) ir à academia, (b) ir à praia e fazer planos para a noite, (c) ir a boates e (d) ficar chapado de ecstasy com os amigos que completaram (a), (b) e (c), se estabelecendo, assim, no círculo intocável dos deuses", escreveu o editor da revista *Ocean Drive*, Glenn Albin, em 1995 na revista *Out*. "Esses círculos são então subdivididos em outras categorias, de profissionais, garçons e usuários de esteroides – embora, na pista de dança, os aglomerados do ecstasy (grupos de três a cinco homens sem camisa inseparáveis) geralmente apaguem essas diferenciações com o passar da noite."

"Nós temos a vida noturna mais intensa do país", diz "A Rainha da Noite", Tara Solomon, que escreve uma coluna para o *Miami Herald*. "As pessoas levam a vida noturna muito a sério. Elas se arrumam para sair. Existem mais pessoas geneticamente abençoadas em South Beach do que em qualquer outra parte do mundo. Isso fica muito aparente nas boates."

"Estamos no topo. Não existe um lugar com pessoas mais bonitas. Você pode ficar completamente dessensibilizado para isso", diz Brian Antoni, um advogado e romancista que cresceu nas Bahamas e agora divide seu tempo entre Nova York e South Beach. "Era o 'look' de Versace. Ele amava os meninos cubanos. Eu já estive com muitas pessoas que são bonitas, e alguém aparecia e falava: 'Versace está interessado em você'. Todos nós viramos estranhos *concierges*, porque amávamos a comunidade, e todo mundo que vem aqui acha que merece tudo que deseja e que você precisa conseguir isso para eles. Você fica entorpecido pela fama ou glória indiretas".

"A cidade é parecida com uma cidade de fronteira. Ela pode te fornecer quase tudo que você quiser; é por isso que se desenvolveu tão depressa. É como o Velho Oeste – qualquer coisa rola. Primeiro havia os bairros pobres. Então os modelos vieram – eles eram a salsa que atraía o lixo europeu e os velhos podres de ricos, e por fim as celebridades. É como um grande jogo de Pac-Man. Agora, as pequenas *drag queens* do Meio-Oeste vêm com seus sapatinhos e acham que podem ser descobertas aqui. É uma alternativa a Beverly Hills, e a se tornar uma estrela de cinema."

Para Andrew, Miami Beach era ao mesmo tempo familiar e um abrigo. Sua tez morena era tão comum que ele se encaixaria em qualquer lugar, e a gigantesca e transiente população de turistas garantia seu anonimato. Se alguém desconsiderasse todo o brilho e barulho, havia muitas similaridades entre South Beach e Hillcrest, em San Diego. Os dois lugares eram quentes e próximos da água, com quilômetros de praias onde caminhar e agitar. Os dois lugares tinham uma grande população gay com infraestrutura confortável; as duas comunidades haviam sido gentrificadas por pessoas gays. E ambas eram lotadas de bares, livrarias, supermercados pornográficos, restaurantes e bancas de revistas – todos os pontos de parada do universo de Andrew.

Nem sempre foi assim. Construído entre 1923 e 1943, o bairro Deco de Miami Beach havia caído em desmazelo e pobreza nos anos 1970 e era habitado majoritariamente por refugiados judeus. No início dos anos 1980, graças a Fidel Castro, o barco *Mariel* despejou milhares de cubanos em Miami Beach, vários deles criminosos e indesejáveis. Os prédios dilapidados e cobertos com tapumes logo se tornaram bocas de crack; o crime subiu trinta por cento. Mas em 1984 a série televisiva de sucesso *Miami Vice* começou a mostrar a paleta pastel e os cenários estonteantes "da praia", como o lugar era conhecido pelos nativos. As propriedades de frente para a praia eram baratas, então uma parte da comunidade gay e alguns investidores imobiliários começaram a reabilitar o bairro. Enquanto *Miami Vice* transmitia para a Europa – onde a série passa até hoje –, imagens de uma Miami Beach que era descolada e *cool* os catálogos alemães começaram a exibir seus modelos na luz cremosa e dourada com flora exótica de *points* favoritos da região. Gloria Estefan e seu marido, Emilio, contribuíram com a batida quente, quente, quente do Miami Sound Machine. No meio dos anos 1990, Sylvester Stallone e Madonna, sem mencionar Versace, compraram mansões em SoBe.

Para Versace, South Beach era uma zona de descanso estrategicamente alocada, que ele havia capturado em um livro de mesa em 1993, *Histórias de South Beach*. Nos últimos anos Miami se tornou a capital do mercado Latino Americano no norte, e possibilidades bancárias em potencial são atraentes. Muitos sentem que Versace deu à comunidade uma certa validação. "Versace introduziu uma grande dose de glamour", diz Tara Solomon. "Cada cidade jovem precisa de um mentor. Versace foi isso pra gente." Versace veio para South Beach pela primeira vez a caminho de uma viagem de férias em Cuba durante o Natal de 1991. A essa altura muitos membros da moda europeia e da alta sociedade passavam os feriados em South Beach. O pequeno Century Hotel deu uma grande festa de Ano Novo que atraiu Paloma Picasso e Egon von Fürstenberg. "Nessa época Claudia Schiffer andava de patins na Avenida Ocean", diz Louis Canales, uma agenda humana conhecida como Sr. South Beach. Naquela época, Canales estava organizando uma festa para reabrir a butique de Versace em Bal Harbour, que ficava nas proximidades, em 28 de dezembro de 1991, e a festa espantou Gianni. "Era *le tout le monde* – todo o mundo", diz Canales. "André Leon Talley, Thierry Mugler, Claudia Schiffer – todos que eram alguém na cidade estavam lá. Gianni falou: 'Qual é o propósito de tudo isso? É South Beach!'."

Uma das atrações para celebridades – além das belezas de ambos os sexos que estavam em todos os cantos – era que ninguém ali fofocaria para os tabloides. "Temos memória curta, então as pessoas que costumam ser observadas o tempo todo vêm para South Beach e podem ser elas mesmas em um ambiente luxuoso e agitado", diz Canales. "É como ser um observador de pássaros e ver um pássaro muito, muito raro, e não o assustar. Privacidade garantida." Tom Austin se lembra: "Quando eu comecei a cobrir celebridades vindo aqui, eles achavam que estavam na Nicarágua". Mas, então, em janeiro de 1992, a revista *New York* publicou uma matéria de capa que chamava South Beach de "SoHo debaixo do sol".

"A *New York* saiu e trouxe todo mundo pra cá, charlatões e golpistas", diz Canales. "Vigaristas, bandidos, enganadores. Isso mudou a cena por aqui." Anteriormente, diz Canales, "a cena social era sempre tão achatada quanto a topografia. De repente havia novatos que queriam uma hierarquia: quem está por dentro, quem está por fora. Gianni não criou South Beach, mas ele entendia South Beach, assim como entendia o valor da publicidade".

Os dois eram uma combinação perfeita. Para Gianni Versace, South Beach "era como uma de suas obras ganhando vida", diz Tom Austin. "É o único lugar onde você pode se banhar vestindo Versace. Onde mais você poderia fazer isso a não ser Los Angeles?"

"Gianni Versace – ele sabia estar no lugar certo na hora certa", Louis Canales continua. "Pessoas como Versace, Demi, Oprah, Madonna, Bruce Willis, eles não correm riscos; eles vão para lugares garantidos. Eles não emprestam seus nomes para lugares a menos que alguma coisa comece a acontecer. Quando acontece e você cola seu nome a isso – é seguro."

Ainda assim, muitas das fantasias realizadas da cidade, desde a arquitetura até a reinvenção pessoal, escondem uma realidade assustadora: o número de pessoas que vêm para South Beach para morrer. Assim como Ratso Rizzo em *Perdidos na noite*, que pegou um ônibus para Miami porque queria morrer no sol, South Beach se tornou o lar de milhares de homens soropositivo. Muitos deles vivem de fundos proporcionados pela doença, recebendo menos dinheiro do que deveriam de seus seguros por terem vendido suas apólices a investidores que apostavam que os donos originais morreriam logo. À medida que o combate à Aids evoluía, esses acordos "viáticos", como são chamados, foram perdendo seu encanto para os investidores e se tornaram menos comuns; um grupo de investidores entrou com uma questionável ação coletiva alegando que as companhias de seguro tinham subestimado as expectativas de vida. Enquanto isso, um grande número de pessoas soropositivas raramente menciona a condição. Ainda que a Aids aumente a taxa de mortalidade, com o vírus controlado por novos medicamentos, muito tempo para tomar sol e malhar na academia, além de esteroides para reverter ou adiar os efeitos de farras, elas não ficam tão debilitadas. Então, juntando isso com os turistas musculosos e bronzeados que mantêm as boates cheias, eles perpetuam o espírito SoBe do *joie de vivre* inconsequente.

A festa nunca termina. Depois de dançar no Warsaw na sexta-feira e no Salvation nos sábados, vem a Dança do Chá de Domingo no Amnesia, em que centenas de homens de sunga formam uma fila de conga com barris de espuma de sabão sendo despejados na pista de dança; para os sedentos há tubos com água mineral gelada, que também é a bebida favorita dos usuários de ecstasy. Quando a espuma atinge o nível da cintura, a cena se torna uma agarração grupal aos moldes de uma gigantesca banheira de bolhas. Então, na segunda-feira, é a Festa da Gata Gorda e Preta na Liquid, com a "ilusionista de gênero" Kitty Meow. Na terça-feira tem a Twist, onde você pode tomar Sex on the Beach. Quarta-feira é a Noite do Strip Amador na boate Warsaw, quinta-feira é escolha livre, etc. Novembro traz a maior de todas as festas do circuito, a Noite Branca, uma festa beneficente para o combate à Aids, onde muitos prestam pouca atenção ao comportamento que pode levar à transmissão do vírus. Mas quem quer estragar a festa? A indústria do turismo gay vale muitos, muitos milhões anuais para a economia de South Beach, e Miami, segundo o colunista gay Eugene Patron, "sempre foi uma cidade de fuga".

A residência de Versace, a Casa Casuarina (batizada em homenagem à única árvore na propriedade), na Avenida Ocean, 1116, não apenas salvou a orla de se tornar outra Rua Bourbon, mas também ficou como testemunho de outra forma de abandono gay. Em 1992, Versace comprou o velho Palácio Amsterdam, um antigo prédio de apartamentos que já havia sido uma grande *villa* mediterrânea. Foi construído na década de 1930 à semelhança da casa do filho de Cristóvão Colombo, Diego, na República Dominicana, para o neto do tesoureiro da Standard Oil, Alden Freeman. Versace pagou 2,9 milhões de dólares pela propriedade, que vinha com seu próprio observatório com cúpula de cobre, e então escandalizou os preservacionistas históricos no ano seguinte ao pagar 3,7 milhões de dólares pelo decrépito Revere Hotel ao lado e destruí-lo para construir um pátio e uma piscina. Contudo, os nativos ficaram tão impressionados com o novo vizinho rico que Versace conseguiu convencer um dos líderes do movimento de preservação histórica, que o ajudou a interceder na prefeitura. Depois que Versace gastou mais de um milhão em reformas e outra soma enorme em mobílias, a fabulosa Casa Casuarina emergiu – 1.858 metros quadrados, dezesseis quartos que eram odes ao excesso pagão e que têm sido classificados como "uma Xanadu ostensivamente visível", "um sonho febril de luxúria tropical", e "um *palazzo* vestido de *drag*" decorado em "barroco gay".

Versace preservou os bustos de Colombo, Pocahontas, Confúcio e Mussolini encontrados no quintal; cobriu cada centímetro disponível com mosaicos bizantinos, azulejos mouros, tecido Versace, cabeças de Medusa (sua marca), Picassos e Dufys; e adicionou tetos pintados à mão e alguns murais. O efeito é como uma mistura do sultão do Brunei com Luís XIV, se ambos fossem *drag queens* perdidos na Sicília.

Em sua incessante busca por celebridade e comércio, Gianni Versace fez do estilo de vida de abundância excessiva sua maior ferramenta de publicidade, uma mescla de viver e vender. A família, as casas palacianas, a arte, as festas, os amigos famosos, como Elton John e Sting, que vinham se sentar na primeira fila de seus shows de alta voltagem, onde ele tocava as músicas deles e preenchia sua passarela com supermodelos que garantiam a atenção da imprensa – tudo era combustível para sua marca. Na verdade, com seus vários talentos como empresário e designer, Versace manipulava a imprensa sem constrangimento e ganhava uma reputação por fundir a sensibilidade do rock'n'roll com a moda, deixando-a mais imediata, mas também mais dura. "Agora você fala sobre Versace e copia meu estilo", cantou o falecido rapper "gangsta" Tupac Shakur.

Versace admitia abertamente que suas roupas eram inspiradas pela Antiguidade e pelo sadomasoquismo, e que a mulher que mais o inspirava era a mulher da rua. "Eu não sei quantas pessoas que acreditam nessa história já estiveram no sul da Itália e viram as putas", diz o historiador de moda britânica Colin McDowell numa entrevista, "mas elas não são mais maravilhosas ou magníficas do que suas primas tristes em qualquer parte do mundo". Apesar da *nostalgie de la boue* [um desejo de degradação e depravação], Gianni Versace idolatrava a riqueza, a fama e a arte, e cobiçava o status tanto quanto Andrew Cunanan. Sua marca, lançada em 1978, se tornou um império global que vendia não apenas roupas caras e chamativas que ofereciam segurança aos novos ricos vindos de baixo (personificados pela dançarina de *lap dance* em Las Vegas interpretada pela atriz Elizabeth Berkley no clássico brega *Showgirls*, se gabando de vestir "Verseice"), mas também por trezentos outros produtos, que variavam entre jeans, livros e perfumes para bebês.

Depois de um tempo, a mistura berrante de vida fabulosa e vendas de Versace parecia funcionar como uma máquina, como um noticiário pessoal de 24 horas por dia, um filme sem fim sobre moda com um elenco familiar: sua rígida irmã mais nova, Donatella, diretora criativa da empresa, a musa do alter ego com a cabeleira platinada festejando noite após noite; o marido americano dela, Paul Beck, encarregado da publicidade de Versace e que, segundo boatos, era um ex-amante de Gianni (um rumor negado pelos Versace na *Vanity Fair*), em casa com os filhos mais novos deles, Allegra e Daniel; o irmão, Santo, o CEO da empresa, um contador que vivia nos bastidores e cuja condenação em 1997 por subornar oficiais da Receita foi anulada com um recurso; o belo e sempre presente companheiro de Versace, Antonio D'Amico; a mãe costureira e o pai que vendia pequenos utensílios de cozinha descritos em entrevistas que douravam a infância humilde do designer em Reggio di Calabria, na pontinha da bota italiana. Sua ascensão em Milão, aos 25 anos, levou, em rápida sucessão, aos shows extravagantes que misturavam rock e moda, às aquisições intermináveis de antiguidades e arte etrusca de valor inestimável, as residências gigantescas, e a exploração de relacionamentos-chave para benefício mútuo. "Quando morreu", escreveu Holly Brubach, falando sobre Versace no *New York Times*, "ele era mais famoso por causa das pessoas com quem andava do que pelas roupas que criava".

A modelo Janice Dickinson, ex-namorada de Sylvester Stallone, relatou para uma TV britânica como Versace havia cortejado o ator. "Quando eu estava na casa de Stallone, Versace mandou caixas de porcelana, várias almofadas e tecidos para os móveis, e caminhões de roupas e peças. Quero dizer, milhares e milhares de dólares em roupas para Sylvester – ele realmente cortejou Sly, como dizem." Stallone mais tarde posou com a supermodelo Claudia Schiffer na capa de uma revista alemã para lançar os utensílios domésticos de Versace. Os dois estavam nus, a não ser pelos pratos Versace cobrindo suas partes íntimas. "Pelo bem da reciprocidade", Dickinson continuou, "Sly posou nu para ele com Claudia Schiffer em um anúncio, então eu suponho que a taxa diária para tirar a roupa eram caminhões de roupas e alguns conjuntos de porcelana. Quero dizer, ele o cortejou muito".

Em um gesto amplamente notado na indústria da moda, na Europa, onde ele poderia se safar, Versace providenciou e pagou por fotógrafos importantes para tirar fotos dele, da irmã, e de suas roupas para matérias em revistas – cobertura editorial dada em troca de páginas de publicidade. De alguma forma, segundo seu raciocínio, se ele fosse visto nas páginas de fofoca andando com Elton John ou Sting, desenhando o famoso vestido preto com alfinetes de segurança para Elizabeth Hurley, ou refazendo a imagem de Courtney Love e a tirando dos mulambos de breguice, outros *nouveaus* aspirantes pelo mundo também iriam comprar qualquer coisa com o nome Versace.

"O homem comum mediano andando pela rua não reconhecia o Gianni Versace que a turma da moda conhecia", diz Louis Canales. "O poder de Versace estava em seu investimento em publicidade – a quantidade que ele gastava garantia cobertura editorial para ele e, ao mesmo tempo, para expandir isso, ele multiplicava o alcance ao ter Elton John ou Sting ao seu lado, de forma que, enquanto a mídia cobria Versace, estas estrelas recebiam publicidade e espaço na imprensa que não teriam de outra forma. Ao mesmo tempo eles ajudam a abrir um novo mercado para as roupas dele. A América Latina e o Oriente estão cheios de novos ricos. Os Emirados Árabes devem amar as coisas dele. Assim como em qualquer corporação de moda, boa parte da renda vem de perfumes e utensílios de casa. Versace precisava da publicidade para que as pessoas sentissem que podiam pagar pelos óculos de sol." Como não era do tipo que perdia oportunidades, Versace pintou "Miami" em camisas de linho e as vendeu por 1.200 dólares. Seu apetite para adquirir coisas, assim como seu apetite para publicidade, parecia insaciável. Ele gastava como um rei, e, de vez em quando, aparentemente se excedia. Na época de sua morte, o governo italiano estava investigando como Versace havia adquirido sua inestimável coleção de arte etrusca e estátuas antigas; se fossem parte do patrimônio cultural ou arqueológico da Itália, o Estado afirmava, o lugar das peças era em um museu.

Pouco antes de sua morte, Versace ficou ainda mais constrangido quando sua maior conquista entre as celebridades, a princesa Diana, se retirou abruptamente de um evento de caridade de Elton John que serviria de lançamento para o livro mais recente de Versace, *Rock and Royalty*. Sem qualquer ironia evidente, Versace havia posado ele mesmo e seus irmãos em frente a uma pintura da princesa Diana e seus dois filhos pintada por Snowdon, como se sugerisse que eram pares e iguais. "A impressão definitiva deixada pelo livro", escreveu Andrea Lee para a *New Yorker*, "é o oposto da brincadeira estilosa e irreverente almejada: ele transmite um encanto irredimível com hierarquia e poder, e um desejo tremendo por status, que era, pelo visto, um fator motivador para o sucesso de Versace".

Esse sucesso foi construído em roupas que buscavam virar de cabeça para baixo as noções de status e bom gosto. "Versace legitimou a vulgaridade", o crítico de moda Holly Brubach escreveu. "As cores vibrantes e as estampas barrocas, o caldeirão de temas apropriados da Antiguidade, tudo cheirava a 'novos ricos', e ele bebia disso, ostentava isso, atirava isso na cara daqueles que pregavam o eufemismo. Até o surgimento de Versace, novos ricos aspiravam pelas condições dos ricos de longa data; ele inverteu essa ordem."

Para alguém como Andrew Cunanan, tão consumido por um desejo ardente similar, uma vida como aquela seria enervante. O nível de vulgaridade seria uma afronta para sua própria grandiosidade narcisista; ele ficaria ressentido com a ostentação materialista de Versace.

Além disso, os dois eram do sul da Itália; Versace era da Calábria, Andrew era metade siciliano. Ambos vinham de cidades portuárias e ambientes profundamente católicos. Os dois começaram mais ou menos na mesma posição econômica, embora Versace não tivesse tido os privilégios de uma educação na Bishop. Ainda assim, aqui estava Versace com uma família da qual ele se orgulhava, de quem ele nunca escondeu sua homossexualidade; um parceiro que o amava havia anos; e as riquezas do mundo aos seus pés, incluindo *palazzos* com vistas, que podiam ser lotados de belos garotos. Com a exceção dos garotos, a vida de Versace se parecia muito com a vida que Andrew desejou aos 13 anos, quando escreveu sua definição de sucesso em sua carta de intenções para a Bishop. Era como se Versace tivesse descoberto o ouro enterrado que o pai de Andrew sonhava em escavar.

Escondido em seu decadente quarto de hotel, comendo *fast-food* e saindo apenas à noite, Andrew teve muito tempo para se encolerizar. Com base no que acompanhava sobre Versace e lendo sobre seu estilo de vida opulento em South Beach, Andrew sabia que, no momento certo, ele poderia se aproximar e tocá-lo. No artigo da *Vanity Fair* sobre a vida na Casa Casuarina, uma das manchetes dizia: "O estilo de vida Versace é quase incompreensível em sua apreensão da ética de consumo. A mensagem era: liberdade absoluta". Mas Andrew estava encurralado em todos os cantos para onde se virava.

28

VENTRE

"Andrew era um oportunista. Eu soube no momento em que o vi. Ele estava disponível, e eu arranjei um esquema pra ele. Ele era muito, muito generoso." Ronnie é um residente do Hotel Normandy de 43 anos, olhos azuis-celeste, com um longo cabelo loiro, geralmente descalço, gay, soropositivo positivo, e que vive de assistência social. Ele via Andrew quase que diariamente enquanto ele se escondia em Miami Beach. Ronnie é extrovertido e conhece muito bem a vida nas ruas ao redor do hotel. Em 1997 ele dividia um quarto com uma mulher lésbica e costumava ficar fora enquanto ela dormia. Ele não podia evitar ver a caminhonete vermelha com placa da Carolina do Sul estacionada na frente dia após dia; primeiro ele a via enquanto bebericava chá na varanda do hotel entre as 5 e 5h30 da manhã. Ele costumava ver Andrew também. "Esse cara aparece todo dia com um boné de beisebol e óculos escuros, o tempo todo. Eu sempre falava: 'Ei, como você está?'. Até que um dia ele se aproximou e falou: 'Onde eu arrumo pedra [crack]?'."

"Chega mais. Eu te mostro.'"

Quando Andrew chegou, ele deu a Miriam Hernandez, a gerente, um passaporte francês e uma carteira de motorista dizendo que seu nome era Kurt Matthew DeMars, 27 anos de idade. O verdadeiro Kurt DeMars era um amigo de Andrew que morava perto de São Francisco e trabalhava com publicidade para a revista *Out*. Andrew havia passado muito tempo com DeMars em abril, em São Francisco, pouco antes de começar sua onda de assassinatos.

Miriam Hernandez é uma cubana gentil em seus 60 anos, que passa longas horas atrás do balcão no Normandy Plaza. No dia 12 de maio, por volta das 8 horas da noite, Andrew entrou usando o mesmo vestuário que usaria nos dois meses seguintes: bermudas, camiseta, chinelos e mochila.

Ele disse a Miriam que era um turista e pagou pelo quarto 116 – 29,99 dólares. Miriam é gentil, mas rígida com relação ao pagamento. O hotel aceita apenas dinheiro. "Na manhã seguinte eu liguei às 10 da manhã. 'Bom dia, como você está?' Às 10h30 ele pagou outra diária. Às 8 da noite eu o vi sair para buscar comida. Na manhã seguinte a mesma coisa. Andrew falou: 'Eu vou te pagar um dia a mais'." Outra vez, Andrew saiu de noite, mas apenas por alguns minutos, e voltou carregando *fast-food*. Mas, na terceira noite, ele saiu e Miriam não o viu retornar. No quarto dia ele perguntou sobre custos semanais. "Eu vim aqui procurando um apartamento", ele disse a Miriam, "e não estou encontrando nada que me agrade".

Ela ofereceu um quarto melhor. Ele se mudou para um quarto no segundo andar perto de Ronnie que custava 32,50 por noite. Ele recusou o serviço de telefonia. Então começou a descer por volta das 8 horas ou 8h30 toda noite para comprar comida. Ele jantava e então saía às 10 ou 10h30. "Eu nunca o vi voltar. Abrimos o portão para a praia às 9 da noite", Miriam explica. "Você pode sair sem passar por aqui. Uma noite ele me perguntou sobre a lavanderia. 'Você tem sabão em pó?' Eu estremeci. Nunca vi um sorriso tão bonito. Dentes perfeitos." Durante todo o tempo que Andrew ficou ali, Miriam nunca o tinha visto sorrir. Ela o achava "muito solitário. Ele nunca trazia visitas ou conversava com outros hóspedes". Miriam, contudo, não fazia a menor ideia da vida secreta que Andrew levava com Ronnie.

Andrew comprava crack regularmente de Lyle, um traficante que lhe vendia pedras de 10, 40 ou 100 dólares (a última pesava menos de dois gramas). "Ele definitivamente curtia drogas", diz Lyle. "Algumas garotas que trabalhavam pra mim vendiam para ele. Eu o encontrei pessoalmente várias vezes. Ele vinha três ou quatro vezes por semana. Não chamava a atenção, sempre desconfiado." Andrew gastava centenas de dólares semanalmente com drogas, mas ninguém fazia nenhuma pergunta pessoal. "Eu lidava com trinta ou quarenta pessoas toda semana", diz Lyle. "Ele era apenas mais um. Não fazia a menor diferença para mim quem ele era. Tudo o que eu queria era o dinheiro dele." Para Lyle, "Andrew apenas se misturava com a paisagem. Ele era isolado". Ronnie acrescenta: "Para os héteros, o mundo gay é como qualquer outro. O mundo gay na verdade é assim, você cuida de mim e eu cuido de você. Nós somos unidos na comunidade gay. Não nos expomos".

Andrew caiu num mundo de prostitutas, cafetões e traficantes que frequentavam a vizinhança – o ventre do mundo brilhante de Versace que estava alguns quilômetros ao sul. Lyle passava pela caminhonete vermelha todos os dias até Andrew mudá-la de lugar no dia 12 de junho para o Estacionamento Municipal da Rua 13, que ficava a alguns quarteirões da *villa* de Versace. Enquanto isso, Andrew entrava em contato com Lyle através do beeper dele e frequentemente enviava Ronnie para pegar sua droga em um McDonald's que ficava a dois quarteirões de distância do hotel ou em um Denny's que ficava ali perto. Andrew fumava a droga em seu quarto ou no quarto de Ronnie. Ele também criou um hábito diário de atravessar a rua até a loja de bebidas e comprar uma dose de vodca barata, que ele às vezes bebia de uma vez na frente do irritado dono da loja. Quando estava chapado, ele desaparecia no banheiro. "Eu não fazia ideia do que ele estava fazendo", diz Ronnie, que afirma que eles nunca transaram. Ronnie era apenas o facilitador de Andrew; ele ficava ofendido quando as pessoas no hotel se referiam a ele como a "vadia" de Andrew. "Eu saía e pegava as coisas e ele me dava vinte pratas, o que é ótimo. Ele nunca falou o motivo de estar aqui. Eu pegava as coisas para ele. Outras pessoas também saíam e descolavam coisas para ele. Eu sabia o que ele estava fazendo. Estava se escondendo. Eu não sabia que era porque tinha matado pessoas.

"O que aconteceu foi que eu estava sentado lá fora um dia. Ele passa por mim e eu olho pra ele, analisando.

"'Tá gostando de alguma coisa que tá vendo?', Andrew pergunta.

"'É', eu respondi. 'Você tem uma bundinha gostosa. Eu poderia ganhar um dinheiro com você.'

"'Como você ganharia dinheiro?'

"'Você faz programa?'

"'Já fiz antes', Andrew respondeu.

"Eu perguntei qual o tamanho do pau dele, e ele me respondeu. Eu o trouxe aqui pra cima e ele me mostrou. Eu peguei o telefone. Foi assim que começou."

Ele disse a Ronnie que seu nome era Andy, e Ronnie o ajudou a se tornar um garoto de programa do hotel. "Ele nunca falou de onde veio. Eu o coloquei com alguns homens mais velhos, ricaços velhos daqui. Eles usavam o meu quarto. Eu ganhava dinheiro assim." Ronnie afirmava que conhecia um "*sir*", condecorado pela rainha, "mais velho que Deus e valendo 93 milhões", que havia conhecido numa igreja chique perto de Bal Harbour. "As pessoas mais ricas do mundo vivem ali... Têm lojas da Saks, Neiman e Gucci. Bob Dole e Sir são membros da mesma igreja." Sir foi o primeiro cliente que Ronnie arrumou pra Andrew. De acordo com Ronnie, Andrew também arrumava seus próprios clientes, na praia de veraneio gay que ficava a cinco quarteirões de distância ou no hotel vizinho, atendendo a turistas alemães. "Um dia ele trouxe um cara que tinha uma pulseira Cartier", diz Ronnie. "Quando ele chegou, ele estava com a Cartier. Quando saiu do prédio, não estava mais com ela."

Depois de um tempo, o dinheiro de Andrew começou a acabar, e Lyle sentiu que estava perdendo um bom cliente. Então, decidiu intervir. "Duas vezes eu o coloquei com alguns caras – garotos de programa." Logo, Andrew e os outros estavam roubando joias. De acordo com Lyle, "ele era um garoto de programa, mas também estava roubando, fazendo qualquer coisa pra arrumar dinheiro. Ele ficava no hotel o dia todo e saía de noite – se esgueirava para dentro e para fora pelos fundos. Ninguém sabia o que ele estava fazendo". Os roubos em sua maioria eram de joias – "bagulhos", diz Lyle, "ele enfiava na mochila". Lyle tem orgulho do anel sinete que Andrew deu a ele em troca de crack. "Ele tirou o anel do dedo e deu pra mim, e eu dei uma pedra de vinte dólares pra ele." Andrew também trocou um Walkman e uma lâmina de ouro por drogas.

Em 26 de junho, Robin Avery teve a carteira roubada de seu carrinho de compras em um supermercado a dois quarteirões do Normandy Plaza. Avery tinha notado alguém que se parecia com Andrew na loja pouco antes de o roubo acontecer. Mais tarde, uma pessoa que combina com a descrição de Andrew usou um dos cartões de crédito de Avery para comprar alguns itens na loja Radio Shop do bairro.

Roger Falin, o dono do Normandy Plaza, não circula nos níveis acima do lobby. "Eu decidi nunca ir lá em cima por causa dos problemas de responsabilidade. Não subo lá sem um policial." Ninguém além de Ronnie prestava qualquer tipo de atenção a Andrew, e o mundo que ele habitava era insignificante e sombrio. Depois de duas semanas alugando semanalmente, ele desceu até Miriam uma noite e falou: "Miriam, eu não acho o apartamento que estou procurando. Quero te pagar o mês". Ela deu a ele a chave do quarto 322, de frente para o mar, e fez um acordo com ele para o mês de aluguel – 650 dólares por mês. Andrew respondeu: "Amei".

O acesso ao quarto 322 é através de um corredor estreito com um armário do lado esquerdo. Um forro de cama de poliéster com estampa floral em verde com rosa, pêssego e azul cobre uma cama de casal. A mobília tem cores sortidas, e o tapete é verde. A vareta da cortina está entortada, a TV está enfiada em um canto, e um pequeno fogão enferrujado, pia e refrigerador estão do outro lado. A vista pode ser atraente, mas as janelas são nojentas. O pequeno banheiro com um chuveiro e uma banheira é azulejado. Os corredores do hotel são limpos e têm cheiro de amônia, mas os lustres de cristal estão quebrados, e a maior parte das lâmpadas está queimada.

Dentro de seu quartinho sujo, onde raramente deixava as faxineiras entrarem para fazer limpeza, Andrew se cercou de livros que detalhavam os mundos que ele preferia habitar e para onde ele podia escapar. Sob a luz pálida de seu esconderijo precário, ele lia principalmente sobre os ricos famosos – a biografia de William Paley, *In All His Glory* [Em toda a sua glória], escrita por Sally Bedell Smith; *The Man Who Was Vogue* [O homem que era Vogue], a biografia de Condé Nast, escrita por Caroline Seebohm; e a autobiografia de Slim Keith, chamada *Slim*, escrita com Annette Tapert. Havia um *best-seller*, *Como os irlandeses salvaram a civilização*, e dois livros de Robert Graves sobre o imperador Claudius – um dos temas favoritos de Andrew desde os seus dias na Bishop; além disso, ele estava lendo sobre o movimento Arts and Crafts nos ensaios de John Updike sobre arte, *Just Looking* [Só olhando], e o livro *The Romantic Rebellion* [A rebelião romântica], de Kenneth Clark, além de meia dúzia de outros livros sobre arte e arquitetura e um sobre o artista contemporâneo Francis Bacon, conhecido por seu masoquismo. Para o jantar, Andrew pegava uma fatia de pizza no Cozzoli's ali perto ou um sanduíche de atum na lanchonete, antes de desaparecer pelo portão dos fundos e sumir na noite úmida.

Aparentemente, Andrew também frequentou algumas das partes mais conhecidas de South Beach. Books & Books é uma livraria popular na Avenida Lincoln, a calçada luxuosa para pedestres povoada com restaurantes, boutiques e galerias. Em maio, Andrew deve ter comprado alguns livros ali, porque um panfleto da livraria foi enviado para ele sob o nome Andrew DeSilva, mas retornou para a loja por conter o endereço errado. Três funcionários da Pleasure Emporium, uma grande loja pornográfica montada como um supermercado na Avenida Alton, a cerca de três quilômetros da Books & Books, também se lembram de Andrew como um cliente regular que comprava revistas pornôs gay. "Ele comprava as revistas *Jock* e *Inches* e era muito educado e reservado", diz Marcia Suarez. "Ele era um dos nossos clientes fixos. Pagava em dinheiro. Dizia olá e sorria, mas se eu tentasse conversar, ele não dava papo. Ele ficava quieto." Ela acrescenta: "Ele se misturava com todo mundo na rua".

No dia 7 de julho, já fazia quase duas semanas desde que Andrew havia visitado Lyle pela última vez. Andrew estava começando a ficar desesperado. Ele andou pelo quarteirão perto do hotel até a loja de penhores Cash On The Beach, que pertencia a Vivian Olivia, e mostrou a ela a moeda de ouro que havia roubado de Lee Miglin. Olivia pesou o ouro e lhe disse que pagaria 190 dólares. Andrew ficou irritado. "Por que você está me pagando tão pouco se eu paguei tão caro nisso?", ele reclamou. "Eu expliquei pra ele como uma loja de penhores funcionava", relembra Olivia. "Então eu pedi a identidade dele, e ele me deu seu passaporte americano, que dizia Andrew P. Cunanan. Eu pedi o endereço dele. Ele respondeu: "Avenida Collins, 6979, quarto 205". Ao invés de seu quarto de verdade, 322, ele deu o de Ronnie. Olivia se lembra que ele tinha uma barba de dois dias. Sua pele estava pálida, e ele usava um boné e óculos redondos. Ele assinou "Andrew Cunanan" nos papéis. "São 19 dólares por mês", Olivia explicou. "Passou de três meses, você perde." Andrew assegurou: "Eu volto antes de três meses".

Como manda a lei, Olivia imediatamente enviou a papelada para o Departamento de Polícia de Miami Beach, incluindo uma cópia do registro assinado por Andrew, dizendo que estava morando no Normandy Plaza. E lá ficou.

Se Andrew procurou outras formas de ganhar dinheiro enquanto fugia, não se sabe ao certo. Jack Campbell, um homem gay politicamente proeminente, proprietário rico de uma sauna em Miami Beach que contrata modelos para vídeos e passa parte do ano em San Diego, afirma que Andrew manteve seu cartão de visitas e o procurou em sua casa em

Coconut Grove. Dois empregados venezuelanos, que não estão mais por perto para confirmarem a história, aparentemente deram instruções em espanhol para Andrew de como chegar à casa de Campbell pegando o metrô. Campbell tem a impressão de que a pessoa com quem lidou era bilíngue – Andrew não era. Quando ele apareceu, diz Campbell, ele não o reconheceu. "Eu devo ter dado meu cartão de visita a ele e dito: 'Se você estiver em South Beach...' Eu faço isso com muitos jovens." Campbell, que faz propagandas para várias revistas gays, diz: "Eu parti do pressuposto de que ele estava dando uma olhada, viu meu nome e reconheceu".

Campbell se lembra de que Andrew, que usava um boné de beisebol e carregava uma mochila preta, era pouco atraente para modelar. Ele hesitou em tirar a camisa para ser fotografado e tirou apenas a bermuda. Ele não deu um endereço, dizendo "Eu moro em South Beach. Estou me mudando, aí te aviso". Campbell disse a ele: "Para ser modelo você precisa de um bronzeado. Você tem um rosto tão pálido. Você é carnudo. Eu não sei que tipo de modelo você poderia ser".

No dia 21 de junho, na véspera de Campbell viajar para a Europa, ele afirma, Andrew apareceu outra vez procurando trabalho em seu spa, o Club Body Center. "Ele estava mais pálido e mais gordo que nunca. Eu falei: 'Não se dê ao trabalho. Eu não quero ninguém parecido com você trabalhando aqui'. Ele estava com a barba por fazer, o boné virado para trás, óculos e aquela mochila grande. Eu fui meio babaca com ele." Andrew foi babaca de volta: "Eu tô pouco me fodendo se você me contrata ou não!".

Levando em consideração o esforço que Andrew estava fazendo para se manter escondido no Normandy Plaza, a melhor explicação para seu interesse em trabalhar como modelo – se ele realmente tiver tentado isso – é que poderia ser uma forma mais elegante de conseguir clientes. O único bar em Miami que se sabe que Andrew frequentou – pelo menos alguns dias antes de atirar em Versace – era um bar de garotos de programa chamado Boardwalk, em North Beach. Um lugar onde homens mais velhos arrumavam acompanhantes, ele tinha go-go boys que se despiam no "bloco", uma plataforma de madeira na frente, e então andavam se esfregando nos clientes, que colocavam gorjetas em suas cuecas. Mickey, um dos atendentes de bar, diz que "víamos bastante [o rosto de Andrew]" em maio e no começo de junho. Com relação a South Beach, Bobby Guilmartin, vice-presidente da Florida Hotel Network, que conhece bem a cena, diz que não acredita que alguém como Andrew, caçando homens velhos, passaria muito tempo ali. "O negócio em South Beach são os garotos venezuelanos, de 21 anos e com virilhas com depilação estilizada."

Um lugar em que ele certamente passou foi o popular 11th Street Diner, entre a Rua Washington e a Rua 11. Definitivamente lembravam-se de Andrew ali, e o local carrega uma ironia especial. O Diner fica na frente do Departamento de Polícia de Miami Beach, e o chefe e seus subordinados almoçam ali regularmente.

29

O QUE SER GAY TEM A VER COM ISSO?

Em todas as jurisdições em que Andrew cometera assassinato anteriormente, a polícia estava convencida de que ele havia desaparecido e não seria encontrado. "Sabíamos que ele estava indo para o leste; pensávamos que estivesse indo para o sul", diz Kevin Rickett, o chefe da investigação sobre Cunanan sedeada em Minneapolis. "Não o vimos refazendo seus passos. Ele não estava parando para fazer amigos onde quer que estivesse." Mas para onde Andrew iria?

William Hagmaier, o chefe da unidade de criação de perfis do FBI, que havia pego as confissões finais do famoso assassino em série Ted Bundy, se lembra de que em uma reunião no fim de maio ele especulou: "Esse cara está dando uma de Bundy; ele vai para a Califórnia depois". Bundy, depois de cruzar o país vindo do Noroeste, matou em Milwaukee e em Chicago antes de passar por Nova Jersey, Washington, Atlanta e parar na Flórida. "Era um chute, porque àquela altura a gente não sabia dos contatos dele e onde estavam os furos. Mas ainda assim, Bundy não tinha nenhum contato na Flórida também. Ele decidiu ir para o sul porque estava frio." O chute de Hagmaier foi certeiro, mas ninguém o ouviu. A unidade de criação de perfis não havia sido convidada para se juntar ao caso até depois da morte de William Reese. Além disso, de acordo com registros do FBI do dia 20 de maio, a unidade não havia recebido cópias de entrevistas relevantes sobre Andrew nem registros investigativos ou cópias de fotos da cena do crime e da autópsia, que a Unidade de Rapto Infantil e Assassinos em Série (CASKU) considerava "importante para desenvolver completamente as estatísticas criminais". Em outro registro do CASKU, datado 16 de julho, um dia depois do assassinato de Versace, a unidade de perfis diria novamente que "não possui a informação necessária... para ajudar a criar uma avaliação de Cunanan".

O FBI estava seguindo sua política de não prestar muita atenção a traços de personalidade numa investigação de fugitivos, e Kevin Rickett,

31 anos, rosto jovem, o tipo analítico que parece mais um estudante de graduação do que um chefe do FBI, não pensou que precisava de ajuda em traçar perfis. "Já sabíamos quem era Cunanan", Rickett respondeu de forma desdenhosa. "Entrevistamos centenas e centenas de conhecidos dele. Não precisamos da unidade de perfis para nos dizer que ele vai andar em bares gays."

No dia 13 de maio, Philip Merrill ligou para o FBI em Chicago para oferecer a ajuda dele e de Liz Coté para encontrar Andrew, que ele caracterizou como "uma borboleta delicada que fantasiava constantemente sobre ser rico". Mais tarde ele falou com um agente do FBI no escritório de Los Angeles. Merrill diz: "Quando o FBI perguntou 'Para onde você acha que ele vai e quem você acha que ele vai tentar contatar?', eu respondi: 'Flórida' e 'Versace'. Não há dúvida de que eu falei isso para o cara, o agente local do FBI". Merrill se mantém firme. "Quando o FBI perguntou com quem ele andava, eu respondi 'Gianni Versace e Harry de Wildt deveriam ser identificados. E pense na Flórida e em lugares legais. Além disso, ele teria mais facilidade em se esconder lá'. Eu falei isso para o primeiro agente local." O agente do FBI em Los Angeles não arquivou um registro da conversa e se recusa a comentar.

Merrill diz que falou para o FBI: "Pense em lugares que você veria no programa do Robin Leach [apresentador do programa *A vida dos ricos e famosos*]. Ele não vai para Newark". No registro do FBI de Merrill, arquivado em Chicago e obtido com sua autorização sob o Ato da Liberdade de Informação, Flórida e Versace não são mencionados. Merrill é citado como tendo dito "ele vivia 'o estilo de vida dos ricos e famosos' ao andar com as pessoas e fingir" e "se e quando as autoridades encontrassem Cunanan, ele estaria provavelmente em algum restaurante caro ou *country club* exclusivo".

"Eu faço toda uma análise e falo sobre ele com o FBI, e eles dizem: 'O que realmente interessa para nós é com quem ele vai falar e para onde ele iria'. Eu falei: 'Só existem dois litorais onde não faz frio. E avise para os donos de lojas 7-Eleven ficarem atentos para alguém comprando Fritos [um salgadinho do tipo Elma Chips] e leite... Ele ficava mais de um dia e meio sem comer comida de verdade – apenas Fritos e leite, e então comia um sanduíche do Subway'."

No começo de junho, Norman Blachford também disse ao FBI que Andrew poderia estar em Miami, especialmente em South Beach. Blachford não tinha nenhuma informação específica – era apenas um pressentimento –, mas Andrew havia dito a ele que tinha visitado a área, e Blachford sentia que era um lugar lógico para Andrew se misturar. A sugestão de Blachford também não aparece nos arquivos do FBI.

Em retrospecto, a caçada por Andrew Cunanan parece ter sido repleta de oportunidades perdidas. Embora Merrill, Doug Stubblefield e Eli Gould afirmem terem mencionado para o FBI que Andrew conhecia Versace antes da morte do estilista, o nome de Versace não aparece em nenhum arquivo do FBI antes do assassinato. Mais peculiar ainda é a ideia de que, assim como o FBI não estava interessado em aprender sobre a personalidade de Andrew, alguns dos oficiais no topo da agência envolvidos na caçada por Cunanan afirmaram que a orientação sexual dele também não importava. "A mídia insiste em ligar as práticas sexuais dele com suas ações. Não ligamos pra isso", disse Paul Phillip, o homem negro alto e elegante que liderava o FBI de Miami durante a investigação sobre Cunanan. "Você não pode pegar sexo e dizer que é a base da investigação; ser gay não foi enfatizado. Não é claro que ser gay tinha alguma coisa a ver com isso."

Philip argumenta: "O interesse em Cunanan e no coveiro não tem nada a ver com sexo. Em Minnesota ele usou uma arma calibre .40 – essa é a arma. A arma não tem nada a ver com sexo. O carro não tem nada a ver com sexo. Você não pode basear um fugitivo em sexo. Você não pode basear uma investigação de foragidos em orientação sexual". Ao invés disso, ele diz: "se você focar no sexo ou no que ele fez no passado, é nisso que você fica focado. Ladrões de banco não roubam os bancos onde acabam se escondendo. Estou dizendo que não vimos evidências por aqui das mesmas ações que você veria em San Diego. Ele não estava fazendo aqui o que fazia em San Diego".

Um dos motivos de Philip acreditar que o comportamento de Andrew tinha mudado era que a polícia não fazia ideia da extensão do uso e do tráfico de drogas de Andrew em San Diego; nunca se prestou atenção a como o uso habitual de cristal de metanfetamina e cocaína, principalmente em conjunto, pode causar psicose. Ainda assim, Peter Ahearn, o número dois no FBI de San Diego, diz: "Temos o terceiro maior número de ladrões de banco no país, mais de trezentos só no ano passado, e metade dos criminosos são viciados. Usuários de cristal de metanfetamina, roubando para alimentar o vício". Greg Jones, o agente do FBI de Miami responsável pela investigação de Cunanan, diz: "Eu nunca ouvi dizer que ele era um traficantezinho de drogas". Kevin Rickett falou diretamente: "Isso não tem importância pra gente".

Talvez a relutância do FBI em admitir que a homossexualidade era uma parte central da matança de Andrew, sem mencionar quem ele mirava, tem a ver com a inquietação geral que está sendo discutida atualmente, mas que persiste sempre que a polícia precisa lidar com a população gay. "A gente costumava chamar isso de 'bichacídios'", um investigador da Flórida me falou. Sem surpresa nenhuma, há preconceito dos dois lados. Constance Potter, coordenadora do braço em Minneapolis do Projeto Antiviolência contra Gays e Lésbicas, diz: "75% das pessoas gays não ligaria para a polícia [para denunciar crimes]. Eles podem estar no armário ainda. Podem sentir vergonha ou culpa... Também existe muita desconfiança e um histórico de lentidão e falha em responder". Tradicionalmente, um padrão de "nós contra eles" existe entre a polícia e a população gay. "Conversamos com pessoas que nos falaram, mesmo depois de Cunanan ter matado quatro pessoas, 'Eu daria todo o abrigo necessário a ele'", diz Peter Ahearn, do FBI de San Diego.

"Essa é uma questão de estilo de vida dentro da comunidade gay", afirma Darryl Cooper, o antigo presidente da organização Homens Gays e Lésbicas Contra a Violência. "Muitos de nós são capazes de se locomover na sociedade padrão, mas alguns segmentos da comunidade não conseguem. Alguns deles tiveram experiências ruins com pessoas héteros e não querem se envolver com elas. Alguns cresceram em cidades pequenas onde ser gay é considerado um grande estigma, então a única maneira de ter contato com outras pessoas gays é através de sexo ilícito em bares, parques, no escuro, então aprendem que essa é a única forma de ser gay." Policiais que fazem batidas em lugares assim não são aliados naturais. Cooper diz: "É sempre um medo na comunidade gay de que quando pessoas gays são assassinadas a polícia não faça um bom trabalho. Muitas vezes eles ignoram o assassinato ou não vão atrás do assassino".

Para prevenir o preconceito e aumentar a consciência, uma coalizão de grupos de homens gays e mulheres lésbicas contra a violência começou a monitorar o caso de Andrew desde o início. "Quando Andrew apareceu, começamos a fazer teleconferências semanalmente entre quinze cidades", explica Cooper. "Cunanan não ganhou atenção nacional até Chicago acontecer, o que deu início a um alerta nacional." Embora todas as grandes cidades nas duas costas e em lugares como Detroit e El Paso estivessem envolvidas nas chamadas, Jacksonville foi a única cidade da Flórida a participar. Miami, por exemplo, não era suficientemente organizada. "Como podemos criar uma comunidade", questiona Eugene Patron, que foi colunista de assuntos gays no *Miami Herald*, "quando tudo que você vê é direcionado ao visitante que vem aqui para trepar?".

No dia 12 de junho, Andrew se tornou a 449ª pessoa a entrar na lista dos 10 Mais Procurados do FBI. Isso aconteceu em grande parte graças aos esforços do programa *America's Most Wanted*, que se tornou uma ferramenta altamente efetiva para a captura de fugitivos do FBI. O *AMW* continuou a fazer matérias sobre Andrew e a cutucar o FBI para que tomasse providências. "Nós realmente tivemos que empurrá-los. Ele se tornou um extra dos 10 Mais Procurados", diz Bob Long, o porta-voz do escritório do FBI em Chicago que geralmente trabalhava com o programa. "Acho que ele chegou a ser o número onze."

Para o FBI, se mover com tanta velocidade era algo fora do comum. "Fizemos tudo que podíamos para colocá-lo entre os dez, e isso aconteceu rapidamente", diz o diretor assistente adjunto Roger Wheeler, que acrescenta que demora em média mais seis semanas "para colocar na lista alguém que não seja um Tim McVeigh ou Terry Nichols ou coisa do tipo". O quartel-general do FBI em Washington sentiu que havia ganhado um golpe de publicidade. "Quando Cunanan entrou para o Top 10, foi um grande evento", diz o porta-voz da Unidade de Publicidade para Fugitivos do FBI, Ed Cogswell. O antigo número dois do FBI, William Esposito, fala: "Se você está no Top 10, significa que você é uma pessoa muito perigosa, e que você é conhecido não apenas pelo FBI, mas por toda a força policial. Sua foto está em todos os lugares". Ele acrescenta: "Qualquer pista no departamento que tenha a ver com pessoas da lista é examinada dentro de uma hora".

Contudo, nas ruas, o mesmo entusiasmo não é sentido. Além disso, o FBI marca seu território, geralmente desencorajando cooperação com as forças policiais locais. "Antes de Versace, tudo o que recebemos foram duas fotos em qualidade ruim via fax", diz Christine Quinn, que dirige o Projeto Antiviolência Contra Gays e Lésbicas de Nova York. "O FBI certamente não estava trabalhando com o Departamento de Polícia de Nova York. Eu precisei fazer o FBI dar fotos dos 10 Mais Procurados para a polícia de Nova York. Pedi fotos ao FBI porque havíamos colocado uma recompensa de 10 mil dólares pela captura de Cunanan. Primeiro a gente começou usando fotos dos jornais e da internet; então, finalmente conseguimos uma série de fotos melhores. Eles eram muito resistentes a liberarem as fotos para a polícia de Nova York."

Eu estava entrevistando Bob Tichich no departamento de homicídios de Minneapolis quando o recém-criado pôster foi colocado na mesa dele. "O que isso significa, exatamente?", perguntei. "Significa, de acordo com os caras na força-tarefa, mais papelada", respondeu Tichich. "Bem, quem está tomando conta da investigação?", eu quis saber. "Boa pergunta", Tichich respondeu.

Perto do quartel-general em Washington, contudo, o FBI era um modelo de cooperação com a comunidade gay. "Foi bem tranquilizador para a população gay aqui na capital. Nós tínhamos acesso ao FBI", diz Darryl Cooper. "O agente local Daniel Mingione era completamente acessível. Ele nos dá pôsteres de Cunanan antes de ele estar na lista dos mais procurados. Até nos ofereceu ajuda para espalhar."

Ainda assim, a história mal contada do que aconteceu com os pôsteres de Cunanan no escritório do FBI de Miami é um dos tópicos mais polêmicos da caçada inteira. O escritório do FBI de Miami é um dos mais movimentados do país, já que Miami está no centro da guerra às drogas. O dinheiro do tráfico é tão onipresente que a Arquidiocese Católica de Miami foi fundada para ser, sem ter consciência disso, a lavagem de dinheiro do cartel colombiano atrás de empréstimos imobiliários. Além disso, a corrupção é tão forte que, em 1997, o resultado da eleição foi anulado. Por isso, o anúncio de um "assassino em série gay" na lista dos mais procurados do FBI mal chegou até as primeiras páginas dos noticiários. "O *Miami Herald* fez uma matéria, e ninguém prestou atenção", diz Paul Philip de maneira defensiva.

"Pintar um retrato baseado apenas em Cunanan sem entender a enormidade do que fazemos é injusto", afirma o agente especial adjunto Paul Mallet, o número dois do FBI de Miami. "Nossa prioridade número um é crime organizado e drogas. Temos dez esquadrões com cem agentes, o que, sem dúvida, não é o suficiente. Em segundo lugar vem o crime do colarinho branco – planos de saúde, fraude telefônica, fraude pelos correios, propina e desvio de dinheiro. Em terceiro lugar vêm os crimes violentos, que é onde Cunanan se encaixa. Em quarto lugar, a segurança nacional – inteligência e terrorismo." A todo o tempo, o FBI está trabalhando com

2.500 casos, e Mallet diz que entre quatrocentas e quinhentas pistas surgem todos os meses. "Cunanan foi um desses. Tipicamente, o que acontece é que, por causa da notoriedade das ações do cara, as pistas vão para todos os escritórios – as pistas importantes. Existe uma chance mínima de que você encontre algo: 'Entre em contato com todas as fontes possíveis'.

"Ninguém sabe onde ele está, então [a pista] vai para todos os 56 escritórios. Ninguém sabia que ele estava vindo aqui", Mallet continua. "O que a gente fazia era entrar em contato com as pessoas para o caso de ele aparecer." As opiniões de Mallet divergem das de Paul Philip, que, em algumas entrevistas, incluindo comigo, afirmou que o FBI achava que Cunanan estava no sul da Flórida desde maio. De qualquer modo, a investigação sobre Cunanan em Miami não foi considerada uma prioridade alta. Dessa forma, foi entregue a Keith Evans, um novato de treze meses de experiência. "Eles dão casos do Top 10 para novatos", diz um procurador de Miami, "porque você nunca os encontra, ou eles acabam se entregando".

Evans tem 31 anos, rosto barbeado, e é um ex-policial local de Plantation, na Flórida. Durante a terceira semana de maio, diz Philip, o escritório de Miami recebeu uma dica de que Cunanan poderia estar em West Palm Beach, a 120 quilômetros de distância. Um canteiro de obras onde trabalhava alguém parecido com Andrew foi vigiado, e um suspeito foi levado para ser interrogado e liberado – "limado" da lista de suspeitos, no jargão do FBI. Evans, que trabalhava com uma parceira, Talarah Gruber, decidiu que Fort Lauderdale era o melhor local para se procurar por Andrew, porque o FBI havia recebido uma dica de que haveria um encontro Gamma Mu ali, e a agência sabia que Andrew tinha conexões com o grupo. Fort Lauderdale também tinha uma grande população gay, mas tendia a ser mais velha e mais conservadora do que aquela de South Beach. De acordo com o editor da publicação *Ocean Drive*, Glenn Albin, "Fort Lauderdale é baseada numa mentalidade branca, anglo, muito americana. Eles têm sadomasoquismo e couro. Qualquer comunidade [gay] mais velha estabelecida tem isso. A comunidade gay deles cresceu numa sociedade muito mais fechada".

Em maio, Keith Evans fez uma visita obrigatória à polícia de Miami Beach. Ele carregava um pôster com uma foto de Andrew e falou com a sargento Lori Wieder, uma oficial abertamente gay, uma das únicas duas pessoas gays na força policial de Miami Beach naquela época. Ele pediu a ajuda dela para entrar em contato com grupos gays locais para uma operação à paisana para se infiltrar em boates gays na região. "Ele não conhecia a comunidade gay em geral", diz Wieder. "Eu dei informações a ele – jornais gays e listas de clubes. Ele tinha um pôster. Eu fiz uma cópia." O instinto de Wieder era distribuir o panfleto na mídia gay e em boates para que conhecessem a aparência de Andrew. Mas Evans disse não. "Ele não queria que eu distribuísse os panfletos", diz Wieder.

Espalhar as informações imediatamente também foi a primeira ideia que ocorreu ao detetive de homicídios Paul Scrimshaw quando foi apresentado a Evans. Ironicamente, dois meses depois, Scrimshaw, um reflexivo ex-professor de escola infantil prestes a se aposentar, foi colocado como responsável pelo caso Versace. Mas Evans deixou claro para Scrimshaw que não queria publicidade em cima de Andrew, que preferia manter a investigação por baixo dos panos. Scrimshaw, que era irônico e lacônico ao mesmo tempo, costumava vestir coletes de couro e manter seu longo cabelo penteado para trás. Ele projeta a clássica atitude policial de quem já viu muita coisa e acha que a maior parte de tudo é idiotice. "O FBI veio até aqui e falou com a gente, e a gente falou com eles: 'Vamos colocar isso aqui na rua', e eles responderam: 'Não, não, não, temos pistas', eu presumo que ele está falando isso porque quer a glória – ele está pensando 'Eu quero fazer a apreensão'." Por volta de 16 de maio, relembra Scrimshaw, "o panfleto de Cunanan estava no quadro de avisos da divisão de homicídios. Era apenas mais um panfleto". Mais um panfleto que ninguém olhou por dois meses inteiros.

De acordo com o tenente Carlos Noriega, o supervisor da investigação de homicídio do caso Versace em Miami Beach, "Keith queria falar com a comunidade gay para seguir pistas e se infiltrar em uma 'sociedade secreta' e no submundo de serviços de acompanhante". Lori Wieder colocou Evans em contato com um funcionário público gay, Dennis Leyva, em South Beach, que poderia facilitar sua entrada nos clubes. Ele também foi indicado a procurar o escritório do xerife do Condado de Broward e conhecer a ativista gay Dilia Loe em Fort Lauderdale.

Leyva é um coordenador da cidade de Miami exuberante e bem conectado no mundo da música e do entretenimento. Ele tinha lido sobre Cunanan na mídia nacional. "Três agentes do FBI me levaram para uma sala e me explicaram a coisa toda dos assassinatos. Eles suspeitavam que Andrew estava aqui por causa do encontro da Gamma Mu." O FBI mostrou a Leyva uma carta da Gamma Mu. "Eles me perguntaram sobre as boates, o que estava acontecendo em South Beach. Eu respondi que não acreditava que qualquer um que quisesse atingir um homem mais velho estaria aqui – é uma cena gay relativamente nova. Fort Lauderdale é mais velha e menos assumida, com bares com piano. Eu falei sobre os bares daqui e falei: 'Ou é o Twist ou o Boardwalk, se for o lance dele – conhecer homens velhos'. As discotecas eram lugares difíceis de se manter uma conversa. Eles então perguntaram se eu poderia levá-los pela cidade como disfarce. Eu respondi que poderia facilitar uma reunião entre eles e todas as organizações gays e lésbicas na cidade. No fundo, porém, eu estava pensando que não queria iniciar uma onda de histeria. [Mas] Eles disseram que estavam aqui para observar o lugar, discretamente. Eles nunca mais entraram em contato comigo."

Em maio, Keith Evans também ligou para Dilia Loe, que comanda o Centro Comunitário Para Gays e Lésbicas em Fort Lauderdale. "Eles queriam agendar um encontro, e estavam tentando decidir como dialogar com a comunidade gay. Queriam saber os nomes dos líderes e como entrar em contato com certas pessoas", ela diz. A reunião finalmente aconteceu no meio de junho, com Evans e sua parceira, Talarah Gruber. Loe deu a eles uma lista de bares e revistas gays e pessoas que deveriam contatar. Evans disse que daria a Loe um panfleto para colocar em seu boletim de notícias.

"Ele foi muito específico sobre com quem eles queriam falar", diz Loe. "Perguntou sobre a Gamma Mu, e também sobre homens ricos e clubes de sadomasoquismo." O FBI disse a ela que havia encontrado um cabeçalho de carta da Gamma Mu com um endereço de Fort Lauderdale em um dos veículos de Cunanan. Loe diz: "Eles disseram que essa era a única pista que tinham com relação ao sul da Flórida". Naquela época Loe nunca tinha ouvido falar sobre Gamma Mu, mas ela descobriu sua existência mais tarde e deu o número de telefone do fundador, Cliff Pettit, que vive em Fort Lauderdale. Outra vez, Keith Evans prometeu dar panfletos a Loe. Uma semana depois Loe conversou com a delegada Barbara Stewart do Departamento do Xerife do Condado de Broward, que trabalhava com o FBI. Ela também falou que eles estavam distribuindo panfletos, mas Loe nunca recebeu nenhum. Em outra ocasião, Talarah Gruber prometeu a Loe que ela receberia os panfletos, mas isso não aconteceu até dois dias depois da morte de Versace. Finalmente, Loe criou seu próprio panfleto e começou a entrar em contato com publicações gays sobre a visita do FBI, para que pudessem alertar a comunidade.

Ainda assim, só houve uma menção a Cunanan em Miami, na imprensa gay local, e nenhum panfleto foi distribuído para estabelecimentos gays até depois do assassinato de Versace. "Não havia panfletos. Não estava na Avenida Lincoln, não estavam na Avenida Washington. Não estavam nos clubes", diz Dennis Leyva. "Eu não saio muito, e eu moro aqui. Isso aconteceu depois que Versace morreu. O FBI estava aqui à paisana e queria ver se conseguiam pegá-lo." Donna Cyrus, gerente da academia Club Body Tech, uma das mais populares de South Beach, diz: "Nunca fomos avisados pelo FBI ou pela polícia. Eu, pessoalmente, precisei ir até a delegacia e pegar o panfleto de 'Procurado' dois dias depois que [o assassinato de Versace] aconteceu. Aqui, de todos os lugares. Versace morava a um quarteirão de distância. Ainda assim não havia cartazes na frente das lojas".

Foi apenas no dia 2 de julho de 1997, quando a revista *Scoop*, um guia semanal de entretenimento gay do sul da Flórida, publicou uma história com o título "Procurado pelo FBI! O assassino acusado tem muitos rostos", que a mídia gay noticiou alguma coisa sobre Andrew. A edição da *Scoop* continha um aviso de página inteira por Dan Pryor, um repórter da rádio local, que recebeu informações da internet e decidiu escrever a matéria por causa da "alta concentração de homens gays ricos no sul da Flórida". Não houve outros avisos.

Se o FBI tivesse decidido trabalhar mais abertamente com a comunidade gay de South Beach, em vez de se basear na opinião de Paul Philip de que a sexualidade de Andrew não era relevante para a investigação, eles poderiam ter se beneficiado da visão diferenciada do Departamento de Polícia de Miami Beach, que tinha um programa de aproximação com a comunidade gay em andamento. Gary Knight, um executivo do ramo da arte e pai de dois filhos, que se mudou para South Beach vindo de Miami em 1989 quando saiu do armário, ajudou a moldar um programa iniciado pelo chefe de polícia Richard Barreto e liderado por dois psicólogos gays para lecionarem a cada policial de Miami Beach quatro horas de treinamento em sensibilidade e diversidade. Knight trabalhou para conseguir mais policiais nas ruas, especialmente nas noites de fim de semana, e para financiar participações em rondas para qualquer cidadão gay que desejasse acompanhar a polícia nas patrulhas da madrugada. Mais de cem pessoas aceitaram a oferta. "Todo mundo volta com um respeito enorme pelo que a polícia faz", diz Knight. "South Beach é tipo uma cidade de Iowa com a vida noturna de Nova York – uma vila que se transforma em Manhattan à noite. É uma cena de rua muito forte."

Embora isso torne South Beach um lugar mais duro, sua vida noturna poderia ter providenciado o veículo perfeito para divulgar informações sobre Cunanan. Mas, até hoje, South Beach não conta com uma força política gay estruturada para fazer isso acontecer. "É fácil levá-los pra cama, mas agora tente fazê-los se levantar no dia de uma eleição", diz Andrew Delaplane, editor do jornal de Miami Beach *Wire*. "O que me mata é que se tivéssemos colocado um pôster... É uma cidade pequena, as coisas se espalham", diz Glenn Albin, editor da *Ocean Drive*, que viu muitos pôsteres durante uma viagem para Nova York em maio. "Esse cara teria sido encontrado num segundo."

Ao falar com dezenas de agitadores e líderes de South Beach – prefeito, chefe de polícia, políticos, jornalistas, e donos de boates, bares e clubes – eu não encontrei ninguém que tivesse recebido um panfleto de Andrew através do FBI. Ainda assim, South Beach tem uma das maiores concentrações de pessoas gays no país. O prefeito de Miami Beach na época, Seymour Gelber, me disse: "Antes de Versace, eu não acredito que o FBI tenha feito nada. Acho que o FBI fez o que fazia em cidades grandes onde crimes tinham sido cometidos, ao invés de se antecipar a eles. Nossa polícia certamente não estava alerta com relação a Cunanan. O fato de ele estar na lista dos 10 Mais Procurados nunca chegou ao conhecimento da polícia. A polícia tem a sua própria lista de mais procurados na cidade". O chefe de polícia de Miami Beach, Richard Barreto, concorda. "Eu recebo umas cem listas de Top 10 na minha mesa. Eu não sabia que ele estava na do FBI."

A única exceção que encontrei foi em Fort Lauderdale, onde Wade Gibson, dono do Moby Dick, um bar gay com go-go boys e público mais velho, realmente recebeu um panfleto de Keith Evans. Gibson diz que o FBI visitou o bar cinco vezes, especialmente depois que Gibson pensou ter visto Andrew por lá certa noite, bem vestido e jogando sinuca com um homem mais velho. O FBI respondeu imediatamente e vigiou o estacionamento, sem querer, diz Gibson, "incomodar o negócio". Mas os dois já tinham saído. "O FBI disse que o método dele era ir a boates, tentar localizar os carros exóticos no estacionamento, entrar no local e tentar descobrir os donos dos carros, e se aproximar deles", relata Gibson, que elogia a resposta rápida do FBI. Ainda assim, quando o FBI conversou com Gibson depois de Andrew ter cometido quatro assassinatos e ganhado grande atenção nacional, eles continuavam a guardar segredos. "O FBI veio aqui e disse que Cunanan era procurado por coisas sérias – eles não disseram que era assassinato."

Apesar das amplas evidências contrárias a isso, o FBI insiste, muito depois da morte de Versace, que milhares de panfletos foram distribuídos na área de Miami Beach. "A insinuação de que o FBI não fez sua parte em Miami é infundada", diz Kevin Rickett. "Independentemente de você ter visto os pôsteres ou não, eu posso afirmar que eles foram enviados. Eu posso te dizer que agentes saíram e fizeram as entregas, porque eu pessoalmente conversei com os agentes que fizeram isso." Anne Figueiras, a porta-voz do FBI, repetindo o que havia dito para a mídia muitas vezes antes, falou novamente: "Distribuímos mais de dois mil panfletos entre os dias 15 e 20 de maio". O chefe dela, Paul Mallett, que foi colocado como chefe interino do departamento de Miami depois da saída de Paul Philip em dezembro de 1997, falou: "Se alguém nesse escritório estava responsável por enviar três mil panfletos e não fez isso, eu vou acabar com essa pessoa".

Para provar suas intenções, Mallett, no escritório de Miami, chamou Keith Evans – que eu não fui autorizada a entrevistar diretamente – no telefone de sua estação de trabalho no porão. Ele perguntou a Evans, especificamente para me ajudar, sobre os panfletos. Mallett então me contou: "Keith disse que recebemos originalmente uns dez panfletos".

"Quando?", eu perguntei.

"O tempo é crucial aqui", Mallett repassou a Evans pelo telefone. Evans então admitiu para Mallett que os dez panfletos não chegaram até "o fim de junho", e então Evans pediu mais.

"Três mil aproximadamente é um número provável", Mallett me falou. "Em algum momento uma semana ou mais depois, perto de 1º de julho, chegaram três mil. Foram distribuídos pela comunidade. O foco era em organizações gays. Eles foram entregues a várias autoridades estaduais e locais."

"Isso foi feito depois que Versace morreu", eu respondi, sem mencionar que não existe nenhuma organização gay estabelecida em Miami Beach. Certamente os membros da Câmara de Comércio de Miami Beach nunca receberam os panfletos.

Então, Mallett perdeu a paciência. "Eu posso afirmar que Keith Evans não estava distribuindo isso depois da morte de Versace! A gente não ignorou que Cunanan poderia estar aqui. E a distribuição de panfletos aqui – ela foi feita." Mallett se levantou da cadeira e apontou o dedo para mim. "Estou te dizendo categórica e positivamente que não havia pistas que nos levassem a suspeitar que Cunanan estava indo para o sul da Flórida partindo de San Diego. Nunca houve suspeita, sólida ou não, de que ele estava vindo pra cá. Não havia como prever que ele estava rumando para o sudeste."

"A realidade", diz Dilia Loe, "é que se o FBI tivesse se aprofundado, Cunanan teria sido pego mais cedo. Eles deveriam ter sido mais responsáveis na distribuição dos panfletos". Ela cita o exemplo de um assassino condenado que matou um homem gay e escapou do Condado de Dade três meses antes do assassinato de Versace. Dessa vez a polícia de Miami Beach não precisou se curvar ao FBI. Eles imediatamente distribuíram panfletos em bares gays na região e pelo país. O homem foi capturado três semanas depois em Nova Orleans, onde o atendente em um bar gay o reconheceu e chamou a polícia. No caso de Cunanan, Loe não vê o comportamento do FBI como preconceituoso contra gays. "É mais negligência do que homofobia. Eles eram muito casuais. O FBI não levava as pistas que tinha com seriedade."

30

O SEGREDO

Em julho de 1997, aos 50 anos de idade, Gianni Versace estava prestes a dar um grande salto nos negócios. Depois de anos de preparação cuidadosa, ele queria nada menos que ser o primeiro designer italiano a ter o nome listado na Bolsa de Milão e na Bolsa de Nova York: Gianni Versace SpA. Essa viagem para os Estados Unidos – primeiro para Nova York e depois para South Beach – era extremamente importante. Versace viera assinar os papéis preliminares para ter a Morgan Stanley, uma das firmas de investimentos mais importantes de Wall Street, cuidando da porção americana da oferta pública inicial.

Em 1996, o Grupo Versace, como era conhecido em inglês, havia tido uma renda total de 500 milhões de dólares (853 bilhões de liras) e um lucro líquido de 42,8 milhões de dólares. Embora algumas notícias dessem a impressão de que o negócio era uma empresa de 900 milhões de dólares ou até mesmo 1 bilhão de dólares, as somas eram baseadas em estimativas das vendas ao varejo de produtos da marca Versace, o que não é equivalente aos lucros recebidos pelo próprio Grupo Versace. Uma estimativa ainda mais alta do valor da empresa vem do *Financial Times* de Londres, que publicou em outubro de 1997 que o valor da rede Versace seria "estimado em gigantescos 1,4 bilhões de dólares" – mais de trinta vezes o lucro anual. Mas essas estimativas otimistas precedem uma queda brusca de faturamento registrada no fim do ano – caindo para um lucro líquido de 33 milhões em renda de cerca de 560 milhões de dólares que o Grupo Versace havia arrecadado em 1997. E até mesmo os 33 milhões eram números inflados, já que incluíam um pagamento único de 20 milhões de dólares de um seguro de vida para "pessoa-chave" que o Grupo Versace tinha com os Lloyd de Londres, que seria pago no caso da morte de Gianni Versace.

Versace assinou com a Morgan Stanley na quinta-feira, 10 de julho. Nos meses anteriores, o irmão de Gianni, Santo, o CEO intelectual da empresa, tentou frear os gastos selvagens do irmão e tirou os cartões de crédito dele. Em preparação para a oferta de ações, a família também colocou suas posses pessoais em uma empresa limitada chamada Ordersystem, consistindo de casas, obras de arte e aquisições, cujo valor estava avaliado entre 80 e 100 milhões de dólares. Já que a maior parte da promoção da empresa era pessoal e alimentada por um pequeno exército de publicitários e fotógrafos, o orçamento anual de 700 milhões de dólares, que incluía presentes para as estrelas e festas financiadas com o fundo corporativo, deu uma ideia do nível de extravagância com o qual Gianni havia se acostumado. Mais tarde, a família tentaria justificar o excesso para os obcecados por números dizendo: "É o que precisamos para fazer as pessoas assistirem aos nossos shows".

Daí em diante Gianni precisaria conter seus impulsos. Ainda assim, a oferta pública de ações representava o ápice de tudo que Gianni, Santo e Donatella haviam trabalhado incansavelmente para alcançar. Para chegar a esse ponto, tanto Gianni quanto seu negócio precisaram vencer grandes obstáculos. Sempre houve boatos de que os Versace, que vieram de Reggio, no sul da Itália, uma cidade "nas mãos do crime organizado", estavam de alguma forma ligados à máfia. De que outra forma, a comunidade da moda internacional queria saber, poderiam eles ter vindo do nada, gastar tanto e manter tantas boutiques "vazias" abertas?

A empresa privada deles era cheia de segredos, e era coordenada com pulso firme. Apesar de a lei italiana exigir que os registros financeiros de Versace fossem arquivados publicamente e verificados pela unidade italiana da KPMG, umas das maiores empresas de contabilidade do mundo, os rumores persistiam. Mas, sempre que esses rumores eram impressos, os Versace rapidamente se movimentavam contra o jornal que havia feito a publicação, especialmente na Inglaterra, onde o ônus da causa em uma ação de calúnia fica com a publicação – o exato oposto da lei americana. Em 1994, por exemplo, o jornal *Independent on Sunday* de Londres questionou as finanças de Versace – "Quanto ele realmente vende? [...] Existe confusão sobre como é feita a soma" – e foi forçado a se desculpar e pagar pelos danos.

Com a aproximação da oferta de ações, essas perguntas exaustivas estavam se tornando irrelevantes. Até mesmo velhas firmas como a Morgan Stanley afrouxaram suas exigências consideravelmente nos loucos anos 1980 quando a competição se acirrou. Ainda assim, para fazer negócios com uma grande firma de investimentos, os Versace seriam sujeitos a investigações de diligência prévia para ver se alguém estava mexendo nos números ou se havia alguma evidência de irregularidade. Apenas dois meses antes, em maio de 1997, por exemplo, Santo Versace havia sido condenado por subornar um oficial de impostos italiano em 1990 e 1991, e recebeu uma sentença, que foi suspensa, de um ano e dois meses. Em 1998 a condenação foi anulada em uma apelação quando o juiz aceitou a afirmação de Santo de que havia sido vítima de extorsão, sendo forçado a dar o dinheiro ou enfrentar inspeções fiscais prolongadas que impediriam a empresa de alcançar suas metas.

Apesar do pequeno percalço, os planos andaram. A Banca Comerciale Italiana, no lado de Milão, faria a inspeção. Sid Rutberg, que cobria o mercado financeiro da indústria da moda para a *Woman's Wear Daily* havia anos, diz que as investigações de diligência prévia não são muito rigorosas atualmente. "Se qualquer oficial fosse preso ou acusado, isso seria exposto, assim como aconteceria com uma admissão de culpa ou acordo." Além disso, ele diz, "o modo como eles conseguiram dinheiro no passado não é pertinente no momento. É pertinente como o negócio deles tem sido feito – o resto, a menos que seja algo realmente grande, não é um problema se eles puderem mostrar de onde estão saindo as vendas e onde eles manufaturam. Vamos dizer que eles recebiam dinheiro de uma fonte escusa quando começaram. Quem liga? Então deixa pra lá".

Ainda assim, dúvidas persistiam sobre as finanças do Grupo Versace. Os números realmente faziam sentido? A empresa afirmava que apenas 15% de seu faturamento era gerado nos Estados Unidos, o país com a maior economia do mundo. "Se você não vende aqui, você não vende em lugar nenhum!", um jornalista importante da moda me disse. "Todo mundo que tem uma empresa grande, você vê evidências de que estão fazendo negócios." Em vários relatórios o Grupo Versace também afirmou que o mercado asiático também constituía entre 13 e 25% do seu número total de vendas. Havia vendas suficientes de Versace na Europa, Oriente Médio, África, América Latina e Canadá para representar a maior parte das vendas da marca? A responsabilidade de conduzir a investigação de diligência prévia antes de a empresa se tornar pública cairia sobre os responsáveis da oferta pública proposta, a Morgan Stanley, em Nova York, e a Banca Comerciale Italiana, em Milão.

Como parte do processo, os investidores bancários avaliariam os demonstrativos financeiros auditados do Grupo Versace preparados pela unidade italiana da KPMG. De acordo com uma fonte familiar com a investigação de diligência prévia, "eles passaram um pente fino no inventário e nas vendas". No entanto, os investidores bancários pensaram, de acordo com a fonte, que "a capacidade de lucro da empresa deveria ser bem maior – uma das coisas que eles descobriram era que se tratava de um negócio imprevisível... O que não vende muito é a *haute couture*. O que vende são jeans, perfumes, bolsas. O motivo de *haute couture* não vender é que o mercado é muito pequeno, e os preços são muito altos. Eles enxergam a *haute couture* como uma ferramenta de marketing para colocar o nome Versace nas capitais mundiais da moda".

A Banca Comerciale Italiana tinha a responsabilidade primária de conduzir a investigação, e a Morgan Stanley, de acordo com a fonte, dependia da cossignatária italiana para rever as alegações de envolvimento com a máfia e de lavagem de dinheiro. A Morgan Stanley não contratou seus próprios investigadores particulares, mas recebeu "inúmeras garantias. Eles foram informados de que Gianni Versace poderia ter conhecido pessoas sujas, mas que a empresa em si não estava envolvida com a máfia". Os dependentes dos bancos americanos ouviram: "Não havia nenhuma evidência de que esses amigos tivessem tido qualquer envolvimento com a empresa".

Depois de assinar os documentos com a Morgan Stanley, Gianni Versace voou diretamente para South Beach. Ele sempre afirmou que ia para South Beach para relaxar, mas se realmente conseguia ficar parado era um grande mistério. Ele carregava os dois fardos de ter de ser constantemente criativo e sempre responsável por tantas pessoas e coisas. Afinal de contas, ele era Versace; seu exército de jovens designers, seus funcionários de vendas no mundo todo, sua família – todos dependiam dele, e no fim das contas todos obedeciam a suas ideias e fantasias. "Nenhum outro estúdio de moda no mundo", aponta a revista *Business Week*, "é tão associado ao estilo de vida do criador cujo nome está na marquise". Agora, Gianni Versace estava prestes a ir a público, conseguir mais riqueza e entrar em muitos outros mercados mundiais. Ele queria mostrar para todos os designers italianos de uma vez por todas o que significava ser uma marca registrada instantaneamente reconhecida no mundo todo, como a Coca-Cola, e estava determinado a alcançar esse objetivo. Surpreendentemente, ele perseverou, apesar de guardar o maior segredo de sua vida: o que ninguém no mundo da moda ou dos negócios jamais deveria saber era que Gianni Versace havia contraído HIV.

A notícia seria chocante se vazasse naquele momento, e as consequências para seus negócios seriam incalculáveis. Certamente a oferta pública estaria em perigo. Seria garra, ganância ou estupidez que haviam feito com que Versace colocasse tanto esforço para se tornar global com a ajuda de acionistas de fora, quando ele sabia que sua saúde estava em risco? Quando eu perguntei a um analista financeiro se o fato de Versace ser soropositivo teria algum impacto na oferta pública, sua resposta foi um enfático "sim". "Dá pra imaginar dizer: 'Por favor, compre ações da Disney, mas, ó, a propósito, Walt tem uma doença fatal que mais cedo ou mais tarde vai matá-lo?'." Uma oferta pública dessas seria enganar os investidores? "É uma questão interessante que nunca foi testada em tribunal."

Talvez em nenhum outro negócio a imagem de uma pessoa seja tão crucial como é no mundo da moda e do design. "Quando um negócio multimilionário inteiro depende das habilidades criativas de uma única pessoa, saúde constante – e bom humor – é uma exigência imperativa", escreveu o *Irish Times* após a morte de Versace, especulando de forma presciente sobre a saúde de Versace na época do assassinato e citando o exemplo do designer italiano Franco Moschino, que morreu de doenças relacionadas à Aids em 1994, mas que não teve sua condição revelada até depois da sua morte. O designer americano Perry Ellis também morreu em decorrência de Aids em 1986, mas já estava doente muito tempo antes de o público ficar sabendo, e quando o designer Willi Smith morreu, em 1987, seu advogado afirmou que ele havia feito o teste de HIV pouco antes de morrer. "Há muito em jogo para arriscar oferecer ao consumidor outra coisa além de uma dieta regrada de informações selecionadas", disse o *Irish Times*. "Gianni Versace sabia que esse era o caso, e durante toda a sua carreira ele foi cuidadoso ao oferecer aos observadores de fora apenas uma imagem cuidadosamente manipulada."

Se o negócio de Versace dependia de sua criatividade e do mito em torno dele, e se sua saúde era indissociável de seu negócio, era uma ironia que sua saúde financeira e física estivesse ligada com sua vida sexual: o homem que vestia mulheres como prostitutas e exortava o mundo a "se mostrar" e que criou um império vendendo sexo tinha que comprar sexo para si mesmo de modo furtivo e manter esse comportamento em segredo. Para o mundo, Gianni e Antonio eram um casal devoto e monogâmico – uma imagem que seria usada para repudiar a ideia de que Versace teria encontrado ou se envolvido com alguém como Andrew Cunanan. Ainda assim, no início da década de 1990, Jaime Cardona, o belo colombiano que trabalhou certa vez na portaria do Warsaw, era frequentemente solicitado a arrumar pessoas para Versace e Antonio D'Amico. De vez em quando candidatos nos clubes próximos eram colocados em fila para que Versace escolhesse um; de vez em quando Jaime escolhia o garoto e o mandava, mas sempre em segredo e sempre pela porta dos fundos da mansão.

Um garoto de programa chamado Alex diz que foi selecionado por Jaime na primeira vez em uma multidão no Palace Bar and Grill, um ponto de encontro popular a alguns quarteirões da Casa Casuarina. Jaime o levou para a porta dos fundos da mansão Versace "com instruções para ir diretamente para a escada dos fundos em direção ao quarto de Gianni e Antonio". Eles "conversaram brevemente e fizeram sexo". Alex diz que sentiu "que a coisa toda era mais para o Sr. D'Amico do que para as necessidades do Sr. Versace". Ele voltou mais uma meia dúzia de vezes para vender favores sexuais.

Por mais de um ano entre março de 1994 e julho de 1995, Versace não viajou muito, e raramente visitou South Beach. Quando ele finalmente aparecia na Europa para fazer mesuras na passarela depois dos seus shows, as pessoas notavam que ele havia emagrecido e parecia fraco e macilento. Finalmente apareceram notícias de que ele estava sofrendo de um tipo raro de câncer no ouvido e havia passado por quimioterapia. Ainda assim, o monstro da publicidade continuava forte. Versace continuou a publicar livros e a fazer shows. Quando ele retornou a South Beach no fim de 1995, pessoas que não o tinham visto nesse meio tempo ficaram chocadas. Uma delas diz: "Ele mal conseguia andar meio quarteirão, e precisava ser amparado por Antonio durante o tempo todo". Outro visitante frequente da Casa Casuarina diz que via Versace tomando café da manhã com uma miríade de remédios na frente do prato. "Era como se alguém tivesse tirado Gianni da tomada, e toda a energia dele tivesse se esvaído."

O maestro vivaz de antes se tornou deprimido, recluso e cansado do mundo. "Nos últimos quatro anos de vida, Gianni estava absurdamente cansado de todo mundo em sua vida", a fonte continua. "Ele estava amargo; só tinha coisas ruins a falar sobre todo mundo. Ele só tinha energia para reclamar e lamentar." Gianni, como um dos antigos imperadores romanos, havia alcançado o ponto de saturação material que só trazia mal-estar. "Gianni Versace, nos últimos dois anos, estava pouco se lixando se transaria uma vez mais ou não", o observador confidencia. "Ele estava tão entediado, estafado e cansado. Foi empolgante nos primeiros anos. Então ele ficou entediado pelo vazio daquilo tudo. Gianni não precisava fazer o menor esforço para ter garotos em sua cama. Tudo de que precisava era uma gota de esforço." Ele conclui: "Ser uma diva, isso te muda – você perde a perspectiva".

Em 1996, Gianni foi abatido novamente – dessa vez por um tumor ósseo em sua bochecha – e Donatella, que vinha supostamente sendo treinada por Gianni desde 1993 para tomar seu lugar, emergiu com muito mais força como uma entidade do design por si só, responsável pela linha Versus de roupas mais acessíveis. Ambos admitiram atritos durante o inverno e a primavera de 1996, quando Gianni não concordou com a escolha dela para uma campanha de publicidade e ela pareceu ter passado dos limites. Contudo, à medida que a saúde de Gianni melhorava nos últimos seis meses antes da sua morte – numa época em que muitas pessoas soropositivas experimentavam resultados similares com medicamentos novos e salvadores –, a família mais uma vez voltou a perseguir vigorosamente o antigo sonho de tornar a empresa pública.

Se Andrew Cunanan não tivesse cruzado seu caminho, Gianni Versace poderia ter vivido por muitos anos, com seu segredo intacto.

31

O MAIS PROCURADO

Quando o mês de Andrew no Normandy Plaza estava acabando, na segunda semana de julho, ele disse a Miriam Hernandez que ficaria apenas mais três dias.

"Encontrei um apartamento. Até o fim da semana eu saio."

"Eu gostei da sua estadia", Miriam respondeu com gentileza. "Você é um rapaz muito bom. Fico triste de te ver indo embora."

"Obrigado", Andrew respondeu, obviamente lisonjeado. "Você é uma ótima senhora. Uma querida."

Andrew pagou a diária a Miriam na terça, na quarta e na quinta. Na sexta de manhã ela ligou. "Kurt, você vai nos deixar hoje?"

"Não, amanhã", Andrew respondeu.

"Seu aluguel vence hoje."

"Posso te pagar pela manhã quando eu sair? Estou muito, muito cansado, não queria descer."

Miriam disse a ele que tudo bem. Afinal de contas, ela diz, "o cara ficou aqui quase dois meses". Ela não viu Andrew na sexta, e quando foi embora, ela avisou o irmão, Alberto, que ficava no turno da noite: "322 está saindo". Roberto deveria pegar o aluguel da última noite pela manhã.

Na sexta-feira, às 9 da noite, Andrew saiu para comprar seu *fast-food* de sempre, atravessando a Avenida Collins até o restaurante Miami Subs, onde pediu "Combo Seis de Atum" por 2,99 dólares. Kenny Benjamin, que o atendeu, pensou tê-lo reconhecido do programa *America's Most Wanted* e ligou para a polícia imediatamente. Ele falou que tinha um cara na loja que parecia alguém do *AMW,* mas não lembrava qual programa ou o nome da pessoa. Ele acrescentou: "Cara, eu não tô brincando".

"Ok, onde ele está agora?"

"Descendo a rua, e ele estava bem aqui comprando um sanduíche, mas acho que ele desceu a rua agora."

"Ele é branco ou negro?"

"Você conhece o cara – o cara, eles o mostraram no *America's Most Wanted*." Kenny falou para a telefonista da emergência. "Era o cara que matou o amante homossexual dele e outras pessoas, tipo, quatro pessoas." Mas não havia nenhuma indicação de que a polícia soubesse de quem ele estava falando.

Infelizmente, o próprio Kenny estava na frente da câmera de vigilância, então tudo que ela filmou foi ele falando ao telefone. Roberto Fabrizzi, o gerente diurno, mas tarde disse que Andrew costumava ir ali, mas ele nunca conversava e não demorava muito. Kenny fez a ligação em uma hora de muito movimento no quartel-general. Vinte e quatro ligações foram atendidas. Ainda assim, a polícia chegou no Miami Subs em apenas alguns minutos, mas Andrew já havia desaparecido àquela altura.

Na sexta-feira à noite, Versace, Antonio e um amigo comeram pizza no Bang, um restaurante na Avenida Washington que era propriedade de um italiano de quem Versace gostava. Eles estavam relaxados e saíram cedo. Versace ainda estava se desopilando dos desfiles de outono que havia feito em Paris e que receberam muitos elogios pouco antes de chegar em Nova York. Alguns quarteirões descendo a rua, Andrew foi avistado na Twist, a boate onde Dennis Levya disse que o FBI devia procurar por ele. Andrew dançou uma música com um cabeleireiro chamado Brad, que vinha de West Palm Beach, e se identificou como Andy, da Califórnia. Na pista de dança, conta Brad, Andrew passou as mãos nele inteiro, apertando e se esfregando. Quando Brad perguntou o que ele fazia para viver, Andrew respondeu alegremente: "Eu sou um assassino em série". Ele riu e disse a Brad que mexia com investimentos financeiros. E então desapareceu na multidão.

Naquela noite Andrew estava vestido de forma elegante, calças longas e camisas longas. O gerente da Twist, Frank Scottolini, três atendentes e um dos clientes frequentes estavam convencidos de terem visto Andrew várias vezes durante o fim de semana. Andrew disse a um dos atendentes, Gary Mantos, que ele vivia em São Paulo, no Brasil, mas que era originalmente de San Diego, Califórnia, e que Miami o lembrava de "Los Angeles nos anos 1980". Ele se sentou no bar e conversou com um homem mais velho. "Ele não conhecia ninguém", diz Mantos. "Estava tentando se mostrar fabuloso."

Jimmy Nickerson, outro atendente do bar, trabalhando em seu posto no segundo andar perto da pista de dança, também viu Andrew na sexta-feira e adivinhou, pela forma como ele se vestia, que Andrew pediria um Chivas Regal. Em vez disso, Andrew pediu um copo d'água e pegou um cigarro de Carlos Vidal, um cliente fiel. Para Nickerson, foram sinais claros: "Ele estava agindo como traficante".

Vidal é um viciado em noticiários. Ele não só havia seguido o caso Cunanan pela imprensa, mas também tinha visto o pôster de Andrew na *Scoop*. Sentado ao lado dele, contudo, não conseguiu reconhecê-lo. Ele apenas se lembra: "O cara parecia familiar". Eles trocaram algumas palavras. Andrew falou: "Estou aqui de férias". Vidal também sentiu uma aura de que ele estava atrás de alguma coisa. Ele brincou com Michael Lewis, um amigo: "Eu tenho dó de quem ele pegar essa noite".

"Ele me deixou desconfortável", diz Vidal, "porque eu estava [com o assassino em série] no fundo da mente". Vidal se levantou e desceu para o banheiro, onde há cartazes colados, para ver se havia um cartaz de Andrew. Não havia. Enquanto descia as escadas, viu Andrew sair. "Eu pensei que devia ter um cartaz", ele diz. Frank Scottolini, o gerente, nunca foi contatado pelas autoridades. "Até onde eu sei o FBI nunca entrou em contato com ninguém no bar", diz Scottolini, apesar de o FBI ter sido avisado que a Twist era um possível ponto de parada para alguém como Andrew. De volta ao andar superior do bar, Vidal se lembra de ter rido e falado para Lewis: "'Aquele provavelmente era o assassino em série.' Eu o vi nos canais de notícias. Você fala isso e nem acredita que é de verdade".

Ainda assim, Vidal ficou desconfortável e decidiu ir embora. Ao sair, por volta da meia-noite, ele disse a Scottolini, parado na porta: "Eu acho que um assassino em série esteve aqui. Aquele cara que eu vi era um assassino". Scottolini também tinha visto Andrew, mas não deu muita atenção. Na noite seguinte Andrew apareceu outra vez, usando um boné branco de beisebol, óculos, bermudas e uma mochila. A câmera de segurança da porta estava ligada, e enquanto Andrew entrava e saía rapidamente, Scottolini estava na rua conversando com seu subgerente. Scottolini reconheceu Andrew e se lembrou daquilo que Vidal havia dito a ele. Ele foi momentaneamente tomado por um mal-estar no estômago. Ele se virou para alguns amigos, ele se lembra, e falou: "'Lá se vai o assassino gay'. E então eu ignorei porque não podia ser verdade".

Quando Alberto, o atendente noturno, ligou para Andrew às 10 da manhã no sábado, ele disse que iria descer em dez minutos para pagar o aluguel. Às 10h30 Alberto concluiu que Andrew havia fugido – saído pelo portão dos fundos, deixando a chave do 322 no escritório. No quarto, Alberto encontrou uma caixa cheia de cabelos. Andrew aparentemente havia raspado a cabeça. Também havia uma caixa para cinta feminina.

Na noite de domingo Versace foi ver o filme *Contato* com Antonio e um amigo. Ele ficou em casa na noite de segunda, quando Andrew supostamente foi visto na Liquid, na Festa da Gata Preta e Gorda, fingindo que morava em um dos prédios mais luxuosos da praia. Mais cedo ele havia tentado descolar uma grana no Cozzoli's Pizza, na rua do Normandy Plaza, um dos lugares onde comprava *fast-food*.

Na terça-feira de manhã Andrew acordou cedo e disposto. Assim como Versace, que andou três quarteirões até o News Café, onde comprou cinco revistas. Vestindo seu tradicional cinza e preto, Gianni Versace andou de volta para sua *villa* por volta das 8h40. Andrew estava do outro lado da rua, vestindo shorts, uma regata em cima de uma camiseta larga e um boné preto de beisebol cobrindo os olhos. Carregando a mochila no ombro direito, ele atravessou a rua rapidamente e passou ao lado de Mersiha Colakovic, que havia acabado de deixar sua filha na escola. Então, ignorando Colakovic, Andrew galgou rapidamente os primeiros degraus na frente da mansão Versace. Versace estava curvado, colocando sua chave no ferrolho do portão de ferro negro retorcido. Colakovic, que havia passado pelos dois, olhou outra vez para dar uma olhada em Versace, que ela havia reconhecido. Parecendo completamente relaxado, ele sorriu para ela. Agora, ela havia se tornado uma testemunha ocular do assassinato dele.

32

EM PLENA LUZ DO DIA

Versace perdeu a consciência imediatamente, seu cérebro já morto, embora seu coração palpitasse e tivesse sido mantido batendo pelos paramédicos que o levaram às pressas para o Hospital Jackson Memorial em Miami. Andrew veio de trás, apontando a Taurus semiautomática .40 de Jeff Trail, mirando o pescoço de Versace, bem atrás de sua orelha esquerda e bochecha. A primeira bala estourou a base do cérebro de Versace, fraturando seu crânio e rasgando a parte superior de suas cordas vocais e seu pescoço. Andrew estava tão perto do alvo que a bala produziu um efeito de pontilhado – uma tatuagem de pólvora queimada do tamanho de uma moeda – no pescoço de Versace. Quando a munição de alta performance Golden Saber saiu do tambor da arma, a força expandiu o topo do projétil de forma que, ao atingir Versace, o buraco de entrada foi muito maior do que o que seria causado por uma bala comum. A bala voou do pescoço de Versace e atingiu as grades de metal do portão. Ela se fragmentou e estilhaços atingiram um pombo no olho. O pássaro morreu instantaneamente e foi encontrado de costas na frente da mansão.

Depois do primeiro tiro, a cabeça de Versace se virou ligeiramente, de olhos abertos. Ele recebeu outro tiro no lado direito do rosto, perto do nariz. Disparada ainda mais de perto, aquela bala se alojou na cabeça dele e rachou o topo do crânio. Versace imediatamente caiu nos degraus, em uma piscina de sangue. Mersiha Colakovic ficou parada na calçada, horrorizada – ela viu tudo a dez metros de distância. Andrew, exibindo frieza absoluta, andou calmamente pela Avenida Ocean. Colakovic se lembra de que ele andava de um jeito esquisito, como o Pato Donald, com os pés virados. Quase imediatamente a porta da frente da Casa Casuarina se abriu. Antonio foi o primeiro a chegar até Versace. “Não! Não!”, ele gritou. Lazaro Quintana, que morava perto e tinha vindo jogar tênis com Antonio, viu Colakovic na frente da casa. “O que aconteceu?”, ele perguntou.

Ela simplesmente apontou para Andrew, que estava no meio do quarteirão, indo na direção da Rua 12. Quintana o perseguiu.

Correndo pela Ocean, Quintana gritou: "Desgraçado!". Andrew não pareceu notar. Ele virou à esquerda na Rua 12 e entrou em um beco – Ocean Court – que levava diretamente para o Estacionamento Municipal da Rua 13, onde a caminhonete vermelha de William Reese estava estacionada havia quase cinco semanas. Três homens da limpeza urbana viram Quintana perseguir Andrew. Quintana gritou que Andrew estava armado, então Andrew levantou a arma e apontou para ele. Quintana então desistiu de segui-lo, e os lixeiros eram inteligentes demais para seguirem um homem armado em um beco. Eles correram para a Rua 12 com Collins, uma rua depois, esperando ver Andrew surgir na Rua 13 com a Avenida Collins, que ficava do outro lado da entrada do estacionamento. Mas tudo que viram foi um carro de polícia com as luzes da sirene ligadas no meio da rua.

A polícia estava respondendo a uma colisão traseira que havia acontecido na Rua 13 com a Ocean e a Collins, e Andrew passou despercebido por eles. A pessoa que havia sofrido a batida, coincidentemente, era Gary Knight, o ativista gay, que sofreu ferimentos nos joelhos. Knight não tem certeza, mas ele acha que viu alguém que bate com a descrição de Andrew entrando em um táxi indo para o sul na Collins passando pelo cruzamento com a Rua 13. Depois que a pessoa jogou a mochila no banco de trás e entrou, o táxi saiu.

Do outro lado da rua e pouco abaixo da Casa Casuarina, Victor Montenegro, um funcionário público que estava consertando um parquímetro entre as ruas 10 e 11, ouviu o primeiro tiro. Ele olhou para cima a tempo de ver Andrew disparar o segundo tiro no rosto de Versace e então sair andando tranquilamente na Avenida Ocean. Montenegro ligou para a polícia e correu até Versace. Enquanto isso, dentro da mansão, Charles Podesta, o cozinheiro de Versace, ligou para a polícia às 8h44. "Um homem foi alvejado. Por favor, imediatamente, por favor!" Policiais em motocicletas apareceram em dois minutos para encontrar Versace esparramado nos degraus. O oficial Calvin Lincoln, o primeiro a chegar, não encontrou sinais vitais. O funcionário do Hotel Astor David Rodriguez estava a caminho do trabalho quando ouviu o tiro e viu, pouco depois, o corpo de Versace nas escadas, com pessoas lentamente se juntando ao redor. Os chinelos de Versace foram deixados para trás, e seus óculos escuros caíram nos degraus. Rodriguez conta: "Eu olhei para todos os lados procurando uma câmera, parecia tão encenado". Quando chegou ao Astor, ele disse a Laura Sheridan, a gerente: "Eles estão filmando na casa de Versace". Se a própria cena parecia surreal, o que veio depois foi ainda mais.

Para o Departamento de Polícia de Miami Beach, 15 de julho foi outra terça-feira terrível. "Tudo acontece na terça-feira", diz o detetive Paul Marcus. "A maior parte dos homicídios, dos incêndios. Você levanta de manhã na terça e já pensa 'putz'." Marcus era o primeiro sargento ativo da divisão de homicídios quando receberam a primeira ligação sobre um assassinato na Avenida Ocean, 1116. O sargento George Navarro, que geralmente ficava responsável, estava de folga. O detetive Paul Scrimshaw, que investigava homicídios havia onze anos e meio e era o mais experiente no departamento, saiu correndo pela porta imediatamente. Ele chegou na cena às 8h55. O policial uniformizado perguntou: "Você sabe quem é esse?".

"Não", Scrimshaw respondeu, em um tom que indicava "por que eu deveria me importar?".

"É Gianni Versace."

"Ah, merda."

Marcus chegou dois minutos depois. "Eu não pensei que seria nada além de um dia normal, um tiroteio comum de South Beach", ele diz. "Olhei para a cena no meio da Ocean. Vi o sangue nos sapatos. Eu nem vi a casa de Versace. Só pensei, outro tiroteio, mas dessa vez na frente da mansão Versace."

Quando Marcus apareceu, Scrimshaw disse a ele: "Você não vai acreditar – é Gianni Versace". Marcus reagiu de forma tranquila. "Estou no telefone com o tenente, o capitão." Logo a polícia tinha visitantes. "Então somos invadidos pela imprensa", Marcus continua. "De repente, eles aparecem do nada. No gramado do outro lado da rua, a multidão aumentava e aumentava. Chegou a um ponto que ficou complicado." Naquele momento South Beach estava cheia de policiais. O turno da noite ainda estava nas ruas, e o pessoal diurno tinha chegado havia uma hora e meia. Como os lixeiros tinham visto Andrew correr por um beco e ir em direção ao estacionamento, os policiais decidiram checar o estacionamento às 8h56 da manhã. Mais policiais já estavam por ali por causa da colisão. Meia dúzia de policiais investigava o estacionamento, incluindo as saídas e o beco. Às 9h12 uma pilha de roupas foi encontrada no terceiro andar, do lado da porta do passageiro de uma caminhonete vermelha Chevy: uma regata preta debaixo de uma camiseta cinza e bermudas. A camiseta parecia úmida de suor. Dentro da caminhonete, debaixo do pedal de freio, havia uma mochila preta. Uma verificação da placa da Carolina do Sul foi feita no sistema da polícia, mas não houve resultado, já que a placa não havia sido declarada como roubada.

Às 9h14 o oficial de patrulha no beco falou pelo rádio que havia visto alguém no terraço com uma camiseta vermelha e óculos. "Ele deve ser parte da equipe do estacionamento. Ele só olhou pela beirada. Está só caminhando. Pele escura, homem latino. Parece trabalhar na segurança do prédio, vestindo aquele tipo de camisa." Quem quer que fosse, ele foi de um canto ao outro do telhado da garagem, olhando lá para baixo, mas quando a polícia subiu até lá cinco ou dez minutos depois ele já havia sumido. Naquela tarde, quando um cão farejador chamado Emily foi levado ao estacionamento para seguir o cheiro de Andrew, ela foi diretamente para os quatro cantos do telhado do prédio.

De início o crime pareceu um "assassinato por encomenda", diz Scrimshaw. O pássaro morto, um símbolo tradicional da máfia, foi devidamente notado. Por causa disso o FBI foi imediatamente notificado, e quatro agentes do esquadrão de crimes por encomenda foram enviados. Duas cápsulas de balas .40 foram recolhidos imediatamente, um na rua e outro nos degraus. O pássaro estava entre eles. Muitos não sabiam quem era Versace, incluindo o vice-cônsul em Miami, que perguntou: "Ele é o cara que faz jeans?". No quartel-general do FBI em Washington, poucos reconheciam o nome. "Eu pensei que ele era um cantor", diz Roy Tubergen, o chefe da divisão de crimes violentos. Versace não era um nome tão conhecido, mas logo se tornaria.

Às 9h21 da manhã, no Centro Ryder de Trauma no Hospital Jackson Memorial, Gianni Versace foi declarado morto. O detetive Gus Sanchez, designado para policiamento hospitalar, recuperou os pertences pessoais de Versace – 1.173,63 dólares em espécie e um pequeno retrato religioso da Nossa Senhora de Međugorje. Em entrevistas, Gianni fazia pouco caso de religião organizada. A família pediu que um padre administrasse os ritos finais. Sanchez entrou com o padre e descobriu que "a camisa de Versace havia sumido do quarto – desapareceu". Mais tarde houve "rumores não confirmados", diz Sanchez, de que os raios X de Versace também desapareceram. Será que já havia "sanguessugas" trabalhando em busca de lucro?

Uma enfermeira disse a Sanchez que a camiseta provavelmente havia sido deixada na sala de emergência e jogada no lixo.

Naquela primeira hora crucial após o assassinato, quando todas as forças estavam alertas e tinham a melhor chance de apreender o assassino, uma distração infeliz sobre outro suspeito retirou muitos policiais da área de perseguição perto do estacionamento. As primeiras descrições do assassino de Versace eram confusas com relação à sua cor, se era branco, negro ou pardo. Um policial novato viu um homem de pele escura com quem havia se esbarrado antes. O homem, que havia acabado ser colocado em liberdade condicional, tinha drogas no bolso e começou a correr pela Rua Española, levando a polícia para longe do estacionamento. O novato chamou reforço, e a polícia convergiu para ele. O suspeito foi preso e libertado sem nenhuma acusação quando ficou claro que ele não tinha nada a ver com a morte de Versace. Enquanto a busca continuava, contudo, Paul Scrimshaw diz: "Andrew poderia ter andado pela Avenida Collins e ninguém teria olhado para ele".

A essa altura os investigadores estavam se amontoando na mansão. A celebridade de Versace estava atraindo uma multidão de policiais. O procurador do estado, que raramente aparecia em cenas de crimes, foi fotografado pelos jornais que vigiavam o local. Versace era um alvo ou tinha sido aleatório? Ninguém fazia a menor ideia, mas a maior parte da polícia achava que ele tinha sido um alvo. O Departamento Policial da Flórida (FDLE) começou a processar a cena e a fazer o trabalho forense. Mais agentes do FBI chegaram, "ao ponto de lotar o lugar de investigadores andando de um lado para o outro e tentando conseguir informações sem funções específicas", diz Marcus. "Havia agentes andando pela Avenida Ocean, andando pelos becos. A gente provavelmente teve um pico de cinquenta investigadores." Nas primeiras horas, a sala de jantar na frente da mansão se tornou um centro policial. Isso foi desconcertante para os moradores da casa, que estavam tomados pelo choque e pelo luto. Marcus diz: "O Sr. D'Amico não queria a casa transformada em centro de comando. Ele estava devastado. Eles estavam no telefone e queriam sair para ir ao hospital. A essa altura a informação repassada a nós era de que Versace havia morrido". Marcus falou para Antonio: "Escuta, não há nada que você possa fazer no hospital. Você é muito mais vital para a investigação". Mas Antonio, impassível, insistiu em ir até lá. "Tivemos que retirar as viaturas e as fitas para deixá-lo passar."

A alguns quarteirões dali, no escritório do chefe de polícia Richard Barreto, uma reunião de cúpula começou às 10 da manhã com o gestor da cidade, membros do governo municipal e com o escritório do procurador municipal. Também presente estava Michael Aller, coordenador de turismo e convenção da cidade de Miami Beach. Podia ter se passado apenas uma hora desde a morte de Versace, mas os poderosos já tentavam controlar a narrativa, cuidando da imagem da cidade como lugar livre, uma atração para visitantes escapistas. Quando dois turistas alemães foram assaltados e assassinados em Miami em 1993, a reputação da cidade sofreu um golpe duro. Agora a primeira coletiva de imprensa gay da Carnival Cruise, uma companhia especializada em cruzeiros marítimos, estava agendada para a semana seguinte. Seria terrível se SoBe ficasse famosa por sua violência aleatória. A procuradora assistente do estado, Rose Marie Antonacci-Pollock, que estava presente na reunião, conta: "Todos os assessores de imprensa estavam lá basicamente para descobrir como apresentar a situação. Não foi produtivo para a resolução do caso. O gestor municipal e o chefe de polícia queriam se certificar de que isso não tinha nada a ver com o turismo do sul da Flórida".

Enquanto os engravatados discutiam publicidade, uma falange formada por policiais uniformizados tentava identificar o proprietário da caminhonete vermelha. Quando a placa da Carolina do Sul não deu em nada, a polícia tentou usar o número de identificação do veículo. O agente da central da polícia de Miami Beach, Gerry Zabrowski, continuou a checar o número de várias formas até conseguir um resultado com o Super Computador e um aviso do FBI de que a caminhonete não apenas havia sido roubada, mas havia sido parte de outro crime. Nesse momento, chegou o sargento George Navarro, que iria supervisionar a investigação. Um homem de 37 anos que subia rapidamente na hierarquia e vinha originalmente da Corregedoria, Navarro estava jogando golfe em seu dia de folga quando recebeu o chamado para se apresentar imediatamente. Seu chefe, o tenente Carlos Noriega, nomeado o melhor policial da tropa em 1986, já estava lá. A hierarquia da investigação policial de Miami Beach ficou estabelecida assim: Noriega, Navarro e Scrimshaw como detetive principal.

Pouco antes do meio-dia, Keith Evans, o rastreador de fugitivos do FBI, também se juntou ao grupo na mansão, porque a descrição do atirador parecia com Andrew Cunanan. "Quando Evans chegou, nós já tínhamos a informação de que podia ser Andrew Cunanan", diz Scrimshaw.

"Já havíamos chegado nisso. À medida que falávamos com Evans, o rosto dele se iluminava – ele ficou visivelmente animado." Evans tinha trazido seu arquivo sobre Cunanan. Scrimshaw e Marcus estavam obtendo informações sobre o estacionamento pelo rádio enquanto o número de identificação do veículo estava sendo processado de lá. "Estou passando as informações para Keith e Navarro", diz Scrimshaw. "Keith diz: 'Vermelha? Qual modelo?'."

"Chevy 1500."

Evans pediu o número de identificação e comparou com o da caminhonete roubada em Nova Jersey. "Oh, meu Deus! Essa é a caminhonete de William Reese! É a caminhonete roubada no assassinato em Nova Jersey de que Cunanan é suspeito."

"Naquele momento, "diz Scrimshaw, "Cunanan foi conectado à nossa investigação".

"Droga! É Cunanan!" Keith Evans falou.

"Foi tão estimulante estar lá quando tudo se conectou com a caminhonete", Marcus relata. "Não é mais um mistério. Um mistério nessa proporção é bem mais divertido."

Em pouco mais de duas horas, uma grande parte do crime foi solucionado. Suspiros de alívio foram dados pelos assessores responsáveis por controlar a história. Agora o desafio era encontrar Cunanan. Apesar de ele estar entre os 10 Mais Procurados e sua foto estar pendurada no quadro de avisos do departamento de homicídios havia dois meses, ninguém no Departamento de Polícia de Miami Beach, com a exceção de Scrimshaw, Marcus e Lori Wieder, tinha a menor ideia de quem era Cunanan. "Qual é a aparência dele?", Navarro e Noriega perguntaram a Keith Evans. Depois da coletiva de imprensa da polícia, por volta de 1 hora da tarde, em que nenhuma informação sobre Cunanan foi liberada – o início de um padrão infeliz –, Evans colocou Noriega e Navarro em seu carro. Ali, no banco de trás, Noriega e Navarro viram a resposta para as dúvidas deles – caixas cheias de cartazes mostrando o rosto de Andrew Cunanan. Quantos cartazes? "Não quero dedurar o Keith", disse Navarro. De acordo com Navarro, "ele tinha *muitos* cartazes". Outro mistério era resolvido.

33

KING KONG

Em menos de quatro horas o assassinato de Gianni Versace se tornou a principal notícia no país, e eu me vi no meio dela. Desde o primeiro momento, no entanto, a imprensa teve dificuldade de cobrir a história. Para usar a linguagem dos policiais praianos, Versace era um "caso EPA" – emergência policial aguda. Na verdade, diz o detetive Paul Scrimshaw, "Versace foi o King Kong de todos os casos EPA". Os primeiros furgões da imprensa apareceram na mansão Versace poucos minutos depois dos tiros. O primeiro sanguessuga já havia corrido em casa para pegar sua Polaroid depois de ver o corpo de Versace caído nos degraus da Casa Casuarina, e só conseguiu chegar a tempo de tirar uma foto do pé descalço do lado de fora da ambulância. Ainda assim, dentro de 48 horas ele tentava receber 30 mil dólares pela foto. A mais valiosa foi a de um cinegrafista da rede ABC local, que abandonou a história de uma garotinha que precisava de um transplante de rim no Hospital Jackson Memorial para correr e fotografar o corpo em uma maca sendo levado às pressas para a central de traumas. Uau! Era Versace! Enquanto isso, houve dez acessos não autorizados no sistema do computador do hospital nas primeiras horas após o assassinato – as pessoas estavam tentando acessar os registros médicos de Versace.

Em pouco tempo a polícia ficou sobrecarregada. Miami Beach tem uma população de 100 mil pessoas, e a força policial é composta de trezentos policiais. O departamento, como aqueles de várias cidades pequenas, não usa computadores em várias de suas funções. A ideia do departamento de quanto tempo a polícia leva para fazer seu trabalho cuidadosamente conflitava com a necessidade voraz de um ciclo de notícias globais 24 horas por dia. Era como se as duas entidades vivessem em fusos horários diferentes; não havia a menor percepção de que a imprensa poderia ajudar numa investigação criminal. O primeiro instinto das autoridades locais foi o de proteger a imagem da cidade e preservar as evidências para um julgamento – um comportamento muito parecido com a forma como as autoridades de Minneapolis responderam ao assassinato de Jeff Trail. A polícia de Miami Beach estava amordaçada.

O escritório do procurador estadual, temendo – ou talvez desejando secretamente – ter outro caso O.J. nas mãos, tomou todas as precauções e não permitiu que a polícia divulgasse mesmo as menores informações. "Os jurados têm uma visão diferente do sistema de justiça criminal, da promotoria, do trabalho policial, tudo por causa de O.J.", diz Michael Band, o procurador geral adjunto do estado, que supervisionou a investigação para o escritório da procuradoria. Band acha que os jurados se tornaram mais céticos. "E eles têm mesmo de ser céticos – não só com a polícia, mas com tudo que é apresentado a eles." A derrota gigantesca do escritório da procuradoria distrital de Los Angeles no caso Simpson teve um grande impacto em Band, que havia se reunido com o escritório do médico-legista do Condado de Dade, com o comandante da unidade de homicídios do Departamento da Polícia Metropolitana de Dade, e com muitos outros para se certificar de que nada parecido aconteceria com o Décimo Primeiro Circuito Judicial da Flórida. Band não queria deslizes, mas ainda assim eles ocorreram.

Al Boza, o detetive veterano que cuidava do escritório de informações públicas da polícia de Miami Beach, insistia que deveria haver duas coletivas de imprensa por dia, mas isso nunca aconteceu. "Só pra avisar, 'Pessoal, foi isso que aconteceu hoje – estamos fazendo avanços, recebemos um número X de pistas, temos investigadores trabalhando a noite toda'. Não fizemos isso, e acredito que pagamos caro." Desde o início, tudo que Boza fez foi criticado pelos superiores. Seu primeiro informe para a imprensa, anunciando o assassinato de Versace, teve que ser reescrito, ele diz, "inúmeras vezes". Boza originalmente escreveu, ele conta, "'Enquanto o Sr. Versace se aproximava do portão de ferro na entrada de sua residência', e alguém dizia: 'Eu não estou confortável com as palavras "portão de ferro". Passa a impressão de uma fortaleza'. Então, você nunca verá as palavras 'portão de ferro' em nenhuma informação que liberei sobre Gianni Versace".

As relações da polícia com a imprensa azedaram no primeiro dia e depois pioraram. Gail Bright, uma repórter da ABC local no competitivo mercado da TV de Miami, sabia que a caminhonete vermelha provavelmente havia sido ligada a Andrew. A NBC local e as afiliadas da ABC tinham câmeras que foram capazes de entrar no estacionamento cedo e filmar a placa, que eles checaram sozinhos. Eles também puderam ouvir o número de identificação sendo lido na rádio da polícia e uma fonte policial que não era de Miami Beach disse a Bright que a caminhonete pertencia a um "cara procurado em todos os cantos". Bright perguntou para o chefe de polícia de Miami Beach, Richard Barreto, às 4h30 da tarde numa coletiva de imprensa no dia em que Versace foi alvejado, se o suspeito era "o cara procurado pelo FBI". Barreto, que tem 1,90 metro, com uma mecha de cabelos brancos e que parece ousado em seu uniforme, se recusou a confirmar até mesmo a existência da picape vermelha, que dirá a identidade do suspeito. Enquanto o chefe se recusava a responder a pergunta de Bright, as câmeras de TV registravam a caminhonete sendo guinchada na frente da delegacia de polícia. Isso ditou o tom que impediu os dois lados de trabalharem em conjunto.

Para Michael Band, que estava presente na coletiva de imprensa, a pergunta de Bright significava uma coisa: eles já estavam vazando coisas. "A ideia de que uma repórter sabia o suficiente para fazer uma pergunta específica me disse que havia um vazamento." A polícia foi amplamente avisada de que vazamentos trariam consequências severas. Paul Scrimshaw achou que a polícia estava errada. "Usada corretamente, a mídia pode te ajudar a resolver o caso e mobilizar a população. O problema é que geralmente você não consegue a atenção deles." Alguns meses antes, Scrimshaw havia lidado com o assassinato de Paul Sigler, um homem gay que trabalhava na companhia aérea American Airlines. "Nós imploramos para que a mídia divulgasse", ele diz, mas ainda assim a polícia não chegou a lugar nenhum. O detetive Paul Marcus diz: "Nossas tentativas de conseguir cobertura sobre o assassinato de Sigler passaram despercebidas porque o concurso Miss Universo estava acontecendo. Naquele caso, a gente precisava da mídia para tornar o rosto dele conhecido pelo público, mas não recebemos ajuda nenhuma". No caso Versace, diz Scrimshaw, "todos nós acreditamos que nas primeiras horas nós deveríamos ter dado informações substanciais para a mídia".

Mas quando a polícia podia ter soltado um alerta geral em busca de Andrew – nas primeiras horas, quando eles tinham as melhores chances de pegá-lo –, eles se mantiveram em silêncio. Em vez disso, a prioridade deles foi criar, "de maneira profissional", uma apresentação com a foto de suspeitos lado a lado para identificação por testemunhas. O tenente Carlos Noriega relembra: "Uma vez que soubemos sobre Cunanan, a gente precisou realocar testemunhas [que haviam sido liberadas] para fazer um reconhecimento". Se essas testemunhas tivessem visto a foto de Andrew na mídia, o reconhecimento teria sido comprometido. Havia outras dificuldades técnicas também, que poderiam assombrar os policiais mais tarde em um tribunal. A foto de "procurado" de Andrew era grande demais para se encaixar com as fotos de pessoas parecidas com Andrew que a polícia tinha. Segundo Noriega, "de acordo com a lei, as fotos precisam ser do mesmo tamanho. Senão os advogados de defesa poderiam argumentar que um acusado está destacado". A polícia demorou até o início da tarde para preparar o reconhecimento. A testemunha principal, Mersiha Colakovic, havia dado um nome falso para a polícia – Liliane De Feo – e depois desapareceu; a aparência de Andrew era tão comum na região que um policial de Miami Beach que havia posado como suspeito precisou ser excluído – ele era muito parecido com Andrew. No fim das contas o alinhamento foi uma perda de tempo: ninguém conseguiu identificar positivamente Andrew Cunanan.

Ainda assim, Paul Scrimshaw queria acusar Andrew pelo assassinato de Gianni Versace. A caminhonete de William Reese, assim como o Lexus de Lee Miglin antes dele, continha dezenas de evidências incriminadoras, desde a carteira de motorista e passaporte de Cunanan até o certificado de seguro do carro de Miglin e o cartão de contribuinte de William Reese. As cápsulas de balas .40 recuperadas na cena do assassinato de Versace eram do mesmo tipo de arma que havia matado David Madson e William Reese. Naquela tarde foram feitos preparativos para levar as cápsulas recolhidas e os projéteis até o laboratório do FBI em Washington para compará-los com outros que Andrew havia utilizado, e no dia seguinte eles tinham confirmações; a arma usada para matar Versace era a mesma utilizada em Madson e Reese. Scrimshaw achou que a evidência circunstancial era sólida, mas logo descobriu que não era forte o suficiente para a procuradoria estadual. "Michael Band, quando pedimos um mandado baseado na evidência circunstancial dez ou doze horas depois do assassinato, respondeu: 'Eu não vou te dar um mandado, e nem vou processar sem a arma do crime ou uma confissão'."

"Eu não queria um mandado de prisão. Eu não tinha um caso", diz Band. "Eu não tinha a arma – eu tinha um projétil que combinava com a arma. Como eu poderia saber que a arma não havia sido utilizada por outra pessoa?" Scrimshaw ficou enraivecido, sentindo que sua investigação estava sendo enrolada porque o caso Versace envolvia celebridade e muito dinheiro, e os procuradores estavam atrasando tudo. "Isso colocou muita pressão em tudo, por causa da presença deles e a forma como queriam conduzir as coisas." Ele não estava acostumado a ser questionado, mas, assim como a polícia e a mídia estavam em ritmos diferentes, os investigadores e procuradores enxergavam duas realidades.

A lei da Flórida tem duas disposições que funcionam em favor do acusado: o direito a um julgamento rápido dentro de 180 dias e um dos estatutos mais liberais no país. Se a Flórida prendesse e acusasse Andrew, ele poderia exigir um julgamento rápido e talvez fosse julgado na Flórida antes de qualquer outro estado. Além disso, os promotores seriam impedidos de apresentar seus crimes anteriores (embora pudesse haver uma tênue ligação por ele ter usado a mesma arma de fogo), e os jurados seriam instruídos a considerarem que ele não tinha condenações anteriores quando considerassem a pena de morte. Ainda, seus advogados da Flórida teriam o direito de interrogar todas as testemunhas e ter acesso aos registros de polícia em outras jurisdições onde ele estava sendo acusado. Seus advogados poderiam, dali em diante, descobrir o que os outros promotores estaduais usariam contra ele, expondo o caso deles antes da hora. "Eu tomei uma decisão bem no início", diz a colega de Band, a procuradora assistente estadual Rose Marie Antonacci-Pollock, que passou a maior parte do tempo na delegacia durante a investigação. "Não seríamos os primeiros a julgá-lo."

No fim da tarde de terça-feira, um segundo boletim de imprensa foi divulgado, explicando que um alinhamento de possíveis suspeitos estava sendo preparado e pedindo para que a mídia "fosse discreta ao liberar informações que pudessem afetar o resultado da investigação futuramente". Havia pouca chance de isso acontecer. Como disse o sargento George Navarro, "a mídia era inclemente; eles nunca ligaram para o caso". Eles se importavam apenas com a história. Finalmente, às 8h30 da noite, um terceiro informativo foi liberado admitindo o que já se sabia havia dez horas: a polícia estava procurando por Cunanan, "27 anos de idade, branco, 1,75 ou 1,80 metros, cabelo castanho e olhos castanhos. Cunanan é conhecido por ser um garoto de programa que atende uma clientela rica. Cunanan é educado, se veste bem e é muito articulado. Deve ser considerado armado e extremamente perigoso".

A primeira vez que ouvi que Versace havia levado um tiro foi através do meu marido, que ligou do departamento de notícias da NBC em Washington. Eu aguardei na minha casa em Washington D.C. ao longo do dia esperando ouvir se uma arma calibre .40 havia sido utilizada. A revista *Vanity Fair* estava fazendo as últimas correções factuais em um artigo de 10 mil palavras que eu havia feito sobre Andrew e seus quatro primeiros assassinatos, e quando estourou a notícia de que Versace havia sido morto à queima-roupa por alguém usando um boné de beisebol e carregando uma mochila, eu sabia que podia ser Andrew. Além disso, meu artigo continha – originalmente como uma anedota sem importância – a informação de que Andrew havia encontrado Versace em 1990, nos eventos relacionados à produção de *Capriccio*, de Richard Strauss, feita pela Ópera de São Francisco, uma peça para a qual Versace havia feito os figurinos. Eu apontei que Versace era o único grande nome que Andrew, o farejador de celebridades, havia realmente encontrado.

No fim da tarde, ainda sem notícias sobre Andrew vindas de Miami, eu liguei para Nova York e falei que eles deveriam me enviar para Miami mesmo assim – só por garantia. Eles me disseram que a reportagem seria minha se Cunanan realmente fosse o suspeito. Mas se no fim outra pessoa tivesse atirado em Versace, então a história iria para Cathy Horyn, que havia acabado de escrever o artigo da *Vanity Fair* sobre Donatella Versace em South Beach. Nós duas fizemos planos de ir para lá.

Antes do anúncio final da polícia na noite de terça-feira, Kerry Sanders da CNBC mencionou que o assassino havia usado uma arma calibre .40. Isso foi o suficiente pra mim; eu sabia que Andrew havia atacado novamente. Lá pela manhã de quarta-feira a tomada de abertura do programa *Today Show* era ao vivo de Miami Beach, diante da mansão Versace, indicando que o assassinato de Versace seria a notícia principal do dia. No meu caminho para o aeroporto, eu dei a notícia no *Today Show* de que Cunanan e Versace haviam se encontrado anteriormente, o que a família Versace negou imediatamente. Com o anúncio oficial de que Andrew Cunanan era o suspeito, a história agora operava em dois níveis: a investigação fechada e a personalidade do assassino. Quem era

Andrew Cunanan? Poucos sabiam, e por sorte eu havia passado os últimos dois meses tentando descobrir.

Quando dei entrada no Hotel Raleigh em South Beach, o tsunami já havia chegado. Eu tinha pelo menos duas dúzias de pedidos de entrevistas, incluindo todas as três redes de TV e jornais pelo país e a BBC, do Reino Unido. Os pedidos continuaram a chegar ao longo do dia. Do lado de fora na piscina do Raleigh, as equipes se alinhavam para fazer entrevistas comigo. Eu tinha uma escolha – continuar aceitando pedidos de entrevistas para promover meu artigo e a revista ou tentar eu mesma cobrir a notícia. Depois de aparecer nos três noticiários principais, eu desisti cedo de aparecer no programa de Larry King para me encontrar com Cathy Horyn, tomar um drinque com duas fontes importantes e visitar o Boardwalk, o bar de pegação onde Andrew foi visto. Quando um dos go-go boys se esfregou em mim para que eu sentisse sua "saliência" – a forma comum de pedir que uma gorjeta seja colocada no elástico da sua cueca –, eu não fazia a menor ideia do que estava acontecendo e me encolhi.

Eu estava chocada com a semelhança entre South Beach e Hillcrest, e como Andrew poderia facialmente ter se encaixado ali. Na manhã seguinte, às 6h30, Cathy e eu caminhamos pela Ocean até chegarmos à Casa Casuarina. As marcas de sangue ainda estavam nos degraus da frente, que havia se tornado um santuário dedicado a Versace. Mesmo naquele horário, mulheres em *collants* apertados e *shorts* fingiam passar pela mansão, esperando serem pegas pelas câmeras das cerca de dez equipes de TV no gramado do outro lado da rua. Ao longo da Avenida Ocean, nos dez dias que se seguiriam, o rosto de Andrew estaria nas TVs de todas as cafeterias e restaurantes ao ar livre. As notícias sobre Andrew e Versace, em inglês e espanhol, iriam pairar tão implacáveis quanto as ondas do outro lado da rua. O News Café, onde Versace havia comprado revistas pouco antes do assassinato, ficou lotado dia e noite com equipes estrangeiras de TV.

Os repórteres também montaram acampamento na frente da delegacia, para a chateação dos moradores de rua, que consideravam o espaço como sua área. Quando um produtor da CNN reclamou de uma mulher caolha, bêbada e moradores de rua tentando aparecer nas filmagens dele, Al Boza a defendeu, dizendo: "Aqui é o quintal dela. Ela não fez nenhuma queixa sobre vocês, então precisamos aprender a nos dar bem".

Um indivíduo irritante, figura carimbada da região, se encheu de bravata. "De repente ele começou a notar que isso era a maior coisa que já tinha acontecido em sua vida", diz Boza. Ele caminhou até uma repórter grávida durante uma reportagem ao vivo que ela fazia para sua emissora de TV em Miami e a interrompeu durante uma de suas falas, dizendo: "Eu tenho informação importante. Você tá ao vivo?". A mulher ficou tão assustada que soltou um grito aterrorizado no ar e foi se proteger no furgão com antena parabólica. Mais tarde ela abriu uma queixa contra o homem na polícia, e ele a processou em retorno. O circo da mídia havia começado.

34

A FAMÍLIA

A autópsia do corpo de Versace foi realizada no começo da tarde do mesmo dia em que ele foi morto. As leis da Flórida exigem que qualquer corpo envolvido em um homicídio seja mantido intacto por pelo menos 48 horas. Como a autópsia da Flórida faria um teste de HIV, o segredo que Versace havia escondido com tanto esforço seria revelado. A família não queria esperar 48 horas; eles queriam apressar a cremação e tirar as cinzas do país o mais rápido possível. Além disso, não queriam ficar por perto para conversar com a polícia. "Eles queriam que tudo acontecesse depressa", diz Michael Band, o procurador geral adjunto do estado. "E eles me procuraram. Eu disse a eles: 'De modo algum'."

A autópsia foi realizada pela Dra. Emma Lew, uma mulher de ascendência chinesa, magra e bonita, com um rabo de cavalo e lábios roxos escuros, sobrancelhas impressionantes cujo formato lembrava uma torre chinesa. Em seu escritório ela mantinha uma tiara de papel que dizia "Rainha da Cena do Crime". A Dra. Lew também realizou o equivalente a uma autópsia em um passarinho – a primeira dela – no pássaro morto encontrado perto de Versace. "Era uma coisinha bonita. A única área danificada, claro, foi do lado esquerdo da cabeça", diz a Dra. Lew. "O olho estava pendurado na cavidade ocular, preso apenas no lado esquerdo da cabeça. Quando eu tirei um raio X, descobri pequenos fragmentos radiais de tinta, o que significa que havia pequenos fragmentos de metal naquele olho. O que apoia ainda mais a ideia de que o pássaro foi atingido por estilhaços do projétil."

A autópsia de Versace foi direta – ferimentos simples, mas instantaneamente destrutivos, na cabeça, causados por duas balas disparadas à queima-roupa. "Sabíamos que era um caso muito importante", diz a Dra. Lew, "e tomamos muito cuidado para nos certificarmos de que tudo estava sendo feito corretamente". Ela diz que havia traços de drogas médicas no corpo de Versace. O Dr. Lee Hearn, toxicologista do Condado de Dade que mais tarde realizaria os exames toxicológicos em Andrew, me disse que as drogas antirretrovirais são tão solúveis em água que não costumam aparecer em exames. De qualquer forma, as leis da Flórida que regem confidencialidade são rígidas com relação à liberação de qualquer informação sobre doenças infecciosas como Aids.

"Versace parecia gozar de boa saúde?", eu perguntei à Dra. Lew. Ela respondeu de forma evasiva: "Ele não tinha nenhuma doença natural que teria causado sua morte naquele momento". O procedimento comum numa investigação de homicídio é que a polícia e os médicos-legistas obtenham um histórico médico da vítima com a família e juntem as informações. A polícia, diz a Dra. Lew, "compila o que chamamos de ficha de sondagem, um resumo do caso". De acordo com Scrimshaw, "esse procedimento não foi feito porque a informação não foi disponibilizada para nós".

O corpo de Versace foi mantido de um dia para o outro no necrotério e liberado na manhã de quarta-feira para a Casa Funerária Riverside Gordon em North Miami, uma funerária judaica que foi escolhida por ser fora de mão, mas os paparazzi descobriram mesmo assim.

Santo e Donatella Versace, estoicos e fechados, chegaram com um segurança em um jato particular na noite de terça-feira. Eles se distanciaram, literal e figurativamente, o mais rápido possível de Andrew Cunanan e do crime. Eles e seus assessores e advogados, que haviam se reunido na Casa Casuarina, enfatizavam que Gianni não conhecia Andrew Cunanan e que não queriam falar com a polícia antes de quinta-feira. Em determinado momento, pensaram em oferecer uma recompensa pela captura de Andrew, mas a ideia foi rejeitada. "Nós falamos 'vamos esperar e ver o que acontece'", disse o tenente Noriega. "Já tínhamos 10 mil dólares [oferecidos]. Não queríamos dar a impressão de que éramos incapazes de pegá-lo."

Scrimshaw e Navarro, assim como o FBI, estavam ansiosos para conversar com a família antes de quinta, mas ficou bem claro que não teriam permissão de fazer isso. A procuradora estadual do Condado de Dade, Kathy Fernandez Rundle, e sua procuradora assistente, Rose Marie Antonacci-Pollock, seriam as intermediárias. "Elas afirmavam que estavam facilitando as coisas pra gente", diz Navarro. A família não iria falar a menos que o advogado italiano deles estivesse presente. Eles também contrataram um advogado de Miami.

A polícia interrogou a equipe da mansão na terça-feira. Antonio havia falado com um detetive sobre o hábito dele e de Versace de contratar garotos de programa, mas ele disse que só haviam feito isso em Nova York, não em Miami, e não nos últimos dois ou três anos. A memória de Jaime Cardona foi estimulada através de uma intimação, e ele admitiu para a polícia mais tarde que havia arrumado parceiros para Versace e D'Amico. Scrimshaw, enquanto isso, havia criado quatro teorias para explicar o assassinato de Versace: (1) foi um ataque da máfia; (2) o motivo foi roubo; (3) Versace havia transmitido HIV para o assassino; (4) foi um ato de violência completamente aleatório. Ele também se perguntou se havia alguma apólice de seguro substancial contemplando Versace, e de quanto era. "Ele era mais valioso morto ou vivo?", Scrimshaw se perguntou. "Eu não acho estranho fazer essas perguntas. Você sempre olha primeiro perto de casa quando se trata de assassinatos. Não é apenas uma teoria para especular, mas um costume nos estágios iniciais de uma investigação."

Scrimshaw nunca teve a oportunidade de perguntar, e suspeitou que as duas procuradoras estaduais estivessem seduzidas pela celebridade. "Houve um acordo verbal entre Kathy Rundle e a família na mansão", acusa Scrimshaw. "Tentamos por alguns dias – estávamos irritados de não termos o privilégio de entrar. Eu me incomodo porque, nos primeiros dias, a procuradoria travou completamente a investigação ao isolar a família e tomar parte em decisões que não lhes cabiam."

"Podemos ter feito um acordo para nos encontrar com a família na quinta", Antonacci-Pollock fala cuidadosamente. "Eu nunca tive a impressão de que a família estava nos barrando. Eu sei que a polícia estava fazendo isso." Com a procuradoria cuidando do caso, a costumeira "conferência com familiares próximos" nunca aconteceu como deveria, e nenhuma pergunta de sondagem foi feita à família. "Nós nunca nos sentamos com Donatella e Santo", diz Navarro, chamando a experiência de "estranha". Ele e Keith Evans conversaram apenas com os advogados da família enquanto Donatella e Santo estavam em outra parte da casa, e "[os advogados da família] negaram qualquer envolvimento com a máfia ou qualquer coisa ruim". Nem Antonacci-Pollock nem Fernandez Rundle abordaram assuntos desagradáveis como crime da máfia ou quem poderia ter motivos para matar Gianni. "Não entramos em muitos detalhes assim com eles", diz Antonacci-Pollock. Em vez disso, a maior preocupação dela era do ponto de vista dos "direitos da vítima". "Eu não queria que a família voltasse para a Itália, se [Cunanan] fosse pego e liberado, pensando 'Por que?'.

Foi por isso que passamos tanto tempo com a família, e sinceramente, eles foram generosos e compreensivos." Além disso, Antonacci-Pollock diz: "Isso meio que me incomoda, sendo italiana, que tudo relacionado com italianos – [as pessoas presumem que] tem a ver com a máfia".

Na quarta-feira a conexão do FBI com o governo italiano em Washington ligou para Scrimshaw para oferecer ajuda como intermediário para conseguir respostas sobre Versace e seus negócios com as autoridades italianas. Scrimshaw estava interessado em descobrir se havia alguma investigação em andamento na Itália. Apenas dois meses antes, em maio de 1997, Santo havia sido acusado de oferecer propina, uma decisão que foi derrubada mais tarde. Mas Scrimshaw nunca ficou sabendo disso.

Também na quarta-feira, os Versace usaram toda a sua influência em um esforço para retirar o corpo dos Estados Unidos antes que as 48 horas acabassem. Enquanto o corpo estava sendo embalsamado – ele foi liberado do necrotério para a funerária às 8h50 da quarta-feira –, uma discussão acalorada teve início entre os advogados de Versace e os funcionários e advogados da casa funerária, que insistiam que a lei não podia ser subvertida. A briga durou horas. "O prefeito enfiou o nariz no meio", diz Band. Em determinado momento as coisas ficaram tão pesadas que supostamente eles apelaram diretamente para Lawton Chiles, o governador da Flórida, para que intercedesse na lei – esperando que os restos mortais de Versace fossem removidos. O pedido foi negado.

No início da tarde antes da cremação, houve um velório para a família. Israel Sands, o florista dos Versace em South Beach, havia criado cinco arranjos elaborados para serem colocados ao redor do caixão, cada um representando um membro da família – branco para Donatella, azul para Santo, amarelo brilhante para Gianni, rosa para a sobrinha de Gianni, Allegra, e azul para o irmão dela, Daniel.

Depois do velório, o corpo foi transportado para um crematório em Pompano Beach, na esperança de que pudesse ser cremado imediatamente. Ele nunca foi deixado sozinho. Primeiro ficou sob os cuidados dos assessores de imprensa de Versace. Quando ficou impossível uma cremação antes das 48 horas se esgotarem, Charles Podesta, o cozinheiro da família, foi enviado para passar a noite com o cadáver. Gianni Versace finalmente foi cremado na manhã de quinta-feira.

Bem cedo na manhã de quinta, Donatella, que tinha um horário marcado para conversar com as autoridades, mas nunca apareceu, ligou para

Israel Sands e o pediu para decorar com flores a urna neoclássica Versace de ouro que tinha 50 x 30 centímetros e carregaria as cinzas de Gianni de volta para a Itália. Quando Sands chegou, por volta das 4 da tarde, Antonio estava sendo entrevistado pela polícia, e foi bem mais aberto do que anteriormente sobre ele e Versace contratarem garotos de programa em Miami Beach. Porém o interrogatório foi interrompido, a pedido da família, para que ele fosse ajudar com as cinzas.

Israel Sands, enquanto isso, foi levado a uma sala no porão, onde havia uma mesa grande. Quando Charles Podesta entrou com o cônsul italiano e a caixa contendo as cinzas, pediram para que Sands fosse para a biblioteca. "Charles falou: 'Eu quero que você trabalhe lá em cima. Não quero levar o Sr. Versace para o porão'." A caixa com os restos mortais foi colocada então em uma caixa maior de madeira com vários selos oficiais. Finalmente a caixa foi lacrada com fita na presença do cônsul.

Donatella havia pedido que várias orquídeas brancas fossem colocadas sobre a caixa. Sands se lembra de ter pensado: "Se eu tiver que fazer isso, vou fazer todo o serviço como se estivesse embalando um presente. Eu fiz duas guirlandas para poder enrolar a caixa nos dois sentidos com orquídeas dendróbio e ramos de podocarpo". Observado o tempo todo por um membro da equipe de empregados da casa, ele trabalhou rapidamente, porque os Versace "estavam com pressa". Sands saiu às 7h30 da noite. "Vinte minutos depois, Donatella estava no carro em direção ao aeroporto." Ela nunca mais voltou a South Beach.

35

ACIDENTES EM MIAMI

O assassinato de Versace e a ampla cobertura que ele gerou sacudiram tanto o FBI quanto as autoridades locais. "A imprensa certamente conduziu o caso", diz o agente do FBI de San Diego Peter Ahearn sobre a investigação que se sucedeu. Andrew Cunanan se tornou de repente a figura principal de uma das maiores caçadas, talvez *a* maior caçada, na história do FBI, comparável com a busca pelo assassino de Martin Luther King, James Earl Ray, ou com a bem-sucedida perseguição a John Dillinger. A evidência encontrada na picape de Reese fez com que tanto Chicago quanto Nova Jersey emitissem mandados de prisão por homicídio qualificado. As duas acusações continham pena de morte – Nova Jersey na corte federal, Chicago no estado de Illinois.

Se nas primeiras horas após a morte de Versace o Departamento de Polícia de Miami tinha de fazer tudo acontecer com poucos recursos, dentro de um dia o lugar foi invadido com tecnologia de ponta – analistas e computadores do Departamento Policial da Flórida, assim como o FBI e todos os seus recursos, desde os chefões nos quartéis em Washington até os agentes em 56 escritórios pelo país.

"Com o assassinato de Versace", diz o antigo diretor adjunto do FBI, William Esposito, "eu liguei para as pessoas que estavam cuidando da investigação e falei: 'Olha, a gente precisa encontrar esse cara. Eu quero ativar o centro de comando. Quero duas teleconferências diárias com todos os escritórios envolvidos'. Mas eu quero isso no nível mais baixo – geralmente eu não lido com os agentes que estão cuidando do caso. Eu quero os agentes do nível supervisor". Ele cita todos os escritórios na caçada: San Diego, Los Angeles, São Francisco, Chicago, Minneapolis, Filadélfia, Nova York e Miami. "'Eu quero duas ligações por dia saindo do nosso centro de comando para descobrir o que está acontecendo e o que eles vão fazer nas próximas 24 horas.'" Além disso, Esposito disse ao agente especial do FBI responsável por Miami, Paul Philip: "Eu não ligo se você precisar colocar quatrocentos agentes na rua. Eu quero que faça isso. Quero que você não deixe pedra sobre pedra".

Enquanto o Departamento Policial criava uma linha do tempo dos crimes de Andrew e sua localização, e monitorava a imprensa em seu centro de comando recém-constituído dentro da sala de conferências do Departamento de Polícia de Miami Beach, cartazes de Andrew finalmente estavam sendo distribuídos em toda a South Beach. Paul Philip transformou seu escritório em um pequeno estúdio de TV, "para manter a pressão longe da tropa", ele explica de forma pouco sincera. "A gente começava com o programa *Today Show* ao vivo às 6 da manhã." Sua primeira entrevista do dia, diz Philip, era "com o *Good Morning America* ou *Today*, dependendo de quem vencesse a briga, e eu terminava com o *Nightline*. É difícil manter o ritmo". A única notícia de verdade para reportar, contudo, não fazia a polícia ou o governo local brilharem. Como podia ser, as pessoas perguntavam, que a picape de Reese ficara tanto tempo no estacionamento municipal sem ser notada pela polícia? Um funcionário do estacionamento com quem eu conversei explicou que os carros só começavam a ser checados depois da quarta ou quinta semana. Não era comum que as pessoas deixassem seus carros lá por semanas fora da alta temporada.

Na quarta-feira de manhã, Vivian Olivia, da Cash On The Beach, ligou para o tenente Noriega sobre o formulário da transação na loja de penhores que ela havia submetido com as informações de Andrew seis dias antes, em 10 de julho. No departamento de polícia, os formulários de lojas de penhores não eram computadorizados, mas arquivados manualmente. Como o formulário de Andrew tinha a ver com uma moeda, ele foi passado para os detetives de propriedades, que foram questionados se alguém havia reportado o roubo de uma moeda. Eles disseram que não. O detetive responsável pelos recibos de lojas de penhores então tirou três dias de folga. Quando voltou, no dia em que Versace foi assassinado, ele foi tirado da tarefa de lojas de penhores para ajudar com a investigação sobre Cunanan. Enquanto isso, o formulário ficou parado em sua mesa até ser descoberto no dia seguinte, depois de Olivia ter ligado. Como se a polícia não estivesse envergonhada o suficiente, o *Miami Herald* reportou – de forma errônea – que o recibo da loja de penhores havia sido encontrado na caminhonete de Reese.

O *Herald*, o jornal da cidade, nunca conseguiu entrar no ritmo. Nos primeiros dias cruciais, ele permitiu que a maior história no país fosse coberta por repórteres da seção de "Vizinhança" das notícias locais, enquanto seu principal repórter criminal não estava nem perto da praia. Por outro lado, o jornal rival, o *Sun-Sentinel*, destacou uma equipe inteira e cobriu a área. Em uma coincidência infeliz, o *Herald* havia começado, no domingo anterior, uma denúncia bem fundamentada e seriada das falcatruas relacionadas a horas extras no Departamento de Polícia de Miami Beach, sob o título "Colarinhos por dólares", que afirmava que o escândalo vinha sendo "tolerado pela polícia e pela promotoria havia anos". Agora os editores no jornal sentiram – de forma errada, argumenta a polícia – que era a hora da vingança contra o DPMB. De acordo com um promotor estadual, "eu recebi uma ligação de um editor de lá que estava desesperado por informações, e a citação essencialmente era 'Estamos sendo ferrados em nosso próprio quintal'".

Olivia contou para a polícia que Cunanan poderia voltar à loja dela, porque ela achava que a moeda penhorada por Cunanan parecia ter um significado especial para ele. A polícia começou a vigiar a loja de penhores, mas na sexta-feira a notícia já tinha vazado. Tanto o *America's Most Wanted* quanto o *New York Times* enviaram repórteres. Olivia conta: "Eu disse: 'Nada a declarar', porque eu tinha certeza de que Cunanan iria voltar". Contudo, no sábado, ela diz: "Eu estava me sentindo como Bill Clinton. Eu tinha que correr como a Madonna de óculos escuros até a loja".

A informação dada por Andrew na loja de penhores guiou as autoridades até o Normandy Plaza, onde, no início da noite de quarta-feira, trinta policiais apareceram para encher o hotel e procurar por ele. "Dentro de alguns minutos eles tinham cinco caras no telhado do outro lado da rua", diz o dono do Normandy Plaza, Roger Falin. "Eles bloquearam a rua. Dentro de alguns minutos eles tinham cinquenta ou sessenta pessoas aqui." Ronnie afirma que foi assediado pela polícia porque Andrew havia listado o quarto dele no formulário da loja de penhores. "Eu precisei contratar um advogado. A equipe da SWAT quebrou a porta. Eu ameacei processar", ele diz, se jogando na cama para demonstrar como havia sido mantido. "Tinha um time da SWAT aqui de braços e pernas abertas ao meu redor." Ronnie, contudo, afirmou não reconhecer a foto de Andrew. Na verdade, quando a polícia vasculhou o Normandy Plaza pela primeira vez, ninguém no Normandy Plaza disse ter reconhecido Andrew. Paul Philip diz: "Infelizmente para nós, quando passamos por lá eles ainda não haviam tido aquela 'epifania'".

"Primeiro olhamos nos quartos e não encontramos nada", diz Rose Marie Antonacci-Pollock. Mas isso mudou rapidamente, ela continua. "De uma noite para a outra, Miriam é capaz de descrevê-lo até as unhas dos pés bem cuidadas e os músculos da perna torneados." Miriam Hernandez defende seu lapso momentâneo de memória: "Eu pensei comigo mesma, eu conheço esse rosto – não sei de onde exatamente. Talvez eu estivesse assustada. Eles me deixaram tão nervosa quando me disseram que ele era um assassino – que ele já havia matado cinco pessoas. Eu não conseguia associá-lo – ele mudou de quarto três vezes... Eles falaram: 'Andrew Cunanan'. Eu respondi: 'Esse nome? Não'". Ela pensou nisso durante toda a quinta-feira. "Minha cabeça ficou martelando a noite toda; eu não consegui dormir. Eu cheguei naquela manhã, e sabe quando aquela luzinha acende no seu cérebro? Eu fui direto para onde eu tinha colocado o registro dele – eu puxei o registro e liguei para o meu irmão e falei: 'Esse é o cara'." Miriam afirma que ela ligou para o FBI, mas que o agente não estava na mesa dele. Mais tarde ela ligou para o Departamento de Justiça da Flórida, que passou a mensagem para a polícia de Miami Beach às 4 da tarde para checarem o quarto 322. O quarto não havia sido vasculhado anteriormente porque os mandados de busca se aplicavam somente a quartos ocupados, e o 322 estava vazio. Mas antes de a polícia chegar lá na sexta, Miriam se lembra: "então todos os jornais possíveis vieram. Aquele babaca foi o primeiro".

Ela se refere a Chuck Goudie, um repórter criminal veterano que cobria o caso Cunanan para a WLS-TV, uma estação de Chicago afiliada da ABC. Em maio, Goudie havia feito sua primeira entrevista em San Diego com Erik Greenman, o colega de quarto de Andrew, e também cobriu o assassinato de Lee Miglin. De acordo com Rad Berky, um antigo e respeitado correspondente na WPLG, a afiliada da ABC em Miami, Goudie estava "na cidade cobrindo as pistas que havia seguido até ali. Ele sabia que [a polícia] tinha ido até o Normandy Plaza. Ele foi até lá só para fazer uma matéria simples. Enquanto ele está na frente do hotel, alguém na recepção diz: 'Agora eu me lembro dele [Cunanan]. Ele ficou aqui. Venha aqui – o quarto dele ainda está aqui'". Goudie soube imediatamente que a polícia não tinha vasculhado aquele quarto. "No início do vídeo o gerente explica que a polícia não havia entrado naquele quarto", diz Tom Doerr, o diretor de notícias da WPLG na época. Este detalhe, no entanto, não deteve Goudie. Sentindo um furo jornalístico de proporções épicas, Goudie não apenas entrou no quarto – mas também pegou e mostrou para a câmera todos os itens possíveis que Andrew havia deixado para trás, desde uma caixa com cabelos até revistas pornográficas, invalidando todas as evidências ao fazer isso.

Quando a polícia apareceu pouco tempo depois, eles não faziam ideia de que Goudie já havia entrado no recinto, e foram vasculhar o quarto em busca de impressões digitais. Quando a matéria de Goudie apareceu no jornal das 6 naquela noite, as autoridades ficaram enfurecidas. "Se estivéssemos apresentando o caso a um júri, tudo naquele quarto seria colocado em dúvida e excluído", diz Carlos Noriega. "Deus me livre que a arma do crime estivesse lá." Rad Berky fala sobre o colega da ABC: "É um dos atos mais escandalosos que já vi um repórter cometer. Ele é tido como um dos melhores repórteres do ramo. É sintomático nesse tipo de caso. Existe essa vontade de ser o primeiro – conseguir o que ninguém mais tem".

"A gente sempre precisa se lembrar de que nenhuma história é maior do que a segurança pública e que nenhuma história vale mais que uma vida humana", disse Tom Doerr em uma nota que a WPLG se sentiu compelida a emitir diante do que Goudie havia feito. "Nós usamos a gravação da matéria dele; não sabíamos que ele havia entrado antes dos policiais", diz Doerr. "É estranho, mas todo mundo está tão ansioso para conseguir uma exclusiva que nem pensa."

Em vez de pedir desculpas, Goudie preferiu não comentar. Sua diretora jornalística, Phyllis Schwartz, emitiu uma nota e sugeriu a colegas de Miami que não fazia diferença ele ter entrado antes da polícia, porque a equipe de limpeza do hotel já havia limpado o quarto. Doerr diz: "Goudie insiste que ligou para a polícia para avisá-los *depois* de ter gravado a matéria. Mas eles o ignoraram". Phyllis Schwartz disse em sua nota: "A WLS-TV afirma que suas reportagens e captações de informações são legais, éticas e apropriadas durante a investigação em andamento". Só por segurança, a WLS contratou uma firma de advocacia importante de Miami para representar Goudie, que mais tarde recebeu um Prêmio Edward R. Murrow, da Associação de Diretores de Noticiários de Rádio e Televisão, por "sua cobertura contínua da caçada a Cunanan".

O tenente Noriega ficou com tanta raiva de Goudie que mandou Al Boza liberar um aviso furioso para a mídia para não se meter no caso. "Ficamos muito consternados", diz Noriega. "Eu liguei para o Boza e falei: 'Faça um aviso para a imprensa dizendo que esperamos uma conduta adequada deles. Isso é um homicídio, e o que eles estão fazendo é eticamente errado'." O aviso nunca foi enviado. "Para encurtar a história", Boza explica, "aquele aviso para a imprensa passou por quatro ou cinco revisões antes de uma versão muito, muito branda ser enviada". O aviso não mencionou Goudie ou contaminação de evidências, mas focou no uso de fontes anônimas. Ainda assim a nota foi amplamente criticada por algumas organizações jornalísticas, que a interpretaram como uma incursão contra os direitos da Primeira Emenda.

Embora a polícia continuasse cética, o pessoal do Normandy Plaza continuava a afirmar que não havia recebido nenhum dinheiro para mostrar o quarto 322 a Goudie. No entanto, um residente do hotel disse para a polícia que viu um dos funcionários aceitar pelo menos 20 dólares de um produtor local da NBC que queria acesso. A polícia então ficou sabendo que pelo menos nove equipes jornalísticas estiveram no quarto.

Para a mídia de Miami, a caçada a Cunanan era o equivalente a noticiar uma guerra. Ramon Escobar, um diretor jornalístico assistente da WTVJ, rede pertencente à NBC, que é abertamente gay, foi promovido a jornalista de campo da emissora. Como o especialista da equipe, ele sabia onde colocar suas tropas na busca por Cunanan. Ele também foi capaz de responder a perguntas constrangedoras como "O que é uma Bubble Butt [bunda redondinha]?". Escobar recebeu ligações anônimas de um colega gigolô de Andrew em Nova Jersey chamado Steve, que afirmou (incorretamente) que Andrew havia estado na primeira posse de Clinton. Ele também disse que havia recebido um e-mail de Andrew, embora ninguém se lembrasse de já ter visto Andrew usando um computador. Seguindo uma dica de Steve de que Andrew poderia estar usando o computador da biblioteca, Escobar, que morava perto do Normandy Plaza, visitou a unidade mais próxima da Biblioteca de Miami e descobriu que o FBI já havia passado por lá antes dele. Andrew realmente havia estado no local, mas não foi possível descobrir se ele usou o computador.

Os moradores locais assistiam às grandes redes de TV desfilarem com equipamentos imensos. Caminhões com satélites mantidos com equipes 24 horas por dia – que custavam 10 mil dólares a diária – se tornaram uma cena comum. De vez em quando a imprensa chegava bem perto de perder o controle. Na quinta-feira, por exemplo, o cadáver ensanguentado e nu de um médico cubano foi encontrado amarrado em sua cama em estilo sadomasoquista perto de Miami Springs. O suspeito era um homem jovem que ele havia levado para casa e que o roubou. O médico, que tinha esposa e filhos em Cuba, não era abertamente gay, mas como a descrição do suspeito parecia com Cunanan, seu assassinato se misturou ao frenesi da caçada e ele foi tirado do armário ao vivo na TV.

O primeiro dos dois serviços funerários em homenagem a Versace foi uma das maiores performances artísticas para a TV ao redor de seu assassinato. Na sexta-feira, às 11 da manhã, a missa da ressurreição em homenagem a Versace foi celebrada na Igreja Católica de São Patrício, em Miami, por vários padres, incluindo dois bispos. Foi organizada oficialmente pela Arquidiocese de Miami, que enviou uma nota à imprensa. A Casa Casuarina mandou arranjos florais. "Até as pessoas que prestavam homenagens sabiam muito pouco sobre quem era Versace", diz Jim DeFede, um repórter do *New Times*. "Cada um dos idiotas e perdedores de South Beach apareceu por lá", acrescenta Tom Austin. "A comissão inteira da cidade, todos os prefeitos e gerentes municipais. Eles não permitiam câmeras lá dentro." Mas, do lado de fora, a congregação vestida de preto posava para as câmeras com seus óculos escuros e camisetas Versace de 200 dólares enquanto a polícia e o FBI se infiltravam na multidão, caso Andrew tentasse voltar para um último momento de glória sob os holofotes. "A missa foi muito estranha", diz Israel Sands. "O padre estava se esforçando para estar no nível de sofisticação esperado. Ele citou Madonna e cantou uma canção de *Evita* no púlpito – 'Where Do We Go From Here?'." Tara Solomon diz: "Paramos de choramingar e nossos queixos caíram levemente". Sands acrescenta: "O padre fez um bom sermão, e fez uma alusão ao casaco de muitas cores de José – um casaco Versace. O padre não deixou pedra sobre pedra na família de Cristo. E ele não se deu mal com isso. Parabéns pra ele".

Nem todo mundo gostou de se banhar no brilho da mídia. "Nesse caso a imprensa ficou no caminho", diz o sargento de polícia, Richard Pelosi. "Não podíamos usar os nossos rádios." O detetive Paul Marcus acrescenta: "A gente precisava usar telefones de linha por causa da imprensa. O *Herald* e as estações de TV podiam monitorar os rádios. Precisávamos ser muito cuidadosos – não podíamos usar nem mesmo telefones celulares", lembra Pelosi. "Um dia, de repente, tinha uma câmera e um microfone boom numa vara do lado de fora da nossa janela no terceiro andar. O microfone era de um canal local. Corremos com eles dali." Navarro mostrava a Noriega as mensagens nas secretárias eletrônicas de repórteres mulheres implorando por migalhas de informação. "Parecia que elas estavam oferecendo seus corpos – 'o que você quiser, o que você precisar'. Eu não consegui atender meu telefone no primeiro mês", diz Navarro. Um repórter chegou a fazer até mesmo uma matéria sobre não conseguir nada além da mensagem na secretária eletrônica!

Scrimshaw ficava cada vez mais desgostoso. "O escritório da procuradoria estadual queria um fim definitivo das conversas com a imprensa, porque estavam pensando no caso O.J. E o que a imprensa queria saber era inócuo. A questão aqui é que o caso foi tirado da gente."

Scrimshaw continua: "Fomos forçados a atropelar pistas em vez de conduzir a investigação que precisávamos conduzir". O FBI também não estava compartilhando informações. "Dependíamos do FBI para certas coisas, e se eles a faziam, não diziam pra gente. Ficamos sabendo que o FBI não daria relatórios por escrito." Como resultado, o efeito prático de todas as diretivas do vice-diretor Esposito ao FBI nacional foi reduzido – pelo menos para o investigador líder da polícia de Miami Beach – a relatórios verbais passados pelo agente novato Keith Evans.

Para Scrimshaw, uma das partes mais frustrantes da investigação foi o fato de que ele não estava recebendo nenhum retorno da Europa sobre Versace e seus negócios. "Primeiro a [conexão] italiana me disse que ajudaria no que pudesse", relata Scrimshaw. "Quando eu liguei de volta na segunda vez, ele falou: 'Preciso pedir a autorização do meu superior'. Eu pensei ter ouvido uma hesitação quando perguntei sobre crime organizado. Eu falei: 'Preciso saber se está havendo uma investigação'. Foi aí que as comunicações cessaram. Ele nunca retornou minhas ligações, e desapareceu da face da Terra."

Enquanto isso, pistas inúteis vinham de todos os cantos do mundo. Um médium suíço que balançava um pêndulo disse que Andrew sairia de Ottawa e iria para Montreal. Outros afirmavam tê-lo visto no Brasil e no México. A única pista relevante veio do dono de um barco, Guillermo Volpe, que tinha chegado na quarta-feira, dia 16, após passar quatro dias fora, e descobriu que alguém tinha invadido seu barco de sete metros que estava ancorado em uma encosta na Avenida Collins em Indian Creek, a cerca de quinze quarteirões de distância do Normandy Plaza. Ele encontrou pão pita envelhecido e jornais abertos em notícias da morte de Versace, incluindo um jornal da cidade natal de Versace, o *Corriere Della Sera*, de Milão. Ele também viu um homem parecido com Cunanan sentado em um banco próximo lendo um livro de navegação que mais tarde ele percebeu que havia sido tirado do seu barco. A polícia não encontrou nenhuma evidência forense no barco, mas achou uma camisa polo vermelha, que poderia ser a camisa vermelha da pessoa avistada pelo policial no telhado do estacionamento da Rua 13 logo após o assassinato de Versace, quando o cachorro identificou o cheiro de Andrew.

Como o FBI não havia começado o processo de criar um perfil de Andrew, a polícia de Miami Beach decidiu fazer o perfil sozinha. Eles receberam a ajuda de Steve Nauck, de San Diego, que estava em treinamento em Miami com a PanAm World Airways e disse para a polícia que era como um "irmão caçula" para Andrew. Nauck deu uma longa lista das preferências de Andrew – Chicago e Minneapolis estavam entre suas cidades favoritas no Estados Unidos, e Milão estava entre suas cidades favoritas na Europa, por exemplo. Nauck disse que uma das fantasias favoritas de Andrew "tinha a ver com sadomasoquismo e 'foder alguém até a morte'". Nauck acreditava que Andrew iria se disfarçar ou como surfista ou como *crossdresser*. E assim outro estereótipo, o da *drag queen*, tão rejeitado por homens gays ao comentarem as notícias da polícia e da imprensa sobre Andrew, veio de um dos seus amigos gays.

No domingo, o quinto dias após a morte de Versace, ainda não havia nenhum sinal de Andrew, e a investigação começou a esfriar. O FBI já havia saído do Departamento de Polícia de Miami Beach e voltado para o quartel-general em Miami. Alguns enxergaram isso como sinal de que o FBI estava desanimado por causa do desastre com a loja de penhores e outros erros policiais e decidira se retirar. Paul Mallett insiste que o FBI saiu para não impedir "uma investigação de homicídio".

No domingo Andrew foi visto no Hotel Hilton do Aeroporto de Miami. Rose Marie Antonacci-Pollock, que acompanhou a polícia até lá, diz: "Foram reunidas armas suficientes para começar uma pequena guerra". Um esquadrão que parecia ser de fuzileiros vestia coletes de velcro à prova de balas que exibiam as letras "FBI". Os agentes encontraram duas faxineiras aterrorizadas que pensavam ter visto Cunanan. Como resultado, o registro foi sondado em busca de "quartos quentes" – aqueles habitados por recém-chegados, sem reserva, indivíduos que pagavam em dinheiro, e homens solteiros. Os agentes do FBI tiveram permissão de procurar apenas depois de baterem na porta anunciando quem eram. Em um quarto em que não obtiveram resposta, conta Antonacci-Pollock, "eles arrombaram a porta e encontraram uma família que dormia profundamente e nem acordou".

Tudo em vão. Andrew também não foi encontrado no Hilton.

36

ME MOSTRA A GRANA

Assassino gay e Tom Cruise
Exposto!
Chocante
A verdade por trás da
Matança

"O assassino em série gay Andrew Cunanan está loucamente apaixonado por Tom Cruise! O monstro doentio falou abertamente sobre matar a bela esposa do astro, Nicole Kidman, para que pudesse ter Tom só para ele – para amarrá-lo e humilhá-lo por prazer."

– *National Enquirer*, 5 de agosto de 1997

"Por dentro da mente doentia do assassino em série gay
Serei mais famoso que Liberace
Ou Rock Hudson
Estou indo embora para cuidar dos meus negócios... Eu vou fazer essas pessoas sofrerem pelo que fizeram comigo. Eu serei o pesadelo do qual elas nunca acordarão."

– *Globe*, 5 de agosto de 1997

Beijo da morte
Por trás da máscara sorridente do assassino: A chocante
História não contada.
Esposa e filha secreta
Uma fila de amantes ricos
Seu assassinato cruel – aos 8 anos
Amante que escapou
– *Star*, 5 de agosto de 1997

O "Amante que escapou" do jornal *Star*, Tim Schwager –, o gerente assistente do restaurante Denny's, de São Francisco que passou uma noite com Andrew e acordou com três chupões –, foi transformado após a morte de Versace. Depois de "escrever" sua história para uma seção especial da *Newsweek*, ele apareceu em seguida no *Star* como "gerente de restaurante". No ainda mais bagaceiro tabloide britânico *News of The World*, Schwager se tornou um "*restaurateur* de Hollywood" que acordou "com estranhas marcas, que pareciam de vampiro, em todo o seu corpo".

Os tabloides colocaram Andrew como o próximo O.J. Simpson ou JonBenét Ramsey. Enquanto a caçada continuava, a história de "Quem é Andrew Cunanan?" focava em Hillcrest, onde apenas alguns poucos amigos se abstiveram de dar entrevistas. Vários antigos amigos de Andrew tentaram ganhar dinheiro com a situação. A cobertura foi de falsa e lúrida no *Enquirer* a trivial e forjada no *Star*, que, supostamente, pagou cinco dígitos a Shane O'Brien por uma entrevista e uma mochila velha de Andrew com camisinhas e um creme depilador que ele tinha em algum canto. O tabloide noticiou sem parar: "Entregamos a mochila para o FBI, que ficou animado com a mais nova peça do quebra-cabeça Cunanan. 'Esta é uma evidência importante', diz um agente do alto escalão. 'Agradecemos ao *Star* por fazer mais do que deveria para ajudar'". De acordo com um vizinho não identificado que ninguém no tabloide se lembra de ter entrevistado, Andrew "estrangulou um gato aos 8 anos de idade", e a Gamma Mu era "uma sociedade homossexual sórdida cujos membros milionários não poupavam despesas ao realizarem a paixão por sexo devasso entre homens ricos".

Ainda mais alucinante, para os leitores curiosos da *Enquirer*, Andrew "descreveu fantasias sexuais bizarras em relação a vestir Tom Cruise em um traje de couro completo de sadomasoquismo, dominá-lo e humilhá-lo". Apesar do fato de Erik Greenman, o último colega de quarto de Andrew, só ter mencionado Tom Cruise brevemente em outras entrevistas – apenas como uma estrela do cinema favorita –, a história de Greenman mudou radicalmente depois que ele recebeu 85 mil dólares do tabloide.

A obsessão com a história de Cunanan surpreendeu até mesmo repórteres veteranos no ramo do tabloide, como Santina Leuci, do programa *Hard Copy*. "Você começa a fazer cheques mais altos do que o seu salário de um *ano* inteiro." Erik Greenman, por exemplo, foi muito perseguido porque as pessoas que mais conheciam Andrew estavam evitando a imprensa. Robbins Thompson se escondeu no México depois de ser tirado do armário, e Norman Blachford não precisava do dinheiro ou da publicidade. Ainda assim, Diane Sawyer mandou uma carta pessoal para Blachford esperando por uma entrevista no programa *PrimeTime Live*. O irmão e as irmãs de Cunanan receberam buquês de produtores de TV "incomodados" por não poderem pagar diretamente por entrevistas, mas que podiam pagar por viagens, com todas as despesas pagas, para Nova York, incluindo serviço de limusine. Alguns programas de TV das cadeias de revistas estavam dispostos a pagar por fotos na esperança de conseguir uma entrevista desta forma.

"As pessoas secundárias, que meio que conheciam Andrew Cunanan, eram as maiores babacas com quem já lidei", diz Santina Leuci. "Havia um cara que supostamente era amigo de Andrew, que matou cinco pessoas, e aqui estão eles negociando com programas de TV. Eles nem estavam sendo úteis para a polícia ou para a imprensa local." O supervisor adjunto do FBI de San Diego, Peter Ahearn, confirma isso: "O esforço que as pessoas fazem para evitar falar conosco pra ganhar dinheiro – é estarrecedor". Santina Leuci nem precisou usar seu bordão costumeiro: "'Você não será pago pelo *Dateline* ou pelo *PrimeTime Live*. Eu posso te pagar por isso'. Persistência é uma parte necessária, e você não dá muito tempo para eles pensarem". No fim, contudo, até a polícia queria receber. Lee Urness, que, como chefe da Força-Tarefa de Fugitivos de Minnesota, estava liderando a investigação, assinou um contrato para ser consultor em um filme da semana (que acabou cancelado) da ABC-TV sobre Andrew. Ele então se tornou pouco disponível para entrevistas.

Até mesmo alguns dos amigos ricos de Andrew tiveram as mãos molhadas. Dois colegas de classe da Bishop, um deles formado em uma universidade da Ivy League, estavam dispostos a falar, mas só se recebessem. Quando eu os rejeitei, eles fizeram uma contraproposta tentando vender o que Andrew havia escrito no anuário deles como uma alternativa para a taxa que cobravam pela entrevista. Em La Jolla, a mãe de uma das alunas da Bishop atuava como sua agente. "Quanto você quer pagar à minha filha?", ela exigia saber. "Eu não pago, não posso", respondi. "Então minha filha não tem nada a dizer para você." MaryAnn Cunanan, sob medicação pesada, era vigiada pelo FBI. "A mídia estava praticamente vivendo na casa da mãe de Cunanan", diz o porta-voz do FBI de San Diego, Carl Chandler, "colocando luzes nas janelas, batendo na porta". Por fim, os repórteres se tornaram tão invasivos que o FBI decidiu colocar a mãe de Andrew em um avião no meio da noite e levá-la para São Francisco, onde a esconderam em um programa de proteção a testemunhas. "Eles criaram um plano elaborado de bloquear a imprensa com os nossos carros", explica Peter Ahearn. "Eu disse não." Em vez disso, Ahearn sugeriu levá-la quando a imprensa saísse, por volta das 11 da noite, depois dos últimos noticiários. "Eles dirigiram direto – ela estava muito assustada. Esses agentes se importavam com ela. Ela era um exemplo claro de 'você pode escolher os seus amigos, mas não os seus parentes.'"

O pai de Andrew foi informado do assassinato de Versace por um político local nas Filipinas, que apareceu com uma rede de televisão e nunca tentou conversar com ele separadamente. Pete Cunanan rapidamente negou que seu filho fosse homossexual ou capaz de cometer um crime daqueles. Mais uma vez, ele contradisse sua esposa para a Associated Press. "Ela estava mentindo. Meu filho não é assim. Ele não é um garoto de programa de classe alta. Ele teve uma educação católica. Ele era um coroinha." Pete Cunanan afirma que, quando dirigia seu carro, "as equipes de televisão não me deixavam nem sentir luto pelo meu filho. Elas tentavam me emboscar".

Como os repórteres não estavam conseguindo entrevistar nenhum membro da família de Cunanan, que só começariam a aceitar dinheiro depois da morte de Andrew, Erik Greenman era o grande "alvo". Pobre, sem direção, Erik inicialmente iria aceitar meros 40 mil dólares do *Globe* por sua história, mas então ele ligou para a sábia e velha rainha, Nicole Murray-Ramirez, que rosnou: "Entre no seu carro e venha até minha casa. 40 mil? Você está louco!". Erik estava nervoso e indeciso, mas não Nicole, que ligou para o *Globe* para dizer que o novo preço era 80 mil dólares. O *Globe* insistiu em ver primeiramente que tipo de foto eles tinham para oferecer. "Tudo bem", disse Nicole. A taxa para ver era de 5 mil dólares, sem devolução. O *Globe* aceitou e mandou um cheque. Então Nicole ligou para a *National Enquirer*, que ofereceu 85 mil dólares. Erik não tinha estômago para aguentar aquilo. Ele disse a Nicole para aceitar os 85 mil dólares, dizendo: "Quero sair da cidade". Nicole ficou profundamente desapontada. "Eu sou mestre em negociação. Erik ficou assustado. Ele poderia ter recebido bem mais que aquilo. Mas Erik começou a ficar paranoico."

Até Nicole se surpreendeu com as matérias que saíram. "Algumas informações que ele deu eram besteira pura. Eu falei: 'Que coisa é essa de Tom Cruise?' Ele disse: 'Eles me disseram para apimentar, deixar mais interessante. Eu também achei idiota'."

Anthony White, o doceiro que trabalhava no California Cuisine e que mal conhecia Andrew, foi contatado por alguém que se dizia um agente e que falou que ele poderia ganhar milhares de dólares se concordasse em aparecer na TV dizendo ser um dos melhores amigos de Andrew. Quando White se negou, o agente disse a ele: "Não seja ridículo, eu tenho um cara que saiu do culto Heaven's Gate há sete anos e agora é um consultor sênior em Hollywood de um filme feito para a televisão". Antes do fim da semana, White recebeu 4 mil dólares do programa *Hard Copy*, mas ele não falou que era amigo próximo de Andrew.

Mesmo antes de Versace ser assassinado, Steven Gomer, o velho amigo de Andrew em São Francisco, havia dito ao *San Francisco Chronicle* que Andrew havia falado com ele sobre *bondage*, máscaras de látex e seu grande interesse por sexo sadomasoquista. Depois do assassinato de Versace, Gomer foi inundado: "*Larry King, Entertainment Tonight, Inside Edition, Good Morning America, Today Show* e o *Hard Copy* ligaram milhões de vezes". Antes de aparecer em qualquer lugar, Gomer testou o mercado com um produtor do *Hard Copy*. "Ela disse 5 mil dólares, e eu respondi 50 mil, então ela falou: 'Bem, talvez a gente consiga fazer algo na metade do caminho – de 15 a 25 mil'". Gomer ouviu que se aceitasse ir ao programa com o rosto escurecido em silhueta, ele receberia apenas 15 mil, mas se estivesse disposto a mostrar sua cara diante das câmeras, ele poderia receber 25 mil. Aquele preço não foi considerado alto. "Se fosse durante *sweeps* [momentos pré-definidos em que a audiência de um programa é medida]", diz um produtor de tabloide, "os talões de cheque teriam se aberto ainda mais".

No meio das negociações com o programa *Hard Copy*, Gomer recebeu uma mensagem de outra produtora de tabloide. Ela disse a ele: "Eu sei que você é amigo de Andrew. Eu só queria conversar com você. Estou no meu celular, dentro do carro. Estou a caminho da minha consulta com o psicólogo. Estou indo numa terapia de casal. Estou indo me encontrar com o meu namorado e é um compromisso de uma hora. Estamos fazendo terapia em grupo. Me deixa te dar uma ligada assim que eu sair".

"Aquela era uma tagarela", diz Gomer. "Ela me contou mais do que eu falaria para alguém que conheço há três anos." Quando a produtora ligou novamente, Gomer pensou ter ouvido o barulho de crianças ao fundo. "'Ah, desculpa, são os ratos do meu namorado'", ela disse. "Então eu comecei a dar alguns pedacinhos de informações, e ela começou a espumar pela boca." Gomer recebeu um total de 175 pedidos da imprensa e da televisão. Falando por vários amigos de Andrew, ele disse: "Por mais que eu esteja triste pelo meu amigo, e realmente sentindo muito pelo que está acontecendo, não dá pra evitar sentir certa empolgação com o fato de que as pessoas realmente se importam com o que você tem a dizer". De repente, em seu mundinho, Gomer se tornou uma celebridade. Seus amigos estavam ansiosos para descobrir qual oferta ele escolheria. Ele acabou rejeitando todas as ofertas porque seus patrões não viam a situação com bons olhos. "A única coisa que eu faria era o *Capital Gang* [o programa político da CNN em Washington]." Os amigos de Gomer ficaram chocados. "Eles disseram: 'Quem é Capital Gang?'."

Outros tinham poucos escrúpulos. Philip Horne, embora só tivesse se encontrado com Andrew uma vez, juntamente com Steven Gomer no Midnight Sun, quando Andrew mentiu para ele sobre se tornar seu colega de quarto, achou que ir para a TV e dar entrevistas ajudaria sua firma de advocacia. Ele apareceu várias vezes na mídia impressa e na televisão, com e sem cachê, como amigo de Cunanan. Eric Gruenwald, para quem Andrew supostamente contou a respeito da frase sobre Coco Chanel depois de ter conhecido Versace, também foi visto muitas vezes. Mas Karen Lapinski, colega de Lisa Kudrow e amiga de faculdade de David Madson, e seu noivo, Evan Wallit, que trabalha para a Reserva Federal em São Francisco, estavam em outro patamar. Eles talvez tenham recebido mais dinheiro que todo mundo – na casa dos seis dígitos – pelas "Fotos Exclusivas Mundiais" que venderam para o *Star*, que mostravam Andrew e David se abraçando em um sofá – fotos nas quais Andrew parecia drogado. Lapinski e Wallit, que professavam intimidade com David e que testemunharam a intimidade de seu relacionamento com Andrew, mais tarde também colocariam no mercado uma foto obscena do mesmo rolo de filme, com um Andrew sorridente exibindo seu pênis para a câmera.

No início Wallit buscou um contrato para um livro para Karen, embora ela nunca tivesse escrito profissionalmente. Quando o casal ofereceu as fotos por valores cada vez mais altos, a família de David Madson pediu para que não fizessem isso. Os Madson disseram que ver tais fotos de David e seu assassino era doloroso demais para eles. Mas Lapinski e Wallit estavam determinados, recusando todas as entrevistas. "Eu não posso controlar o que as pessoas sentem", diz Wallit. "Acho que é triste, mas é tudo o que tenho para dizer." Lapinski, que certa vez acreditou que seu casamento seria pago por Andrew – depois que David a levou até o altar –, enviou uma orquídea para a Sra. Madson no dia das mães de 1997. Depois que as fotos que Lapinski e Wallit tiraram de Andrew e David apareceram no *Star*, Carol Madson enviou a orquídea de volta, morta.

37

O ARCO-ÍRIS

Os antigos conhecidos de Andrew não eram os únicos em atividade. O FBI de San Diego foi colocado em alerta assim que ouviu que os chefões em Washington queriam ligações em conferências duas vezes ao dia. Richard Sibley, o agente que organizou a segurança da Convenção Republicana Nacional em San Diego em 1996, estava responsável por estabelecer um centro de comando local. "Eu falei para Sibley: 'Depois que Versace foi apagado, a merda bateu no ventilador'", diz o diretor adjunto do FBI, Peter Ahearn. "'Vamos nos preparar. Vai sair do controle.' E *realmente* saiu do controle."

San Diego abriu um centro de comando com equipe extra e suporte computacional, todos prontos para a primeira conferência telefônica do dia, às 7h30 todas as manhãs. Havia pressão. De repente o FBI, que não tinha interesse algum nos traços de personalidade do fugitivo, estava em todos os cantos, tentando descobrir qualquer coisinha sobre Andrew. A contraparte de Keith Evans em San Diego era um homem jovem de 32 anos com roupas elegantes, chamado John Hause, que vestia jeans e carregava sua arma em uma mochila preta com uma alça sobre o ombro. "Nós demos início a um posto de comando automatizado sete dias por semana", diz Hause. "Fizemos muitas horas extras. As coisas precisavam ser feitas imediatamente; os resultados precisavam ser comunicados imediatamente. Envolveu muita gente – o nível de atividade foi muito alto. Assim como o estresse."

Uma das prioridades foi aumentar os esforços para contatar pessoas que ainda não haviam sido contatadas ou recontatar velhos amigos. Mas, de acordo com os registros do FBI, não há uma indicação de que pistas vindas de amigos como Shane O'Brien, que disse para o FBI que Andrew havia mencionado jantar com Versace pelo menos uma vez ao ano desde 1991, foram passadas adiante. Se os agentes do FBI que receberam essa informação acharam que tinham perdido alguma coisa relacionada a Versace, eles não colocaram isso nos arquivos. Kevin Rickett, responsável pela investigação sobre Cunanan, me disse que ele também ouviu dizer que Andrew havia conhecido Versace, então me perguntou: "Você foi capaz de confirmar isso? Eu ouvi todo tipo de história". Alguns minutos mais tarde ele me disse que não tinha certeza de quando ouviu isso pela primeira vez – antes ou depois de Versace ser assassinado. "Eu digo que foi depois."

Quando homens gays e VIPs do alto escalão foram mencionados como nomes que Andrew havia falado por aí, eles foram avisados pelo FBI, especialmente na Costa Oeste. Em San Diego, o FBI alertou o ex-policial que virou escritor, Joseph Wambaugh, que negou já ter conhecido Andrew, apesar dos vários conhecidos de Andrew que afirmavam o contrário. Wambaugh falou para a impressa: "Aparentemente ele gosta de falar nomes e é fã dos meus livros. Eu só espero que ele compre mais alguns antes que a polícia acabe com ele".

Em São Francisco, o FBI visitou os *socialites* Gordon Getty e Harry de Wildt, ambos pela primeira vez. "Parece que Gordon Getty e eu fomos as únicas pessoas que eles acharam que precisavam avisar", Harry de Wildt falou para o *San Francisco Chronicle*. "Parece que Gordon e eu somos os maiores ídolos dele aqui em São Francisco. Aparentemente ele admirava nosso estilo de vida tanto quanto admirava Gianni Versace pelo seu sucesso." Harry de Wildt pareceu calmo. "Então quer dizer que tem um lunático solto pelo mundo – não estou nervoso." De acordo com De Wildt, ele não foi questionado se conhecia Andrew ou não.

David Geffen também afastou a ideia de que Andrew representava qualquer ameaça quando o FBI o alertou, mas não Steven Spielberg, que ligou para seu parceiro da DreamWorks e implorou para que ele contratasse um segurança. Geffen diz que se recusou e continuou a viver em sua casa na praia, em Malibu, sem nenhum segurança. "Eu moro em uma praia pública há 24 anos; nunca precisei de segurança. Isso não quer dizer que alguém não pode me matar ou a você. Se eles conseguem colocar as mãos em Reagan, eles conseguem me pegar." Ainda assim seus amigos ficaram atrás dele, e isso surtiu um efeito. "As pessoas ficavam assustadas por mim a tal ponto que me assustou", continua Geffen. "Eu levo uma vida quieta, confortável, pensando que tudo vai dar certo no final. Muitas pessoas têm medo de viver a vida delas. Eu não sou assim."

O FBI continua a afirmar que foi apenas com o assassinato de Versace que eles entenderam que talvez as celebridades fossem as vítimas de Cunanan. "Eu entrei numa entrevista ao vivo", diz Ahearn, "e o cara falou: 'O povo tem o direito de saber quem, nessa comunidade, está sendo visado por Andrew Cunanan. Ouvimos dizer que existe uma lista'. Eles presumiam imediatamente que, se Andrew falasse sobre alguém, então esse alguém era gay". Ahearn disse que essa suposição é injusta. "Qual é a nossa responsabilidade com essas pessoas? Contar para elas: 'Esse cara falou sobre você, fique alerta'. Isso se tornou uma lista de morte. Os nomes foram a público depois da morte de Versace. Não havia nenhum motivo para indagar sobre pessoas famosas *antes* daquilo. O *modus operandi* dele era andar com os ricaços. Versace adicionava fama."

Para aliviar o pânico crescente, o FBI em São Francisco, por exemplo, desmentiu minha história da *Vanity Fair* para o *Chronicle*, a matéria que dizia que Andrew havia conhecido Versace na época em que a ópera *Capriccio* foi apresentada por lá, em 1990. Quando liguei para o FBI em São Francisco, minha ligação não teve retorno. Meses mais tarde, George Grotz, o porta-voz do FBI em São Francisco, que se recusou a ser entrevistado, deixou subentendido que havia negado o que reportei "porque as pessoas achavam que havia uma lista de alvos" e o FBI precisava acalmá-las.

A parte mais controversa da cobertura midiática de Cunanan em San Diego não teve nada a ver com listas. O *Union-Tribune*, que havia desprezado a história de Cunanan por meses, apareceu subitamente no sábado, 19 de julho, com uma manchete de primeira página: "CUNANAN JUROU SE VINGAR POR CAUSA DE HIV, CONSELHEIRO DE HILLCREST DIZ QUE ASSASSINO ESTAVA CONFUSO E COM RAIVA". O jornal citou Mike Dudley, um conselheiro voluntário em David's Place, uma agência sem fins lucrativos e cafeteria em Hillcrest, que afirmava que em fevereiro de 1997, dois meses antes dos assassinatos, Andrew havia se aproximado dele dizendo que estava com medo de ter pegado o vírus da Aids. O *Union Tribune* explicou: "Dudley ficou quieto por meses, mas então falou para a polícia sobre seu encontro com Cunanan na noite de quinta-feira, depois de decidir que sua obrigação de proteger as pessoas de Cunanan era mais importante que sua própria confidencialidade". Dudley descreveu um Cunanan nervoso e esgotado, que chutava a parede e dizia: "Se eu descobrir quem fez isso comigo eu vou matá-lo".

O caos foi instaurado. Nicole Murray-Ramirez chamou Dudley de mentiroso e enxergou a história como uma farsa. "Se eles fizessem Andrew parecer louco, caso ele fosse pego e incriminasse alguém importante, ele poderia ser desacreditado", Nicole falou com raiva. "Minha cruzada era contra essa coisa do homem gay com HIV. Informar as pessoas de que Michael Dudley era um falso. Não havia prova." David's Place também desabonou Dudley, acusando-o de ter falado com um vizinho repórter que o indicou para o jornal, e que ele contou sua história para a imprensa antes de falar com a polícia. Dudley afirma ter ligado para a polícia antes, mas diz que eles não se importaram.

Dudley considerava Andrew um viciado clássico, que se preocupava quando não usava preservativo. "Eu lidei com centenas e centenas deles, e as reações dele eram típicas – incluindo surtos violentos –, com a diferença de que ele agia como um garoto assustado." Ele diz que conhecia Andrew de visitas anteriores. "Ele vinha com frequência. Eu reconhecia o rosto dele." Dudley afirma manter diários em áudio de tudo que faz. Nicole Murray-Ramirez, contudo, zombou da história – assim como muitos em Hillcrest – e foi levada de avião para Nova York para aparecer no *Today Show*. Nicole condenou a história enquanto brandia um exemplar do *Union-Tribune*.

Kelly Thornton, que reportou a história de Dudley, diz que acredita nele e que também entrevistou o dono do jornal, David Copley, que continuou a afirmar não conhecer Andrew, embora Nicole o acusasse do contrário. Thornton, que foi designada para o caso Cunanan em 12 de junho, dia em que Andrew entrou para a lista dos 10 Mais Procurados, diz que ninguém falou para ela não entrevistar Copley, mas acrescenta: "Eu não vou colocar perguntas muito invasivas – ele é o meu chefe".

Nicole criou furor, ainda que muitos em Hillcrest pensassem que ela estava sendo, no mínimo, oportunista. A mídia, contudo, estava desesperada por qualquer ângulo da história. "Eu nunca andei em tantas limusines em duas semanas, e eu já estive em limusines", relata Nicole. "*GMA* e o *Today Show* brigaram por minha causa, e cada um tentava me fazer prometer que eu não iria no outro programa."

Dudley, enquanto isso, foi banido das premissas de David's Place. Mas enquanto Nicole estava no *Today*, Dudley apareceu em Nova York no *Good Morning America*. Dudley fez com que os agentes do FBI em San Diego, que queriam interrogá-lo, fizessem isso antes das 4 da manhã, "porque a gente precisava pegar um avião bem cedo para chegar no *GMA*".

Quando Nicole voltou para Hillcrest, "as limusines estavam alinhadas na rua. Uma me levava para uma coisa e depois outra aparecia. Em um programa de TV independente, eles sabiam se eu queria ou não dois torrões de açúcar". Nicole evitou usar roupas de *drag* em rede nacional de TV, e apareceu usando ternos de tweed e riscas-de-giz. "As pessoas notaram. Elas disseram: 'A gente nunca mais te enxergou do mesmo jeito'."

A histeria da mídia logo criou sua própria histeria comunitária em Hillcrest. A Parada do Orgulho Gay, que era realizada anualmente, estava agendada para a semana seguinte, e as pessoas ficaram com medo de que Andrew Cunanan fosse voltar. Embora o FBI não falasse nada publicamente, a polícia de Seattle e o FBI estavam investigando um homem chamado Aaron, que se descrevia como um amigo de Andrew de Los Angeles. Ele afirmava ter se comunicado com Andrew via e-mail recentemente, e que Andrew estava indo para a Califórnia. Ele disse que Andrew havia conseguido um passaporte canadense por 3.200 dólares. De acordo com os registros do FBI, Aaron "não fez perguntas muito profundas, mas perguntou pelo menos uma vez por que ele estava fazendo tudo aquilo. Cunanan respondeu que estava cansado de ser usado... É óbvio para os interrogadores que [Aaron] não estava sendo completamente cooperativo. Isso podia estar vindo de um desejo de receber atenção policial, lealdade ou atração por Andrew, uma preocupação de que sua imagem se torne o foco de atenção da imprensa, ou, mais provavelmente, uma preocupação com o seu próprio status em coisas não esclarecidas que ele possa ter feito para ajudar ou esconder Cunanan".

Esposito também diz que Andrew havia entrado em contato com a mãe de uma colega dos tempos da Bishop, que vivia na Costa Leste, para perguntar como poderia arrumar um passaporte. Esses velhos amigos que ele contatou, contudo, não se apresentaram à polícia voluntariamente. O FBI descobriu sobre eles enquanto interrogava outras pessoas que conheciam Andrew. O FBI precisava de mais pessoas que estivessem dispostas a se abrir, mas não sabia onde encontrá-las. Em San Diego, a situação ficou tão desesperadora que Ahearn se dispôs a encontrar com um antigo agente do FBI, que havia sido mandado embora do escritório de San Diego em 1990, depois de vinte anos de serviço, após ter mentido sobre sua orientação sexual: era Frank Buttino, que já havia escrito um livro sobre as suas experiências, *Um agente especial: gay e dentro do FBI*. De acordo com Buttino: "Aqui estávamos, na segunda-feira [após a morte de Versace], e o FBI nunca veio atrás de mim, o gay mais proeminente do FBI no país. Eu conheço gays do FBI em todos os cantos do país. É de se pensar que entrariam em contato comigo". Uma agente que não estava envolvida com o caso Cunanan finalmente perguntou a Buttino se alguém já tinha abordado ele. Quando Buttino respondeu que não, ela deu um jeito de combinar um café entre ele e Ahearn. "Para mim é uma situação esclarecedora, me sentar lá e tomar café enquanto piso em ovos", relata Ahearn. "Eu falei 'comunidade homossexual', e Buttino falou: 'Sabe, preferimos ser chamados de gays'."

Buttino já havia dito para a agente: "Esse é um caso difícil para o FBI porque eles não têm fontes, e a comunidade gay não confia neles. Não é como na comunidade negra, onde eles colocaram informantes ao longo dos anos. Muitos ainda estão no armário, então como você entra em contato com eles?". Buttino então disse a Ahearn: "Vou fazer isso de uma maneira bem pública, especialmente na Semana do Orgulho Gay". Eles fizeram um acordo: Buttino se tornaria um consultor pago com uma mesa e um telefone no escritório central. Ele daria aulas de, como ele diz: "O Bê-á-bá Gay. Eles precisavam conhecer as comunidades gays e lésbicas e entender o quanto as pessoas têm a perder quando falam com você". Buttino sugeriu: "Por que não se juntar a uma pessoa gay que conhece Cunanan? Poderíamos ir aos bares em Miami – colocar uma escuta ou coisa do tipo".

Robbins Thompson, na verdade, já havia sugerido exatamente isso para o FBI, mas eles nunca deram uma resposta. Steve Nauck já havia usado escutas em bares gays em South Beach certa noite com a polícia de Miami Beach, sem resultados. "Eu me ofereci para ir até Miami. Eu iria a um bar – eu encontraria o cara em um dia. Eu olharia para as informações. Eu diria: 'Me dê as pistas', e eu poderia dar uma olhada nelas por vinte minutos." Robbins sentiu que estava sendo deixado de lado. "Eu acho que tinha um pouco a ver com preconceito", ele diz. "Eles queriam se ater às regras caso tivessem algum problema." Ahearn responde: "Me dê um motivo para eu mandá-lo, que não seja 'Eu vou andar nas ruas', e eu farei isso. Não era um bom custo-benefício". Tanto Robbins quanto Norman Blachford pensavam que Andrew iria para Nova Orleans em seguida, onde a previsão do tempo indicava a chegada do Furacão Danny. Blachford até mesmo se voluntariou para ajudar em Nova Orleans. Ele achava que sabia aonde Andrew provavelmente iria e estava certo de que poderia avistá-lo rapidamente. O FBI simplesmente não fazia ideia de *onde* Andrew estava.

O inspetor de homicídios do Departamento de Polícia de São Francisco, Joseph Toomey, ouviu as conferências telefônicas do FBI durante a caçada. Ele diz: "Eu não tive a menor sensação de que eles sabiam que Cunanan estava na Flórida".

Em Hillcrest, onde as pessoas estavam surtando, o FBI estava à paisana em todo o bairro. "O FBI era uma garota que me puxou pro canto e me deu o número dela", diz Matthew Roman, gerente da Hamburger Marys. "Ela me disse que se eu soubesse ou suspeitasse de alguma coisa, não precisava me preocupar – todo mundo estava sendo protegido na comunidade."

Erik Greenman estava sendo seguido por todos os cantos, de muito bom grado. "Eu não sei quantas vezes o FBI ficou do lado de fora do nosso bar", diz Joe Letzkus, dono de parte do Flicks e membro ativo no Centro Gay e Lésbico, "porque Erik continuava a vir aqui". Quando o FBI precisava falar com Erik, no entanto, era necessário agendar conversas ao redor de suas aparições na mídia. "Você fica desapontado quando as pessoas preferem falar com a imprensa do que com a gente", diz Ahearn. "Por exemplo: 'Não vou falar com você, mas vou para Nova York, e se você me buscar às 5h30 da manhã, no meu caminho para o aeroporto, tudo bem'. [Greenman] sabia que estávamos dando duro pra conversar com ele."

Quando a polícia e o FBI apareceram no Centro Gay e Lésbico na terça-feira para discutir com a comunidade suas preocupações relacionadas à Semana do Orgulho Gay, evento que aconteceria na semana seguinte, havia mais pessoas da imprensa do que participantes. "Lá estavam todas as emissoras do país e mais de trinta antenas de satélite", Letzkus conta. Ahearn ficou surpreso com a reunião, que havia sido organizada pela polícia de San Diego. "Eu fiquei honrado com o tratamento que a comunidade gay nos dispensou, e com a liderança de lá. Fomos a uma conferência. Estávamos esperando acusações do tipo 'Vocês não estão fazendo o bastante'. Houve um compartilhamento de informações, preparações para a parada." Relembrando seu assombro, Ahearn pergunta: "Você ouviu falar sobre o arco-íris? Eu estava em um canto. De repente, todo mundo falou: 'Olha pro céu!'. Havia um enorme arco-íris circular acima da reunião".

38

PERFIL E PERSEGUIÇÃO

A perseguição em Miami já estava em sua primeira semana. Três meses depois do assassinato de Jeff Trail, a polícia e os promotores ainda lutavam para entender Andrew Cunanan e identificar seus motivos. A Unidade de Rapto Infantil e Assassinos em Série do FBI – a unidade de criação de perfis – foi eventualmente colocada sob alerta para criar um perfil de Andrew. O processo começaria na quarta-feira, dia 23 de julho, quando investigadores de todos os lugares onde Andrew havia assassinado pessoas se encontrariam na base da unidade em Quantico, Virgínia. Tichich era esperado, assim como Rivard e Scrimshaw. Os investigadores e os perfiladores esperavam unir seus conhecimentos sobre Andrew. Cada jurisdição faria uma apresentação de evidências que haviam reunido e mostrariam fotos das cenas dos crimes. Essa reunião serviria como prelúdio para um outro encontro, já agendado, para os promotores que planejavam se reunir às 11 da manhã de sexta-feira, no dia 25 de julho, em Miami. O procurador geral assistente do estado, Michael Band, havia organizado a reunião para que, quando Andrew fosse pego, eles estivessem prontos e com um plano para levá-lo à justiça rapidamente – preferencialmente com a pena de morte.

Band se lembra: "A primeira vez em que os promotores falaram [uns com os outros] foi quando eu literalmente peguei o telefone, depois que basicamente disse pra mim mesmo 'Sabe, eu já falei com o público, mas já falei com os outros agentes?'". Quando descobriu que a mesma coisa se aplicava aos outros, ele falou: "Se ele for encontrado ou não com uma bala na cabeça, ou se os policiais o pegarem, precisamos nos unir, organizar o modo como vamos lidar com a promotoria do caso". Band já havia decidido não ser o primeiro a processar, se Andrew fosse pego na Califórnia, para proteger as outras jurisdições por causa das leis liberais de descoberta da Flórida. Ele também chegou à conclusão de que a mídia questionaria qualquer estratégia óbvia. "Nós, os profissionais, tomaríamos uma decisão aqui, mas isso voltaria para o meu chefe, e para os chefes deles, que são políticos", diz Band. "Eu não sei de ninguém que gostaria de dizer 'Ei, eu quero fazer isso primeiro'. Eu queria que profissionais tomassem uma decisão bem pensada sobre *quem* deveria ser o primeiro a cuidar do caso."

Até então pouca coisa havia sido compartilhada. Nova Jersey ainda estava com o Lexus de Miglin. Minneapolis não havia feito nenhum teste de DNA nos jeans manchados de sangue ou nas *nécessaires* para ver se batiam com os fios de barba em Chicago, ou com as roupas deixadas para trás na Flórida. O sangue no porta-malas do Lexus, em Nova Jersey, não havia sido testado por Chicago. Band insistiu para que Scrimshaw passasse por cima do laboratório do Departamento de Aplicação da Lei da Flórida e trouxesse as roupas encontradas do lado de fora da picape vermelha até um especialista qualificado para testes de sangue. Scrimshaw diz que ele acabou no laboratório criminal do Condado de Dade, onde foi informado: "Não fazemos exames de sangue a menos que possamos ver sangue".

No fim, a impressão digital no formulário da loja de penhores bateu com a impressão do polegar de Andrew na carteira de motorista, que foi encontrada na caminhonete vermelha. Na segunda-feira, o FBI finalmente ouviu de Duke Miglin que moedas de ouro haviam desaparecido do cofre de Lee Miglin. As moedas – gestos de apreciação que Miglin dava aos empregados regularmente – não haviam sido reportadas como desaparecidas antes. A identificação delas trouxe toda a questão de como Andrew havia conseguido acesso ao cofre de Miglin se ele havia apenas topado com Miglin na garagem. Será que Andrew havia conseguido fazer com que Lee Miglin lhe desse a senha do cofre, enquanto procurava um lápis para anotá-la, no meio do assassinato? Ou eles estavam juntos na casa?

Questões como essas incomodavam os investigadores. Minneapolis ainda não havia acusado Andrew pela morte de Jeff Trail porque ainda não tinha o nível de provas necessário para levá-lo a julgamento. Chisago, de acordo com Rivard, havia feito um acordo com o FBI para entregar o caso a algum estado com pena de morte se o FBI entrasse no meio. Se os investigadores de Chisago perceberam na época ou não, eles estavam errados em relação à hora da morte de David Madson, um erro que teria colocado o caso deles em risco. Até então, nenhuma outra jurisdição havia sido capaz de comparar nenhuma impressão digital além daquelas na loja de penhores e na carteira de motorista. A evidência mais conclusiva de que Andrew era culpado estava na identificação das balas da arma calibre

.40 de Jeff Trail. Mas os investigadores não tinham a arma, então o caso estava bem longe de ser solucionado.

Scrimshaw estava tentando descobrir uma forma de provar ou contestar uma de suas teorias sobre o motivo do assassinato de Versace – a de que o designer havia passado HIV para Andrew. Ele só poderia fazer isso se testasse as roupas de Versace e Andrew em busca de DNA viral. Embora as autoridades da Flórida soubessem que Versace era soropositivo por causa do laudo da autópsia, as leis de confidencialidade em relação à presença do vírus no DNA são tão rígidas na Flórida que nem mesmo Scrimshaw teve permissão de saber os resultados, mesmo em uma investigação de homicídio de tal magnitude. Ainda assim, o médico-legista, em uma conferência pública, disse que Andrew não era soropositivo.

O FBI não tinha as mesmas amarras em relação ao DNA viral. "Como não podíamos pegar os resultados oficiais e o atestado de óbito, nós iríamos, inicialmente, atrás do DNA nas roupas, antes de pegarmos Andrew", explica Scrimshaw. "Se ambos tivessem o mesmo DNA viral, então o caso está encerrado. É possível dizer se um passou HIV para o outro – um estudo de DNA viral mostra de onde duas amostras vieram: se os dois têm a mesma amostra de DNA, você pode presumir que ambas vieram da mesma fonte." Scrimshaw não abordaria uma teoria tão complicada sem que houvesse esperança de que ela pudesse estar correta. "Eu precisava saber se Gianni Versace era soropositivo ou não, e eu pude descobrir pelos resultados da autópsia que ele havia testado positivo para HIV."

Sabendo disso, Scrimshaw podia ver agora o motivo de a família Versace estar tão determinada a cremar o cadáver de Gianni rapidamente e sair do país. Além disso, ninguém estava retornando a ele sobre as suas perguntas a respeito do negócio da marca Versace na Itália, e ele achou que deveria estar recebendo mais cooperação de todas as partes. A investigação do assassinato de Versace dominou todas as redes de comunicação, e a caçada por Cunanan capturou a atenção do país inteiro, mas o esforço investigativo não foi nem um pouco coordenado. "Precisávamos de informações sobre o histórico de Versace. Precisávamos entender o que estávamos procurando ali", diz Scrimshaw. "Precisávamos de informação sobre Cunanan, e falamos com uma pessoa detestável [Steve Nauck]. Não estávamos recebendo informações do FBI, ainda que pedíssemos. Assim que mudamos o foco – na sexta-feira, com a informação do Normandy Plaza –, virou uma caçada implacável. Marcus e eu ainda estávamos fazendo interrogatórios, falando com Chicago – era uma via meio que de mão única. O pessoal de Chicago estava muito interessado no que *a gente* encontrou na caminhonete. Eu recebo uma *pequena* quantidade de informações em retorno, mas não muito. E recebo quase nada em relação a Reese, porque é uma investigação do FBI."

George Navarro não compartilhava da visão negativa de Scrimshaw; ele achou que o FBI *estava* cooperando. Mas Navarro não precisava seguir pistas da mesma forma que Scrimshaw, e não precisava enfrentar a frustração do processo. Para a reunião em Quantico, por exemplo, todos os participantes foram instruídos a levar fotografias das cenas dos crimes. Mas, devido à política de Michael Band de impedir vazamentos e seu medo de acabar humilhado como no caso O.J. Simpson, Scrimshaw foi proibido de levar as fotografias da cena do crime de Versace. "Band diz: 'Não, porque não sabemos o que vai acontecer com elas'. E eu respondo: 'Você está falando [sobre exibi-las] na frente do FBI. Você está me dizendo que um promotor do estado não confia no FBI?'." Scrimshaw levou as fotos mesmo assim. "Nós *certamente* queríamos o perfil."

Tichich e Scrimshaw chegaram bem vestidos na reunião. Os representantes de Chicago usavam jeans e camisetas, um visual bem menos impressionante. "O pessoal de Chicago não era muito comunicativo, mas eles tinham mais evidências que todo mundo", diz Scrimshaw. "Eles tinham impressões digitais latentes da cena, mas nada para comparar com elas. Chicago tinha as marcas da mordida [de Cunanan] que haviam ficado no pedaço de carne. Eles trouxeram apenas fotos pequenas." O que capturou a atenção de todo mundo foi o registro deliberadamente minimizado de um garoto de programa que se apresentou no dia 18 de julho, três dias depois do assassinato de Versace, para dizer que havia oferecido sexo para Lee Miglin e Andrew juntos, em duas ocasiões. "Eles não acharam que era muita coisa", relembra Tichich, "mas nós estávamos olhando uns para os outros e comentando: 'Isso parece bom'."

De acordo com registros do FBI, um "garoto de aluguel" que usa o nome Daniel e que paga pelos estudos universitários com seus ganhos foi chamado para fazer sexo por dois homens, um mais velho que o outro, que responderam a um anúncio seu em uma revista gay. O mais novo, que chamava a si mesmo de "Tadd, Todd ou Tom", estava dirigindo quando ele e um homem mais velho pegaram Daniel de carro – possivelmente um Cadillac ou um Oldsmobile. Eles o levaram para o segundo andar de um apartamento de um prédio com porteiro (a localização exata foi censurada pelo FBI). Eles beberam e fizeram sexo, e depois de cinquenta minutos ele recebeu 140 dólares e o dinheiro do táxi. O homem mais velho foi apresentado a ele como "Lee".

"Mais ou menos uma ou duas semanas depois, ele recebeu uma segunda ligação em sua secretária eletrônica de 'Lee' ou 'Todd'." Diziam para ele ir ao mesmo prédio. Na segunda ocasião, que foi mais amigável, "'Lee' falou sobre o fato de que [censurado] estava envolvido de alguma forma com o 'Home Shopping Network'". "Todd" disse a ele que também era um garoto de programa e que havia colocado anúncios em uma revista, a *Advocate Classified.* Daniel viu "Todd" mais uma vez, em um bar gay, cerca de um mês depois. Todd não falou com ele, mas comprou uma bebida. Ele viu Lee mais uma vez em uma loja com outro casal.

As descrições físicas que Daniel fornece são bem parecidas, mas ele se lembra de Lee tendo dedos pequenos, gorduchos e um anel no mindinho, e Paul Beitler diz que Lee não tinha dedos gordos e nunca usou um anel no mindinho. Daniel disse à polícia e ao FBI que não reconhecia Andrew como a pessoa que havia encontrado até ver a fotografia datada de abril de 1997, na qual Andrew parecia mais pesado, e seu rosto estava mais cheio. Então ele chegou à conclusão de que "esse indivíduo realmente era a pessoa que estava com Miglin quando eles transaram".

Ele falou para as autoridades: "É de conhecimento comum na comunidade que Lee Miglin é gay". Daniel, que, mais tarde, providenciou para a polícia um endereço exato do prédio para onde havia sido levado, informou a eles que não estava "fornecendo a informação para 'sujar o nome de Miglin', mas como tentativa de ajudar na investigação. Daniel explicou que, independentemente da orientação sexual de Miglin, isso não era um motivo para ser assassinado".

A essa altura, o FBI havia mudado completamente sua posição. Eles deixaram de fingir desinteresse pelo perfil da personalidade de Andrew e pararam de persegui-lo apenas como um fugitivo, e agora, após Versace, faziam conferências telefônicas duas vezes ao dia para dissecar a psique mais profunda de Andrew. As ligações tinham a ver com "informações de histórico, de antes de Minnesota, sobre seu estilo de vida", diz Gregory Jones, o agente supervisor do FBI de Miami no caso Cunanan. "Isso começou a nos dar uma noção para onde enviar mais recursos. Estávamos particularmente interessados em nuances sutis – ele gostava de fazer isso e aquilo, seu estilo de vida em geral, sua caçada em bares." De repente, o fato de Andrew ser gay se tornou relevante. "Era importante do ponto de vista do homicídio", afirma Jones. "Do ponto de vista do fugitivo não era tão importante."

Jones diz que as conversas revelaram "uma pessoa de sangue frio. Ouvimos que ele tinha um Q.I. alto. Eu não me lembro de nenhuma discussão relacionada a pornografia ou sadomasoquismo". O chefe dos perfiladores, William Hagmaier, diz: "Estávamos tentando descobrir tudo que podíamos para ver quais eram os pontos vulneráveis dele e quem poderia ser capaz de falar com ele – se isso fosse possível. Estávamos tentando colocar pressão constante nele, obviamente, para fazer parecer que podíamos encurralá-lo".

Os perfiladores acharam que a antiga amiga de Andrew e ex-colega de casa, Liz Coté, deveria fazer um apelo, porque ela pareceria mais independente e menos controlada pelo FBI do que a família de Andrew. De acordo com Philip Merrill, Liz Coté sugeriu no domingo que faria um apelo a Andrew na TV. Na segunda-feira ela deu aos agentes um rascunho do que ela e Philip haviam escrito. O FBI editou, e na terça-feira John Hoos, do FBI de Los Angeles, ajeitou tudo para que Liz fosse a um estúdio da ABC-TV local, onde ela gravou o apelo para distribuição geral na quarta-feira. Ela também se disponibilizou para entrevistas que as outras emissoras teriam valorizado.

Naquele ponto, diz Merrill, à medida que o relacionamento próximo que ele e Liz tinham com Andrew se tornava mais conhecido pela mídia, até o quitandeiro da esquina estava recebendo convites para entrevistas, "só porque ele esteve no meu mercado de esquina". Assim que a mídia descobriu que Liz Coté era a mulher cuja foto Andrew havia mostrado por aí, dizendo que era sua ex-esposa, e que ela e Philip Merrill haviam morado por anos com Andrew em Berkley, eles foram sitiados. "A cunhada de Lizzie recebeu uma oferta de 16 mil dólares do *Globe* por uma matéria com foto", diz Merrill.

John Hoos, que atua como porta-voz do escritório do FBI em Miami, disse a Coté que ela deveria arrumar um agente. Merrill se lembra: "Ele disse: 'Você vai precisar de alguém que cuide de tudo isso por você, que que resolva essas coisas daqui pra frente, colocando você na programação da tarde da ABC ou coisa do tipo – isso vai acabar acontecendo de qualquer maneira'". Merrill diz que Hoos, "baseado em seu bom relacionamento com a afiliada local da ABC", também facilitou as coisas para que a ABC colocasse Liz Coté no *Good Morning America* e no *Nightline*. Mais tarde, quando ela recebeu uma oferta de um acordo exclusivo para ser consultora em um filme para a televisão (que nunca foi feito), Coté ligou para Hoos, que disse a ela, de acordo com Merrill, "'Sim, claro [faça isso]'. Ela meio que sentiu que tinha a bênção dele para aquilo e ligou para ele antes de assinar os papéis e tudo mais". John Hoos prefere não comentar. "Eu não desejo ter o meu nome associado ao Sr. Cunanan em um livro".

O apelo foi cuidadosamente planejado. Liz Coté se dirigiu afeiçoadamente a Andrew em uma linguagem codificada, repleta de apelidos para seus filhos. "Como ele era uma criatura de estilo e vaidade", diz Merrill, "seria mais provável que funcionasse se fosse tratado educadamente."

Liz Coté, mais loira e de rosto mais cheio do que aparentava na foto que Andrew carregava, foi filmada de perto. Ela disse: "O Andrew Cunanan que eu conheço não é uma pessoa violenta. O Andrew Cunanan que é o padrinho dos meus filhos não é um ladrão... Por favor, pare o que você está fazendo. Eu sei que a coisa mais importante no mundo para você é o que os outros pensam a seu respeito. Você ainda tem uma chance de mostrar ao mundo o lado que eu e seus afilhados conhecemos. Chegou a hora de acabar com isso pacificamente... D.D. te ama, Schmoo. Eu também tenho uma mensagem especial do nosso *papoose* aqui. A Sujinha disse que ama o Titio Macaco e espera que você sempre se lembre dela. Seu aniversário está chegando, e uma outra pessoa que te ama vai fazer 5 anos de idade." Coté terminou com uma frase em latim que Andrew lembraria de seus dias como coroinha: "*Dominus vobiscum*" [O Senhor esteja convosco].

No entanto, tentar usar a mídia para atrair Andrew poderia ser fazer exatamente o jogo dele. Antes de Andrew matar Versace, o capitão Tom Cronin, um policial de Chicago formado em Quantico, me disse: "No fundo, a publicidade é mais sexual para ele do que qualquer coisa. Logo após um ou dois desses assassinatos, ele provavelmente vai a algum bar gay de tarde, quando as notícias estão passando e o rosto dele está na TV, fica está sentado ali, bebendo cerveja e amando tudo. Você se esconde em público".

Hagmaier diz que assassinatos assim "aceleram, a motivação muda de crime pessoal para uma coisa relacionada a poder: 'Eu posso brincar de Deus com quem eu quiser, e quero que todo mundo saiba disso'".

Hagmaier explica que muitos assassinos em série deixam algo para trás para que possam ser apelidados e se tornar notórios: "O 'Filho de Sam', ele escreveu notas. Ou ele usa a mesma arma – 'o Assassino do Calibre .44'. 'O Estrangulador de Atlanta'." Andrew, contudo, estava obviamente ciente de que a polícia sabia quem ele era. Como resultado, "enquanto ele viaja pelo país, ele deixa alguma coisa com a assinatura dele para trás", Hagmaier conclui. "E talvez isso seja o roubo dos veículos e o abandono deles em locais onde possam ser encontrados."

Os veículos, Hagmaier pondera, foram deixados quase que como cartões de visita. "Ele quer que a coisa toda apareça na mídia nacional, porque reforça o poder dele, sua força e seu controle sobre outras pessoas, incluindo não apenas as vítimas, mas também a polícia e a imprensa. Torna-se um jogo de xadrez. Nós, na força policial, reagimos aos movimentos [do assassino], mas o tabuleiro é a mídia. E quando eles se movem e isso é noticiado, e nós então respondemos a isso, o modo como reagimos e o que dizemos na mídia às vezes dita o próximo passo."

Os perfiladores queriam manter a pressão em cima de Andrew para que ele permanecesse em Miami. Ao mesmo tempo, eles precisavam entender como ele havia matado. Eles analisaram repetidas vezes suas cenas criminais, tentando compreender o que ele faria em seguida. Como diz Hagmaier, "Ele usou uma arma .40 mais de uma vez. Ele manteve a mesma arma. Isso é relevante, porque os assassinos sofisticados se livram da arma imediatamente. E muitos assassinos em série não usam armas". Hagmaier acrescenta: "Não é incomum que um assassino em série use as próprias mãos na primeira vez, porque o primeiro crime é geralmente uma vítima representativa, uma vítima simbólica ou alguém que eles desejam destruir pessoalmente, e eles têm mais prazer ao fazer isso com as mãos do que com uma arma".

Hagmaier considera o assassinato de Versace "um *ataque*. É um crime de alto risco; haverá pessoas lá, ele quer que as pessoas saibam quem fez isso". Fosse Versace "pessoalmente simbólico" ou não, ele é a "história do homossexual rico e de sucesso que Andrew Cunanan nunca seria", diz Hagmaier. "A única forma de ele ficar famoso é da mesma forma que John Hinckley ficou famoso. Então ele ganha bastante publicidade com o assassinato de Lee Miglin. Reese gera algumas notícias, mas não é o suficiente para o ego dele. Ele basicamente precisa da caminhonete, e é por isso que mata esse cara, Reese, pelo que sei".

"Então, talvez ele mate mais alguém, e a gente não fique sabendo. Para mim, Versace parece ser o desejo dele de que todo mundo saiba o que ele faz. Ele está se deteriorando, mas o ego dele tem essa necessidade, e é meio que 'Isso vai virar um campo de batalha ou não?'. A pergunta é: o que ele vai fazer depois de Versace caso não seja pego? Ele vai matar por uma ou duas razões: ele vai matar por necessidade outra vez, porque precisa de outro veículo, ou ele vai subir um degrau acima de Versace."

Para Andrew, um degrau acima de Versace seria alguém como Elton John. "Talvez a gente nunca ouvisse aquela canção sobre a princesa", especula Hagmaier. A outra possibilidade que o FBI havia considerado era um assassinato político gay – Harvey Milk revisitado. Alguém desse tipo "gera muita publicidade. Ele representa, se não riqueza, poder, certamente". E quem poderia ser essa pessoa? Barney Frank?

Scrimshaw considerou a reunião em Quantico como proveitosa. "Eu acho que não sabia tanta coisa sobre Andrew até ir para Washington", ele diz. "E isso foi no dia em que ele foi capturado. Nós somos sempre os últimos a ficar sabendo. Isso acontece bastante. Essa investigação *nos* guiou – não fomos nós que a guiamos."

Como só era possível sair de Miami Beach por terra cruzando uma passagem elevada, e o aeroporto estava em alerta total, a polícia acreditava que Andrew ainda estava na Flórida. Já haviam se passado nove dias desde o assassinato de Versace, e a última vez que alguém o viu foi em um beco, poucos minutos depois do crime. As notícias na quarta-feira mostravam o dono de uma loja em New Hampshire jurando tê-lo visto indo em direção ao norte em uma Mercedes. Um dos velhos amigos de Hagmaier no FBI ligou para ele de Miami para dizer que achava que Andrew estava na América Central. Hagmaier esperava que Andrew ficasse parado. "Eu falei, se ele ainda estiver em Miami, ele está planejando morrer em Miami."

39

A ÚLTIMA NOITE DE CARNAVAL

Fernando Carreira, um imigrante português, mora na Flórida há mais de vinte anos. Antes disso ele viveu em Nova York, onde foi dono de um parque de diversões e de um negócio de charutos, orgulhoso de ser o fundador de uma associação de mercadores no Lower East Side de Manhattan, que trabalhava com a polícia para combater o crime no bairro. Ele ganhou um distintivo especial da polícia da cidade de Nova York. Carreira usa muitas joias douradas, incluindo um bracelete de identificação de ouro com o nome "Richard" escrito com diamantes. Ele diz ter comprado o bracelete em uma loja de penhores, e custaria muito caro rearranjar os diamantes para que eles formassem "Fernando". Na época da caçada a Cunanan, Carreira tinha 71 anos, e sua esposa, 49. Eles tinham um filho de 15 anos. Carreira ganhava a vida vigiando propriedades, e uma dessas era uma casa flutuante azul-bebê na Avenida Collins, número 5.250, ancorada em Indian Creek, perto do ponto turístico Eden Roc e dos hotéis Fontainebleau.

A casa flutuante, que foi enfeitada com filigranas brancas e luzes coloridas, tinha uma fonte de gesso branco em três camadas na frente e um pequeno toldo branco acima da porta dianteira. Era propriedade de Torsten Reineck, um alemão extravagante com um rabo de cavalo que vivia em Las Vegas, onde gerenciava uma sauna gay chamada Apollo. Os moradores do Normandy Plaza, como Ronnie e seu amigo Lyle, o traficante, conheciam a casa flutuante muito bem e comentaram mais tarde que já haviam visto Excaliburs, Rolls-Royces e Bentleys estacionados na frente. A casa flutuante tinha uma história pitoresca. Parte dela já havia funcionado como cenário de um velho seriado de TV, e, de acordo com Jack Campbell, já havia servido como lugar para encontros de gays endinheirados que não queriam levar para casa, em suas *villas* do outro lado de Indian Creek, os garotos de programa que pegavam no Flamingo Park.

No sábado, dia 19 de julho, Carreira diz que Reineck ligou de Las Vegas perguntando se ele havia dado uma olhada na casa flutuante. Carreira havia feito isso e respondeu que estava tudo bem. Na quarta-feira, dia 23 de julho, por volta das 3h45 da tarde, Carreira e sua esposa passaram por lá novamente. Logo de cara, Carreira notou que o trinco superior da porta dianteira estava emperrado ou preso, mas ele já havia dado problema antes. No entanto, ao enfiar sua chave no buraco da fechadura, ele ficou surpreso em ver que ela estava destrancada. Ele empurrou a porta. "Eu falei para minha esposa: 'Alguém esteve aqui. Talvez tenha alguém aqui agora'." Sua suspeita aumentava à medida que ele e a esposa entravam, porque todas as luzes estavam acessas, e as cortinas, que ficavam sempre abertas, estavam cerradas. "Então eu andei até a sala de estar", que ficava de frente para a água, e lá Carreira encontrou mais surpresas: as almofadas haviam sido retiradas dos sofás e transformadas em uma cama no chão com um cobertor, e uma cadeira havia sido virada para formar uma barricada. Fernando Carreira foi até o sofá. "Olhei para a esquerda e havia dois chinelos. Quando eu vi os chinelos, eu disse para minha esposa: 'Tem alguém dormindo aqui. Tem alguém aqui agora'."

Carreira mantém uma arma enfiada na cintura. Enquanto ele a saca para continuar sua busca, o som alto de um tiro ecoa no quarto grande que fica no segundo andar. "Foi um barulho muito alto, e eu corri para fora", ele relembra. Carreira pensou que alguém havia atirado nele e errado. Ele e sua esposa aterrorizada correram para fora e se esconderam no mato. Carreira estava convencido de que o invasor o tinha visto do segundo andar.

Ele tentou ligar para a polícia usando o celular, mas estava muito nervoso. Ao invés disso, telefonou para o seu filho e pediu que ele ligasse. Agachado nos arbustos, Carreira vigiou a porta da frente e mandou sua esposa vigiar a dos fundos – alguém poderia mergulhar da parte de trás, dentro do rio, e escapar. A polícia chegou lá dentro de quatro minutos e mandou Carreira se afastar. O primeiro policial usou o rádio para entrar em contato com o quartel, dizendo que havia chegado na casa flutuante e que estava "se escondendo atrás do concreto de frente para a casa".

"Qual é a cor da casa?"

"É azul."

Alguns minutos depois, o operador da central usou o rádio para contatar a patrulha marinha. "Dê uma olhada na casa flutuante azul... Se houver uma vítima, ela está lá dentro."

O policial e Carreira caminharam até outra casa flutuante que ficava ancorada ali perto. Carreira se lembra: "O policial disse: 'É melhor irmos lá em cima, porque alguém pode te ver pela janela. Pode ser alguém perigoso'. Quando o policial me diz 'alguém perigoso', eu sei o que ele quer dizer. Só que na época eu não consegui entender que talvez fosse Cunanan".

A polícia não queria arriscar. Uma ordem foi transmitida rapidamente pela rádio policial: "*Fechem* o trânsito na Avenida Collins".

A primeira ligação da casa flutuante para a polícia veio como "roubo e invasão – tiros supostamente disparados no interior". Al Boza, o policial de informações públicas da polícia de Miami Beach, recorda ter sentido alívio. "Graças a Deus eu vou ter uma folga. A imprensa vai correr para outro canto. É algum idiota que invadiu um lugar e pensou que ficaria de férias em um local confortável." Como a ligação não tinha nada a ver com Cunanan, e nenhuma aparição importante havia acontecido naquele dia, Boza achou que poderia ir cuidar das ligações telefônicas atrasadas. Afinal, ele já tinha visto isso antes. "Nos vestimos de preto, marchamos com distintivos e capacetes, derrubamos portas, e os criminosos já fugiram." Ele mandou seu delegado, o policial Bobby Hernandez, para ficar no seu lugar.

Na quarta-feira, conta Don Browne, gerente da estação WTVJ, uma afiliada da NBC, a história de Cunanan, tão quente na semana anterior, havia "esfriado. Havia um sentimento de que ele havia escapado, saído daqui". Mas alguns minutos depois de Carreira ter ligado, o detetive Gus Sanchez, monitorando sua rádio policial e se lembrando da aparição no barco de Volpe, alertou seus superiores: "Para sua informação, o sujeito que procuramos foi avistado em um barco alguns dias atrás, então tenham isso em mente". Sanchez diz: "Nós tínhamos a informação de que Cunanan provavelmente estava escondido em um barco perto da área da ligação. [Logo] eu os notifiquei: 'Atenção. Comece a tratar isso como se fosse o sujeito que estamos caçando'". A casa flutuante foi cercada rapidamente.

Alguém no rádio avisou: "*Tenente Noriega, ou George Navarro, respondam a esta chamada. Não quero falar muito aqui no rádio, mas vocês têm uma boa ideia do motivo, não é?*". Sanchez declara: "A polícia acreditou desde o início que poderia ser Cunanan na casa flutuante". E eles agiram de acordo.

"Vamos tentar mandar um helicóptero até aí – um pouco de suporte aéreo", o rádio da polícia transmitiu, "e façam uma entrada juntamente com a polícia do condado ou com a equipe da SWAT de Miami".

Alguns minutos mais tarde, outro policial entrou em contato: "Estou no telhado daquele prédio na frente da casa flutuante. A casa flutuante não tem nenhum acesso pelo telhado – nenhum acesso ao telhado –, e a porta da frente ainda está aberta".

Noriega designou o interior da casa flutuante para Navarro, e outro policial ficou responsável pelo perímetro externo. "Eu não queria que aquilo virasse um circo", diz Noriega. Mas a imprensa já estava se reunindo para o que seria, pelo menos naquele dia, o maior show na face da Terra. Contudo, os repórteres e os câmeras estavam frustrados mais uma vez. Eles foram mantidos a vários quarteirões de distância da casa flutuante ao norte e ao sul da Avenida Collins, à medida que o tráfego intenso era desviado.

"*Já temos a imprensa aqui na altura do Seacoast Towers, número 5101*", um policial informou pelo rádio a alguns quarteirões de distância. "*Poderiam informar como lidar com a imprensa? Eles estão tentando passar por aqui.*"

"*Eles precisam ficar fora do perímetro. Eles não podem passar desse ponto.*"

"*Você quer que eu os segure aqui? Eles me disseram que têm o direito de passar.*"

Durante as duas horas seguintes, o caos aumentou. "Moradores não podem dirigir para casa. Pessoas estavam estacionando dos dois lados da rua. As pessoas ficaram irritadas", diz o policial Bobby Hernandez. "Elas começaram a caminhar pela praia para chegaram em casa. Tivemos que lidar com um público muito enraivecido."

"*Eu estou com três repórteres aqui – eles estão começando a ficar hostis*", um policial informou através do rádio. "*Mas estou mantendo eles afastados... Eles estão ficando realmente hostis. Estão falando que eu não conheço a lei.*"

Até mesmo as pessoas que moravam na área representavam um risco. Residentes dos prédios de luxo e dos hotéis ao longo da Avenida Collins ficaram em suas varandas, esticando-se para ver a movimentação. Do outro lado de Indian Creek, "policiais entravam nos quintais tentando remover os repórteres da linha de fogo", relembra Jim DeFedem, do jornal *New York Times*. "Havia helicópteros no alto e pessoas penduradas nas varandas – definitivamente foi um grande evento", diz o detetive Gus Sanchez.

Às 4h30 da tarde, a primeira sugestão de que a casa flutuante poderia não ser um local aleatório foi apresentada quando o tenente da polícia de Miami Beach que era a ligação com o Órgão de Combate das Drogas, o DEA, em Miami, informou a Navarro sobre uma "possível conexão" entre o dono da casa flutuante, Torsten Reineck, e Gianni Versace. Uau. Que interessante. Mas havia tanta coisa acontecendo naquele momento que ninguém seguiu a pista.

No quartel-general, o chefe Richard Barreto estava em seu escritório sendo entrevistado por John Walsh, do programa *America's Most Wanted*, para mais um episódio sobre Andrew Cunanan a ser televisionado no sábado seguinte. "Estou no escritório de Barreto, tudo pronto, e chega uma ligação dizendo que cercaram uma casa flutuante", relata Walsh. "O *timing* é inacreditável." Walsh já havia ganhado o ressentimento de outros repórteres, que protestavam contra o acesso privilegiado que ele estava recebendo. "Eles estavam dizendo: 'Por que John Walsh está lá dentro conversando com Barreto, etc. etc.?' Porque *sim*, essa é a minha resposta. Porque *sim*. Ok?" Ele acrescenta: "Todo repórter quer se ferir e aparecer na capa da revista *Time* por ter levado um tiro e pegar a história de Cunanan".

Barreto disse a Walsh: "Tivemos que chamar a equipe SWAT da metrópole do Condado de Dade para vir pela calçada. Eles estão atravessando. Temos barcos por lá... Podemos terminar a entrevista?".

A equipe da SWAT da Polícia de Miami Beach havia sido dissolvida como resultado de uma disputa sobre se eles deveriam receber pelo tempo de treino físico. Agora eles se apresentavam na casa flutuante como a reconstituída "Equipe de Busca Autorizada". Para grande desgosto dos membros, porém, eles haviam sido substituídos pela Equipe Especial de Resposta da Metrópole de Dade (SRT). Isso significava que Barreto havia cedido brevemente a jurisdição sobre o interior da casa flutuante para outra entidade de aplicação da lei. O SRT de Dade era completamente equipado, mas uma confusão teria início porque nenhuma provisão havia sido feita para que houvesse uma comunicação entre eles e o Departamento de Polícia de Miami Beach, que controlava a área externa.

"Tudo isso demorou até a equipe estar pronta, então foram feitas tentativas de negociação", diz o detetive Paul Marcus, parte da equipe da polícia de Miami Beach. "Houve uma tentativa de telefonar. O telefone de dentro estava desligado." Finalmente, "a gente acabou por jogar um telefone de linha dentro da casa". Vários esforços foram feitos para fazer com que quem estivesse lá dentro respondesse. "Estávamos verbalizando pelo megafone: 'Pegue o telefone, pegue o telefone'."

Nesse momento, os mastros e as antenas parabólicas saindo das vans, como se fossem vários pirulitos gigantes, pintavam o céu. As emissoras locais de TV transmitiam a cena na casa flutuante ao vivo, em inglês e em espanhol, e a polícia transformou o quartel de bombeiros na frente da casa em um centro de comando. "O lugar parecia um filme", relembra Marcus. "O FBI chegou com computadores." Enquanto isso, helicópteros de TV mostravam imagens do alto ao vivo, relatando os movimentos do time SRT da Metro-Dade e interferindo no trabalho.

"Dentro da sala de guerra, eles diziam: 'Podemos cortar a energia da embarcação?'", reconta John Walsh, que teve permissão de escutar. Eles queriam impedir que a pessoa dentro do barco assistisse à TV – que capturava cada movimento do cerco através dos helicópteros no alto. O policial Bobby Hernandez diz: "Como policial, é uma questão de segurança – existe uma vulnerabilidade muito grande. A imprensa não se afastaria".

"Naquele momento nós tínhamos os nossos helicópteros no alto – estávamos lá como moscas", diz Tom Doerr, do Canal 10 WPLG. "Lamento dizer que todos nós fomos culpados naquele momento de excesso de zelo." Al Boza começou a ligar para redes de televisão, dizendo: "Pessoal, vocês estão dando informações táticas, porque quem estiver lá dentro está gostando de ver que temos três pessoas na frente, duas pessoas no lado". O time SRT e muitos outros estavam correndo perigo. "E se ele tiver armas automáticas e atirar do outro lado da rua, atingindo alguém que está parado na calçada em frente ao Fontainebleau, algum turista alemão ou coisa do tipo?", questiona John Walsh. "Ele poderia ter disparado um cartucho inteiro com uma AK-47, que teria passado direto pela Avenida Collins e atingido quinze pessoas."

Os helicópteros finalmente se afastaram e não voltaram até que a energia tivesse sido desligada. A mídia não recebeu nenhuma informação indicando que a polícia suspeitava que Cunanan estivesse lá dentro, e como ninguém *sabia* se ele estava lá dentro ou não, o negócio de continuar reportando o caso continuava veloz. A edição da *Vanity Fair* em que minha história apareceria, por exemplo, já tinha sido fechada. Qualquer mudança a partir daquele ponto precisaria ser feita na prova final – um processo caro –, sem mencionar que o artigo *já tinha* sido reescrito uma vez, depois que Versace foi assassinado. Eu assisti ao canal a cabo MSNBC em casa, em Washington – desesperada para ver se Andrew estava na casa –, até dar a hora de ir para o lançamento de *Força Aérea Um*, que estrelava Harrison Ford como presidente dos Estados Unidos e no qual Duke Miglin tinha um pequeno papel como piloto.

Naquela semana, a família Rifat, em San Diego, havia desencavado várias fotos antigas de Andrew – Rachel Rifat havia encontrado seu diário do ensino médio, onde registrou que Andrew tinha confessado para ela que era gay – e decidiu olhar qual material poderia interessar ao mercado aquecido da mídia. Eles ofereceram fotos de Halloween de Andrew e Rachel vestidos de freira e padre, além de entrevistas. Na quarta-feira, a revista *People* já havia ligado.

"Vamos começar com 25 mil dólares", Anne Rifat se lembra da oferta deles. A *National Enquirer* também estava interessada. O escritório do tabloide em Los Angeles havia telefonado na quarta-feira de manhã, perguntando: "O que você quer?". Rifat não tinha certeza: "O que você está preparado para oferecer?". Eles fariam um acordo pelo pacote inteiro – fotos e diário?

A *Enquirer* prometeu retornar mais tarde no mesmo dia com uma quantia específica. Então o *Hard Copy* ligou, diz Rifat, e fez uma proposta grande: "Vamos te dar 45 mil dólares". Anne Rifat respondeu para o *Hard Copy* que precisava ter a resposta da *Enquirer*. A essa altura a casa flutuante estava cercada, e a *Enquirer* não retornou naquele dia. Andrew estar ou não na casa determinaria o preço do leilão.

Quando o noticiário noturno começou, ele alternava fotos do funeral elaborado de Gianni Versace, que havia acontecido na terça-feira, no histórico Duomo de Milão. A princesa Diana e Elton John estavam lá, sentados um ao lado do outro. Talvez se lembrando de que pouco tempo antes a princesa havia dado para trás em seu evento beneficente contra a Aids, que também serviria de lançamento para o livro *Rock and Royalty* de Versace, Elton John não parecia muito disposto a notar as tentativas de Diana de confortá-lo. Tudo isso mudaria em alguns meses, com a morte de Diana. Fontes confiáveis do governo italiano sussurraram que os Versace haviam doado um bilhão de liras, ou 750 mil dólares, para a igreja, pela honra de realizar o funeral de Versace ali.

Às 8 da noite, o SRT da Metro-Dade começou a atirar gás de pimenta e lacrimogêneo na casa flutuante. "Tentamos contato novamente, mas não obtivemos resposta", diz o oficial Bobby Hernandez. Ele havia ligado para o seu chefe, Al Boza, por volta das 7 da noite, dizendo que ele deveria comparecer à cena. "Honestamente, estou sendo inundado com ligações." Então Hernandez, com medo de ser ouvido pela imprensa, falou com Boza em espanhol: "*Creo que tenemos nuestro sócio*" [Eu acho que encontramos o nosso colega]. Boza diz: "Isso foi meu primeiro indício de que poderia ser Cunanan". Ele saiu para ir até a casa flutuante. Michael Band também já havia recebido uma ligação de Navarro: "Michael, acho que é isso". Band pegou carona com Boza, mas eles não falaram sobre o caso. "A maior parte da mídia com um pouco de noção está suspeitando que alguma coisa está acontecendo por eu estar na cena."

Alguns minutos depois das 8h, o chefe Barreto chegou. Para a tristeza dos repórteres reunidos, que estavam afastados da cena, John Walsh estava mais uma vez a reboque. "Os repórteres locais estavam com muita raiva", diz Tom Doerr. "Eles foram mantidos de fora, e John Walsh teve permissão para andar com a polícia até a casa. Eu fico irritado de ver policiais locais sendo amiguinhos de figuras nacionais."

Às 8h20, o SRT da Metro-Dade entrou na casa flutuante pela primeira vez. Eles vasculharam o primeiro andar, mas os resultados foram negativos. No segundo andar, contudo, eles encontraram um corpo no quarto maior, "com um ferimento de tiro na cabeça e uma arma na mão". Na linguagem fria do registro policial, "o sujeito estava frio ao toque e não tinha pulso. O sujeito parecia estar morto havia várias horas".

Mas era Cunanan? E havia mais alguém lá? O SRT continuou a busca no porão, "com resultados negativos". Então um grande erro aconteceu. Al Boza recebeu a informação: "Busca primária negativa", o que significava que não havia nenhum corpo *vivo* no recinto. Boza entendeu errado e pensou que "busca primária negativa" significava que *nenhum* corpo havia sido encontrado. "Em determinado momento veio uma chamada: 'Tudo limpo'", diz Boza. "Um sargento pergunta: 'Posso liberar o trânsito? Tudo limpo'. Eu pedi para que ele fosse a um centro de comando e falei: 'Ouvi que está tudo limpo'. Ele responde: 'Sim, aparentemente está limpo. Eles estão fazendo uma busca mais detalhada, te mantenho informado'."

"Os membros do SRT entram novamente na casa pouco depois", de acordo com um relatório preparado posteriormente para o escritório do gerente municipal de Miami Beach. "A polícia de Miami Beach interpreta essa atividade como: nenhuma prisão e nenhuma resistência encontrada, como indicação de 'busca primária' negativa, 'iniciando busca secundária agora'." Secundária significa procurar por alguém nos porões. O relatório conclui: "Essa é uma suposição errônea da polícia de Miami Beach na cena, baseada na observação e no entendimento deles dessa atividade".

Desejando ser prestativo, Boza, sem confirmação, começou a anunciar para a imprensa que o corpo de Andrew Cunanan não estava na casa. Esse fato foi transmitido imediatamente em todas as ondas, e ninguém que pudesse saber mais se importou em corrigir a informação. O *Washington Post* e o *Miami Herald* tiveram manchetes de primeira página nas edições matinais anunciando que a casa flutuante havia sido outro alarme falso. Assim que a busca terminou, a cena foi devolvida para a autoridade da polícia de Miami Beach. "Eu não soube até bem mais tarde que eles haviam anunciado que nenhum corpo havia sido encontrado", diz a porta-voz da polícia de Metro-Dade, a tenente Linda O'Brien. Naquele momento, ela diz, "o caso não era nosso".

"O que foi incrível é que todo mundo estava olhando para a história [na casa flutuante] como o clímax", diz Don Browne, do Channel 6 da NBC. "Então Al Boza diz *nada*." Browne e o Channel 10 decidiram manter todas as suas equipes no lugar mesmo assim, mas o *Miami Herald* e os outros canais saíram, incluindo o popular e competitivo Fox Channel 7, cujo estilo tabloide o fez ser o favorito das *drag queens* de South Beach, que me disseram "amar o drama". "Eu não tenho certeza se ele está lá dentro ou não", Browne continua. "Eu decidi ficar porque, primeiro, Miami Beach está parada; não dava pra sair ou entrar. Meu ponto é: se Cunanan *não* está lá, por que assumir esse risco todo de incomodar a comunidade? Eles afirmaram que era rotina."

Em Washington, eu estava nervosa demais para ficar sentada durante o filme inteiro. Duke Miglin, que aparecia por poucos segundos, mal podia ser reconhecido vestido de piloto. Não havia qualquer forma de saber se ele era o "tipo" de Andrew. No meio de uma excitante cena de ação, eu passei por mais de vinte pessoas na fila e corri até um telefone público. "Eles encontraram o corpo de Cunanan?", perguntei a uma colega. "Não", a resposta veio. "Relaxa, ele não está lá." Eu dei um suspiro de alívio, mas ainda estava difícil de acreditar, especialmente porque desde o início a polícia havia sido muito fechada e enganadora. Os poucos que cobriam a história acreditavam em qualquer coisa que eles diziam; eu basicamente os ignorava.

Scrimshaw deixou Quantico e chegou em casa às 9 da noite. Ele ligou para a casa do seu parceiro, Marcus, e ficou sabendo através da esposa dele: "Ele está na praia". Scrimshaw se lembra: "Eu liguei a TV e vi Marcus parado lá, ao vivo na televisão, com os comentadores dizendo que não havia nenhum corpo na casa flutuante, que nada estava acontecendo. Eu pensei: 'Que porcaria é essa – todos eles fazendo hora extra por mais pistas falsas'. Então o telefone tocou e Pelosi disse: 'Venha para cá, nós o pegamos'".

"Eu falo: 'Quem?'"

"'Cunanan.'

"'Onde ele está?'

"'Na casa flutuante.'

"'Estou olhando para a TV. Você está brincando.'

"'Ele caiu sozinho', Richie respondeu. Um termo policial para suicídio.

"Eu disse: 'A TV está dizendo que não tem ninguém aí.'

"'Nós mentimos.'

"'Estou indo.'"

A excitação estava alta na casa flutuante. "Tivemos que ir e voltar para ver a TV no corpo de bombeiros. E então eu voltei para a casa flutuante", diz Marcus. A TV, ele continua, apresentava "a magnitude daquilo tudo, e então eu ia para fora novamente e via a coisa real. É como assistir à história sendo feita. Você realmente sente a importância de fazer tudo direito". Sanchez, o novato, diz: "Eu fiquei honrado de ter sido escolhido para ir até a casa flutuante, é um sentimento bom quando o seu supervisor diz: 'Eu quero que você cuide disso'. Você está sendo chamado para fazer isso porque eles acham que você consegue".

Identificar o corpo era essencial. Mesmo depois de ventiladores serem trazidos para limpar o ar, a quantidade de gás lacrimogêneo dentro da casa impedia a entrada sem máscaras. O sargento Navarro e Keith Evans, ambos com máscaras, entraram primeiro e abriram as janelas e portas. Quando entraram no quarto, por volta das 9h30 da noite, eles se viraram um para o outro imediatamente e gritaram em uníssono: "É ele!". Andrew, olhos abertos, com a barba crescida de vários dias, estava em uma piscina de sangue, recostado em um travesseiro em cima de outro travesseiro. Ele havia colocado a arma na boca. O sangue que escorreu de suas orelhas, nariz e boca havia coagulado, e o travesseiro também estava ensopado de sangue. A arma de Jeff Trail ainda estava em sua mão, repousada sobre o estômago, e havia uma única cápsula de bala perto da janela de correr feita de vidro. "Trocamos cumprimentos imediatamente", diz Navarro. Mas, ao mesmo tempo, George Navarro experimentou uma enorme "baixa na adrenalina. Esse cara deu tanto trabalho, e tanta energia gasta. Ele está sentado diante de nós – ele parece um típico *yuppie* de Miami Beach, sem nada de especial. Ele poderia parecer hispânico ou oriental; ele poderia se encaixar em qualquer lugar".

Por volta das 10 da noite, todos os chefões sabiam: a caçada por Andrew Cunanan havia terminado.

Os especialistas forenses entraram em ação, gravando e fotografando a cena. Havia estranhezas por todos os cantos. A tranca da porta da frente foi encontrada no compartimento de manteiga da geladeira, por exemplo. A maior parte das gavetas da cozinha estava aberta, e um par de binóculos estava no balcão. Havia embalagens de *fast-food* na banheira e um prato com cascas de nozes em um monte de cinco centímetros de altura na mesinha da sala. Andrew tinha um ferimento com abcesso do tamanho de uma borracha de lápis em seu abdômen, abaixo do umbigo. Em uma mesa atulhada na sala de jantar havia álcool isopropílico, gazes, uma bandagem ensanguentada e um frasco vazio de Tylenol. Também havia um frasco de medicamento prescrito com o nome "Reineck" na etiqueta. Uma pilha de revistas indicava que até o fim, enquanto uma caçada sem precedentes continuava, Andrew ainda estava lendo a *Vogue*.

Encontrar Cunanan deixou tudo de ponta-cabeça. "A piada mais tarde", diz Michael Band, "foi que a primeira coisa que fiz ao ver Cunanan foi tentar reanimá-lo. Porque eu falei: 'Você está arruinando o meu contrato para o livro! Marcia Clark ganhou um contrato – você não pode fazer isso comigo!'". Enquanto Band fazia piadas, a imprensa e o público ainda não sabiam de nada – mas a mídia não parava.

"Eu me lembro de ir embora pensando: 'Cara, como somos idiotas'", diz Tom Doerr, se lembrando do clima depois do anúncio de que o corpo de Cunanan não havia sido encontrado na casa flutuante. "A gente espera encontrar Cunanan debaixo de cada pedra. Como galinhas sem cabeça, embarcamos nessa mentalidade de grupo e vemos Cunanan em todos os cantos, e isso enlouquece as pessoas e não nos faz bem nenhum." Às 9h15, enquanto o Channel 10 abandonava a história e Doerr dirigia pela Coral Gables para ir embora, a equipe da emissora rival WTVJ Channel 6 permaneceu na casa flutuante e ouviu, às 9h25, que o corpo de Cunanan talvez tivesse sido encontrado lá dentro. O repórter Robin Kish tinha uma fonte que respondeu sim para todas as três perguntas importantes: havia um corpo? Foi suicídio? Parecia ser Cunanan? Mas a história precisava de mais confirmações. O repórter Mike Williams perguntou a uma fonte dele as mesmas três perguntas e ouviu: "Você está realmente fazendo um bom trabalho, Michael". Já era 9h45 quando ele desligou. "Isso não é uma confirmação", disse o diretor assistente de notícias, Ramon Escobar.

Às 10h19, o âncora da rede NBC, Pete Williams (nenhum parentesco), que estava em Washington com fontes federais, noticiou tanto na CNBC quanto na MSNBC que "um corpo foi encontrado na casa flutuante". Quando Mike Williams retornou para sua fonte local, ele recebeu uma confirmação direta, e a fonte também disse a ele: "Lembre-se da arma". Ele queria dizer que os policiais na cena podiam ver que Andrew havia se matado com a mesma arma que havia matado Gianni Versace. Às 10h24, a WTVJ foi a primeira a anunciar que um corpo, possivelmente de Andrew Cunanan – esperando a identificação pela impressão digital –, havia sido encontrado, e que parecia se tratar de um suicídio.

A notícia vazou, mas as autoridades de Miami Beach queriam organizar a imprensa na frente da casa para confirmar a descoberta. O agente do FBI, Paul Philip, chegou de terno preto – ele foi chamado para a cena enquanto participava de um jantar da Organização Nacional dos Policiais Negros. O prefeito ambicioso do Condado de Dade, Alex Penelas, voou para a cena do crime de helicóptero. Seymour Gelber, o prefeito de Miami Beach naquela época, permaneceu em casa, onde atendeu a várias ligações da imprensa. Por volta das 9 da noite, o antigo prefeito conta que "o gerente municipal me falou que era Cunanan. Quando eu recebi ligações de pessoas da imprensa dizendo que tinham prazos, eu respondi que estava bem certo de que era Cunanan". Mais tarde, a TV de Miami dividiu seu tempo entre os resmungos do chefe de polícia, que não revelou em uma coletiva de imprensa realizada às 11 da noite que o corpo encontrado era de Andrew Cunanan, e o irrepreensível Gelber, que o contradisse. "Então eu falei para os repórteres que estava quase certo e que podiam falar isso. Fiz a mesma coisa com a TV. Então, eu sou responsável por ter identificado Cunanan", diz Gelber. Oficialmente, contudo, não houve nenhuma palavra.

O cerco ao redor da casa flutuante, como a perseguição ao Ford Bronco branco de O.J., foi transmitido ao vivo para o país. Incapaz de resistir ao momento, Torsten Reineck apareceu em uma TV em Las Vegas para dizer que era dono da casa flutuante. Ele foi visto pelas autoridades alemãs em Miami, que o estavam procurando para acusá-lo de fraude fiscal. Eles estavam decididos. A polícia de Miami Beach foi notificada durante a tarde da conexão entre Reineck e Versace, e naquela noite um informante confidencial alemão, que usava o nome Galleto, apareceu no quartel da polícia acompanhado de Dieter, um agente alemão da Narcóticos que havia sido enviado para o DEA.

O detetive Dale Twist já estava lá, esperando para entrevistar Fernando Carreira e sua esposa para ver se a história deles era consistente. O agente Dieter aparentemente já havia tentado chamar a atenção da polícia para um grupo escuso de alemães ricos vivendo em Miami Beach, mas não havia conseguido nada. Reineck estava conectado a eles. Agora, Galleto contava a Twist que um dos associados de Reineck era amigo de Versace, e havia se vangloriado de que Versace havia dado um relógio a ele. Twist se lembra: "Dieter chega e fala: 'Ei, esse cara é aquele de quem te falei'. Ele está tentando falar para todo mundo sobre isso, mas ninguém pegou o caso".

Dale Twist ouviu brevemente e pensou que o FBI assumiria dali em diante. Ele então foi entrevistar Carreira, que disse que Reineck era com certeza o dono da casa flutuante e que ele havia ligado na terça-feira, o dia anterior, pedindo para que Carreira desse uma olhada por lá.

De acordo com Galleto, Carreira estava tendo dificuldades na delegacia de polícia: "A esposa dele estava perto de ter um ataque do coração. A polícia trouxe o filho dela. Carreira disse que era Reineck que sempre ligava para *ele*, e que não tinha o telefone de Reineck. Então a polícia perguntou para o filho, e o filho respondeu: 'O papai está sempre ligando pra ele – eu não sei por que ele está mentindo'. Sua esposa estava chorando e gritando. A policial tentou acalmá-la". Galleto argumenta que a polícia chegou perto de prender Carreira naquela noite. "E de repente ele está na televisão, o grande herói." Twist diz que Carreira não corria risco de ser preso. "Ele se manteve fiel ao seu testemunho e foi bem claro em grande parte." Ainda assim, no fundo, Dale Twist não confiava nele. "Eu não gostei de Carreira. Havia algo nele que me deixava desconfortável", diz Twist. "Eu não fiquei confortável com ele e com seu contato com os alemães." No entanto, Twist admite que a polícia nunca foi a fundo com as suspeitas. "A gente nunca conseguiu provar o contrário; sempre que chegávamos perto, surgia um beco sem saída."

Para realizar a identificação forense de Andrew no meio da noite, a polícia de Metro-Dade, mais uma vez no comando, precisou se mudar para o Ônibus Centro de Comando de Metro-Dade, que serviria de centro de comando móvel. Os técnicos, que nunca haviam trabalhado em uma cena criminal antes, fariam a averiguação das impressões digitais de Andrew. Por volta de 1 da manhã, Navarro e Evans se aproximaram do corpo de Andrew novamente, dessa vez para tirar a arma da mão dele. Primeiro, Navarro anotou o número de série da arma na própria mão. O número batia com a arma de Jeff Trail. "Eu removi a arma da mão de Cunanan e a entreguei para Keith, e a arma se armou, de forma que uma bala poderia ser disparada. Precisamos tomar muito cuidado. Keith a deixou segura – eu a segurei enquanto Keith a travava." Mais cedo, os especialistas forenses tinham vindo para recolher os vestígios de pólvora entre os dedos de Andrew para se certificarem de que Andrew havia puxado o gatilho e se matado. O número de balas faltando batia com o número de balas que Andrew havia utilizado em suas vítimas e em si mesmo. De acordo com Navarro, "podíamos explicar cada bala que faltava ali".

Às 3 da manhã, Navarro segurou a mão de Andrew para a coleta de impressões digitais para uma identificação positiva. "Foi extremamente difícil, porque ele estava duro como pedra." Dentro do centro de comando quente e úmido, dois nervosos especialistas em impressões digitais deveriam bater a impressão do polegar do cadáver com o polegar de Andrew no formulário da loja de penhores e na sua carteira de motorista. A carteira de motorista original estava no laboratório do FBI em Washington, o que tornou o trabalho deles ainda mais difícil. Eles precisaram trabalhar em cima de uma cópia enquanto os chefes responsáveis andavam no fundo, respirando em seus cangotes.

Os VIPs não foram embora. Todos eles pareciam determinados a marcar presença em um evento tão importante – o chefe e o assistente chefe da polícia de Miami Beach, o prefeito do Condado de Dade, o gerente municipal e o gerente municipal assistente de Miami Beach, o agente Paul Philip do FBI, o chefe do FDLE do Condado de Dade, Michael Band, Rose Marie Antonacci-Pollock e o médico-legista.

Como Navarro se recorda do momento, "o chefe estava esperando. Todo mundo estava olhando com assombro. Laços estão começando a afrouxar". Para complicar ainda mais, a filha adolescente do chefe Barreto, que havia sido atropelada por um carro recentemente, seria operada pela manhã, e ele queria estar com ela. Ainda assim, Navarro tirou um tempo. Ele precisava ser eficiente, documentar a cena de forma eficiente, "como foi encontrada. Poderia ser importante, especialmente se começassem a surgir teorias". Os técnicos de impressão digital, apelidados de professores aloprados pelos policiais, ficaram encurvados em cima de suas lentes de aumento e escrutinaram as voltas e curvas do polegar direito de Andrew, mas não concordavam em uma identificação positiva. Às 3h45, Navarro foi enviado novamente para colher mais amostras. A espera era excruciante, mas a alternativa era pior. "Meu Deus, e se a gente estiver errado? E se for o gêmeo malvado dele?", diz o promotor federal Wilfredo Fernandez, que estava na cena. "Você não quer cometer um erro." Finalmente, às 5h10 da manhã, os técnicos abaixaram suas lupas: a comparação era positiva. Andrew Phillip Cunanan estava oficialmente morto. Na coletiva de imprensa, realizada às 5h15 da manhã para anunciar que Cunanan havia sido identificado oficialmente, o chefe Barreto ainda estava pronunciando o sobrenome de Andrew incorretamente, com a ênfase na primeira sílaba.

Gregory Jones, o agente supervisor do FBI responsável pelo caso Cunanan, ficou para a coletiva de imprensa. Então, depois de dois dias em pé, ele foi para casa. Assim que passou pela porta da frente, a enormidade do esforço que Jones e todos os outros haviam feito para encontrar Andrew Cunanan pesou sobre ele. Ele deu dois passos e vomitou.

Olhando para o corpo de Andrew, Wilfredo Fernandez, que era um dos promotores supervisionando as buscas na casa flutuante, não achou Andrew particularmente bonito. "Eu não acho que o reconheceria. Ele parecia muito filipino. Eu estava esperando um mauricinho branco." O detetive novato Gus Sanchez discorda. "Eu não o descreveria como oriental, mas até seus olhos mortos tinham um aspecto interessante. Ele tinha olhos interessantes. Mesmo depois de morto, eu podia ver um magnetismo nele." Enquanto as câmeras continuavam a rodar, o corpo de Andrew foi retirado da casa flutuante para ser autopsiado às 6h45 da manhã, quinta-feira, 24 de julho. "Ei, moleque, você quer aparecer em rede nacional?", um policial veterano perguntou a Sanchez. "Fique perto do corpo."

PARTE

QUATRO

40

MORTO É MORTO

Ninguém na polícia de Miami que estava próximo do caso achava que Andrew estava na casa flutuante por acaso:

"Meu instinto é que Cunanan sabia daquela casa flutuante", disse o chefe Barreto no dia seguinte.

"Eu acho que Andrew já havia estado lá e sabia do lugar, e que eles o ajudaram a se esconder", disse o sargento Navarro.

"Eu tenho certeza de que existe uma conexão entre Gianni e Andrew. Por que aquela casa flutuante?", questionou Gary Schiaffo, o detetive líder na cena da casa flutuante. "Não há muitas casas flutuantes na água. Aquela em particular estava vazia. Por que ali?"

A morte de Andrew foi um alívio tão grande para as forças policiais envolvidas que quase todas elas, especialmente o FBI, correram para fechar o caso. "Morto é morto, e o que foi feito está feito", Scrimshaw falou cinicamente. "Eu acho que Cunanan foi usado – eu acho. Não tem nada no nosso relatório que afirme isso. Se eu não posso comprovar, então não entra." Scrimshaw estava bem infeliz com o Departamento de Polícia de Miami Beach fechando a investigação antes de ele a considerar terminada. "Certas áreas precisam ser examinadas." Juntamente com o sargento Navarro e o detetive Dale Twist, Scrimshaw esperava obter algumas respostas do FBI, que assumiu a responsabilidade de dar prosseguimento com os proprietários da casa flutuante e com os aspectos internacionais do caso. Em vez disso, conta Twist, "eles nunca pediram informações e nós nunca recebemos informações. Não dá pra entender".

"Mas por que a polícia de Miami Beach não investigou o caso sozinha?", eu pergunto. "Eles nos disseram com todas as letras: 'Estamos encerrando, não temos os recursos'", Scrimshaw explica. "'Deixe o FBI fazer isso, deixe o Departamento Estadual cuidar disso.' Não havia uma história única." Scrimshaw, que diz não gostar de teorias da conspiração, especula ainda assim que Andrew estava na casa flutuante porque "ele esperava ser recompensado e levado para uma terra do nunca, mas então ele foi feito de bode expiatório. É perigoso deixar que alguém que não é profissional faça o serviço, mas se ele falhar, ele é só um maluco".

Um dos motivos de Scrimshaw ser incapaz de afastar essa possibilidade é que ele não teve permissão de preparar a "autópsia psicológica" que geralmente faz para suicídios. "Pelo meu bem e pelo bem da família, tentamos entrevistar todo mundo para eliminar a possibilidade de que isso fosse algo além de um suicídio. Talvez seja isso que o FBI estava fazendo, mas eu não sei se eles fizeram isso."

Aparentemente não. Desde o início, a casa flutuante exibiu mistérios intrigantes, começando com o zelador, Carreira. De acordo com Gary Schiaffo, ao primeiro detetive na cena, por exemplo, Carreira não mencionou que carregava uma arma – isso só apareceu na recontagem. Schiaffo também duvida que Carreira estivesse nervoso demais para ligar para a polícia. "Quão difícil é discar 911?" Depois de uma noite de interrogatório, na qual Carreira continuou a afirmar que ninguém falou para ele que o corpo de Andrew havia sido encontrado, a polícia disse a Carreira para não falar com a imprensa. Ainda assim, ele foi ao Fox Channel 7, que o segurou por horas e conseguiu uma entrevista exclusiva com ele enquanto o resto da imprensa esperava do lado de fora. A polícia tinha suspeitas suficientes sobre Carreira para que as autoridades da Flórida não estivessem com pressa nenhuma de entregar a ele os 45 mil dólares de recompensa que ele pedia.

Ainda assim, Schiaffo acredita na afirmação de Carreira de que estava em perigo. "Se Cunanan quisesse, ele poderia ter derrubado Carreira", ele diz. "Então [Cunanan] teria uma arma e chaves de um carro e poderia ter fugido. Mas eu acho que havia muitos policiais na rua naquele dia – Andrew olhava pela janela e via policiais. Carreira estava batendo na porta. Andrew pensa 'É agora. Finalmente eles me pegaram'." Ele acrescenta: "Ele não quer ser pego – ele é muito vaidoso para isso – e só tem mais quatro balas".

Dentro da casa, a polícia encontrou balas calibre .22 debaixo da cama, algum "pó branco em um saquinho plástico transparente" – que não foi testado –, um passaporte falso e uma carteira de motorista em nome de Matthias Ruehl, o mesmo codinome que Torsten Reineck usava – Matthias "Doc" Ruehl – como operador de uma sauna gay em

Las Vegas. O passaporte e a carteira de motorista eram do principado não reconhecido de Sealand – um pedaço de terra do tamanho de um estádio de futebol que fica a nove quilômetros da costa britânica. "Sealand" também era a placa personalizada do enorme Rolls-Royce que Reineck dirigia em Miami.

A polícia de Miami Beach viu Reineck em Las Vegas se declarando o dono da casa flutuante na TV, e eles entrevistaram Carreira extensivamente sobre seu contato com o dono. Tudo na embarcação, incluindo frascos de remédios, estava em nome de Reineck. De forma bem compreensível, então, a polícia de Miami ficou animada ao receber uma ligação do posto de bombeiros do outro lado da rua, no dia 30, dizendo que o dono da casa flutuante estava lá para reclamá-la. "Então a gente correu até lá porque imaginamos que seria Reineck", diz Dale Twist. "Mas não era Reineck – era esse cara, Ruehl."

Se houve alguma confusão entre a polícia sobre Reineck e Ruehl, ela logo foi esquecida quando os dois desapareceram. Reineck havia ido voluntariamente até o FBI de Las Vegas, com um advogado, no dia seguinte à descoberta do corpo de Andrew. O FBI já sabia que ele era procurado desde 1992 na Alemanha por fraude fiscal (embora a Alemanha não houvesse pedido sua extradição) e também descobriu que ele havia permanecido depois do vencimento do seu visto. "Ele tinha uma séria brecha [legal] em relação à sua permanência", diz Cobby Siller, agente especial do FBI de Las Vegas designado ao caso. Apesar do que havia dito na TV, Reineck falou para o FBI de Las Vegas que tinha vendido a casa flutuante para Ruehl no dia 5 de junho. Ele afirmou ser um grande fã de Versace e disse ter conhecido a assessora de imprensa de Versace uma vez, mas alegou não ter conhecimento sobre Andrew Cunanan e concordou em fazer um teste "apenas sobre Cunanan" no polígrafo na manhã seguinte. A polícia de Miami Beach ficou sabendo de tudo isso de segunda mão, através de atualizações verbais de Keith Evans. A essa altura a polícia sabia que Reineck tinha uma série de empresas fantasmas ligadas ao endereço da casa flutuante, mas não teve a chance de formatar uma investigação com as informações encontradas. "Eu teria feito perguntas diferentes", diz Twist. "Como eles poderiam saber o que perguntar? Eu não sei como fizeram aquele interrogatório."

A questão logo ficou irrelevante: Reineck nunca apareceu para o teste do polígrafo. De acordo com Siller, o FBI de Las Vegas nem começou a procurar por ele até uma semana depois. "Eu sei que tivemos problemas em encontrá-lo perto do dia 31", Siller conta. Nesse momento, a imprensa já havia informado que Reineck tinha declarado rapidamente a falência de sua sauna em Las Vegas e que ele devia muita gente por lá. No fim da história, o dia 31 de julho era um grande dia para a casa flutuante. Sob as leis da Flórida, uma casa flutuante é como uma motocicleta – uma nota de venda é a única coisa necessária para transmitir a propriedade. Ruehl apareceu pela primeira vez com a nota de venda para reclamar a propriedade da polícia de Miami Beach no dia 30. Ele falou que havia voado da Alemanha, passando por Las Vegas, onde conta que tentou encontrar Reineck, sem muito sucesso. Para ganhar tempo, a desconfiada polícia de Miami Beach disse a ele que precisariam checar os registros no fórum, e que os resultados chegariam pela manhã. Eles o levaram até o seu hotel e nunca mais o viram pessoalmente outra vez. Em vez disso, a polícia viu, perplexa, Ruehl no noticiário noturno do Fox Channel 7 no dia 31; ele foi mostrado no aeroporto de Miami, entrando em um avião rumo ao exterior. "Naquele dia, todos nós olhamos uns para os outros", diz Navarro. "Alguma coisa estava acontecendo aqui, porque só quatro de nós sabíamos disso, e, de repente, o Channel 7 sabia? Ficamos irritados."

Enquanto isso, outro alemão já havia entrado na história naquele dia, quando Schiaffo foi contatado por Siegfried Axtmann, que vivia na exclusiva Ilha Williams ao norte de Miami Beach. Axtmann disse a Schiaffo que era amigo de Ruehl – que foi "instruído a voltar para a Alemanha imediatamente" – e que "cuidaria da casa flutuante de agora em diante".

A polícia ouviu falar do Sr. Axtmann. Axtmann era parte do motivo de Dieter e Galleto terem alertado inicialmente as autoridades americanas sobre uma conexão entre o assassinato de Versace e o fato de Andrew estar naquele barco em particular. Galleto acreditava que Axtmann era um parceiro na sauna em Las Vegas com Fredrich Ewald, um homem de 110 quilos que andava com os ricos e que se vangloriava dizendo que conhecia Versace. De acordo com Galleto, que conhecia Axtmann e Ewald, Ewald havia mostrado para ele um relógio Versace que estava usando, contando vantagem de que "foi o primeiro a ser feito, e que Versace deu para ele pessoalmente".

Enquanto isso, a polícia não recebia nenhuma resposta do FBI. A casa flutuante entrou no assunto novamente. Um advogado de Miami Beach, Paul Steinberg, ligou para Navarro para dizer que seu cliente, Enrico

Forti, era "o novo proprietário da casa flutuante desde o dia 8 de junho". Navarro diz: "Eu falei para ele que precisava de provas". Dois dias depois, Steinberg ligou para agendar uma reunião entre Twist, Axtmann e Enrico "Kico" Forti, um homem nervoso e de fala rápida que conversa em um inglês truncado e se apresenta como um produtor italiano de filmes. Ele produziu documentários esportivos para a ESPN. "Ele é um cara esnobe do meio do cinema que mora em Ocean Drive", diz Twist. "Todos eles parecem iguais para mim", responde Steinberg. "O Sr. Forti é um atleta de nível mundial e produtor cinematográfico. Ele tem competido em torneios internacionais de windsurfing." Quando eu perguntei se Forti conhecia os Versace, Steinberg respondeu: "Eu acredito que ele conheça membros da família Versace".

A reunião com Twist aconteceu no dia 6 de agosto. Axtmann e Forti, que viviam em prédios condominiais luxuosos e adjacentes, apareceram juntos. Ele negou ser o sócio secreto de Reineck na sauna gay, mas disse que já o tinha visitado lá duas vezes para "checar instruções". Steinberg disse a Twist que Forti – que estava planejando vender os direitos de acesso à casa flutuante – foi a pessoa que indicou ao Channel 7 que Ruehl deixaria a cidade. Forti tinha grandes planos de escrever um livro e fazer um documentário – *A Medusa* – sobre o Versace "real", afirmando que havia conversado com Donatella Versace sobre isso. Sem nenhuma palavra do FBI sobre esses personagens, Twist levou os papéis para o promotor da cidade e, no dia 8 de agosto, Navarro liberou a casa flutuante para Enrico "Kico" Forti na presença de Steinberg. Quando eu tentei entrar em contato com Axtmann, recebi uma outra história da mulher que atendeu o telefone em sua casa. Ela disse que o Sr. Forti não tinha uma casa flutuante e que estava apenas vendendo a casa em nome do Sr. Ruehl. Ela me disse que o Sr. Axtmann não estava disponível.

Reineck, que não era visto desde o dia 24 de julho, continuou desaparecido até o dia 11 de agosto, quando apareceu em Frankfurt e se entregou para a polícia alemã, tendo feito um acordo prévio. O promotor público de Leipzig, Norbert Röger, diz: "Na minha opinião, o fato de ele ter chegado à conclusão de que não havia saída foi o que o fez voltar para a Alemanha". Scrimshaw pensou que Reineck provavelmente havia sido "mandado embora dos Estados Unidos" por Ewald e Axtmann, que confidenciaram a Twist que Reineck havia envergonhado as autoridades alemãs ao aparecer na TV. "Por que um fugitivo correria de volta para a cadeia?", questiona Scrimshaw, reconhecendo que, mais uma vez, ele não tinha nada de concreto para apoiar sua teoria. Reineck, conhecido anteriormente como o "rei da cerveja de Leipzig", foi condenado a três anos de prisão por "adiar intencionalmente procedimentos de falência, evasão de impostos em conjunto e outra infração por fraude". Ainda assim, ele afirma que não sabe como Andrew foi parar em sua casa flutuante – não que alguém tenha perguntado oficialmente. Até o advogado Paul Steinberg diz: "Alguma coisa parece estranha com Reineck e Cunanan". Quando eu pergunto a Steinberg se Axtmann ou Ruehl conheciam Gianni Versace, ele responde: "Eu nunca fiz essa pergunta".

Galleto, assim como Scrimshaw, ficou desiludido. Ele não acreditava que Reineck não conhecia Andrew Cunanan. Com 1,95 metros de altura, olhos bem fundos e o físico de um atleta de meia-idade, ele rodou o mundo como um importante agente da Narcóticos para os alemães e, em determinados momentos, também já foi alvo de caçadas. Agora, ele não consegue entender por que o FBI não segurou Reineck enquanto o tinha sob custódia. "Eles deveriam ter pego o passaporte dele e dito: 'Fique aqui até terminarmos a investigação'. O FBI soltou Reineck, e a polícia de Miami Beach liberou Ruehl." Galleto não consegue esquecer de quando Reineck falou para ele um dia que o alarme antifurto em sua casa flutuante "era tão bom que nem mesmo um rato pode entrar, meu alarme é perfeito". Galleto acrescenta: "Carreira: ele disse que o alarme nunca funcionava. O dono disse: 'Nem mesmo um rato'".

Um dia, Galleto me levou para um passeio em Miami em um grande carro Mercedes conversível. Começamos a dirigir pela Avenida Collins com a capota abaixada, passando pelo Normandy Plaza e indo em direção à Ilha Williams, uma comunidade fechada e muito divulgada por Sophia Loren no passado. Ao longo do caminho, Galleto apontou para alguns prédios altos. "Metade disso aqui é da máfia alemã, aquele ali é da máfia russa." Ele vê Miami como um abrigo para grandes trambiqueiros, fraudadores e cafetões internacionais que estão tentando montar boates aqui. Ele disse que não podia acreditar que a polícia local deixasse esse tipo de coisa acontecer.

Galleto falou que os cafetões adoravam vestir suas prostitutas com peças de Versace e afirmou ter visto Ewald, que cantava vantagem de ter conhecido Gianni Versace, dirigindo um Rolls-Royce verde-escuro com uma placa onde se podia ler "Versace". Quando Dale Twist checou o carro, a placa Versace estava registrada no nome de "um alemão falido" que Galleto dizia andar com aquelas pessoas.

Enquanto dirigíamos, Galleto, que mantém um calendário eletrônico retangular no colo, ligou para a Alemanha usando o telefone em seu carro. Ele gritou no telefone: "*Ja, ja*". As únicas palavras compreensíveis para mim foram "Versace" e "placa". "O mecânico do carro é amigo meu", ele falou. "Ele costumava morar em Miami. Mexia nos carros de Ewald e fez a placa para ele. O mecânico não sabe por que Ewald a pediu."

Galleto está convencido de que "Cunanan deve ter alguma ligação com Las Vegas, com a sauna gay, e é por isso que estava na casa flutuante". Quando perguntei a Galleto o motivo de eles serem tão bem-sucedidos na Alemanha, mesmo com ele insistindo em investigá-los, ele respondeu: "O problema é que os alemães sabem que os russos estão vindo. Então eles dizem para as autoridades: 'Se você não nos deixar em paz, nós vamos vender o negócio para os russos, que são bem piores'".

Quando conversei com Bobby Siller, chefe do FBI de Las Vegas, eu perguntei se ele sabia que, através do FBI de Miami, dois agentes à paisana da Narcóticos tinham ido até a polícia de Miami Beach e falado para eles sobre Reineck e os outros alemães. "Você me pegou. Eu não sei nada sobre o DEA e esses indivíduos", diz Siller. "Eu não estou negando – eu não tenho conhecimento disso. Não sei nada disso." Nos registros do FBI que consegui mais tarde, o escritório de Las Vegas fala sobre vários indivíduos que identificaram Cunanan presente em Las Vegas pouco antes de começar sua onda de assassinatos. Um deles até mesmo afirma que ele usou o nome Andrew DeSilva. O relatório diz: "O escritório de Las Vegas não está pronto para abandonar uma possível associação entre [Reineck] e Cunanan". Existe até mesmo um relatório profundamente censurado que poderia ter sido escrito por Dieter ou Galleto.

No dia 4 de agosto, depois que Reineck faltou ao seu teste no detector de mentiras, o escritório de Miami reportou ao FBI de Miami: "Pistas relacionadas com [a investigação de Cunanan] estão sendo deixadas para a discrição dos oficiais destinatários", o que significa que, se Miami quisesse que Las Vegas continuasse a investigar, eles deveriam dizer. No relatório final, datado de 7 de agosto, com relação a quem poderia ter conhecido Andrew em Las Vegas, o FBI de Las Vegas descreve o possível associado cujo nome está censurado como um indivíduo que "combina com o perfil de velhos gays ricos que Cunanan procurava para se prostituir". E em outra seção, o relatório parece concluir que Reineck e Andrew se conheciam. "É improvável que Cunanan, que supostamente visitava Las Vegas, não conhecesse [censurado]." Quem seria esse? Reineck, o rico dono da sauna gay? Depois do dia 7 de agosto, de acordo com registros do FBI que consegui obter, o escritório de Las Vegas não fez mais nenhuma referência a Reineck ou Cunanan.

"Estou surpreso com o FBI", diz Scrimshaw. "Eles têm esse cara – ele mata uma celebridade internacional e uma pessoa rica. Existem todas essas ramificações. É isso? Ele morreu – a gente para? Porque não era o caso deles originalmente. Porque tudo o que eles estavam fazendo era perseguir um fugitivo. Se é um caso em que eles não são a principal agência de investigação, eles não se preocupam e largam de lado."

Depois de me encontrar com Galleto, eu perguntei o que aconteceu com Paul Mallet, o agente especial interino responsável pelo FBI de Miami na época, substituindo Paul Philip, que aceitou um cargo no escritório do prefeito Penelas pouco depois da investigação Cunanan. "Você viu a natureza das nossas responsabilidades aqui", diz Mallet. "Assim que resolvemos um crime, a menos que seja necessário continuar para manter uma postura agressiva, o caso está encerrado."

Quando pergunto sobre os alemães, Mallet minimiza os "rumores" sobre a conexão alemã com Andrew Cunanan como "provavelmente sem mérito". Então ele me dá uma resposta que é um pouco poética e condescendente. "Estamos falando sobre um covil de iniquidade entre ladrões e vigaristas que mentem sem pestanejar e falam qualquer coisa. Eu não acho que você vá entender. Você está tentando colocar uma coleira em um zéfiro."

Menos de um mês depois, Anthony Pike, o filho de um rico dono de hotel em Ibiza – ilha espanhola que é um paraíso para certas comunidades gays –, chegou em Miami vindo da Austrália. Ele estava na cidade para tentar entender o que havia acontecido com 65 mil dólares que haviam sido desviados da conta de seu pai em Londres. Ele nunca descobriu. Ele foi assassinado algumas horas depois de ter sido pego no aeroporto de Miami – dois tiros na cabeça. Nesse crime, que as autoridades acharam que foi armado para parecer um assassinato gay, seu corpo nu apareceu em uma praia isolada em uma área perto de Miami que era a preferida de praticantes de windsurfing. Um promotor diz: "Quantas pessoas saberiam da existência daquela praia?".

O homem com quem Pike se encontraria no aeroporto, que mais tarde foi acusado de fraude, perjúrio, acusações relacionadas e suspeito de assassinato, não era ninguém menos que Kico Forti, o produtor italiano que afirmava ter comprado a casa flutuante e que queria escrever um livro e fazer um filme sobre Versace. Forti, o antigo campeão de windsurfing, imediatamente apontou o dedo para um profissional de tênis alemão, Thomas Knott, que vive no mesmo prédio que Forti na Ilha Williams; Knott, por sua vez, acusou Forti, que vendeu um de seus condomínios na Ilha Williams para pagar uma fiança de quase meio milhão de dólares.

Knott, que Galleto diz ser um amigo próximo de Axtmann, tem uma série de condenações por fraude na Alemanha, onde está preso. Ele também foi acusado de fraude no caso Pike, e com o assassinato deste ele se declarou culpado de uma das duas acusações de violação federal de porte de arma. Além disso, a polícia encontrou material da internet no apartamento de Knott com informações sobre como fazer um passaporte falso. No fim de 1998, os dois homens eram suspeitos de assassinato e ambos esperavam julgamento por fraude.

41

ECOS

Cinco meses depois da morte de Andrew Cunanan, a "Casa Flutuante dos Horrores", como o jornal *Miami Herald* a apelidou, ainda estava criando manchetes. Primeiro, Fernando Carreira, que continuava a cuidar da casa, ganhou as manchetes por si próprio. Carreira recebeu um total de 55 mil dólares em recompensas de várias entidades – do FBI, do Projeto de Gays e Lésbicas Contra a Violência, finalmente, da polícia de Miami, do FDLE, do Condado de Dade e do Departamento de Convenções e Visitantes da Grande Miami –, mas não sem uma série de dificuldades públicas.

Cerca de um dia depois de encontrar o corpo de Cunanan, Carreira arrumou um advogado agressivo que o acompanhou em uma volta da vitória com todas as despesas pagas para Nova York para várias aparições na mídia. A imprensa de Nova York começou uma campanha a favor de Carreira depois que o prefeito de Nova York, Rudolph Giuliani, se recusou a dar a Carreira os 10 mil dólares de recompensa porque ele não havia ligado para o disque-denúncia de Nova York. Mas quando Giuliani não foi convencido a dar ao zelador sua recompensa de Nova York – o que ofendeu Carreira, que havia trazido seu distintivo honorário da polícia de Nova York –, Miami foi forçada a dar a ele a recompensa da Flórida. "Tanto Miami Beach quanto o FBI não achavam que ele merecia", diz Dale Twist. "Eles acharam que foram forçados por Nova York – foi pressão política naquele momento: 'Coitado, você falou que daria uma recompensa e não cumpriu'."

Naturalmente, Carreira discordou. "Eles o encontraram por minha causa. Havia mais de mil agentes, o FBI, policiais, mil deles trabalhando o dia todo, procurando por ele 24 horas por dia. Sabe quanto dinheiro eu economizei ao governo, ao contribuinte?" Carreira, que apareceu no *Geraldo* e no programa de *Larry King* e voou de volta para sua terra natal, Portugal, pela primeira vez em mais de quarenta anos, começou a dar as cartas imediatamente. Ele era uma celebridade agora, e começou até mesmo a usar uma falsa camisa Versace de linho. Ainda assim, enquanto negava seus quinze minutos de fama, ele era a epítome da nossa era do tabloide. "As câmeras e os repórteres – não é o tipo de coisa com a qual eu quero me envolver", diz Carreira. "Mas, já que comecei, não dá pra negar. Então, se não dá pra parar, continuo. É isso."

Carreira também recebeu poder de procurador sobre a casa flutuante por intermédio de Ruehl, e ele e Forti discordavam diretamente sobre quem poderia dar acesso à mídia para filmar o interior da casa. Forti já tinha recebido uma soma grande do *American Journal* quando Carreira deu permissão ao *Today Show* de graça, como compensação por ter aparecido primeiro no *Good Morning America*, arruinando o acordo de Forti com *Geraldo*. Então, quando Forti estava terminando de negociar outro acordo que lhe daria a posse da casa flutuante, no dia 31 de dezembro de 1997, a casa começou a afundar. Em 23 de dezembro ela estava inclinada em um ângulo de trinta graus. Carreira e Steinberg afirmam que o afundamento foi sabotagem pura e simples, dizendo que um mergulhador que contrataram encontrou uma placa de madeira estrategicamente encravada entre o paredão e a casa flutuante, de modo a forçar o casco.

A cidade não se importou em investigar – eles queriam a casa destruída. Mas Steinberg correu para o fórum para salvar sua estrutura, argumentando que era um marco histórico. "Qualquer banheiro, qualquer cômodo que o Sr. Cunanan usou, não é um local histórico", Robert Dixon, promotor público adjunto de Miami Beach, disse ao *Miami Herald*. "Isso não é uma boa atração; é uma atração infame." Ele acrescentou: "O dono está apenas atrás do direito de fazer um filme B sobre Cunanan".

No entanto, antes da disposição final da casa ser decidida, Carreira e Ruehl, que veio da Alemanha, tentaram salvá-la. A embarcação precisava ser esvaziada antes de ser levantada, e uma venda espontânea teve início quando transeuntes começaram a perguntar se podiam comprar itens que estavam sendo retirados. "Então as pessoas começam a perguntar: 'Você quer vender?'", Carreira relata. "E então eu pergunto ao Doutor Ruehl e ele fala: 'À venda'." Copos e fronhas que Andrew poderia ter usado começaram a sair, e logo as equipes de TV apareceram. "Eles descobriram antes de mim", Carreira falou, mas a cidade não estava entretida. Carreira levou uma multa de cinquenta dólares por fazer a venda sem permissão.

No dia 8 de janeiro de 1998, a cidade tomou posse da casa flutuante. A empreiteira contratada para a demolição não tinha o seguro apropriado, então a embarcação permaneceu inclinada na via navegável até o dia 28 de janeiro. A essa altura, Carreira e dois sócios começaram a anunciar o CareTaker Quick Draw, um coldre oculto, a ser utilizado por baixo da roupa na cintura, para que o usuário pudesse sacar a arma com agilidade, como Carreira não pudera fazer quando confrontado com o assassino em série. O coldre de nylon custava 24,95 dólares, e Lonnnie Wood, um dos sócios de Carreira, me assegurou que vários generais venezuelanos estavam interessados em comprar.

No início de fevereiro de 1998, uma segunda casa flutuante que era propriedade de Torsten Reineck foi destruída pelo El Niño.

O Normandy Plaza trocou todos os números de seus quartos para que os hóspedes não se sentissem mal em ficar no mesmo quarto ocupado por Andrew.

O tumulto continuou a rondar o caso Cunanan. Embora a autópsia de Andrew tivesse mostrado que ele não tinha drogas no corpo, nenhum teste de cabelo foi realizado, então o uso prévio de drogas não poderia ser descartado. "Se não tem uma importância direta no momento do suicídio", diz o toxicologista Dr. Lee Hearn, do Escritório do Médico-Legista do Condado de Dade, "não é preocupação nossa". O cadáver de Andrew se tornou uma atração por si só na sala de "aula de autópsia" no canto do necrotério, com uma fila de policiais e VIPs da cidade querendo dar uma olhada, alguns supostamente posando com o cadáver enquanto outros tiravam fotos polaroids. Por fim, uma placa escrita à mão foi colocada: "Entrada proibida". Um dia, Scrimshaw recebeu uma ligação reclamando que alguém no crematório onde Andrew aguardava incineração estava tentando vender a etiqueta no dedão do cadáver. O corpo não foi enviado para a casa imediatamente porque os pais estavam em uma disputa acrimoniosa em relação a quem deveria recebê-lo. O pai de Andrew queria que o corpo dele fosse enterrado nas Filipinas, mas seus restos eventualmente chegaram na Califórnia.

A única coisa em que o pai e a mãe de Andrew concordavam era que o filho deles havia sido enquadrado pela máfia para matar Versace. Essa ideia nasceu de comentários feitos por Frank Monte, um investigador particular de Nova York que insistia que Versace, pouco antes da sua morte, o havia contratado para investigar a morte de um amigo e para descobrir se havia dinheiro sendo lavado através da companhia Versace. O momento mais audacioso de Monte na mídia veio quando ele disse que Andrew não havia se matado, mas que havia sido morto antes de Versace e congelado, e depois levado secretamente para a casa flutuante. A família Versace negou furiosamente que Gianni tivesse se encontrado com Monte. Ainda assim, as afirmações selvagens de Monte estimularam muitas pessoas – especialmente na Europa – a acreditarem na teoria sem provas de que o assassinato de Versace havia sido um crime encomendado pela máfia.

Apegando-se à teoria da conspiração da máfia, os pais de Andrew tentaram lucrar com a tragédia. A família começou a negociar com o produtor de TV Larry Garrison, especializado em "direitos de vida" de indivíduos envolvidos em tragédias e dramas sensacionais. Garrison entrega entrevistas para tabloides como o *Extra* e também tenta conseguir acordos para filmes e livros. Garrison diz que desistiu rapidamente dos Cunanan porque havia muita divisão entre eles. "O pai veio das Filipinas e bagunçou tudo. Então a mãe começou a ir em programas como *Hard Copy*", diz Garrison. "A irmã, Gina, não queria fazer nada, então havia tensão na família." Eles não conseguiam chegar a um acordo em relação "ao que queriam e o que não queriam fazer".

Com exceção de aparições no *Larry King Live* e no *Prime Time Live*, o irmão mais velho de Cunanan e a irmã se recusaram a falar com a mídia se não fossem pagos. A mãe deles, embora estivesse tecnicamente inclinada a fazer o mesmo, era difícil de calar. Depois de uma experiência ruim com o *Hard Copy*, na qual ela afirma ter sido enganada para abrir sua porta para a equipe, ela apareceu no tabloide uma segunda vez, e aparentemente usou o dinheiro para pagar as despesas com o funeral de Andrew. Em outubro ela fez uma nova tentativa de suicídio, mas em dezembro apareceu novamente no *Larry King Live*. Os produtores editaram a filmagem cuidadosamente para que ela não parecesse excessivamente irracional. Seu marido distante, Pete Cunanan, recém-chegado das Filipinas, apareceu no mesmo programa, mas foi filmado separadamente. Ele aparentemente recebeu 10 mil dólares por uma aparição no *Inside Edition*, mas foi no *Hard Copy* de graça em troca de todos os clippings sobre o caso da Associated Press.

A voz rouca de MaryAnn Cunanan se tornou familiar para a polícia nos lugares onde Andrew havia matado. Ela ligava para protestar contra um filme explorador sobre o assassinato de Versace que estava sendo gravado em Miami e pedia que a polícia impedisse isso. No outono, ela também estava fazendo visitas aleatórias ao California Cuisine, onde os funcionários chocados notaram a assombrosa semelhança entre a gargalhada dela e a do filho.

A única pessoa na família Cunanan que se recusou a lucrar com a tragédia foi a irmã de Andrew, Gina, que ficou extenuada com a publicidade trazida pelo caso logo quando ela havia ficado noiva e planejava começar uma vida nova. Ela também ficou de olho na mãe e tentou ajudá-la. Gina Cunanan se casou no outono de 1998.

A cobertura sensacionalista dos eventos e o frenesi de dinheiro que resultou disso alterou o relacionamento entre seus beneficiários. Erik Greenman se tornou um pária em Hillcrest por ter aceito 85 mil dólares da *National Enquirer* para contar histórias sobre a obsessão de Andrew com Tom Cruise, histórias estas que as pessoas que conheciam Andrew sabiam ser absolutamente ridículas. Erik chorou durante todo o trajeto até o banco. Ele comprou um conversível chamativo e ficou fora de vista por seis meses. Nicole Murray-Ramirez não teve nenhum problema em seu envolvimento com a mídia. O ativista gay e *drag queen* usou os 5 mil dólares que recebeu do *Globe* por entregar fotos de Andrew para fazer uma cirurgia plástica – sua oitava operação cosmética.

Robbins Thompson se arrependeu de ter fugido para o México após os crimes do seu amigo próximo. Após a morte de Andrew, ele concluiu que deveria ser remunerado por ser tirado do armário de forma não cerimoniosa. Ele fez uma volta pelos tabloides, recebendo 5 mil dólares por uma aparição no *Hard Copy* e mais alguns milhares de dólares de Sally Jessy Raphael. Mas Robbins perdeu as grandes quantias por ter demorado demais. Ainda assim, houve uma grande matéria sobre ele na revista gay *The Advocate*.

Anne e Rachel Rifat foram contatadas novamente pela *National Enquirer* um dia depois da morte de Andrew e disseram que o preço pelo material delas seria mais barato agora. A *Enquirer*, que não queria mais pagar uma taxa alta, colocou as duas em contato com a agência de fotografia Gamma Liaison, que pagou a elas 20 mil dólares de cara e mais sessenta por cento dos lucros que tivessem mundialmente. As fotos apareceram na *Enquirer* e na *Newsweek*. Matthew Rifat, o gêmeo de Rachel, vendeu fotos que ele havia tirado de Andrew na Bishop por menos de 10 mil dólares; ele também participou de um documentário da A&E sobre Andrew, com uma cláusula, ele diz, que seria para uso único. Quando a A&E fez uma fita cassete para ser vendida em lojas, ele processou a empresa responsável, a CBS, em 7 milhões de dólares por quebra de contrato e fraude.

Os Trail e os Madson evitaram a mídia, mas eles dificilmente seriam deixados em paz em seu luto. Os dois casais foram novamente vítimas de tragédias no início de 1998, quando o filho mais velho de Ann, Mike Davis, morreu de um ataque do coração aos 49 anos de idade. Eles começaram a frequentar a igreja regularmente e também adentraram um labirinto burocrático em um esforço para recuperar a arma de Jeff das mãos das autoridades. Os Trail queriam destruir a arma publicamente como um símbolo do horror que Andrew havia feito cair sobre eles e sobre as outras vítimas.

Lisa Stravinskas, a irmã de Jeff, falou por todas as famílias das vítimas após a morte de Andrew quando disse à Associated Press: "O que nós realmente queríamos era que a matança terminasse, porque cada vez que um assassinato era ligado a [Cunanan], era como se Jeff tivesse sido morto outra vez, e os pesadelos e as noites insones começavam novamente".

Em dezembro de 1998, Lisa organizou um programa de entrega de armas em memória de Jeff, que aconteceu na cidade dela, em Elgin, Illinois. No dia 19 de dezembro, 30 armas e 1.300 cartuchos de munição foram entregues à polícia; o programa vai continuar a acontecer duas vezes por ano.

A família Madson trabalhou incansavelmente para convencer o público de que David Madson não teve nada a ver com o assassinato de Jeff Trail. Eles continuaram a afirmar que David havia sido mantido contra a sua vontade por Andrew e que havia morrido antes da hora oficial de morte, vários dias depois da morte de Jeff.

No dia 26 de junho de 1998, mais de um ano depois da morte de David, o Departamento de Polícia de Minneapolis convocou uma coletiva de imprensa para dizer que não havia "evidência que implicasse David Madson no assassinato de Jeff Trail". Sem falar isso diretamente, o departamento estava tentando apaziguar os Madson e seus advogados. Na coletiva de imprensa, uma "declinação" formal do pedido de acusar David pelo assassinato de Jeff Trail, que havia sido apresentada por Tichich há mais de um ano, foi expedida pelo escritório de promotoria. Continha alguns erros descuidados. "Cunanan" foi grafado incorretamente ao longo do documento, por exemplo, e o dia da semana em que Andrew e David foram vistos passeando com seu cão Prints após o assassinato de Jeff Trail estava errado.

Como resultado da experiência dos Madson, o capitão Strehlow anunciou que o Departamento de Polícia de Minneapolis estava planejando instaurar um programa sobre como lidar com as famílias das vítimas. Um programa parecido também existia em St. Paul, e Howard Madson enviou um artigo sobre isso para o capitão, com uma nota dizendo que Tichich deveria ser o primeiro a se matricular. Strehlow conclui: "Algo muito valioso nasceu disso".

Os Madson ficaram comovidos, mas eles ainda estão longe de aceitar a morte de David. "Sabemos que o Natal nunca será o mesmo, mas a vida continua", a mãe de David, Carol, escreveu em dezembro de 1998. "Perder um filho de uma forma tão horrenda é difícil de aceitar. Que Deus nos dê forças para lidar com cada dia, com o que estiver em nosso caminho."

A família Miglin continua a insistir que o assassinato de Lee foi um ato aleatório. Duke precisou colocar sua carreira de ator de lado por um momento para ajudar sua mãe com o império imobiliário. Por volta do Dia de Ação de Graças de 1997, ele também estava ajudando Marilyn a vender seus produtos no canal Home Shopping Network.

Em abril de 1998, para profundo remorso de Paul Beitler, Marilyn Miglin forçou uma venda da Miglin-Beitler, quebrando a parceria de sucesso e forçando Beitler a adquirir um novo sócio, Howard Milstein de Nova York, que, no começo de 1999, comprou o time de futebol americano Washington Redskins. Beitler diz que se ele não tivesse concordado com a venda, Marilyn a teria forçado através de uma ação no tribunal. "Esse pesadelo vai terminar assim que o nome Miglin sair da porta", ele disse. O nome saiu em outubro de 1998.

Ainda assim, Beitler também nunca superou a morte do sócio. Ele foi fundamental na nomeação da rua em homenagem a Lee Miglin, e tem tentado construir uma capela no Aeroporto O'Hare no nome de Lee. "Lee era como um pai pra mim. Eu perdi o meu pai muito cedo – ele não morreu, ele me abandonou. Eu perdi minha mãe este ano. Lee era como um pai pra mim. Isso me machucou. A vida de muitas pessoas foi destruída."

Em novembro de 1998, Marilyn Miglin, que havia sofrido em silêncio na maior parte do tempo, anunciou seu noivado com um gentil viúvo egípcio através da coluna de fofocas de Irv Kupcinet no *Chicago Sun-Times*. "Foi uma noite romântica à luz de velas no Ritz Carlton Club na noite passada, quando Naguib Mankarious presenteou sua amada, Marilyn Miglin, com um anel de diamante de muitos quilates, feito especialmente na sua terra natal, o Egito. Como um verdadeiro romântico, Mankarious teve o anel 'servido' na sobremesa, que causou um grito de deleite da futura noiva."

Não passou pela mente de nenhum policial em Chicago que a morte de Lee Miglin por Andrew Cunanan pudesse ser qualquer coisa além de um assassinato sem sentido, deliberado e decidido no calor do momento. Semanas depois do suicídio de Andrew, foi encontrada uma prova tangível de que ele estava dirigindo o Lexus de Miglin. A Polícia Estadual de Nova Jersey conseguiu bater a impressão digital de Andrew com uma encontrada no interior de uma maçaneta do Lexus. Nenhum relatório foi emitido pela polícia de Chicago.

Rebecca Reese, a viúva de William Reese, entrou em reclusão após a morte do marido. Ela apareceu na TV apenas uma vez – no programa *Dateline*, enquanto Andrew ainda estava foragido – porque, segundo ela, ela não queria que as pessoas achassem que seu marido era gay.

Em junho de 1997, os membros da 14ª Milícia do Brooklyn, Nova York, fizeram o primeiro de uma série de memoriais para Reese, um de seus fundadores. As celebrações começaram no Cemitério Laurel Lawn em Upper Deerfield, Nova Jersey. E então se espalharam para organizações irmãs em Gettysburg, Pensilvânia; Manassas, Virgínia; e Fort Greene Park, Nova York. A cada memorial, os encenadores em trajes completos da Guerra Civil batiam palmas e faziam homenagens ao amigo. "Eu não sei se ele teria gostado disso", diz Bob Shaw, um de seus amigos. "Ele era muito humilde."

Agora, nas encenações que atraem 30 mil participantes para Gettysburg a cada verão, os cem valentes da 14ª Milícia do Brooklyn ouvem tudo sobre Bill Reese. De acordo com Shaw, "eles fazem uma pequena palestra, e Bill sempre é lembrado como um dos fundadores do regimento. Sua memória permanece. Ele não será esquecido, porque as pessoas querem lembrar quem começou tudo e fez grande parte do trabalho".

Entrevistado pouco depois da morte de Andrew, Craig Platania, o cunhado de Reese, deu uma descrição perfeita do efeito que Cunanan teve na família e naqueles ao redor do Cemitério Nacional de Finn's Point. "Foi como um tornado passando em uma colina – não é ouvido, não é sentido, e de repente chega na porta da sua casa. Agora podemos ver o tornado ao longe, e as nuvens começando a clarear, e tudo que estava em seu caminho agora está em outro lugar."

Os Versace nunca reconheceram Andrew Cunanan. "Eu tenho certeza de que meu irmão nunca o conheceu", disse Donatella Versace. Nas primeiras semanas após a morte de Versace, a família não questionou muito a investigação policial. Ironicamente, as vendas da empresa dispararam. A tragédia trouxe para Versace aquilo que ele havia desejado durante a sua vida inteira: o status de ter um nome reconhecido instantaneamente. Em uma entrevista para o *Dateline* com Katie Couric, em dezembro de 1998, Donatella disse que estava "furiosa com as pessoas que não se certificaram de que ele [Andrew Cunanan] fosse parar na cadeia" antes de Gianni morrer. Ela também disse que Gianni havia sido "curado" de um câncer inoperável no ouvido seis meses antes de morrer.

O testamento de Gianni Versace estipulou que sua sobrinha de 11 anos, Allegra, herdaria 45% das ações da Versace SpA, e que o irmão dela, Daniel, receberia sua coleção de arte. Tanto Donatella quanto Santo já possuíam ações substanciais da empresa. Antonio D'Amico receberia aproximadamente 30 mil dólares por mês, "independentemente da inflação", pelo resto da vida, além do privilégio de viver em qualquer uma das casas Versace ao redor do mundo. Antonio, contudo, disse a um jornal canadense: "Eu nunca mais colocarei os pés [naquelas casas] porque seria apenas sofrimento desnecessário". Em mais um ato de distanciamento, Donatella e Santo fizeram um acordo com Antonio para que pegasse seus pagamentos mensais de uma vez só. Ele voltou para sua nativa Florença para lançar sua própria companhia de design.

Os Versace estavam decididos a gerir sua própria versão da história para criar uma imagem especialmente construída de continuidade e triunfo para Donatella, a nova designer da Casa Versace. Para aumentar a imagem de Gianni Versace e sua posição como "uma grande figura do design no século XX", eles investiram quantidades significativas em uma grande retrospectiva de seu trabalho no Instituto de Vestimenta do Museu Metropolitano de Arte em Nova York, patrocinada em parte pela revista *Vogue* e inaugurada, em dezembro de 1997, com uma noite de gala que atraiu Madonna, Sting, Cher e Elton John. No dia 10 de dezembro, o *Daily News* de Nova York publicou uma pequena nota sobre a noite de gala: "Madonna, vestindo uma criação Versace estilo sari, causou frisson quando mencionou em um discurso que Donatella 'coloca diamantes nos bolsos dela' quando a visita. Amizade ou marketing? Você decide". Ironicamente, o pôster para a exibição do museu era uma foto de um longo e "grandioso vestido do século XVIII" para a produção de *Capriccio*, da Ópera de São Francisco. Wags fofocou que o museu estava apavorado durante a montagem da apresentação, com medo de algum item insalubre do passado de Versace aparecer para envergonhar a augusta instituição. Os Versace, enquanto isso, responderam a qualquer sugestão de conexão entre a empresa deles e a máfia com uma agressiva estratégia legal para punir jornalistas errantes. Na Inglaterra, eles venceram duas ações por difamação após a morte de Gianni.

Inicialmente, os Versace estavam determinados a impedir que qualquer coisa atrapalhasse o tão sonhado objetivo deles de ir a público com as ações da Versace SpA nas bolsas de valores de Nova York e Milão. Em junho de 1998, no entanto, eles anunciaram que iriam engavetar esses planos por ora, motivados por complicações trazidas por leis estaduais na Itália, que exigiam que um administrador externo cuidasse das ações de Allegra. Com relação aos designs de Donatella para a Casa Versace, após uma primeira onda de simpatia galvanizada por eles, as roupas começaram a receber críticas mistas.

A Casa Casuarina logo se tornou um ponto obrigatório para turistas em South Beach. Um dia eu observei uma jovem europeia de minissaia ficar na ponta dos pés para tentar tocar a caixa de correspondência de Versace, onde um envelope não havia entrado completamente no buraco para cartas.

Logo após o fim da caçada por Cunanan, o FBI convidou representantes de organizações gays para Washington para uma reunião com o segundo em comando do FBI na época, William Esposito. Ele disse que falou a eles: "Precisamos criar um relacionamento melhor, porque se vocês estiverem sendo vítimas de assassinatos ou atacados, nós precisamos ajudar".

"Esposito começou falando: 'Sim, erros foram cometidos'", diz Sharen Shaw Johnson, que era a diretora executiva da Gays e Lésbicas Contra a Violência na época. "Havia um assentimento claro, imediato e voluntário da parte deles de que, ao mesmo tempo em que a colaboração era ok em alguns aspectos, era abismal em outros. Minha impressão ao sair daquela reunião foi de que eles sabiam muito bem que eram bem vulneráveis."

"Eles começaram a reunião enfatizando que, para solucionar crimes, o FBI precisava saber mais sobre a comunidade onde estava inserido", relata

Darryl Cooper, antigo diretor da Gays e Lésbicas Contra a Violência. Ele se lembra da reunião de forma um pouco diferente. "Eles não admitiram erros em si, mas sim que haviam dado a impressão errada – por exemplo, de que não estavam fazendo nada. Tentamos explicar para eles como a comunidade gay sempre fica com um pé atrás de trabalhar com as forças policiais."

Cooper diz que às vezes ele queria "torcer o pescoço do FBI – como daquela vez em que disseram que [Andrew] havia depilado o corpo inteiro e estava andando de vestido". Contudo, ele acrescenta: "Um rumor que ouvi foi de que ele usava cristal de metanfetamina. Eu ouvi de outra pessoa Contra a Violência, mas eles não queriam revelar para não queimar o filme da comunidade. Gays querem as duas coisas. Eu acho que, como a gente sempre foi representado de forma negativa por tantos anos, muita gente na comunidade gay quer que o país nos veja como realmente somos. Mas acho que existe um pouco de censura".

O caso Cunanan deu início a uma torrente na imprensa gay sobre a forma como crimes de homofobia são reportados. A conhecida autora de livros criminais, Edna Buchanan, se sentiu compelida a se esconder depois de fazer comentários na TV que foram interpretados como se ela estivesse dizendo que a comunidade de South Beach causou isso a si mesma ao fazer campanhas para atrair pessoas homossexuais para festejar ali. Tom Brokaw foi amplamente criticado por introduzir um segmento no *NBC Nightly News* caracterizando Andrew como um "homicida homossexual". Também no rescaldo de Andrew, a GLAAD, Aliança Gay e Lésbica Contra Difamação, liberou um glossário para uso da imprensa quando precisasse descrever o estilo de vida gay.

O manejo do Departamento de Polícia de Miami Beach do caso Cunanan, muito criticado no resultado imediato, foi assunto de um relatório liberado pelo gerente municipal Jose Garcia-Pedrosa. O relatório se aprofundou no que realmente aconteceu quanto ao chamado da lanchonete, o formulário da loja de penhores, o estacionamento, o fechamento da Avenida Collins, o papel da equipe de busca no Normandy Plaza, o fechamento do Escritório de Informações Públicas durante o fim de semana da caçada e as informações erradas repassadas para a mídia em relação ao corpo na casa flutuante.

O relatório dizia que "a própria investigação como um todo foi bem manejada pelo nosso Departamento de Polícia. Não apenas 'pegamos o nosso homem' (cujo suicídio se seguiu a uma busca intensa e bem-sucedida no fim), mas fizemos tudo isso sobre o escrutínio e a pressão incessante da mídia, em circunstâncias difíceis e incomuns". O relatório repreendeu o Escritório de Informações Públicas por ter fechado "durante uma história internacional" e admitiu que, "para piorar as coisas para a imprensa, nós demos poucas ou nenhuma informação, obedecendo às necessidades legítimas, embora diferentes, dos promotores, cujas preocupações em retrospecto, nós tomamos muito literalmente". O relatório conclui: "Qualquer que seja a deficiência em nossos protocolos, nosso Departamento de Polícia não pode ser culpado por não ter encontrado Andrew Cunanan antes do dia 15 de julho, especialmente se levarmos em consideração que não havíamos recebido listas dos 10 Mais Procurados do FBI no passado". Aparentemente essa referência é sobre os panfletos relacionados a Andrew que não foram distribuídos.

Para evitar que erros assim se repetissem no futuro, mudanças foram implantadas. A ficha da loja de penhores agora é computadorizada – existe uma ligação direta entre a polícia e cada loja de penhores na cidade, fornecendo um acesso direto a todas as transações. O estacionamento está sob nova direção, e tíquetes precisam ser adquiridos diariamente para cada veículo. A polícia e o *Miami Herald*, que frequentemente eram hostis um com o outro durante as investigações, basicamente fizeram as pazes.

Inevitavelmente, a maior parte da culpa caiu sobre Al Boza, o veterano oficial de informações públicas. O escritório do gerente municipal queria que um civil tomasse o lugar dele, mas no fim de 1998 ele ainda mantinha seu cargo.

Foi apenas nos últimos dias de 1997 que o Departamento de Polícia de Miami Beach liberou seu relatório final sobre o caso Cunanan – setecentas páginas em três fichários com mais de mil fotos. Naquele outono eu me encontrei com o sargento Navarro, que ainda não havia recebido nenhuma informação do FBI para dizer que Cunanan e Versace já haviam se cruzado. Mais tarde eu dei à polícia os nomes de duas das minhas fontes em São Francisco, que disseram a Navarro que, com base em seus relatos de testemunhas, Andrew e Versace certamente haviam se encontrado.

Pouco depois da morte de Andrew, o médico-legista admitiu em uma reunião pública – por descuido – que Andrew não era soropositivo. Isso eliminou uma das teorias supostas por Scrimshaw. Na coletiva de imprensa para anunciar o relatório final, o chefe Barreto disse que a polícia não conseguiu chegar a uma conclusão para explicar as ações de Andrew. "Falando toscamente, a única resposta certa afundou com o navio quando Andrew Cunanan cometeu suicídio."

Paul Scrimshaw não conseguiu aceitar aquela conclusão. Desiludido, ele se aposentou da força policial após vinte anos, em julho de 1998, e deixou Miami Beach para ir viver perto de uma montanha numa parte isolada do Novo México. Scrimshaw ainda é assombrado pelo maior caso da sua carreira, que ele sente ter sido impedido de perseguir. Ele não consegue superar o fato de que a bala com a qual Andrew Cunanan se matou viajou quase o mesmo trajeto dentro do seu crânio que a bala que Andrew Cunanan atirou no cérebro de Versace. De alguma forma, em seu desesperado ato final, Andrew Cunanan estava criando uma igualdade entre ele e Versace, alguém cuja riqueza e fama ele sentia que também deveria ter. Infelizmente, a única forma que Andrew Cunanan tinha de conseguir qualquer reconhecimento era com balas, sangue e maldade.

Pouco antes de o corpo de Andrew ser encontrado, Robbins Thompson foi navegar no barco do Dr. William Crawford com Norman Blachford, mantendo uma vigília durante o pôr do sol pelo que ambos sabiam ser o fim inevitável de Andrew. Robbins diz: "Quanto mais eu penso nisso, mais eu acho que ele fez uma corrida suicida. Ele poderia ter voltado para Norman – ele não queria fazer isso. É quase como se ele quisesse a glória de deixar o palco com uma explosão, como um rock star: viva rápido, morra jovem, permaneça belo".

Em um esforço para evitar a humilhação de sua própria vida fracassada, Andrew Cunanan, que havia desperdiçado seus dons e vivido de forma resoluta na superfície, golpeou de volta. Estimulado por drogas e cheio de raiva, sua ruína absoluta o levou a destruir outros, incluindo a única pessoa que provavelmente amou. Com a exceção de William Reese, cada uma das vítimas de Andrew Cunanan – Jeff Trail, David Madson, Lee Miglin e Gianni Versace – era como um pedaço dele mesmo. No fim, Andrew Cunanan foi o triste testamento de uma aspiração vulgar e não realizada. O garotinho que queria uma casa grande de frente para o mar morreu sendo caçado na água com uma arma como sua última companhia.

AGRADECIMENTOS

Não foi nada fácil escrever este livro! Centenas de pessoas me ajudaram: por todo o país fileiras de homens e mulheres me cederam seu tempo ou pesquisaram seus arquivos, e sou grata a cada uma das pessoas citadas nestas páginas. Minha maior dívida de gratidão vai para os membros das famílias Trail, Madson e Reese, pessoas íntegras e leais, que não desejavam de maneira alguma ter de reviver os horrores de tudo que aconteceu a eles, mas que foram gentis o bastante para aturar minhas entrevistas e compartilhar suas histórias. Também quero agradecer aos amigos próximos de seus filhos – os amigos de Jeff Trail: Jerry Davis, John Hackett, Louis Feuchtbaum, Jon Wainwright, Daniel O'Toole, Mike Williams, Chris Gamache e Judy Fleissner; seus professores, colegas da Marinha e colegas de trabalho. Os amigos de David Madson: Rich Bonnin, Monique Salvetti, Doug e Wendy Petersen, Rob Davis, Cedric Rucker, os membros da companhia de John Ryan. Em Chicago, o sócio de Lee Miglin, Paul Beitler, foi extremamente prestativo, assim como Mark Jarasek, o representante da Miglin-Beitler, e Sugar Rautbord. Em Nova Jersey, Linda e David Shaw foram fundamentais.

Estou em débito com o FBI pela cooperação exemplar oferecida a mim. O FBI não costuma ser aberto a jornalistas, mas agradeço ao diretor Louis Freeh, ao chefe de funcionários Robert Bucknam, que foi especialmente prestativo, e ao diretor-assistente do Escritório de Assuntos Públicos e Congressionais, John Collingwood – todos se envolveram em meu nome. Tive acesso a indivíduos muito prestativos em Washington – Roger Wheeler, Stephen Wiley, Roy Tubergen – e vários agentes de campo – obrigada a Pete Ahearn, Kevin Rickett, Bobby Siller, Paul Philip, Gregory Jones, Paul Mallett, Steve Kives, John Hause, Carl Chandler, Linda Vizi, Ed Cogswell, Tron Brecke. Ter acesso a arquivos através do Ato de Liberdade à Informação me ajudou a desfazer o nó de cronologias e cenários complexos – obrigada especialmente a Mike Shaver e Linda Kloss. Alguns dias antes de se aposentar, o vice-diretor do FBI, William Esposito, tirou um tempo para falar comigo. William Hagmaier, chefe da unidade de Rapto de Crianças e Assassinos em Série, me trouxe *insights* valiosos. O chefe aposentado da unidade de elaboração de perfis, Gregg McCrary, foi igualmente formidável.

Àqueles importantes e poucos que desejaram permanecer anônimos, mas que gentilmente participaram mesmo assim, obrigada. Alterei quatro nomes para proteger os culpados ou constrangidos.

Pelo país afora, muitos membros da polícia cooperaram, e eles têm a minha gratidão. Em Miami Beach, o chefe Richard Barreto e o chefe assistente James Scarberry, o tenente Carlos Noriega e, especialmente, o sargento George Navarro, que fez mais do que precisava e me permitiu reviver, através de sua visão, a época tumultuosa do assassinato de Versace e sua repercussão. O detetive aposentado Paul Scrimshaw compartilhou comigo seu conhecimento acumulado de muitos anos trabalhando com homicídios, sem o qual eu não teria conseguido juntar as peças dessa vasta investigação. Sou muito grata por sua paciência, inteligência e perseverança. Estou em débito com o detetive Dale Twist de Miami Beach, que generosamente me emprestou seu tempo e me trouxe o incomparável Galleto; também agradeço a Paul Marcus e Gus Sanchez, Gary Schiaffo e Richard Pelosi, Al Boza, Bobby Hernandez, e Lori Wieder. Ao esperto ex-procurador adjunto estadual Michael Band, à procuradora estadual Rose Marie Antonacci-Pollock, e ao procurador federal Wilfredo Fernandez, que me ajudaram a entender a lei com mais facilidade. No departamento de médicos-legistas, quero agradecer aos doutores Emma Lew e Lee Hearn por suas interessantes explicações de medicina forense. O ex-prefeito Seymor Gelber foi uma brisa fresca de franqueza. Também fico em dívida com a tenente Linda O'Brien do Departamento de Polícia de Metro-Dade e com Paige Patterson do Departamento de Polícia da Flórida.

South Beach é um ótimo lugar para explorar, repleto de personagens maravilhosos e material suficiente para preencher vários volumes de romances. Muitas pessoas tornaram meu trabalho mais fácil e divertido. Meus amigos no Hotel Astor, Dana Keith e Laura Sheridan, não poderiam estar mais dispostos a me ajudar, assim como meu amigo Zachary Selig. Um obrigada especial. Pela fabulosidade e *insight* de sua comunidade, obrigada a Israel Sands e Bobby Guilmartin, Tom Austin, Brian Antoni, Dennis Leyva, Frank Scottolini, Tara Solomon, Gary Knight, Dr. Ralph Heyndels, Louis Canales, Books & Books. Em Fort Lauderdale, Billy

Ruben e Howard Greenfield foram corteses e charmosos – obrigada a Wes Combs por nos apresentar, e também a Bob Wittek. Um agradecimento especial a Ian Gibson e Larry Chrysler e aqueles da Gamma Mu que falaram comigo.

Em Coconut Grove, obrigada a Jack Campbell. Obrigada, Ronnie, por toda a sua ajuda, e também Roger Falin, Miriam Hernandez, a equipe do Normandy Plaza, Fernando Carreira, e Vivian Olivia.

Membros da imprensa de Miami foram muito generosos com seu tempo e admiro o profissionalismo deles: Ramon Escobar e Don Browne, do Channel 6; Tom Doerr, Rad Berky e Connie Hicks do Channel 10; Glenn Albin e Jacqueline Powers da revista *Ocean Drive*; Jim DeFede da *News Times*; Eugene Patron; Linda Robinson e Elise Ackerman da *U.S. News & World Report*; Andrew Delaplane da *Wire* e Dan Pryor da *Scoop*.

Em San Diego, dezenas de pessoas que conheciam Andrew Cunanan desde que ele ainda era uma criança até deixar Hillcrest têm minha gratidão. Os amigos de infância, Lou "Jamie" Morris e Robert Arends foram capazes de me levar até a antiga vizinhança e me mostrar o jardim de infância e as escolas primárias que Andrew frequentou. Um agradecimento especial a Delfin Labao e à Irmã Dolores e à Srta. Bobbie Hatfield, que conheceram Andrew quando ele era um garotinho, assim como seus outros professores e colegas de classe com quem conversei e suas famílias; na Bishop, particularmente Heide Hamer e Stacy Lopez. A família Rifat, Anne, Rachel e Matthew, foi muito prestativa e querida para mim – meus sinceros agradecimentos por toda a gentileza. Obrigada também a Pete Cunanan.

Em Hillcrest, onde os conhecidos de Andrew eram centenas, muitas pessoas foram centrais para meu entendimento: Robbins Brett Thompson tem minha mais sincera apreciação, assim como Tom Eads, que fez mais do que o necessário para me ajudar. Uma palavra especial de agradecimento também vai para o Dr. William Crawford, Franz vonRichter, Stan Hatley, Sheila Gard, Ronnie Mascarena, Michael Moore, J. Buchman, Joe Sullivan, Nathan Fry, Ron Williams, os funcionários da Flicks, Rick Rinaldi, e todas as boas pessoas da California Cousine, Todd Kaufman, Hank Randolph, Buzz English, Jeffrey Keener.

Nicole Murray-Ramirez está em uma classe toda sua.

Anthony Dabiere foi uma fonte do meu artigo na *Vanity Fair* originalmente. Depois que o entrevistei para o livro, ele se provou uma fonte valiosa que eu mais tarde convidei para ser meu guia na noite em

San Diego. Por seu humor, sua centelha irresistível e sua natureza gentil enquanto íamos em todos os becos escuros que o fiz explorar, ele tem minha gratidão eterna.

Obrigada também a Billy Sorukas do U.S. Marshal's Service, tenente Jim Collins no Departamento de Polícia de San Diego, Frank Buttino, Kelly Thornton, no *San Diego Union-Tribune*, Ronald Johnston e minha primeira fonte em San Diego, Vivian M. Warren.

Para juntar os pedaços da vida de Andrew na Baía de São Francisco, a incrível cooperação de Philip Merrill e Elizabeth Oglesby foi valiosa. Os antigos amigos e conhecidos de Andrew de Berkeley e São Francisco fizeram contribuições significativas: Doug Stubblefield, Eli Gould, John Semerau, Steven Gomer. Obrigada à policial de São Francisco Lee Militello por sua ajuda amigável. A todos os *bartenders* e donos de bares em São Francisco que me ajudaram no Lupann's, Midnight Sun, Twin Peaks, Badlands, Lyons Pub, e Alta Vista, eu faço um brinde. Aos olhos afiados de Doug Conoway, um brinde.

Uma das minhas primeiras paradas ao escrever o artigo foi em Minneapolis. Conheci Bob Tichich, da polícia de Minneapolis, e nos meses que se seguiram, ao longo da escrita do livro, ele nunca falhou em me ajudar e em cooperar comigo, pelo que sou grata. Além disso, capitão Stephen Strehlow, tenente Dale Barsness, sargentos Steve Wagner e Mark Lenzen e detetive Pete Jackson foram todos generosos em compartilhar comigo suas experiências do assassinato de Jeff Trail, e fico em dívida com eles. Também com a eficiente Penny Parrish do departamento de assuntos públicos e o oficial John Sullivan. Jennifer Wiberg, Perry Del Ghingaro, e os residentes do Harmony Lofts, onde David Madson morou, foram graciosos e prestativos, assim como Rachel Gold, da *Focus Point* em Minneapolis, Esme Murphy da WCCO-TV, Gail Plewacki da KSTP-TV, Dana Evans, Rick Allen, e Brian Wade Smith. Terrill Lamb, que ajudou a família Madson em sua relação com a mídia, foi sempre colega de trabalho prazeroso. R. D. Zimmerman e Lars Peterson foram inacreditavelmente hospitaleiros com uma desconhecida.

O Condado de Chisago torna realidade a amabilidade e a bondade místicas de uma cidade pequena da América. O chefe de polícia Randy Schwegman, sargento Todd Rivard, procurador do condado Jim Reuter, Jeanette Olson, todos se esforçaram para serem receptivos. Também aprecio a ajuda da Dra. Lindsey Thomas do departamento de legistas do

Condado de Chisago, de Jean Rosen do Full Moon Cafe, e de Michelle do J.J.'s Bowl and Lounge.

Ao chefe de patrulha de Chicago Jim Maurer, um cara incrível, ao comandante Ettore De Vito do 18º Distrito, e, especialmente, ao comandante Tom Cronin, que generosamente me emprestou seu tempo e suas ideias fascinantes enquanto andava pela cena do crime de Miglin, obrigada por tentar iluminar o caminho. O ex-superintendente da polícia de Chicago, Matt Rodriguez, o médico-legista Dr. Edmund Donoghue, a procuradora estadual Nancy Donahoe, todos eles foram incríveis, informativos e interessantes. Betsy Brazis e Stephen Byer têm o potencial de serem repórteres excepcionais e foram imensamente prestativos, assim como Mike Fellner e Jim Ludwig da Aliança Gay de Chicago. "Bob", você foi super.

Obrigada a Achy Obejas e Andrew Martin do *Chicago Tribune*; a Steven Strahler, da *Crain's Chicago Business*; e ao Boswell da Gold Cost, Mark Weyermuller.

No sul de Nova Jersey e no leste da Pensilvânia, um grande grupo de repórteres locais me ajudou: Kelly Roncase, Clint Reilly, Eileen Bennet, Jennifer Farrell. Minha estima pela equipe do Parque Fort Mott e de Pennsville, Nova Jersey, tenente Patrick McCaffery, detetive sargento de primeira classe Tom Cannavo da Polícia Estadual de Nova Jersey, Ted Vengenock, investigador chefe do Condado de Salem, Nova Jersey, homens ocupados que pacientemente encontraram tempo para mim.

Em vários momentos da minha própria cobertura, meus colegas que cobriam a história se provaram de grande valor. Gostaria de uma nota especial de reconhecimento a Sue McHugh, trabalhando para *A&E Biography*, Wendy Walker Whitworth e Julie Mortz, do *Larry King Live*, Santina Leuci, do *Hard Copy*, Catherine Bailey da *Pendragon Productions* em Londres, todas as quais me ajudaram em momentos críticos. Obrigada também a todos aqueles gentis o bastante para providenciarem cassetes e scripts. Um grande obrigado à equipe trabalhadora do *America's Most Wanted*. A Darryl Cooper, do Gays e Lésbicas Contra a Violência, Christiane Quinn, Sharen Shaw Johnson e todo mundo do Projeto de Gays e Lésbicas Contra a Violência, Cathy Renna da Aliança Gay e Lésbica contra a Difamação, Dilia Loe, ativistas gays que providenciaram contexto e esclarecimento, minha sincera estima.

Por me ajudar a decifrar o funcionamento interno e as finanças da Alta Costura e do ramo imobiliário, eu tenho uma grande dívida de gratidão com Larry Gurwin, cuja impressionante habilidade investigativa e ajuda eu valorizei, e cuja habilidade para ler uma planilha em inglês e italiano tornou compreensíveis linhas de números ilegíveis Cathy Horyn, minha colega e amiga da *Vanity Fair*, agora no *New York Times*, foi não apenas extremamente prestativa, mas uma incrível companhia nos meus primeiros dias na Flórida. Obrigada também a Terry Agins, Susan Watters e a sempre efervescente Christy Ferer.

A Dra. Kathy Reback providenciou assistência valiosa sobre os efeitos da metanfetamina. Sam Schad foi muito prestativo sobre pornografia gay.

Ao longo do caminho eu encontrei pessoas que conheci eras atrás, como Armistead Maupin e David Geffen, que generosamente cooperaram e encontraram velhos amigos, os Zacher, e parentes há muito perdidos, os Kleinbub, que foram todos de grande valia. Assim como meus amigos: Jill Abramson, que leu a primeira metade do manuscrito, colegas jornalistas, como Sally Bedell Smith e Jurate Kazickas; Laura Handman, uma boa advogada que me deu sábios conselhos; Kazuko Oshima por sua mágica; Blair Sabol por seu humor; Lorana Sullivan e Suzanne Wright pelo encorajamento; Bill Carrick e Bee Gee Truesdale, que me aguentaram; o investigador financeiro Kevin Frawley; sua graciosa irmã, a embaixadora; e Al Kamikawa, meu coconspirador.

Durante todo o processo de relatar e escrever este livro, fui abençoada com assistência de alta categoria. A pesquisadora Catherine Berger providenciou uma cronologia detalhada e exaustiva. Eu aprecio sua audácia de ir atrás de assuntos que considerava nada agradáveis. Rebecca Caroll, agora no Corpo da Paz na China, foi brilhante no computador e brilhante em geral, uma grande ajuda e uma verdadeira alegria. O último terço deste livro foi escrito em um mês frenético. Isso não teria sido possível sem a dedicação e a excelência de Bridget Bentz, que, durante oito meses, manteve minha miríade de cadernos e arquivos em sua cabeça e na ponta dos dedos. Seu bom humor e sua bondade me compeliram. Peter Griggs foi um incrível transcritor e Barbara Oliver, uma pesquisadora incomparável.

Como agente, Amanda Urban é uma maravilha, e sou profundamente grata a Susan Kauffman e a Alicia Gordon da ICM, e a Cathy Wright-Isaacson, pelos seus esforços. Obrigada, Jerry Weintraub e John Tomko, por sua fé em mim e sua paciência.

O editor-chefe Graydon Carter e o editor de gerenciamento Chris Garret da *Vanity Fair* estiveram comigo neste projeto no começo e foram mais do que compreensivos ao me darem licença para escrever este livro. Eu acho que tenho o melhor emprego em jornalismo, trabalhando para algumas das melhores pessoas, particularmente meu editor, Wayne Lawson, um tesouro vivo do mundo das revistas, super habilidoso, solidário, caridoso e que tem meu agradecimento de coração. Os departamentos de pesquisa, publicidade e fotos da *Vanity Fair* também foram igualmente maravilhosos, e agradeço a Robert Walsh e Pat Singer, David Harris, Susan White, Beth Kseniak e a sua turma pelo contínuo trabalho em equipe. E, é claro, não acredito que este livro sequer teria acontecido sem a bondosa intervenção do editor adjunto da *Vanity Fair* George Hodgman.

Meu editor na Dell, Tom Spain, foi inacreditavelmente esperto, disponível e solidário, e me deu a confiança para trabalhar em uma velocidade alucinante no final. Agradeço a cortesia e a prontidão de seu leal assistente, Mitch Hoffman. Obrigada também a Carole Baron, Leslie Schnur e todos na Dell por fazerem minha experiência publicando um livro ser tão positiva. Eu duvido que teria me desenvolvido como escritora de livros se não fosse pela paciência e pela bondade de meu velho e querido amigo Larry McMurtry, anos atrás. Demorou apenas um quarto de século, Larry!

Finalmente, a minha família e especialmente aos dois grandes caras em minha vida, Tim e Luke, que tiveram que compartilhar seu espaço comigo por quase dois anos com personagens que eles nunca imaginaram. Eles têm sido incrivelmente receptivos e tolerantes com minhas idas e vindas, e prestativos em milhares de maneiras. Nosso amor mútuo me sustenta.

Este livro foi composto com tipografia Adobe Garamond Pro e impresso em papel Off-White 70 g/m² na Assahi.